Martina Grom

Microsoft Office 365 in kleinen Unternehmen

Ihr Weg in die Microsoft Cloud – schnell und einfach

Martina Grom

Microsoft Office 365 in kleinen Unternehmen

Ihr Weg in die Microsoft Cloud – schnell und einfach

Microsoft Press

Martina Grom: Microsoft Office 365 in kleinen Unternehmen
Microsoft Press Deutschland, Konrad-Zuse-Str. 1, 85716 Unterschleißheim

Kommentare und Fragen können Sie gerne an uns richten:
Microsoft Press Deutschland
Konrad-Zuse-Straße 1
85716 Unterschleißheim
E-Mail: mspressde@oreilly.de

15 14 13 12 11 10 9 8 7 6 5 4 3 2 1
14 13 12

Druck-ISBN 978-3-86645-825-3, PDF-ISBN 978-3-86645-797-3

Fachlektorat: Georg Weiherer, Münzenberg
Korrektorat: Karin Baeyens, Siegen
Satz und Layout: Gerhard Alfes, mediaService, Siegen (www.mediaservice.tv)
Umschlaggestaltung: Hommer Design GmbH, Haar (www.HommerDesign.com)
Gesamtherstellung: Kösel, Krugzell (www.KoeselBuch.de)

Inhaltsverzeichnis

Vorwort

Vor einem Jahr lernte ich Martina Grom auf einem Presse-Meeting kennen. Thema: Das kommende Office 365. Martina hatte die Aufgabe fachliche Fragen zu Office 365 zu beantworten. Sie war damals schon, als eine der ersten in Europa, in das kommende Office-Cloud-Programm eingearbeitet.

Als IKT-Journalist nutze ich mehrere PCs: Meinen Desktop-Rechner, zwei Notebooks, und ganz neu, ein Windows 8-kompatibles Tablet-Gerät mit Touch-Funktion. Unglaublich, welche Datenmenge man ständig hin und her kopieren musste! Und ständig die Warnungen des Home Servers, dass PC xy aktualisiert werden müsse!

Office365 war hier die Lösung. Der Outlook-Client kann ziemlich genau dasselbe wie sein Standalone-Pendant (das mit mehr als 100 Euro pro Lizenz auf die Geldbörse schlägt). Aber der wirkliche Hit ist SharePoint Online. Alle meine Texte, alle Unterlagen dazu, alle Illustrationen sind dort sauber abgelegt. Egal, nach welchem Gerät mir gerade ist, ich habe den vollen Zugriff auf alle meine Daten.

Und das alles für ein paar Euro im Monat. Oder, für ein paar Euro mehr, wenn ich das Abo dazu nehme, das Office Professional enthält. Für Startups ist dies eine interessante Alternative zum Kauf von Office-Lizenzen.

Ein Wort zur Warnung: Das Einrichten von Office 365 ist nicht trivial. Besonders das Umstellen einer Internet-Domäne auf den Office-365-Server erfordert Fachkenntnisse. Hier kann es auch hilfreich sein, einen Microsoft-Partner zu Rate zu ziehen.

Für mich hat Martina die Umstellung durchgeführt und mir die ersten Wege ins SharePoint-Land gezeigt. Ich weiß daher, dass sie weiß, worüber sie in diesem Buch schreibt und wünsche Ihnen bei der Lektüre viele Aha-Erlebnisse!

Josef Broukal

IKT-Journalist, Wien

Einleitung

Als ich vor mittlerweile etwa fünf Jahren (es war so zwischen 2007 und 2008) begonnen habe, mich intensiv mit Cloud-Diensten zu befassen, fragten mich manche Kollegen und Partner: »Warum machst du das? Es zahlt sich nicht aus und die Unternehmen werden niemals ihre Daten in der Cloud speichern! Da gibt es kein Geschäftsmodell dahinter!«. Ich habe bereits damals darauf geantwortet, dass ich für Dienste und Lösungen in der Cloud ein riesiges Potenzial sehe und denke, dass die Cloud die Zukunft ist. Ich bin jeden Tag von Neuem aufgeregt und überrascht, welche Lösungsmöglichkeiten und Potenziale sich bieten und wie wir uns anpassen. Aus meiner Sicht stellt sich nicht die Frage, **ob** die Cloud genutzt wird, sondern **wann** die Cloud genutzt wird.

Nun, die Zukunft ist da. Hier und heute. In unserer modernen Welt spielt das Hier kaum mehr eine Rolle. Das Internet macht es möglich, von nahezu überall zu arbeiten. Im Privaten denkt man kaum daran, dass viele Dienste in Wirklichkeit Cloud-Dienste sind. Millionen von Anwendern nutzen und vertrauen täglich auf populäre Dienste wie beispielsweise Hotmail, SkyDrive, iCloud oder Social Media-Plattformen wie LinkedIn, Xing, Facebook oder Twitter. Wir sind diese Funktionalität gewohnt und wollen sie auch nicht mehr missen.

Bei Unternehmen sieht es vielfach noch anders aus. Firmen haben andere Ansprüche und betreiben eine eigene EDV-Abteilung oder nutzen EDV-Dienstleister. Die Anforderungen unterscheiden sich in Bezug auf Sicherheit, Verfügbarkeit und Skalierung bis hin zur Revisionssicherheit. Je nach Unternehmen sind oft viele verschiedene Systeme im Einsatz. Eines haben sie alle gemeinsam: Jedes System benötigt Ressourcen wie Hard- und Software, Strom, Kühlung und natürlich Wartung. Auf die Lebensdauer eines Systems gesehen machen die Anschaffungskosten im Regelfall nur einen kleinen Teil an den Gesamtkosten aus. Ein Großteil der IT-Budgets fließen in den Betrieb und die Wartung. Gerade im Unternehmensumfeld können Cloud-Dienste drei enorme Vorteile bringen: Entlastung der IT durch standardisierte Services, Skalierbarkeit und kalkulierbare Kosten. IT kann damit das leisten, was sie leisten soll: Weg von der Systemerhaltung hin zur Anwenderunterstützung und zu Innovationen.

»Pay as you grow« und »Pay only what you need« sind Schlagworte, welche die Elastizität der Cloud verständlich machen wollen. Mit Microsoft Office 365 bezahlt ein Anwender oder ein Unternehmen nur, was auch tatsächlich benötigt wird. Umgekehrt erhalten so Ein-Personen-Unternehmen und kleine Betriebe Leistungen, Ausfallsicherheit und Skalierbarkeit genauso wie große Unternehmen. Es ist derselbe Service! Wenn Sie Office 365 nutzen, profitieren Sie genauso von den Diensten wie weltumfassende Konzerne wie beispielsweise Coca Cola, McDonalds, Starbucks, Nokia, Hyatt Hotels oder Kraft Foods.

Nachdem der Hype auf die »Cloud« gestartet ist, möchte ich allerdings auch davor warnen. Der Begriff »Cloud« wird manchmal falsch verwendet und missbraucht. Der eigene Serverschrank im Betrieb oder ein Hosting bei einem IT-Dienstleister sind nicht automatisch Cloud-Dienste, genauso wenig das Virtualisieren von physischen Computersystemen. Cloud-Dienste stellen einen »Service« bereit, der sicher, nahezu ausfallsicher, redundant und flexibel ist. Im Vordergrund steht der von außen nutzbare Dienst, nicht ein einzelnes System, welches zufällig über das Internet verfügbar ist. Office 365 ist ein definierter Cloud-Service, bei dem Leistung und Umfang ganz klar definiert sind und neben detaillierten Servicebeschreibungen auch genau definierte Service-Level-Agreements existieren.

Auch ist die Cloud nicht die Lösung für alle Anforderungen in der IT. Ich verbringe viel Zeit damit, um mit Unternehmen zu sprechen und diese zu informieren sowie zu beraten. Ich habe daraus eine einfache Regel entwickelt: Cloud als Software as a Service (SaaS) ergibt in den meisten Fällen Sinn, um Standarddienste zu nutzen. Dies sind IT-Basisfunktionen wie E-Mail, Zusammenarbeit oder Kommunikation. Diese Funktionen sind für jedes Unternehmen absolut essenziell und müssen immer funktionieren, genauso wie ein Telefon. Office 365 ist solch ein Dienst. Andere Bereiche wie Infrastructure as a Service (IaaS – Virtualisierung von Computersystemen) und Platform as a Service (PaaS – eigene Software in der Cloud) müssen evaluiert und abgeschätzt werden. Hier sind die Anforderungen der Kunden zu unterschiedlich, um eine einzige Regel aufzustellen. Dies geschieht ganz individuell durch Beratungsleistung.

Die rechtliche Komponente der Benutzung von Cloud-Diensten ist ebenfalls relevant. Große Hersteller wie Microsoft achten hier sehr genau auf gesetzliche Normen und Bestimmungen – das müssen sie auch. So sind Ihre Daten in Office 365 in Europa immer nur innerhalb der EU gespeichert und es gilt europäisches Recht. Viele Unternehmen wissen darüber nicht Bescheid und sehen rechtliche Komponenten daher oft als Ausschlussgrund für Cloud-Dienste. In Wahrheit sind die rechtlichen Rahmenbedingungen bei den »großen« Cloud-Diensten wie Microsoft Office 365 meist viel genauer definiert als in den Unternehmen selbst oder beim Hosting eines Internet-Providers Ihrer Wahl. Nachdem es sich bei Office 365 um einen Dienst für die Masse handelt – jeder kann Office 365 benutzen, von einem Anwender bis zu Millionen Anwendern – sind die Regelungen sehr klar. In Office 365 sind die Daten mehrfach gesichert gespeichert und verfügbar. Das Service-Level-Agreement (SLA) garantiert eine Verfügbarkeit von 99,9 %. Damit ist ganz klar, was der Kunde von seinem Cloud-Dienst erwarten darf.

Ein weiterer Vorteil von Cloud-Diensten aus meiner Sicht ist die (erzwungene) Standardisierung, Kunden verwenden ein vorgegebenes System. Dieses wird automatisch gewartet sowie aktualisiert und stellt wohldefinierte Schnittstellen zur Verfügung. Kein Wildwuchs, keine proprietäre Software, keine unbekannten Kosten. Microsoft als Lieferant der Services kümmert sich um den Betrieb. Sie bezahlen Miete, vergleichbar mit einem Hotel. Sie wissen, Sie erhalten ein sauberes, verwendbares Zimmer in einer bestimmten Kategorie für einen bestimmten Zeitraum. Wenn das Hotel umgebaut wird, brauchen Sie sich nicht darum zu kümmern. Sie ziehen einfach in ein neues Zimmer um und genießen die neue Funktionalität. Genauso sind Cloud-Dienste zu verstehen: standardisiert, sicher, skalierbar, berechenbar.

Cloud Computing umfasst viele Bereiche. In diesem Buch möchte ich Ihnen die Verwendung von Microsoft Office 365 zeigen und wie Sie diese Dienste selbst verwenden können. Ich selbst benutze Office 365 von Anfang an und es hat meine persönliche Arbeitsweise und die Kommunikation im Team, mit Kunden und Partnern stark beeinflusst und verbessert. Ich hoffe, Sie finden Office 365 genauso praktisch wie ich und nutzen die neuen Möglichkeiten der Cloud!

Ein Tipp am Rande: Vertrauen Sie bei Ihrer Arbeit mit Office 365 auch auf die Expertise von Online-Services-Partnern. Wie jedes andere Handwerk gibt es Partnerunternehmen, die Sie unterstützen und mit Ihnen die ersten Schritte in die Cloud gehen!

Danke

Cloud-Services sind ein relativ junges Thema, das sich kontinuierlich weiterentwickelt. Meine Begeisterung und Leidenschaft für das Thema Cloud ist in Microsoft Office 365 aufgegangen und es hat mir viel Spaß gemacht, dieses Buch – sozusagen als Anleitung für KMUs – zu schreiben. Ich möchte allen Personen danken, die mich hierbei unterstützt haben und mitgeholfen haben, dieses Buch zu schreiben.

An erster Stelle gilt mein Dank meinem Partner Toni Pohl. Er hat mich von Beginn an für IT begeistert und ist mein Ratgeber für Software-Architektur und Development. Nachdem wir vor 14 Jahren unsere Firma atwork gegründet hatten, haben wir gemeinsam viel erlebt und viele tolle Projekte abgewickelt. Die Zusammenarbeit ist an jedem Tag von Neuem spannend und ich könnte mich ohne seine Unterstützung nie so auf das Thema Office 365 fokussieren, wie ich es jetzt tue. Toni ist derjenige, der mich unterstützt, aber auch fordert – weiter zu gehen, weiter zu denken. »Always upgrade« – nicht zurück, sondern nach vorne schauen und dabei immer weiter zu gehen.

Mein Dank gilt auch meinem Team bei atwork, das mich unterstützt und mir die Zeit gegeben hat, mich auf Office 365 zu konzentrieren und mich freispielt, um zu bloggen, Community-Arbeit zu leisten und letztlich auch dieses Buch zu schreiben.

Besonders bedanken möchte ich mich bei Sylvia Hasselbach von Microsoft Press für ihre Geduld, ihre Tipps und ihre Unterstützung. Sie hat mich eingeladen, dieses Buch zu schreiben und mich vorangetrieben. Nur so konnte ich das Buch finalisieren. Vielen Dank an das Lektorat von Microsoft Press, das sich meiner Inhalte angenommen hat und das Buch überarbeitet hat.

Es hat mich sehr gefreut und stolz gemacht, als erste Frau und als erste Person im deutschsprachigen Raum zum Microsoft Office 365 MVP ausgezeichnet zu werden. Wir haben im Januar 2011 mit weltweit insgesamt acht Office 365 MVPs begonnen. Mittlerweile gibt es (per Januar 2012) 22 Office 365 MVPs. Das zeigt auch das weltweite Interesse an qualifizierten Office 365-Experten. Das Microsoft-MVP-Programm ist für mich essenziell und es ist eine Ehre, MVP zu sein.

An dieser Stelle vielen Dank an meine Förderer, Freunde und Unterstützer bei Microsoft Österreich, Microsoft Deutschland und Microsoft Corp. USA. Dies sind besonders Kathrin Letztl, Jamie Mann, Dawn Conner, Jan-Philip Rombolotto, Rainer Gell, Jürgen Siegl, Gerwald Oberleitner, Mike Kostersitz, Max Knor, Georg Binder, Heike Ritter und viele mehr. Ihr alle rockt!

Letztlich gilt mein Dank auch dem Office 365-Supportteam von Microsoft, das mich in vielen Anfragen und Problemen unterstützt und mich mit Informationen versorgt. Danke dafür, dass alle Lösungsvorschläge ernst genommen werden und wir gemeinsam an der kontinuierlichen Verbesserung des Service arbeiten können!

Schließlich möchte ich mich bei Ihnen, dem werten Leser, bedanken, dass Sie dieses Buch in Händen halten und sich für das Thema Cloud mit Microsoft Office 365 interessieren. Ich hoffe, die Inhalte sind verständlich und Sie finden hier Antworten auf Ihre Office 365-Fragen und -Anforderungen. Am meisten freut es mich, wenn Sie mit dieser Anleitung Office 365 einsetzen und so den vollen Nutzen der Cloud konsumieren!

Martina Grom

Kapitel 1

Welche Office 365-Lösung passt am besten zu Ihnen?

In diesem Kapitel:

Mein Weg in die Cloud war einfach. Nachdem ich beruflich bereits seit Anfang des neuen Jahrtausends auf Onlinelösungen gesetzt habe, durfte ich miterleben, wie sich Technologie und IT ständig weiterentwickelt und verbessert haben. Meine erste E-Mail-Adresse habe ich 1992 erhalten – damals war von Spam noch keine Rede. In meiner Trainerlaufbahn habe ich Ende der 90er Jahre noch orakelt, dass das Spamproblem spätestens bei einer Quote von 50 % gelöst werden wird. Die Zeit hat mich eines Besseren belehrt. Die Lösung war letztendlich dennoch einfach: Mit funktionellen Methoden sind wir heute in der Lage, Spam-E-Mails wirkungsvoll zu bekämpfen und diese gar nicht mehr in unseren Posteingang gelangen zu lassen. Dabei ist es sogar möglich, die guten von den »schlechten« E-Mails zu trennen – mit einer Fehlerquote von 1:250000. Das ist eigentlich erstaunlich – doch jeden Tag erfahren wir es aufs Neue!

Seit damals ist viel Zeit vergangen, und wir verwenden heute Produkte, die uns helfen, uns in der Informationsflut zurechtzufinden, uns vor Spam und Viren zu schützen und uns erlauben, immer und überall produktiv zu sein und unsere Daten zur Verfügung zu haben. Die Art und Weise, wie wir arbeiten, hat sich geändert – wir lernen, aus den vorhandenen Informationen jene für uns relevanten zu extrahieren und zu verwenden. Moderne Kommunikationslösungen helfen uns, vernetzt zu arbeiten und auch über verschiedene Zeitzonen hinweg gemeinsam produktiv zu sein. Teams bilden sich genauso schnell wie sie sich auch wieder auflösen – mithilfe von Cloud-Lösungen haben wir die Freiheit, eine Softwarelösung spontan einzusetzen und über einen bestimmten Zeitraum zu nutzen.

Software soll heutzutage nicht mehr zentraler Dreh- und Angelpunkt unserer Produktivität sein. Sie soll uns unterstützen, einfach zu bedienen sein, immer zur Verfügung stehen und uns eine gewohnte Arbeitsumgebung bieten. Und dies alles über Grenzen, Zeitzonen und Sprachen hinweg. Damit ist es uns möglich, immer und überall produktiv zu sein – in der Art und Weise, wie es für uns in der gegebenen Situation am einfachsten ist.

Ebenso gewinnt der energieeffiziente Aspekt, auch Green-IT genannt, immer mehr an Bedeutung: Die Konsolidierung von IT-Infrastrukturen in Richtung gemeinsam genutzter Cloud-Lösungen reduziert den Umwelteinfluss bei gleichzeitig effizienterem Einsatz von ohnehin vorhandenen Ressourcen. Ein modernes Rechenzentrum besteht nicht mehr nur aus endlos aneinander gereihten Serverracks, sondern wird anhand energieeffizienter Methoden entworfen und gebaut. Der Fokus liegt schon längst nicht mehr auf der reinen Bereitstellung von Rechenzeit und Rechenressourcen, sondern auch die Effizienz, Nachhaltigkeit, schnelle Verfügbarkeit und Sicherheit werden in die Planung mit einbezogen. Auf der Website von Microsoft Global Foundation Services (*http://www.globalfoundationservices.com/*) finden Sie weitere Informationen zu diesem Thema.

Und genau hier kommt Office 365 ins Spiel. Office 365 enthält jene Tools, die uns bei unserer täglichen Arbeit unterstützen und die mittlerweile zentraler Bestandteil jeder Office-Umgebung sind: Microsoft Exchange, SharePoint Online, Lync Online, Office Web Apps und Office Professional Plus.

Doch welche Lösung ist die jeweils passende? Diese Frage möchte ich in diesem Kapitel anhand einiger Fallbeispiele aus der Praxis klären. Zunächst sehen wir uns an, was Office 365 ist und welche Funktionen es enthält.

Office 365 im Überblick

Office 365 enthält für uns gewohnte Applikationen: Microsoft Exchange für den Versand und den Empfang von E-Mails, SharePoint Online für die Zusammenarbeit, die Dokumentablage, Gruppenfunktionen wie Kalender und Adressbücher, Lync Online für die Onlinekommunikation via Chat, Videokonferenz und -telefonie und Office Professional Plus als vertraute Bürosoftware im Alltag.

Dabei wählen Sie selbst das derzeit für Sie passende Endgerät aus, sei es ein PC, Notebook, Netbook, Mac, ein Windows Phone, Nokia, BlackBerry, Android oder iPhone.

Office 365 ist immer aktuell

Einer der – für mich – größten Vorteile von Office 365 ist, dass das Service kontinuierlich verbessert und aktualisiert wird. Die bisher gewohnten Releasezyklen (eine neue Version von Microsoft Office, z.B. Office 2003, Office 2007, Office 2010) sind bei Office 365 deutlich kürzer. Die Services werden jedes Quartal aktualisiert und verbessert. Das Kundenfeedback ist für Microsoft von großer Bedeutung und wird bei der Verbesserung der Software berücksichtigt.

Abbildg. 1.1 Die Office 365-Produkte im Überblick

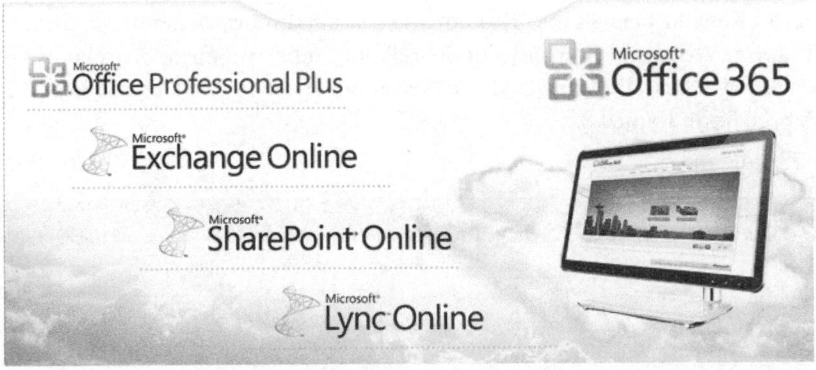

Microsoft Exchange Online

Mit Microsoft Exchange Online können Sie Ihre E-Mails von überall bearbeiten und abrufen. Exchange Online bietet Ihnen dazu die E-Mail-Server-Plattform. Gesichert durch einen effizienten Spam- und Virenschutz steht Ihnen hier ein System zur Verfügung, über das Sie E-Mails, Kontakte und Kalender verwalten können. Dazu verwenden Sie entweder Ihren PC oder Apple-Rechner bzw. Sie greifen von einem beliebigen Internetbrowser gleich über das Web zu. Auch Ihr Smartphone kann sich mit Exchange Online synchronisieren, unabhängig davon, um welches Smartphone es sich handelt: Windows Phone, iPhone, Android, BlackBerry – jedes Gerät, welches Exchange ActiveSync unterstützt, kann mit Exchange Online synchronisiert werden.

Abbildg. 1.2 Der Schnelleinstieg von Office 365 direkt über den Webbrowser

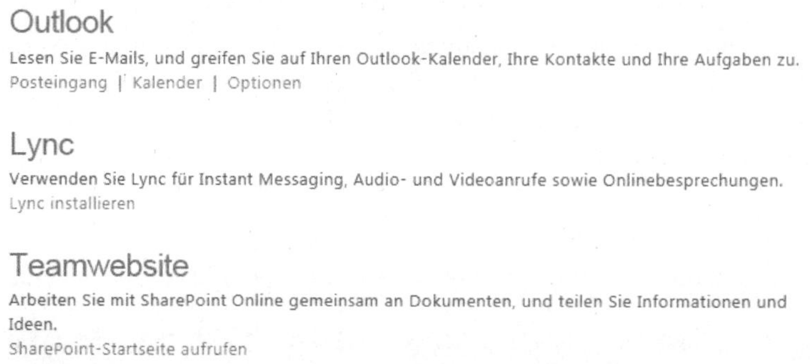

Damit haben Sie Ihre E-Mails immer im Griff und überall verfügbar, egal über welches Gerät Sie zugreifen.

Microsoft SharePoint Online

Zusammenarbeit, Dokument- und Dateiablage, Workflows, gemeinsam genutzte Kalender und Kontakte – das alles liefert Ihnen SharePoint Online. Über Projektportale können Sie mit Ihrem Team immer in Kontakt bleiben und Dokumente gemeinsam bearbeiten und austauschen. Auch die Erstellung von Wikis und Blogs ist mit SharePoint Online möglich. SharePoint Online bietet zusätzlich die Möglichkeit, Ihre eigene kleine Website zu erstellen und zu betreiben. Wie das funktioniert erfahren Sie in Kapitel 8.

Abbildg. 1.3 Ein SharePoint Online-Portal

Microsoft Lync Online

Mit Lync Online erhalten Sie die Möglichkeit, Onlinebesprechungen abzuhalten, Audioanrufe zu tätigen und über Instant Messaging in Kontakt zu bleiben. Dabei ist Ihr Status mithilfe eines Anwesenheitsindikators immer ersichtlich und Sie helfen damit anderen Personen, zu erkennen, ob Sie gerade verfügbar sind oder nicht. Eine Desktopfreigabe ist ebenso möglich wie die Freigabe von Anwendungen, das gemeinsame Schreiben in einem Whiteboard und vieles mehr. Über Instant Messaging können Sie mit einem Klick mit anderen Lync- oder Windows Live-Benutzern kommunizieren.

Abbildg. 1.4 Onlinekommunikation mit Microsoft Lync Online

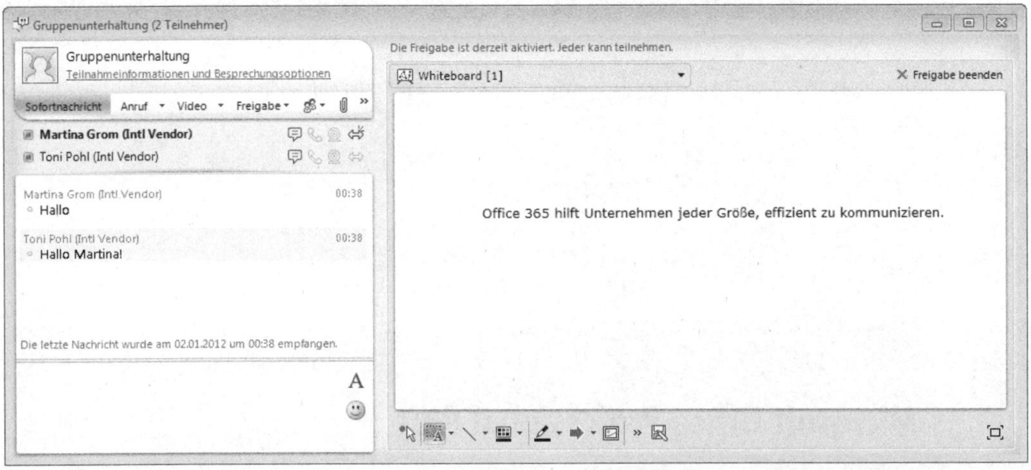

Office Web Apps

Die Office Web Apps bieten Ihnen Onlineversionen der vertrauten Tools Word, Excel, PowerPoint und OneNote. Damit können Sie direkt im Webbrowser an Dokumenten arbeiten. Eine einheitliche Formatierung der Dokumente, egal ob im Browser oder in einer lokal installierten Version ist gewährleistet.

Abbildg. 1.5 Office Web Apps – Excel im Browser

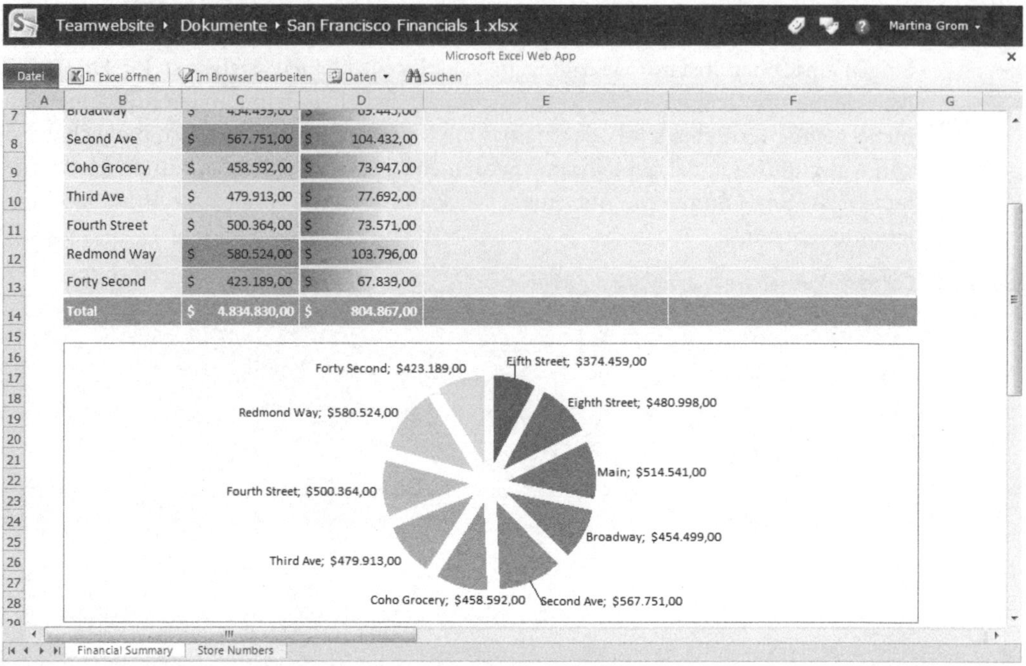

Microsoft Office Professional Plus

Office Professional Plus ist bei bestimmten Office 365-Paketen mit enthalten und es steht Ihnen damit die Desktopversion zum Download zur Verfügung. Da es sich hierbei ebenfalls um ein Abonnement handelt, erhalten Sie immer die jeweils aktuellste Office-Version. Office Professional Plus enthält die Desktopversionen von Word, Excel, PowerPoint, Outlook, OneNote, Publisher, Access, InfoPath, SharePoint Workspace und Lync.

Sicherheit, Verfügbarkeit und Transparenz

Sicherheit, Verfügbarkeit und Leistung sind Schlüsselfaktoren für Office 365. Als Kunde erhalten Sie klar definierte Vereinbarungen zum Service Level (Service Level Agreement, SLA). Office 365 bietet seinen Kunden:

- 99,9 % garantierte Verfügbarkeit
- Georedundante Rechenzentren
- SAS70- und ISO 27001-Zertifizierung
- EU Safe Harbor, EU Model Clauses
- Proaktive Überwachung, um Ausfällen oder Serviceunterbrechungen vorzubeugen
- Aktuelle Antivirus- und Antispamlösungen basierend auf Forefront Protection

Garantierte Verfügbarkeit

Die zu 99,9 % garantierte Verfügbarkeit ist ein wichtigstes Argument für Office 365. Damit haben Sie als Kunde eine Garantie, dass Ihnen Ihre Daten nahezu jederzeit zur Verfügung stehen. Microsoft garantiert in seinem SLA auch eine finanzielle Rückvergütung der monatlichen Abonnementkosten, sollte das Service Level nicht eingehalten werden. In einem Monat, in dem das Service Level aufgrund ungeplanter Ausfälle nicht eingehalten wird, werden Ihre anteiligen Abonnementkosten erstattet bzw. diese Ihrem Office 365-Konto gutgeschrieben. Da die Daten georedundant aufgeteilt sind, werden diese zwischen den Rechenzentren repliziert. Sollte also ein Rechenzentrum ausfallen, stehen Ihre Daten weiterhin zur Verfügung.

Was bedeutet 99,9 % in konkreten Zahlen: In einem System, welches 24 Stunden pro Tag, 365 Tage im Jahr zur Verfügung steht, errechnen sich so 8760 Leistungsstunden. Bei einer garantierten Verfügbarkeit von 99,9 % ergeben sich so 8751,24 Leistungsstunden pro Jahr oder – anders ausgedrückt – eine maximale ungeplante Ausfallzeit von 8,76 Stunden pro Jahr.

Tabelle 1.1 Darstellung der Verfügbarkeit

Verfügbarkeit	Minimal erwartete Betriebszeit (in Stunden)	Maximal erlaubte ungeplante Ausfallszeit (in Stunden)
99 %	8672,4	87,6
99,1 %	8681,16	78,84
99,5 %	8716,2	43,8
99,6 %	8724,96	35,04
99,9 %	8751,24	8,76
99,95 %	8755,62	4,38
99,99 %	8759,124	0,876
100 %	8760	0

Transparenz und Datenschutz werden ebenfalls garantiert. Die Details hierzu können Sie im Trust Center (*http://www.trustcenter.office365.de/*) nachlesen.

- **Keine Werbung** Office 365 wird nicht dazu verwendet, Ihre Daten zu scannen und daraus bedarfsbezogene Werbung zu generieren oder Data Mining zu betreiben
- **Keine Vermischung** Daten in Office 365 werden nicht mit anderen Daten und Services vermischt
- **Datentransfers** Office 365-Kundendaten gehören dem Kunden. Kunden können ihre Daten jederzeit von den Services entfernen.
- **Wo** Sie wissen, wo sich die Office 365-Rechenzentren befinden (und auch, wo Ihre Daten liegen)
- **Wer** Sie erhalten eine klare Information darüber, wer unter welchen Umständen Zugriff auf Ihre Daten hat
- **Wie** Sie werden von Microsoft informiert, sollte es Änderungen in den Standorten der Rechenzentren geben

Office 365-Versionen

Office 365 steht in unterschiedlichen Versionen zur Verfügung, um jene Version zu wählen, die für Ihr Unternehmen geeignet ist. Dabei unterscheidet Microsoft zwischen dem P-Plan und dem E-Plan. Der P-Plan richtet sich an Selbstständige, Freiberufler und kleine Unternehmen mit weniger als 25 Mitarbeitern (mit einem technischen Limit von maximal 50 Mitarbeitern). Der E-Plan richtet sich an jene Kunden, die Enterprise-Features benötigen oder in kurzer Zeit stark wachsen werden, also an kleine, mittelständische und große Unternehmen.

Der P-Plan im Überblick

Kleine Unternehmen, Freiberufler und Selbstständige haben meistens keine IT-Betreuung. Der Fokus liegt darauf, schnell und einfach eine Lösung zu implementieren, die mit geringen monatlichen Kosten die Unternehmensanforderungen an E-Mail, Onlineportale, Kommunikation und eine eigene Website abdeckt.

Microsoft bietet für den P-Plan einen Community-Support an. Dabei werden über das Portal *http://community.microsoft.com* Fragen rund um Office 365 beantwortet.

Der P-Plan wird auf monatlicher Basis bezogen und kann monatlich gekündigt werden. Der P-Plan beinhaltet:

- Exchange Online
- SharePoint Online
- Lync Online
- Office Web Apps

Office Professional Plus kann auf monatlicher Basis zusätzlich abonniert werden.

Tabelle 1.2 Office 365 P-Plan-Komponenten und -Funktionen

Microsoft Exchange Online	Microsoft SharePoint Online
■ 25 GB-Postfach	■ Austausch von Dokumenten
■ Synchronisation von E-Mails über Computer, Smartphone	■ Zusammenarbeit über Onlineportale
■ Zugriff über die Outlook Web Apps im Browser	■ Eine einfache Website
■ Antiviren- und Antispamschutz mit Forefront Online Protection for Exchange	■ 10 GB Speicherplatz, zusätzliche 500 MB pro Benutzer (jedoch ohne Erweiterungsmöglichkeit)
■ Fernlöschen von mobilen Geräten	■ Maximal 50 Extranetbenutzer pro Monat
■ BlackBerry über BIS	■ Sandboxed Solutions
■ Persönliches Archiv	■ Wiki, Blog, Workflows
	■ Office Web Apps-Integration
	■ 1 Site Collection

Tabelle 1.2 Office 365 P-Plan-Komponenten und -Funktionen *(Fortsetzung)*

<table>
<tr>
<td>Microsoft Lync Online
■ Präsenzstatus in Lync, Outlook und SharePoint
■ Instant Messaging, Audio/Videoanrufe, Online Meetings (bis zu 50 Benutzer)
■ PC-zu-PC-Anrufe
■ Zusammenarbeit über Freigaben, Desktopsharing
■ Möglichkeit der Kontaktaufnahme mit anderen Office 365 Lync- und Windows Live-Teilnehmern</td>
<td>Microsoft Office Web Apps
■ Zugriff und Bearbeitung von Dokumenten direkt über den Browser
■ Bearbeiten von Word, Excel, PowerPoint und OneNote
■ Gleichzeitiger Zugriff und gemeinsames Bearbeiten in Excel und OneNote möglich</td>
</tr>
<tr>
<td colspan="2">Microsoft Office Professional Plus
Office Professional Plus kann auch im P-Plan mittels monatlichen Abonnements verwendet werden. Damit stehen Ihnen die Desktopvarianten von Word, Excel, PowerPoint, Outlook, OneNote, Publisher, Access, InfoPath, SharePoint Workspace und Lync zur Verfügung.</td>
</tr>
</table>

Der E-Plan im Überblick

Der E-Plan richtet sich an Unternehmen jeder Größe, auch wenn er häufig als der Plan für mittelständische und große Unternehmen bezeichnet wird. Er bietet Enterprise Features, die im P-Plan nicht enthalten sind. Zudem bietet er eine größere Flexibilität hinsichtlich der Produktkonfiguration: Die Produkte sind in Produktpakete zusammengefasst (E1 bis E4) und können bei Bedarf auch einzeln erworben werden. Außerdem gibt es im E-Plan die Möglichkeit, sogenannte Kiosklizenzen zusätzlich zu erwerben. Diese Lizenzform werde ich später noch detaillierter erklären, sie ist für Benutzer gedacht, die keinen vollen Zugriff benötigen, aber trotzdem in die Unternehmenskommunikation eingebunden werden sollen.

Hier die Funktionalitäten der einzelnen Pläne im Vergleich:

Tabelle 1.3 Funktionalitäten der E-Pläne

E-Pläne	E1	E2	E3	E4
E-Mail, Kalender, Kontakte	✓	✓	✓	✓
SharePoint-Sites	✓	✓	✓	✓
Onlinekonferenzen	✓	✓	✓	✓
Instant Messaging (IM) und Präsenzinformation	✓	✓	✓	✓
Office Web Apps		✓	✓	✓
Office Professional Plus (als Service)			✓	✓
Forms und Workflows			✓	✓
Access-/Visio-/Excel-Services			✓	✓
Sprache				✓

Tabelle 1.4 Funktionalitäten der K-Pläne

K-Pläne	K1	K2
Exchange Online-Kiosk	✓	✓
SharePoint Online-Kiosk	✓	✓
Office Web Apps		✓

Der E-Plan enthält einen telefonischen 24/7-Support. Mit den E-Plänen haben Sie die Möglichkeit, Active Directory Sync zu verwenden, einmaliges Anmelden (Single Sign-On, SSO) zu aktivieren, in beliebige Unternehmensgrößen zu skalieren, BlackBerry Enterprise Services zu nutzen (über einen von RIM angebotenen Service), Antispameinstellungen selbst zu administrieren und Transportregeln zu definieren.

PROFITIPP Sollte Ihr Unternehmen absehbar rasch wachsen, empfehle ich Ihnen, gleich den E-Plan zu abonnieren. Ein Migrationspfad von P-Plan auf E-Plan ist derzeit nicht verfügbar. Beginnen Sie eventuell mit einem Einzelprodukt innerhalb des E-Plans und lassen Sie dann das Abonnement mit Ihren Anforderungen »mitwachsen«.

Tabelle 1.5 Office 365 E-Plan-Komponenten und -Funktionen

Microsoft® Exchange Online ■ 25 GB Postfach/Online-Archiv ■ Synchronisation von E-Mails über Computer, Smartphone ■ Zugriff über die Outlook Web Apps im Browser ■ Antiviren- und Antispamschutz mit Forefront Online Protection for Exchange ■ Fernlöschen von mobilen Geräten ■ BlackBerry über BES möglich	Microsoft® SharePoint Online ■ Austausch von Dokumenten ■ Zusammenarbeit über Onlineportale ■ Eine einfache Website ■ 10 GB Speicherplatz, zusätzliche 500 MB pro Benutzer ■ Unbegrenzte Anzahl von Extranetbenutzern ■ Sandboxed Solutions ■ Wiki, Blog, Workflows ■ Office Web Apps-Integration ■ Bis zu 300 Sitecollections ■ Erwerb von zusätzlichem Speicherplatz möglich ■ My Site-Funktionalität ■ SSL-Unterstützung
Microsoft® Lync Online ■ Präsenzstatus in Lync, Outlook und SharePoint ■ Instant Messaging, Audio/Videoanrufe, Online-Meetings (bis zu 250 Benutzer) ■ PC-zu-PC-Anrufe ■ Zusammenarbeit über Freigaben, Desktopsharing ■ Möglichkeit der Kontaktaufnahme mit anderen Office 365 Lync- und Windows Live-Teilnehmern	Microsoft® Office Web Apps ■ Zugriff und Bearbeitung von Dokumenten direkt über den Browser ■ Bearbeiten von Word, Excel, PowerPoint und OneNote ■ Gleichzeitiger Zugriff und gemeinsames Bearbeiten in Excel und OneNote möglich

Tabelle 1.5 Office 365 E-Plan-Komponenten und -Funktionen *(Fortsetzung)*

Microsoft Office Professional Plus
Office Professional Plus ist in den Plänen E3 und E4 enthalten bzw. kann wie im P-Plan mittels Abonnements verwendet werden. Damit stehen Ihnen die Desktopvarianten von Word, Excel, PowerPoint, Outlook, OneNote, Publisher, Access, InfoPath, SharePoint Workspace und Lync zur Verfügung.

Entscheidungshilfen für die Wahl des richtigen Office 365-Abonnements

Die Vorteile von Cloud Computing liegen vor allem im flexiblen Einsatz. Laut einer Studie von IDC 2009 im 3. Quartal 2009 wurden die Vorteile einer Cloud-Lösung von den Studienteilnehmern genannt:

Abbildg. 1.6 Die Top 5-Vorteile von Cloud Computing – Daten von *http://idcenterprisepanel.com/*

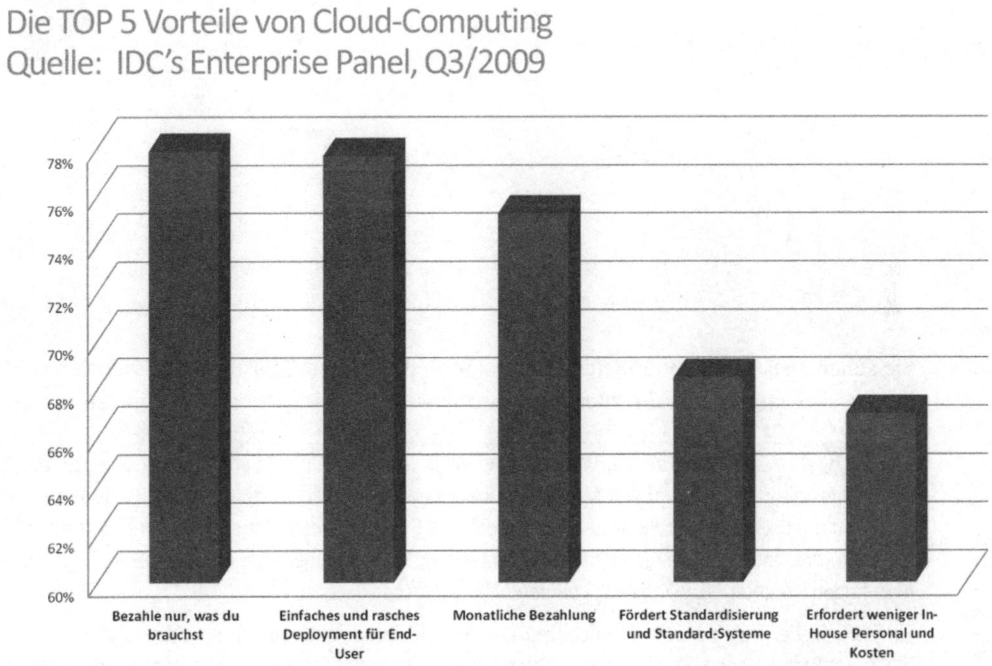

Microsoft stellt jedem seiner Kunden ein (derzeit noch englisches) Advisor Tool (*http://www.microsoft.com/online/office365tools/advisor/office-365-advisor.aspx?locale=en-us*) zur Verfügung, welches Ihnen bei der Wahl des richtigen Abonnements helfen soll. Hier können Sie zum einen eine Kostenkalkulation durchführen, andererseits auch anhand einiger weniger Entscheidungsfragen zum richtigen Abonnement greifen.

Abbildg. 1.7 Die von Office 365 zur Verfügung gestellte Entscheidungshilfe

Sie sehen also, Office 365 bietet Ihnen eine Reihe von standardisierten Diensten und ist flexibel genug, sich ganz Ihren Anforderungen anzupassen und mit Ihren Bedürfnissen mitzuwachsen.

PROFITIPP Ziehen Sie bei der Entscheidung einen Microsoft Online Services-Partner hinzu. Diese Partner sind auf Online Services-Lösungen von Microsoft spezialisiert und helfen Ihnen bei der Entscheidung und Einrichtung. Microsoft unterscheidet hierbei derzeit zwischen Cloud Essentials- und Cloud Accelerated-Partnern. Cloud Accelerated-Partner haben bereits einige Office 365-Projekte umgesetzt. Eine Liste von qualifizierten Online Services-Partnern finden Sie unter *http://office365.pinpoint.microsoft.com*.

Ein Partner, der Ihnen bei der Einrichtung und Entscheidung hilft, wird Ihrem Abonnement hinzugefügt. Damit erhält der Partner eine kleine Partnerprovision von Microsoft und Sie einen guten lokalen Ansprechpartner!

Welche Lösung passt zu mir? – Entscheidungshilfen aus der Praxis

Viele Unternehmen stellen sich die Frage, welche Office 365-Lösung denn die für sie passende sein könnte. Ich möchte Ihnen an dieser Stelle konkrete Beispielszenarien aus meiner täglichen Arbeit als IT-Consultant aufzeigen und Ihnen mit Microsoft Office 365 konkrete Lösungsansätze anbieten.

Szenario 1: Von POP3 zu Exchange Online

Unternehmensgröße: 40 Benutzer

Produkt: Office 365 E1

Ausgangssituation

In einem mittelständischen Handelsbetrieb mit Standorten in Deutschland, Österreich, der Slowakei und Asien findet die Zusammenarbeit bisher rein über den Versand von E-Mails mit Anhängen statt. Unterschiedliche Sprachen und zum Teil auch Zeitzonen machen eine effektive Kommunikation schwierig.

Da das Unternehmen nicht mit Windows Server arbeitet, ist kein gemeinsames Active Directory vorhanden. Outlook wird zwar als Client eingesetzt, die Postfächer laufen jedoch über einen Service Provider und werden mit einem POP3-Server abgerufen. Demnach werden alle E-Mails nach Abruf vom Server lokal auf den Clients gespeichert und sind dann auch nur mehr am Client verfügbar. Eine zentrale Sicherung der Maildaten gibt es nicht.

Als Spam- und Virenschutz für die E-Mails wird ein lokal installierter Virenschutz verwendet.

Eine zentrale Dokumentablage ist nicht vorhanden. Die einzelnen Standorte sind über VPN miteinander verbunden. Diese Leitung wird jedoch vor allem für den Zugang zum lokalen Warenwirtschaftssystem in der Zentrale verwendet. Bei zeitgleichen Zugriffen über VPN kommt es sehr oft zu Leitungsengpässen. Die Mitarbeiter sind daher dazu übergegangen, sich alle Dateien mehrfach per E-Mail zu senden. Dadurch passiert es immer wieder, dass mit veralteten Daten gearbeitet wird und es zu schwerwiegenden Ungereimtheiten kommt. Eine Synchronisierung ist de facto unmöglich.

Anforderungen

- Möglichkeit, Daten nicht nur per E-Mail auszutauschen
- Mobiler Abruf von Daten und E-Mails
- Reduzierung des E-Mail Datenverlusts
- Verbesserung der Kommunikation zwischen den Standorten
- Reduktion der Reisekosten
- Sicherheit und Zuverlässigkeit bei Spam- und Virenschutz
- Kalkulierbare Kosten

Lösung

Microsoft Office 365 E1: Das Paket bietet den E-Mail-Service Exchange Online sowie die Tools zur Zusammenarbeit SharePoint Online und Lync Online.

Der Umstieg von einem POP3-Mailserver auf Exchange Online ist auf den ersten Blick eine Verteuerung. Betrachtet man jedoch den damit verbundenen Mehrwert und Nutzen für das Unternehmen, sind die Kosten schnell gerechtfertigt.

Alle E-Mails befinden sich nun in einem Microsoft-Rechenzentrum. Damit erfolgt der Zugriff von jedem Standort aus dezentral und mit der – für diesen Standort verfügbaren – Geschwindigkeit.

Der IT-Administrator des Unternehmens erkennt auch gleich einen zusätzlichen Mehrwert: Über Lync Online kann er endlich auch die IT seiner Benutzer an entfernten Standorten warten und sie unterstützen. Das spart Zeit und trägt sehr zur Zufriedenheit der Benutzer (und auch des Administrators) bei.

Da das Unternehmen sehr kostenbewusst agiert, wird Office 365 »gemischt« lizenziert. Alle Benutzer, die Lync Online, SharePoint Online und Exchange Online benötigen, erhalten Office 365 E1. Reicht den Nutzern der Zugriff auf ihre E-Mails, werden sie mit Exchange Online ausgestattet.

SharePoint wird zur zentralen Dokumentbasis: Die Mitarbeiter aller Standorte können ihre Daten nun zentral abspeichern und die jeweils aktuellen Daten abrufen – jederzeit und von überall aus. Eine unbeabsichtigte Überarbeitung von Dokumenten kann dank der Versionierung von SharePoint Online nicht mehr passieren. Der aufwendige Versand großer Anhänge via E-Mail entfällt und der Leitungszugriff über VPN wird entlastet.

Mit dem Umstieg erfolgt auch gleich eine Konsolidierung und Modernisierung der Hard- und Software. So wird auf allen PCs Windows 7 eingesetzt und auf Office 2010 aufgerüstet. Entscheidet sich das Unternehmen auch für Windows Intune, kann es dank des dort integrierten Virenschutzes getrost auf die bisher verwendete lokale Schutzsoftware verzichten. Mit der integrierten FOPE-Lösung über Exchange Online werden zudem 100 % aller E-Mail-Viren und 98 % Spam bereits im Rechenzentrum abgefangen.

Die Pushfunktion beim E-Mail-Empfang ist mit Office 365 und unterschiedlichen mobilen Geräten ebenfalls möglich. Damit können Management und Außendienst-Mitarbeiter nun endlich auch von unterwegs E-Mails abrufen und bearbeiten.

Der Umstieg auf Office 365 war innerhalb weniger Tage durchgeführt.

Ergebnis

Durch den Einsatz von Office 365 hat das Unternehmen eine Modernisierung und Aktualisierung seiner IT-Landschaft vollzogen. Die Benutzerakzeptanz ist sehr hoch, da weiterhin mit bereits gewohnten Programmen gearbeitet wird.

Besonders die Möglichkeit der Zusammenarbeit wurde verbessert. Damit ergeben sich einerseits Kostenersparnisse durch höhere Effizient, andererseits auch eine Reduktion der Reisezeit und kalkulierbare IT-Kosten.

Szenario 2: Einfach in der Arbeitsgemeinschaft

Unternehmensgröße: 85–200 Benutzer

Produkt: Office 365 E1

Ausgangssituation

Für einen Zeitraum von vier bis fünf Jahren schließen sich mehrere Unternehmen aus west- und osteuropäischen Ländern zusammen, um gemeinsam an einer länderübergreifenden Lösung eines Bauprojekts zu arbeiten. Zusammen bilden die einzelnen Unternehmen eine sogenannte ARGE (Arbeitsgemeinschaft), unter der sie für einen definierten Zeitraum zur Lösung dieses Projekts zusammenarbeiten. Meist ist einer der Partner der kaufmännische Leadpartner, der innerhalb der ARGE für die Budgetkontrolle verantwortlich ist. Die Rollenverteilung erfolgt nach vorheriger Definition. So wird zum Beispiel bestimmt, wer für die technischen Implementierungen zuständig ist. Nach außen tritt eine ARGE als ein gemeinsam geführtes Unternehmen auf, und manchmal bilden sich aus solchen Projekt-Gemeinschaften sogar neue Unternehmen.

Anforderungen

Der kaufmännische Leadpartner wurde beauftragt, innerhalb von drei Wochen für zunächst 80 Benutzer – mit Endausbau auf 200 Benutzer – die Möglichkeit einer gemeinsamen Projektplattform zu schaffen. Bei Durchsicht der Angebote stellten die ARGE-Partner fest, dass eine kurzfristige Lösung mit der Einbindung in eine fremde IT-Landschaft an folgende Herausforderungen stößt:

- Lizenzierung von betriebsfremden Personen
- Sicherheitsrisiko durch Integration betriebsfremder Personen
- Aufwand bei der Erstellung und Konfiguration von externen Zugriffen
- Bereitstellung interner (Personal-)Ressourcen
- Zukauf von Hardware – neue Server, Storage
- Hohe Einmalkosten
- Mehrsprachigkeit und Helpdesk in mehreren Sprachen, auch für Osteuropa
- Umsetzung innerhalb von drei Wochen
- Kalkulierbare Kosten

Da keines der vorgestellten Angebote all diese Punkte erfüllen konnte, der Zeitrahmen von drei Wochen jedoch unbedingt eingehalten werden musste, musste schnell nach einer Alternative gesucht werden. Zudem mussten diese Projektkosten der zu implementierenden Lösung in das ARGE-Budget eingeplant werden.

Lösung

Office 365 E1 deckt alle Anforderungen perfekt ab:
Mit SharePoint Online erhält die ARGE ein Tool, das sie als zentrale Dokumentaustauschplattform nutzen kann. Ein Portal ist eine Plattform, die online über das Web abrufbar ist und wo Teams zentral Daten ablegen und auf diese zugreifen können. Die Portale können je nach Anforderung ausgestattet und auch in verschiedenen Sprachen zur Verfügung gestellt werden. Die Mitglieder erhalten nur Zugriff zu den Portalen, zu denen sie auch die Zugangsrechte besitzen.

Lync Online wird für die Ad-hoc-Kommunikation verwendet – die Benutzer haben damit die Möglichkeit, sofort live zu interagieren. Meetings können schnell und einfach online abgehalten werden, sodass das Reiseaufkommen gesenkt wird.

Exchange Online wird in diesem Szenario als E-Mail-Plattform nur vom Kernteam eingesetzt, alle anderen ARGE-Mitglieder arbeiten mit einer bereits bestehenden E-Mailing-Lösung. Die von der ARGE registrierte Domain und die damit verbundenen E-Mail-Adressen werden nur vom Leadershipboard als Kommunikationsmöglichkeit eingesetzt. Damit ist ein einheitliches Auftreten mit einer Kommunikationsadresse gegeben.

Da Lync und SharePoint für alle Mitglieder lizenziert wurden, hat man sich für eine einheitliche Lizenzierung mit dem Office 365-Paket E1 entschieden. Die Kosten waren so im Voraus kalkulierbar und konnten direkt in das ARGE-Projektbudget mit einbezogen werden. Der Vorteil dabei: Die Kosten waren ohne hohe Anschaffungskosten über die Projektlaufzeit gleichmäßig verteilt.

Das Office 365-Abonnement wächst mit der ARGE mit: Da für das Initialsetup vorerst nur 20 Benutzer eingeplant waren, wurde das Abonnement auch nur mit dieser Benutzeranzahl bestellt. Danach wurde die Benutzerzahl monatlich kontinuierlich auf mittlerweile 85 Benutzer erhöht. Im Endausbau werden sich maximal 200 Benutzer die Projektplattform teilen. So kann in beide Richtungen skaliert werden. Nach den ersten zwölf Monaten steht es der ARGE frei, monatlich die Mengen anzupassen.

Die ARGE wird für etwa vier bis fünf Jahre existieren. Bei Erfolg der ARGE wird daraus eine eigene Projektgesellschaft gegründet, die das Geschäft dann fortführen wird.

Ergebnis

Alle Anfangsforderungen wurden erfüllt. Vor allem der hohe Zeitdruck konnte mit Office 365 gemeistert werden, Benutzer und Portale waren innerhalb einer Woche aufgesetzt und sofort einsatzfähig. Die Anwender in den unterschiedlichen Ländern erhielten eine zentrale Plattform für den Dokumentaustausch und mussten damit keine zusätzliche Software installieren – alles funktioniert – egal mit welchem Browser.

Szenario 3: Ein Handelsbetrieb kommt ganz groß raus

Unternehmensgröße: 50 Benutzer, davon 20 reine Handelsangestellte, 10 Reisende, 20 Knowledge-Worker

Produkt: Office 365 Exchange Online Plan 1

Exchange Online Deskless

Ausgangssituation

Ein mittelständischer Handelsbetrieb, der mehrere Ladengeschäfte betreibt, in denen er auf Baumaterialien, Handwerkerzubehör, Kinderspielzeug und Einrichtungsgegenstände spezialisiert ist.

Bisher wurde E-Mail als alleiniges Kommunikationsmittel zwischen den Büromitarbeitern und den Handelsreisenden verwendet. Ladenmitarbeiter bzw. auch Lagermitarbeiter hatten keine eigene Möglichkeit zur E-Mail-Kommunikation.

Der zur Verfügung gestellte Postfachserver war ein auf Linux basierendes, einfaches E-Mailing-System. Als E-Mail-Clients wurde über POP3 mit Outlook Express bzw. Windows Mail gearbeitet. Am Marketingcomputer (ein Mac-Rechner) wurde ebenfalls über Apple Mail mit POP3 gearbeitet. Der Linux-Postfachserver gammelte mehr oder weniger vor sich hin und erhielt erst Beachtung, als eine der dort verbauten IDE-Festplatten ihren Dienst einstellte.

Zu diesem Zeitpunkt wurden dann mehrere Dinge sehr schnell klar:

- Es gab einen mehrtägigen Ausfall des Linux-E-Mail-Systems
- Es gab niemanden, der sich mit Linux-E-Mail-Systemen auskannte

- Eine externe Ressource, die das System warten konnte, war gerade nicht verfügbar
- Die Datensicherung des Postfachservers wurde nie eingerichtet, das System müsste also neu eingerichtet werden
- Es war kein Ausfallpostfachserver eingetragen, d.h. alle neuen E-Mails gingen sofort mit einem Unzustellbarkeitsbericht zurück
- Die Kommunikation per E-Mail war damit nicht möglich. Ein im Vorweihnachtsgeschäft zu versendender Newsletter konnte nicht verschickt werden.

Die bisherige, als extrem kostengünstige und allzeit verfügbare Open Source-Lösung wahrgenommene Lösung war damit sehr schnell innerhalb des ganzen Unternehmens in Ungnade gefallen. Das Management erkannte sehr schnell, dass hier möglichst rasch und unkompliziert eine neue Lösung gefunden werden musste.

Anforderungen

Die neue Lösung, die das Management suchte, sollte folgende Anforderungen erfüllen:

- Kein Inhouse-Server mehr. Das Unternehmen wollte sich auf eine zuverlässige Lösung verlassen und nicht selbst zum IT-Betreiber werden.
- Push-E-Mail-Funktionalität (Fokus auf BlackBerry) für die Handelsreisenden
- Hohe garantierte Verfügbarkeit. Der zweiwöchige Ausfall sollte sich nicht mehr wiederholen.
- Keine hohen Neuanschaffungskosten
- Unterstützung unterschiedlicher Betriebssysteme (Mac OS und Windows)
- Serverseitige Sicherung bzw. Wiederherstellungsmöglichkeit bei Datenverlust auf Clientseite
- Möglichst kostengünstige Einbindung der Mitarbeiter aus den Geschäften
- Eine zuverlässige Betreuung für die Windows-Umgebung
- Möglichst geringe Kosten

Das Management wurde bei seiner Recherche auf die Möglichkeiten des Cloud Computing aufmerksam und damit auf Office 365.

Lösung

Die Lösung ist simpel: Alle Knowledge-Worker und die Handelsvertreter erhalten ein Office 365 Exchange Online P1-Postfach. Die Handelsangestellten erhalten eine Office 365 Exchange Online Deskless-Version. Damit sind erstmals auch die Handelsangestellten in die E-Mail-Kommunikation eingebunden.

Im Zuge dieses Abonnements wurden auch die Clientrechner aktualisiert. Zwar verblieb man vorerst bei Windows XP, jedoch wurde durchgängig auf Office 2010 umgestellt. Auf dem Mac-Rechner wurde Entourage 2008 installiert.

Ursprünglich wollte das Management auf BlackBerry umsteigen. Jedoch wurde nach Erklärung der Funktionalität auf Android-Smartphones und Windows-Phones umgestellt. Alle Handelsvertreter haben nun ein Windows-Phone und sind damit auch mobil via E-Mail immer erreichbar.

Ergebnis

Das Unternehmen verfügt nun über eine durchgängige E-Mail-Kommunikation. Alle Mitarbeiter sind per E-Mail erreichbar. Ein mobiler Zugriff ist von überall möglich.

Ein weiterer Vorteil, der erst nach Projektabschluss als Feedback kommuniziert wurde, war der nun vorhandene Viren- und Spamschutz. Erst mit Einführung von Office 365 realisierten die Mitarbeiter, wie viel Spam-E-Mails sie mit dem alten System erhalten haben. Auch die Zuverlässigkeit im Gegensatz zum alten E-Mail-System wurde besonders hervorgehoben. Der Zugriff von überall – auch über das Internet – stellt eine große Arbeitserleichterung dar.

Die neuen Möglichkeiten der Zusammenarbeit hinsichtlich des Zugriffs auf gemeinsame Kalender und Kontakte wurde von den Knowledge-Workern sofort angenommen.

Auch der Zugriff mit dem Macintosh-Rechner funktioniert problemlos. Damit ist im ganzen Unternehmen eine einheitliche Benutzerfreundlichkeit gegeben.

Das Management ist zufrieden, da es nun eine moderne Lösung im Unternehmen eingeführt hat und sich um E-Mail-Themen nicht mehr kümmern muss. Ebenfalls positiv bewertet wird der Umstand, dass alle Daten sicher und immer verfügbar sind. Die Abhängigkeit von IT-Technikern, die über Spezialwissen im Bereich Linux verfügen, ist so nun nicht mehr erforderlich. Die Kosten sind klar ersichtlich und kalkulierbar.

Szenario 4: Ein Dachdecker in der Wolke

Unternehmensgröße: 3 Benutzer

Produkt: Office 365 P1

Office Professional Plus

Ausgangssituation

Ein kleines Familienunternehmen, das als Dachdecker und Spenglerei arbeitet, nutzt E-Mails zur Kommunikation mit Kunden. Der bisherige Provider, der für das Unternehmen ein E-Mail-Postfach angeboten hat, hat nur einen sehr schwachen Spamschutz und einen ebenso schwachen Virenschutz implementiert. Zudem ist das Mailsystem veraltet und ungepatcht, wodurch dieses System immer wieder als Mail-Relay zum Versenden von Spam-E-Mails verwendet wird. Dadurch wird dieser Postfachserver sehr oft auf Blacklisten eingetragen. Damit ist es dem Unternehmen unmöglich, eine zuverlässige E-Mail-Funktion zu erhalten.

Aus diesem Grund steigt der Dachdecker immer wieder auf Systeme um, die gratis E-Mail-Services anbieten, und versendet dann nicht mehr über seine eigene Domain, sondern mit einem Free-Mail-Account, was einen sehr unprofessionellen Eindruck macht.

Eine lokale E-Mail-Sicherung erfolgt de facto nicht, da als Postfachclient Windows Mail eingesetzt wird. Der Unternehmer kopiert manuell meist die E-Mails von Computer zu Computer. Dieser Prozess ist aufgrund der vielen Tausend E-Mails sehr langwierig und fehleranfällig.

Weder mobiles E-Mail noch Webmail werden derzeit intensiv genutzt.

SharePoint-Dienste sind unbekannt, ebenso wie Lync Online.

Anforderungen

Die Dachdeckerei wünscht sich ein stabiles E-Mail-System, welches spam- und virenfrei funktioniert. Die kostenlosen E-Mail-Konten sollen gleich mit eingebunden werden und zentral an einem Ort abgerufen werden.

Das E-Mail-Service soll günstig sein. Da die Dachdeckerei weder Kalender noch Kontakte noch andere Möglichkeiten der Zusammenarbeit genutzt hat, ist diese Funktionalität gänzlich unbekannt. Windows Mail wird als ausreichend empfunden.

Die Dachdeckerei setzt bisher Office 2000 ein. Nach einer Demonstration und Erläuterung von Office Professional Plus wird entschieden, auch dieses innerhalb von Office 365 zu mieten. Der Umstieg von Windows Mail auf Outlook wird ebenfalls gewünscht, da für den kleinen Betrieb ersichtlich ist, dass die Kalenderfunktion und der Austausch in Office 365 sinnvoll ist.

SharePoint Online wird ebenfalls als positiv empfunden, da das Unternehmen damit die Gelegenheit hat, Dateien auszutauschen und auch von unterwegs darauf zuzugreifen.

Lync Online kann in Zukunft dafür verwendet werden, den entfernten IT-Support zu kontaktieren und auch, um anfallende Computerprobleme gemeinsam per Fernwartung zu beheben.

Lösung

Als Lösung werden der Office 365 P-Plan und Office Professional Plus verwendet. Besonders geschätzt wird das Office Professional Plus-Abo, das der Dachdecker auf bis zu fünf seiner persönlichen Arbeitsstationen installieren kann. So ist sein Firmenrechner ebenso mit Microsoft Office versorgt wie sein Notebook und auch sein Computer zu Hause.

Der Zugriff auf Office 365 ist schnell eingerichtet und es wird auch sogleich die Funktion des Remoteabrufs der externen E-Mail-Konten genutzt. Damit, dass externe E-Mail-Konten nur einmal pro Stunde abgefragt werden, ist die Dachdeckerei zufrieden.

Die E-Mails von Windows Mail werden über die in Outlook integrierte Funktion importiert. Da die Dachdeckerei nur eine asynchrone Internetleitung mit sehr langsamem Upload besitzt, dauert der Upload der vielen E-Mails recht lange. Jedoch ist nach dem Upload das E-Mail-Konto der Benutzer von überall abrufbar und es müssen keine lokalen, umständlichen Sicherungen und Datenübertragungen mehr erfolgen.

Ergebnis

Das Unternehmen besitzt mit dem P-Plan ein für seine Zwecke geeignetes Lösungsmodell, da das Unternehmen in dieser Größe bleiben wird.

Die E-Mail-Kommunikation ist schnell, zuverlässig und bietet einen sehr guten Spamschutz und Integrationsmöglichkeiten für externe E-Mail-Dienste.

Mit Office Professional Plus hat das Unternehmen einen Technologiesprung im Office-Bereich von mehr als 10 Jahren gemacht. Trotzdem finden sich die Benutzer in Outlook 2010 sofort zurecht.

Szenario 5: Die Cloud-Gemeinde

Unternehmensgröße: 30 Benutzer

Produkt: Office 365 E1

Ausgangssituation

Ausgestattet mit einem eigenen Exchange Enterprise-Server an einem Standort stand die Verwaltung einer kleinen Gemeinde vor der Herausforderung, dass Mitarbeiter von unterwegs nicht auf wichtige Informationen zugreifen konnten. In Zukunft sollen E-Mails mit Smartphones, iPhone oder BlackBerrys abrufbar sein.

Für die rund 30 Mitarbeiter stehen zwei Windows Enterprise-Server und ein Exchange 2007 Enterprise-Server zur Verfügung.

Anforderungen

Der in der Gemeinde für die IT-Abteilung verantwortliche Personalreferent wird in einigen Jahren in Pension gehen. Daher ist er auf der Suche nach einem System, welches möglichst wartungsfrei und einfach für alle Bediensteten funktioniert.

Ein Intranetportal soll gemeinsam genutzte Ressourcen optimal von jedem Zugang aus verwalten. Damit soll sichergestellt werden, dass das Fahrzeug der Gemeinde in einem gemeinsamen Kalender verwaltet wird, ebenso wie die Zugänge zu anderen Gemeinderessourcen, die von den Bediensteten verwendet werden.

Folgende Anforderungen sollten abgedeckt werden:

- Ersatz des bisherigen Exchange Enterprise-Servers, da er für eine Gemeinde dieser Größe zu groß dimensioniert war
- Möglichkeit, gemeinsame Ressourcen (Gemeindeauto, Besprechungsräume) zu verwalten und einzusehen
- Ein komfortables, leicht selbst zu wartendes Gemeindeintranet für den Austausch von Informationen
- Technologisch immer auf dem neuesten Stand sein
- Reduzierung der lokalen Wartungskosten
- Anwesenheiten, Urlaubszeiten und Verfügbarkeiten jederzeit austauschen
- Einbindung von BlackBerry Enterprise Services und iPhones
- Einfache, kalkulierbare Lizenzierung in Form eines monatlichen Abonnements

Lösung

Für diese Anforderung ist Office 365 E1-Plan das optimale Produkt.

Die Umstellung in die Cloud erfolgte zunächst probeweise im Hybridmodus, also in einer Koexistenz von Server und Cloud-Lösung. Nach kurzer Zeit wurde gänzlich auf Office 365 umgestellt. Innerhalb von nur zwei Tagen – über das Wochenende – wurden alle Postfächer in Office 365 migriert. Die öffentlichen Ordner des alten lokalen Exchange-Servers, die bisher als Gruppenkalender und Gruppenadressbuch gedient haben, wurden in das neue Gemeindeintranet, basierend auf SharePoint Online, eingebunden.

Damit von allen Standorten (Kindergarten, Rathaus etc.) immer aktuelle Präsenz- und Anwesenheitsinfos verfügbar sind, wird auf allen Clients Lync installiert. So sieht jeder Mitarbeiter in der Gemeinde sofort, welche Bediensteten gerade verfügbar sind. Durch die Integration in Exchange sind auch Abwesenheiten sofort im Präsenzstatus ersichtlich.

Der Bürgermeister, der selbst viel unterwegs ist, kann nun jederzeit auf wichtige Informationen zugreifen. Vor allem das unkomplizierte Einbinden mobiler Geräte hat ihn beeindruckt. Sogar der vorerst skeptische Stadtrat ist mittlerweile überzeugt, weil die neue Lösung reibungslos funktioniert. Der IT-Verantwortliche ist sich sicher, damit die richtige Strategie gewählt zu haben und auch nach seiner Pensionierung eine moderne und gut funktionierende Cloudgemeinde zu haben.

Ergebnis

Serverausfälle, die früher für Zeitengpässe und Probleme gesorgt hatten, gehören nun der Vergangenheit an.

Durch das Intranet ist die Gemeindeverwaltung stets auf dem aktuellen Stand. Buchungen von Ressourcen erfolgen über gemeinsam genutzte Kalender.

Mit Office 365 E1 sind alle Bedürfnisse der Benutzer abgedeckt. Der Exchange Enterprise-Server wurde bereits nach wenigen Wochen außer Betrieb genommen. Damit spart die Gemeinde auch zusätzliche Energie und Wartungskosten ein.

Der Umstieg auf Office 365 hat die IT-Infrastrukturkosten gesenkt und die Zusammenarbeit und die Kommunikation wesentlich verbessert.

Szenario 6: Das Start-up-Unternehmen

Unternehmensgröße: 9 Benutzer

Produkt: Office 365 P1

Ausgangssituation

Nach Gründung seines Inkassobüros war der Geschäftsführer auf der Suche nach einer stabilen und zuverlässigen Lösung für die gesamte IT-Infrastruktur sowie einer leicht zu wartenden Website. Die IT-Leistungen sollten das Geschäft des Start-up-Unternehmens unterstützen und kostenmäßig nicht überbelasten.

Anforderungen

Die Geschäftsführung hatte folgende Anforderungen:

- Funktional und schnell
- Mobile Integration
- Daten überall verfügbar
- Skalierbar

- Leistungsfähig
- Zuverlässig
- Sicher
- Kein Einsatz zusätzlicher Hard- und Software

Ein ganz klares Kriterium des Unternehmens war die Voraussetzung, dass nur Dienste, die zum Kerngeschäft des Unternehmens gehören, auch innerhalb des Unternehmens bearbeitet werden. Alle anderen Leistungen, wie z.B. IT, Steuerberatung etc. sollten nach Überzeugung der Geschäftsführung von jenen gemacht werden, die darauf spezialisiert sind. Das spart Zeit, Geld und Nerven.

Lösung

Für diese Anforderung ist Office 365 P-Plan das geeignete Produkt.

Damit deckt das Unternehmen den E-Mail-Zugriff ab, verwendet das SharePoint-Portal zum Austausch von Dokumenten und synchronisiert die mobilen Geräte.

Da das Start-up-Unternehmen zu Beginn eine schnelle, einfache Website benötigte, wurde auf die in den P-Plan integrierte SharePoint Intranet Sites-Website zugegriffen. Mit dieser konnte der in HTML und CSS versierte Webdesigner eine einfache, aber trotzdem ansprechende Website gestalten, die den Unternehmensauftritt repräsentierte. Die redaktionelle Betreuung der Website kann jeder Mitarbeiter des Start-up-Unternehmens ohne technische Vorkenntnisse übernehmen – das spart Zeit und Kosten.

Ergebnis

Schnell, einfach und immer online – der Office 365 P-Plan war in diesem Fall die ideale Lösung für das Unternehmen. Die Kosten sind klar ersichtlich und kalkulierbar.

Szenario 7: Über FOPE zu Exchange Online

Unternehmensgröße: 25 Benutzer

Produkt: Office 365 Exchange Online P1

Ausgangssituation

Ein renommiertes Modehaus für Damenmode betreibt mehrere Filialen. Zur Kommunikation zwischen der Zentrale, den einzelnen Abteilungen und Filialen werden E-Mails verschickt. Die Abteilungen Einkauf, Warenbeschaffung, Näherei, Warenmanipulation bis hin zur Buchhaltung und Geschäftsführung sind räumlich getrennt. Ebenso sind E-Mails auch ein wichtiges Kommunikationsmittel zwischen dem Betrieb und seinen Lieferanten und Produzenten.

Basis für den Postfachserver war Small Business Server 2003 (SBS). Zusätzlich wurden im Lauf der Jahre weitere Server für Warenwirtschaft, Buchhaltung, Dateien und Sicherung angeschafft. Für die vor Ort anfallenden IT-Tätigkeiten wurde ein eigener Mitarbeiter beschäftigt, Second Level-Support erfolgte per Fernwartung oder vor Ort.

Der SBS-Server ist zwar eine starke, robuste Maschine, hatte aber eine permanente Auslastung und war – durch seine Rolle als zentraler Server – für Anfragen teilweise sehr langsam. Eine Analyse ergab, dass der Server einen Großteil seiner Ressourcen wie CPU und Speicher für die Verarbeitung des E-Mail-Verkehrs verwendete. Täglich wurden zehntausende E-Mails verarbeitet – und fast alle waren Spam.

Nach Analyse des E-Mail-Verkehrs zeigte sich, dass 99 % aller E-Mail-Nachrichten Spam waren und nur zu einem Prozent »richtige« E-Mails! Dies bedeutet, der Server war zu 99 % seiner Zeit damit beschäftigt, unerwünschte E-Mails (Spam) zu empfangen, zu klassifizieren und zu verarbeiten.

Mit Verfügbarkeit der ersten Cloudservices mit Viren- und Spamschutz vor etwa 5 Jahren wurde Microsoft Forefront Online Protection for Exchange (FOPE) eingesetzt. Damit entfiel täglich die Verarbeitung zehntausender E-Mails. Der Postfachserver war entlastet.

Die Geschäftssituation des Modehauses hat sich im Lauf der Jahre verändert, und der Betrieb hat Filialen abgebaut und Dienste und Dienstleistungen ausgelagert. Damit war die bestehende IT-Infrastruktur zu groß und nicht mehr erforderlich.

Anforderungen

Die Geschäftsführung hatte folgende Anforderungen:

- Abbau nicht mehr benötigter Rechner und IT-Leistungen (der alte SBS-Server ist mittlerweile fast 9 Jahre alt, ebenso die weiteren Server zwischen 5 und 9 Jahren)
- Datenübernahme aus teilweise veralteten Systemen
- Kein Einsatz zusätzlicher Hard- und Software
- Modell für flexible Benutzeranzahl (Skalierbarkeit)
- Kalkulierbar
- Mobile Integration

Es sollten nur die wesentlichen IT-Dienste weiter genutzt werden. E-Mail ist ein Basisdienst, der flexibel verfügbar sein soll und über einen Viren- und Spamschutz verfügt.

Lösung

Für diese Anforderung ist Office 365 Exchange Online P1 das geeignete Produkt.

Damit deckt das Unternehmen den E-Mail-Zugriff ab. Weitere Cloud-Dienste zur Zusammenarbeit werden in diesem Unternehmen nicht verwendet. Alte Serversysteme werden virtualisiert und nur bei Bedarf verwendet. Weitere Funktionen werden an externe Dienstleister ausgelagert.

Die E-Mail-Dienste auf dem alten Server wurden deaktiviert. Die Clients verwenden nun Office 365 Exchange Online. Geschäftsführung und Außendienstmitarbeiter können über mobile Geräte auf ihre E-Mails zugreifen und verwenden.

Ergebnis

Schnelle und einfache Ablösung des alten Postfachserversystems – der Office 365-P1-Plan war in diesem Fall die ideale Lösung für das Unternehmen. Die Kosten sind klar ersichtlich und kalkulierbar.

Kostenklarheit in den Wolken

Cloud Computing liegt im Trend. Mit der Auslagerung von IT-Leistungen gelingt es Unternehmern, Kosten und Ressourcen zu sparen. Mein Fachgebiet ist Software as a Service (SaaS), im Speziellen alles rund um Microsoft Online Services. Microsoft Office 365 erlaubt Unternehmen, Dienste wie E-Mail, Dokumentaustausch, Webkonferenzen oder Onlinekommunikation aus der Cloud zu nutzen. Mieten statt kaufen ist dabei die Devise. Ein durchaus attraktiver Ansatz, da die Kosten im Voraus kalkulierbar sind und die Dienste jederzeit mitwachsen können. Der Nutzen von Cloud Computing ist relativ transparent, aber wie kalkuliere ich eine Kosten- und Zeitersparnis im Vergleich zu einer klassischen Lösung?

Als Betriebswirtin verwende ich zur Bemessung ein von der Unternehmensberatung Gartner Inc. entwickeltes Abrechnungsverfahren: Total Cost of Ownership (TCO), mit dem ein wirtschaftlicher Vergleich möglich ist. Alle anfallenden Kosten wie Software, Hardware, Servicezeit, Dienstleistungen, Energiekosten und auch Betriebskosten sollen im Voraus abgeschätzt werden. Diese Kalkulation dient als Entscheidungsgrundlage einer zukünftigen Investition.

Welche Kosten fallen bei einer klassischen Lösung – also einer eigenen IT-Infrastruktur mit eigenen Servern und Personal – an? Einerseits sind dies direkte Kosten, also Hard- und Software, Kosten für Wartungsverträge und für Netzwerkinfrastruktur wie Strom, Kühlung und Leitungskosten. Andererseits handelt es sich um Kosten, die der Betrieb der Services verursacht, sogenanntes Operating (Administration und Support). Auch Training und Schulung verursachen Kosten. Die indirekten Kosten sind schwieriger ermittelbar, sie umfassen beispielsweise die unproduktive Nutzung von Services und Leistungen, Kosten, die für die Erstellung von Verträgen anfallen, Facility Management usw.

Welche Kosten fallen im Gegenzug bei Cloud Computing an? Einerseits die direkt messbaren Kosten in Form der monatlichen Nutzungsgebühren. Außerdem Kosten für Operating und Administration, denn auch die Benutzung eines gemieteten Dienstes benötigt ein gewisses Maß an IT-Betreuung für die Einrichtung und lokale Betreuung.

Cloud Computing lohnt sich in TCO-Vergleichen ebenso für kleine als auch für große Unternehmen. Nachfolgend finden Sie zwei Beispiele, berechnet anhand eines typischen KMU mit 20 Mitarbeitern und anhand eines größeren Unternehmens mit 1000 Mitarbeitern.

HINWEIS KMU steht als Sammelbezeichnung für kleine und mittlere Unternehmen.

Cloud Computing für KMU

Zur Analyse verwende ich ein standardisiertes TCO-Berechnungstool, welches folgende Faktoren über einen Zeitraum von sechs Jahren berücksichtigt:

- Lizenzkosten
- Hardwarekosten
- Gemittelte Operationskosten von rund 12 %
- Deploymentkosten

Das Ergebnis für 20 Benutzer für Office 365, die jedoch nur E-Mail in Form von Exchange Online verwenden wollen: Eine Kostenersparnis von immerhin 36 %. Interessant in dieser Berechnung ist, dass keine Kosten für Backup und Gateway mitkalkuliert sind – etwas, das bei einer eigenen E-Mail-Infrastrukturlösung immer dazugehört.

Das Ergebnis der klassischen Lösung im Detail:

Abbildg. 1.8 Das Ergebnis der klassischen Lösung im Detail

		Year 1	Year 2	Year 3	Year 4	Year 5	Year 6	
Messaging - Exchange 2010								Average
Hardware	€	21,363	2,289	2,289	2,289	2,289	21,363	**8,647**
Software and Services	€	12,676	8,756	8,756	8,756	8,756	12,676	**10,063**
Operations	€	1,687	1,687	1,687	1,687	1,687	1,687	**1,687**
Deployment and Migration	€	9	-	-	-	-	9	**3**

Abbildg. 1.9 Im Vergleich zum klassischen Modell schneidet Office 365 und Exchange Online sehr gut ab

		Year 1	Year 2	Year 3	Year 4	Year 5	Year 6	
Messaging - Exchange Online								Average
Hardware	€	-	-	-	-	-	-	-
Software and Services	€	9,188	9,188	9,188	9,188	9,188	9,188	**9,188**
Operations	€	211	211	211	211	211	211	**211**
Deployment and Migration	€	21,987	-	-	-	-	-	**3,664**

Cloud Computing für große Unternehmen

Bei einem großen Unternehmen mit 1000 Benutzern nehmen wir andere Daten als Grundlage. Unser Beispielunternehmen nutzt alle Dienste von Office 365, nicht nur den E-Mail-Dienst. Hier ergibt sich eine Kostenersparnis von 21 % – gemessen an einem Zeitraum von sechs Jahren.

Abbildg. 1.10 Kostenvergleich von On-Premis versus Office 365

Total		**On-premises**		**Office 365**
Hardware	€	66,797	€	1,073
Software and Services	€	810,863	€	751,653
Operations	€	97,506	€	26,829
Deployment and Migration	€	7,906	€	22,356
Total	€	**983,072**	€	**801,911**
Total Annual Cost per User	€	959,40	€	755,82
Monthly Cost per User	€	79,95	€	62,98
% difference versus On-premises		0%		-21%

Ein weiteres Beispiel: Bei einem Unternehmen mit 1000 Benutzern haben 500 keinen eigenen PC (Kioskmitarbeiter). Diese Mitarbeiter haben nur ein kleines Postfach und nutzen damit nur den Onlinezugang. Somit sind auch diese Kioskmitarbeiter integriert, die sonst nicht in die Unternehmenskommunikation einbezogen wären. Mit Office 365 liegt die Ersparnis über sechs Jahre bei 56 %.

Abbildg. 1.11 Kostenvergleich über einen Zeitraum von 6 Jahren

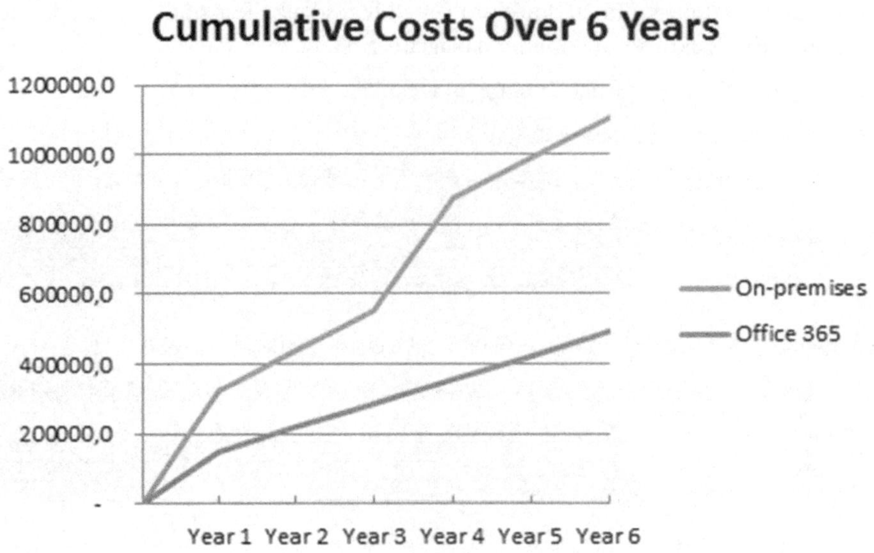

Kostenklarheit gewinnen und gezielt investieren

Bei der wirtschaftlichen Entscheidung, Dienste aus der Cloud zu nutzen, sollten Sie sich immer genau ansehen, welche Kosten entstehen. Ein TCO-Kalkulator kann hierbei ein wichtiges Hilfsmittel sein, um einen Eindruck über alle anfallenden Kostenfaktoren zu erhalten. Erst damit lässt sich zuverlässig beurteilen, welche Lösung sinnvoll ist und eingesetzt werden sollte. Es ist empfehlenswert, sich alle Kosten darlegen zu lassen. Dies kann mithilfe des internen Controllings oder über einen externen Beratungspartner erfolgen.

Lassen Sie sich nicht dazu verleiten, in die Berechnung nur Hardware- und Softwarekosten als Einmalinvestition einzubeziehen.

Die Vorteile einer Cloud-Lösung sind transparente, vorhersehbare Kosten bei hoher Leistung, Flexibilität und Verfügbarkeit. Es bleibt insgesamt mehr Investitionsvolumen in Ihrem Kerngeschäft!

Kapitel 2

Office 365 konfigurieren und verwalten

In diesem Kapitel:

Immer wenn ich mich mit Personen über Office 365 unterhalte, merke ich, dass es noch sehr viel Unsicherheit und Skepsis gegenüber Cloud-Lösungen gibt. Wird es schwierig? Bin ich denn sicher? Wo liegen meine Daten? All das und vieles mehr sind häufige Fragen, die Kunden und Partner an mich herantragen.

Der Weg in die Cloud sollte wie jede andere Entscheidung überlegt sein und die Vor- und Nachteile abgewägt werden. Ich sehe bei kleinen Unternehmen immense Vorteile, die sich durch die Nutzung von Office 365 bieten: Endlich mit einer professionellen Lösung arbeiten, keine Angst mehr davor haben, dass der Server im Homeoffice oder im Büro ausfällt oder die Internetverbindung mal nicht funktioniert. Keine unnötigen Hardwarekosten haben, schnell agieren und sich auf das Wesentliche konzentrieren können. Seien wir einmal ehrlich: Welches kleine oder mittlere Unternehmen (KMU) leistet sich heute ein georedundantes Rechenzentrum?

Eine der besten Analogien, die ich in Office 365 im Vergleich zur eigenen Infrastruktur immer gerne bringe: Wenn Du Milch für Deinen Kaffee haben möchtest, kaufst Du im Normalfall ja auch nicht gleich eine ganze Kuh, nur damit Du immer versorgt bist.

So, wie wir es jetzt gewohnt sind, dass Strom aus der Steckdose, Internet aus der Leitung, Milch aus dem Supermarkt kommt, so werden auch Cloud Services immer mehr zum Commodity Service. Unter Commodity Service versteht man Standarddienstleistungen, quasi Allerweltsprodukte. Man weiß also, was man bekommt. Leistungen von Rechenzentren und Telekommunikationsdienstleistern werden ebenso als Standarddienstleistungen betrachtet wie auch Onlinebanking, Selbstbedienungsautomaten und vieles andere mehr.

Auch bei Office 365 handelt es sich um eine Standarddienstleistung – die Produkte sind standardisiert, es gibt definierte Vereinbarungen zum Servicelevel (Service Level Agreements, SLA) und Service-Beschreibungen. Man kann Office 365 testen, man kann es ausprobieren und man kann es mieten. Genau diesem Modell – mieten statt kaufen – folgt auch Office 365.

Everything as a Service – XaaS schnell erklärt

Immer wenn man den Begriff Cloud Computing hört, sind Begriffe wie SaaS, PaaS und IaaS nicht weit. Hier eine kurze Begriffsdefinition und wo Sie Office 365 einordnen können. XaaS hat sich hier als Überbegriff gezeigt: Everything as a Service – was sich vielleicht am ehesten mit »Alles als Dienst« übersetzen lässt.

SaaS steht für Software as a Service und bezeichnet die Möglichkeit, sämtliche Softwareleistungen nicht mehr zu kaufen bzw. zu lizenzieren, sondern lediglich die Nutzung der Software zur Verfügung zu stellen. Bezahlt wird nach dem »Per use«-Modell, d.h. bezahlt wird tatsächlich, was man verwendet. Office 365 gehört in diese Kategorie.

PaaS steht für Platform as a Service und bezeichnet die Möglichkeit, eine Plattform als Dienst zur Verfügung zu stellen, die der Benutzer je nach Verwendung bezahlt. Ein typisches Beispiel dafür sind z.B. Onlineshops, die über PaaS beliebig skalieren können. Im Weihnachtsgeschäft, wenn mehr verkauft wird, steigt die Nutzung der Plattform, während in anderen Monaten, in denen die Nachfrage nicht so hoch ist, weniger Service benötigt wird. Microsoft Windows Azure gehört in diese Kategorie.

IaaS steht für Infrastructure as a Service und bezeichnet die Möglichkeit, statt eigene Hardware zu kaufen, diese bei Bedarf (virtualisiert) zu mieten. Damit hat man weiterhin »seine« eigenen Server, nur laufen diese auf einer (skalierbaren) Plattform. Microsoft Windows Azure bietet ebenfalls IaaS-Services an.

Abbildg. 2.1 Unterschiede zwischen IaaS, PaaS und SaaS

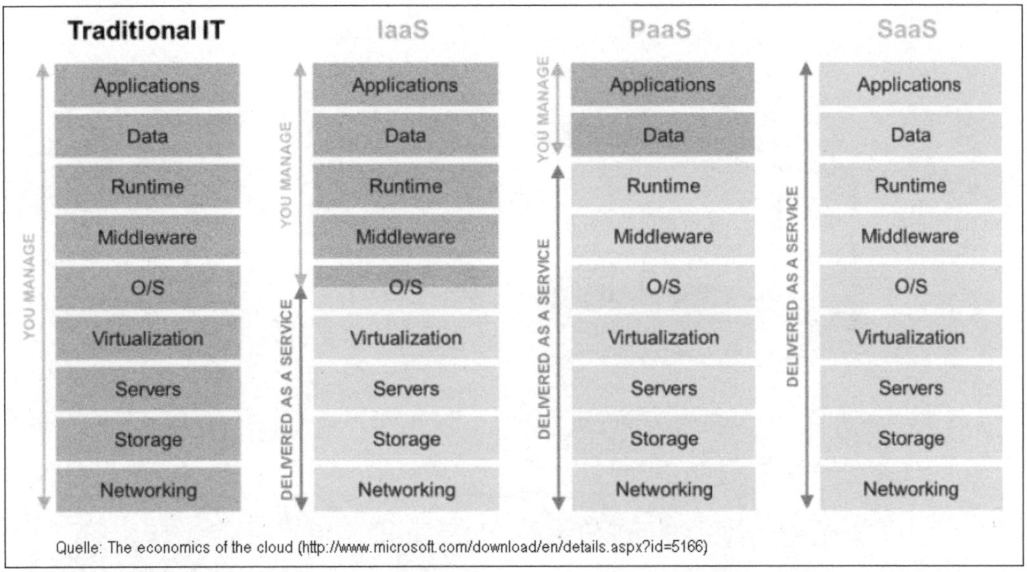

Nach dieser Begriffserklärung wird es Zeit, dass wir unser erstes Office 365-Konto einrichten. Da wir uns in diesem Buch vor allem an kleine Unternehmen richten, werden wir uns den P-Plan von Office 365 genauer ansehen. Wir werden unser Musterkonto einrichten, Benutzer anlegen und zusammenarbeiten.

Office 365-Konto erstellen

Damit Sie sich ein Office 365-Konto einrichten können, beginnen Sie auf der Seite *www.office365.com*. Je nach Land, in dem Sie sich befinden, finden Sie dann Ihre entsprechende Länderseite und haben dort die Möglichkeit, entweder den P-Plan oder den E-Plan von Office 365 zu kaufen oder zu testen. Wir verwenden in diesem Buch ein Testkonto des P-Plans.

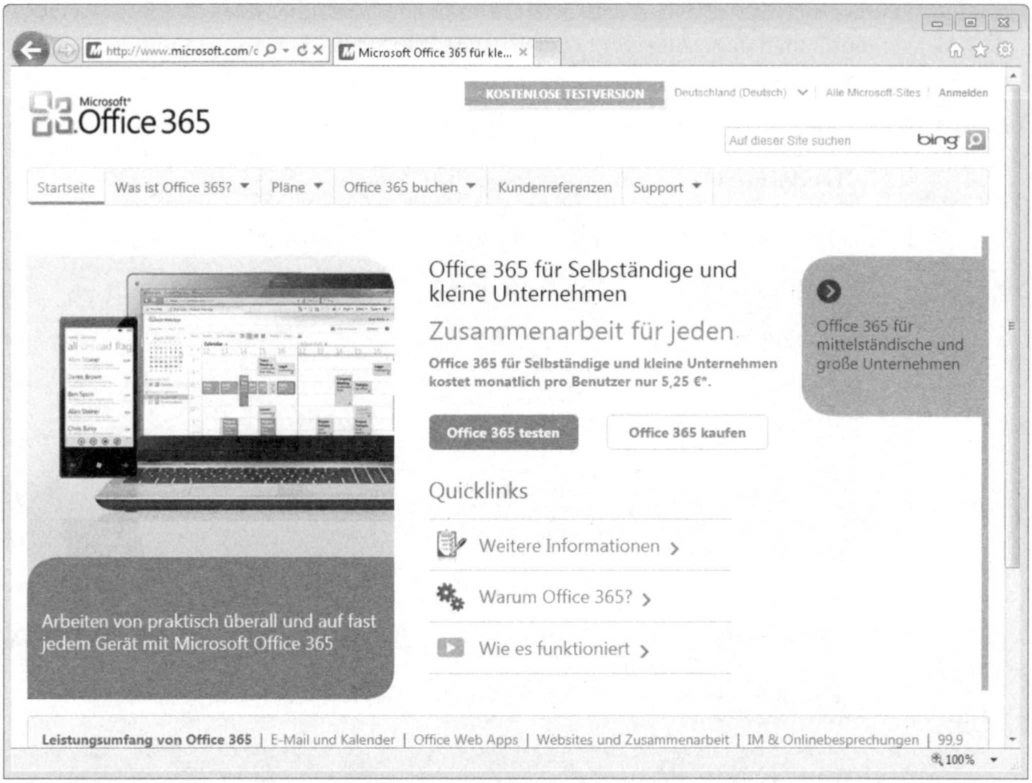

Abbildg. 2.2 Wo alles beginnt: Die Office 365-Startseite unter *www.office365.com*

HINWEIS Wenn Sie mit einem Microsoft Online Services-Partner zusammenarbeiten, erhalten Sie von diesem vielleicht bereits eine E-Mail mit einem Link, wo Sie zur Testversion eingeladen werden. Dieser führt dann direkt zur Registrierung.

Es gibt sehr versierte Microsoft Cloud-Partner, die Sie bei der Einrichtung und Verwendung von Office 365 unterstützen können. Nutzen Sie diese Gelegenheit und arbeiten Sie mit einem der Cloud-Partner zusammen. Diese Microsoft-Partner unterstützen Sie dabei, Ihren Service einzurichten, helfen Ihnen bei auftretenden Fragen und unterstützen Sie bei Problemen. Im Gegenzug wird der Partner dafür in Ihrem Abonnement hinterlegt (als sogenannter POR – Partner of Record) und erhält damit eine kleine Provision von Microsoft bezahlt.

Damit wird Office 365 nicht teurer für Sie, jedoch haben Sie damit eine Unterstützung abseits der Microsoft-Supportkanäle.

Office 365-Testkonto anlegen

Im nächsten Schritt melden wir uns zur Testversion an. Im Office 365 P-Plan umfasst die Testversion 10 Benutzer für 30 Tage. Im E-Plan erhalten Sie in der Testversion 25 Benutzer für 30 Tage mit der optionalen Möglichkeit, auch Kioskbenutzer mit zu testen. Die Testversion können Sie jederzeit während der Testphase in ein bezahltes Abonnement umwandeln.

PROFITIPP Glauben Sie mir, ein »bisschen« Office 365 testen geht nicht. Die Testversion ist vor allem dazu da, dass Sie einen Einblick in die Lösung erhalten und eventuell gleich umsteigen. Innerhalb von 30 Tagen seine gesamte E-Mail-Infrastruktur testweise in die Cloud und dann eventuell wieder zurückzulegen, ist kaum realistisch.

Verwenden Sie eine Testversion also immer dazu, auch ein konkretes Einsatzszenario auszuprobieren. Lassen Sie sich Zeit, aber nehmen Sie sich auch die Zeit, die Funktionen genau kennenzulernen. Ansonsten sind die 30 Tage schneller um, als Sie erwarten!

Abbildg. 2.3 Für eine Testversion von Office 365 registrieren

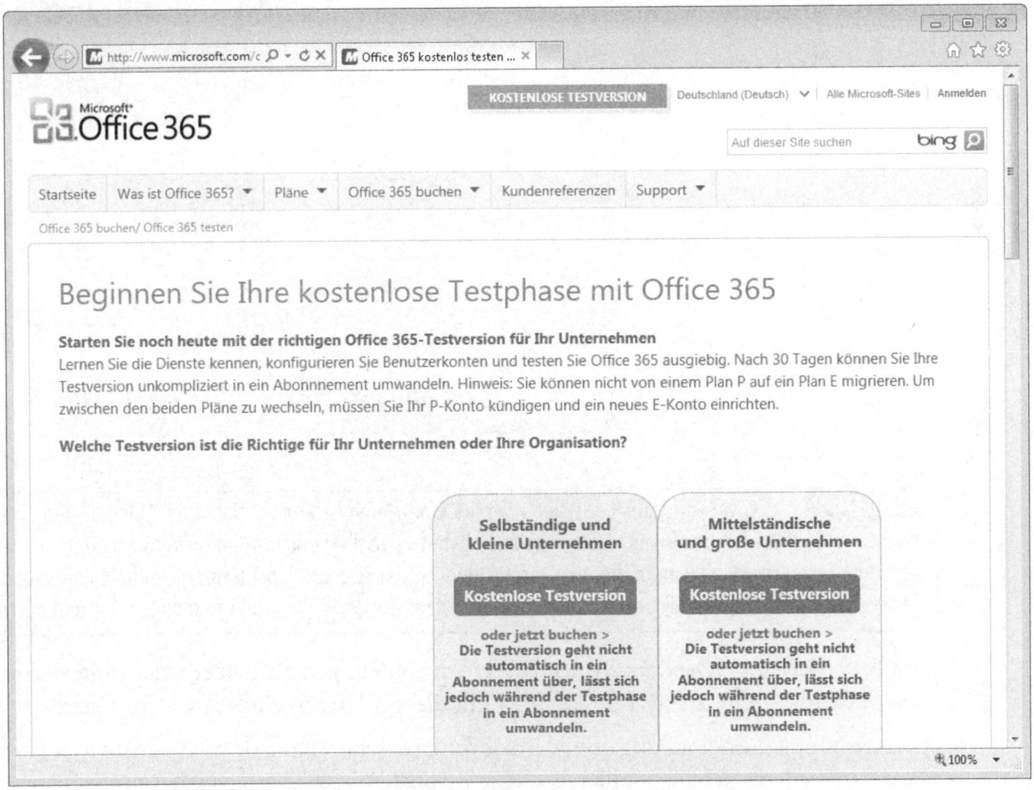

Klicken Sie hier auf *Kostenlose Testphase* (oder, falls Sie bereits überzeugt sind, auf *oder jetzt buchen*) und geben Sie im nächsten Schritt Ihre Benutzerdaten ein.

Abbildg. 2.4 Registrierungsinformationen eintragen

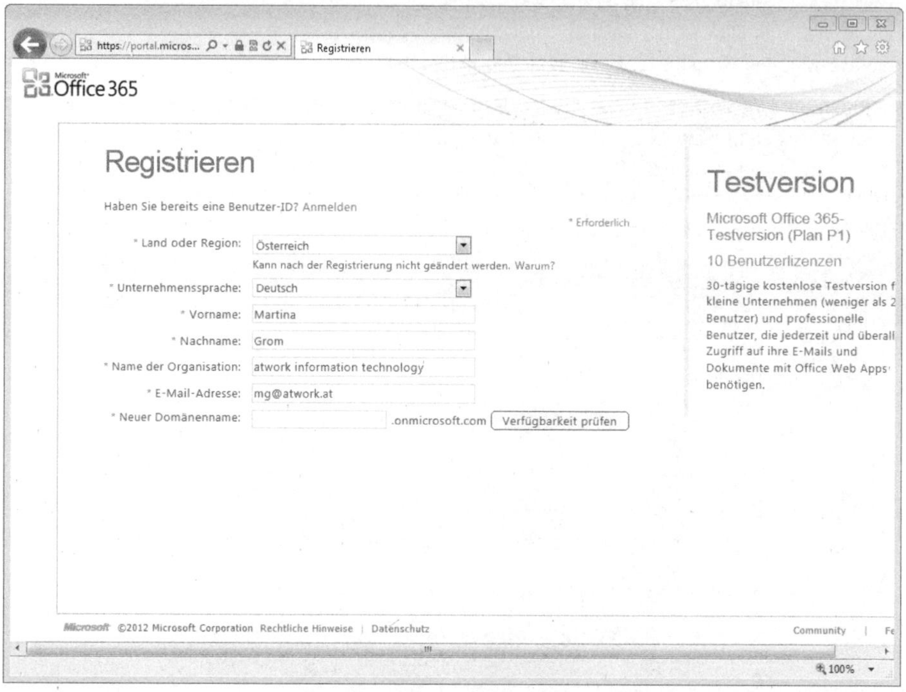

PROFITIPP Ich verwende hier meistens bereits eine Administratorbezeichnung. Das hat den Grund, dass ich damit – sobald wir bei der Benutzeranlage sind – bereits zwischen einem Administratoraccount und den Benutzeraccounts unterscheiden kann. In diesem Beispiel lege ich das Account jedoch mit meinem Namen an, da in unserer Testversion nur fünf Benutzer sein werden, mein Benutzer ist damit gleichzeitig Administrator und auch Benutzer.

Im Feld *Neuer Domänenname* tragen Sie einen eindeutigen Namen ein, der Ihnen zuzuordnen ist. Damit wird Ihr Office 365-Abonnement mit diesem Namen eindeutig identifiziert.

Dieser Name muss eindeutig sein, deshalb kann es schon das eine oder andere Mal passieren, dass Sie verschiedene Namen probieren müssen. Sobald Sie auf *Verfügbarkeit prüfen* klicken, erhalten Sie die Nachricht, ob der Name bereits vergeben oder noch frei ist.

Es handelt sich hierbei um einen sogenannten Unterdomäneneintrag zu der Domäne *onmicrosoft.com*. Mehr zu den Domänen erläutere ich später, wenn wir unsere eigene Domäne diesem Konto hinzufügen.

Abbildg. 2.5 Eine Unterdomäne auf Basis von **.onmicrosoft.com* anlegen, damit das Office 365-Abo eindeutig zugeordnet wird

Im nächsten Schritt legen Sie nun einen eindeutigen Benutzernamen fest und vergeben ein sicheres Kennwort. Da es sich hierbei um jenen Account handelt, der das Abonnement angelegt hat, wähle ich als Benutzername »admin« aus. Sie können aber hier bereits Ihre zukünftige E-Mail-Adresse auswählen.

WICHTIG Bei dem hier anzulegenden Account handelt es sich um den sogenannten »Globalen Administratoraccount«. Diesen dürfen Sie nicht löschen, da damit der Zugriff zu Ihrem Office 365-Abo nicht mehr möglich ist.

Abbildg. 2.6 Festlegen des globalen Administrators und Vergabe eines sicheren Kennworts

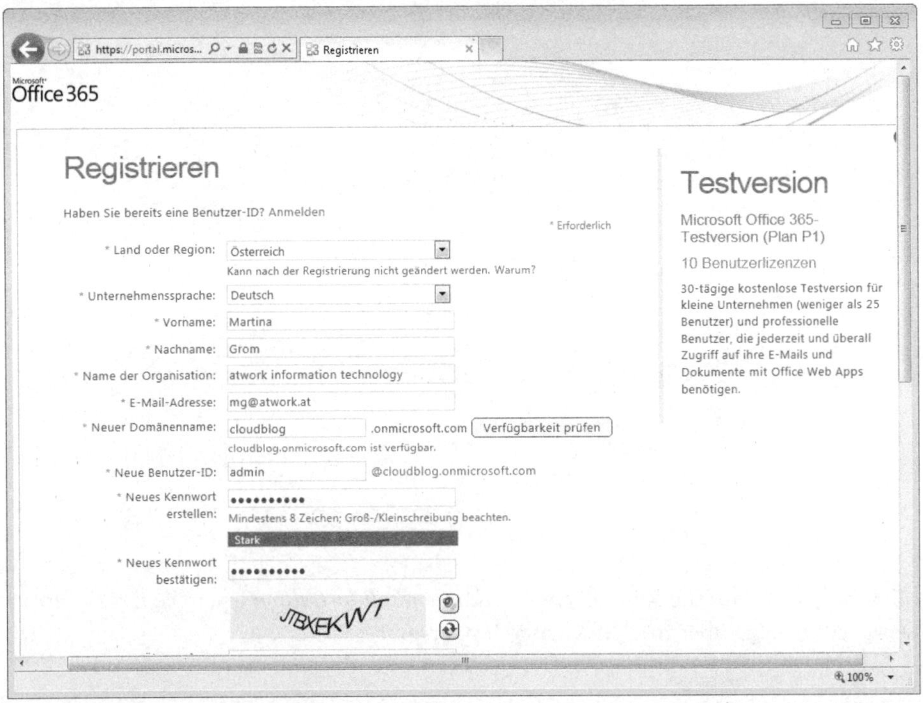

In Office 365 müssen sichere Kennwörter verwendet werden. Dies bedeutet, das Kennwort muss bestimmten Richtlinien folgen.

Tabelle 2.1 Kennwortrichtlinien in Office 365 (siehe auch *http://help.outlook.com/de-de/140/ms.exch.ecp.newmailbox_password.aspx*)

Typ	Bezeichnung
Länge	Mindestens 8, maximal 16 Zeichen Länge
Case-Sensitiv	Ja, d.h. Sie müssen Groß- und Kleinschreibung beachten
Kennwortelemente	Großbuchstaben, Kleinbuchstaben, Zahlen
Erlaubte ASCII-Zeichen	` ~ ! @ # $ % ^ & * ( ) _ + - = { } | [ ] \ : " ; ' < > ? , . /
Nicht erlaubte Zeichen	Leerzeichen und der Benutzernamenteil der E-Mail-Adresse, also der Teil **vor** dem »@«

Nachdem Sie ein sicheres Kennwort gewählt haben, kommen Sie nun zum wirklich schwierigen Teil, der richtigen Eingabe des hier hinterlegten Captchas. Ein Captcha wird in Onlineformularen sehr häufig verwendet, um zu verhindern, dass ein Formular automatisiert verarbeitet wird.

Abbildg. 2.7 Eingabe des Captchas

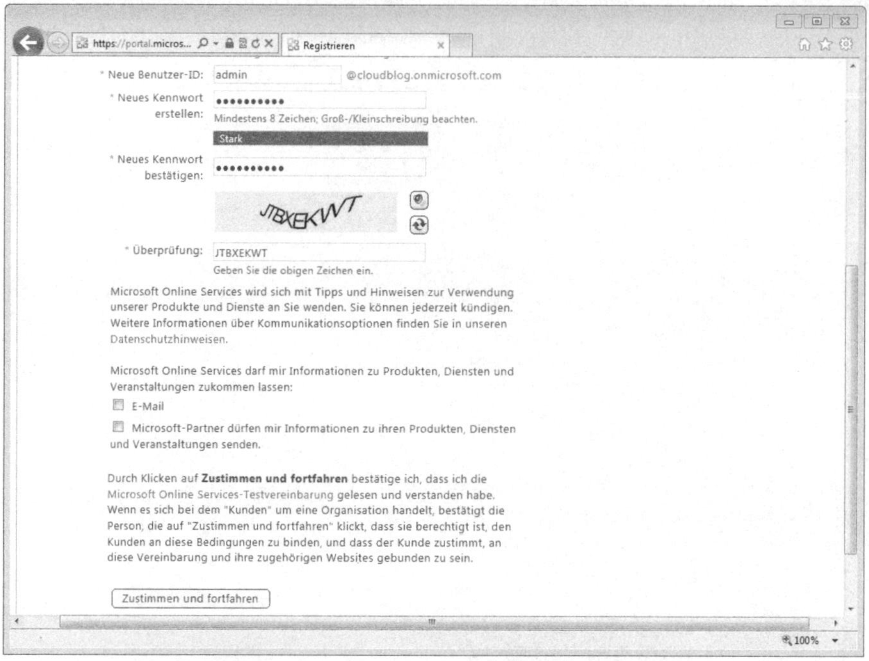

Mit einem Klick auf die Schaltfläche *Zustimmen und fortfahren* legen Sie das Konto an. Anschließend verfügen Sie über Ihre Office 365-Testversion!

Abbildg. 2.8 Das Office 365-Konto wird angelegt

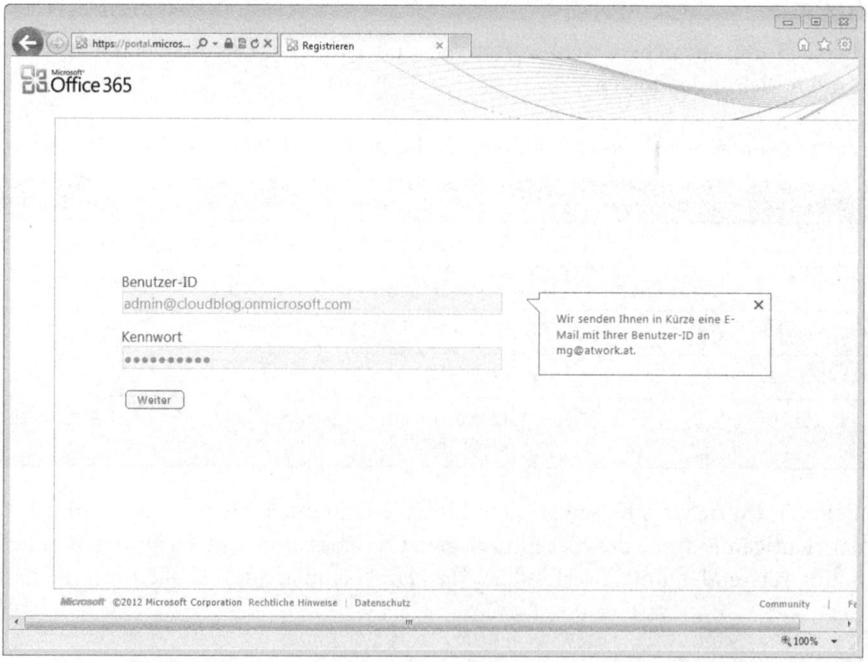

Sobald das Office 365-Konto angelegt ist, erhalten Sie auch eine Willkommensnachricht mit den wichtigsten Daten per E-Mail. Diese Nachricht wird an jene alternative E-Mail-Adresse versendet, die Sie bei der Kontoanlage verwendet haben.

Abbildg. 2.9 Die Willkommensnachricht von Office 365

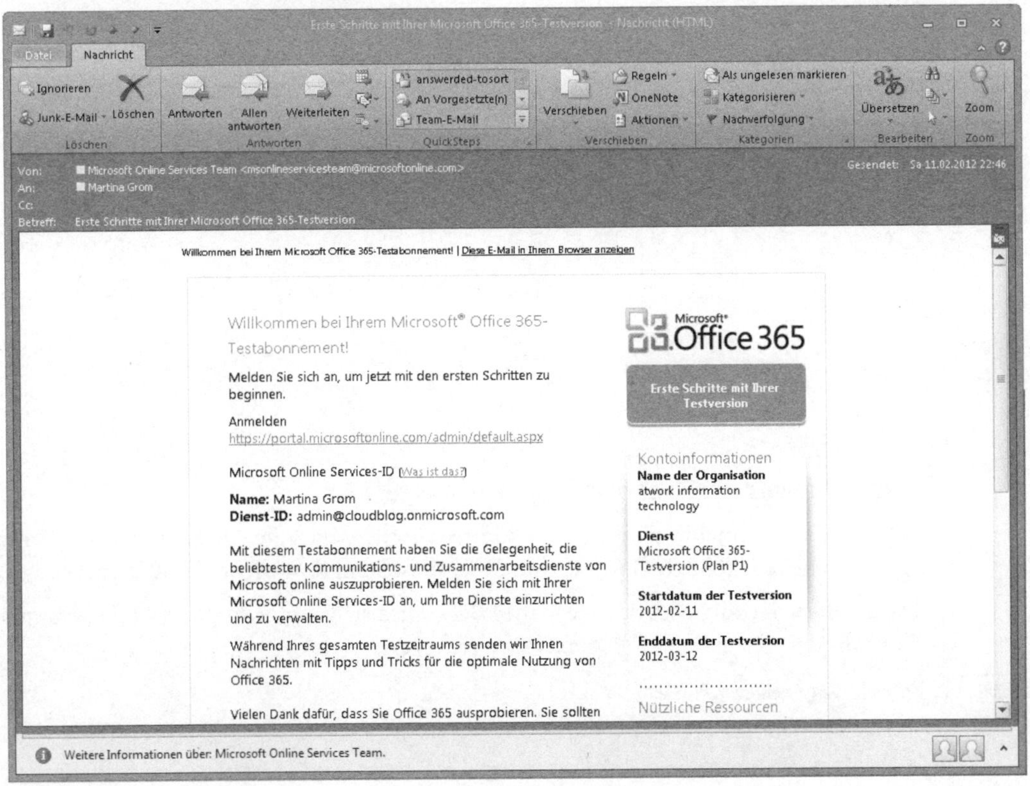

TIPP Schreiben Sie sich die Zugangsdaten auf und legen Sie die Website *https://portal.microsoftonline.com* gleich in Ihren Favoriten ab.

Kennwortrücksetzung eintragen

Sobald Sie online auf Ihr neu eingerichtetes Office 365-Konto zugreifen, erhalten Sie die Möglichkeit, eine Kennwortrücksetzung durchzuführen. Sind wir ehrlich: Das eine oder andere Kennwort haben wir schon. Office 365 bietet Ihnen nun die Möglichkeit, als Administrator Ihr Kennwort selbst zurückzusetzen.

Hier geben Sie eine alternative E-Mail-Adresse an und eine Mobilnummer – schon können Sie ein vergessenes Kennwort zurücksetzen. Office 365 greift dabei auf die in den Benutzerdaten hinterlegten Informationen zurück.

Abbildg. 2.10 Daten für das Zurücksetzen des Self-Service-Kennworts eintragen

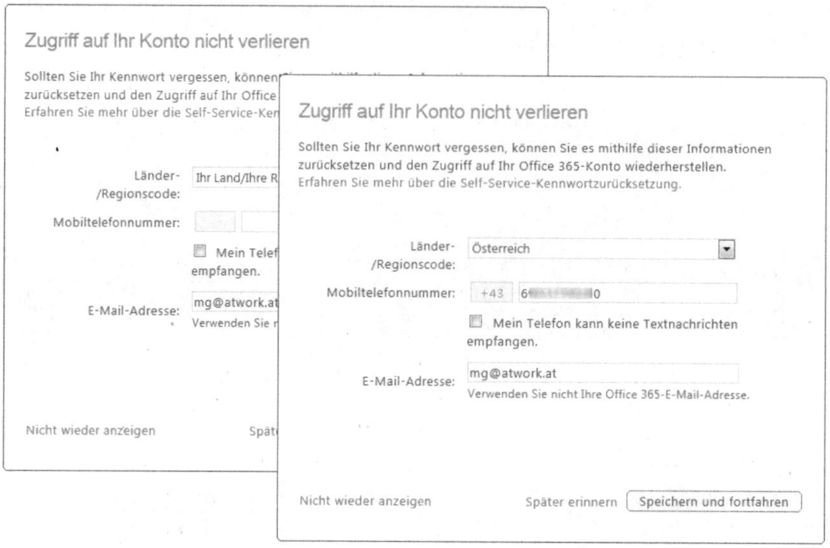

Exkurs: Administratorkennwort vergessen, was tun?

Falls Sie doch einmal in die Situation kommen sollten, dass Sie das Kennwort des Administrators vergessen haben, können Sie dieses nun über diese Funktion wieder zurücksetzen.

Dazu gehen Sie zunächst auf die Office 365-Portalseite unter *https://portal.microsoftonline.com*. Dort klicken Sie auf den Link *Kennwort vergessen?*.

Abbildg. 2.11 Kennwort vergessen? Kein Problem!

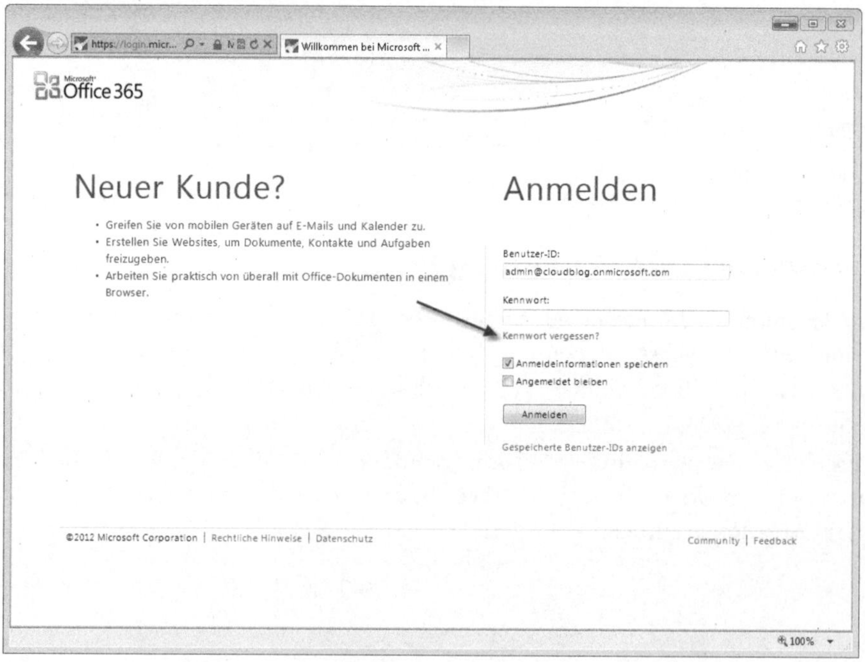

Im nächsten Schritt geben Sie nun an, ob Sie ein Administrator oder ein Benutzer sind. Für Benutzer steht diese Funktion nicht zur Verfügung, Benutzer erhalten eine Kennwortrücksetzung immer durch ihren Administrator.

Abbildg. 2.12 Kennwortrücksetzung für Administratoren

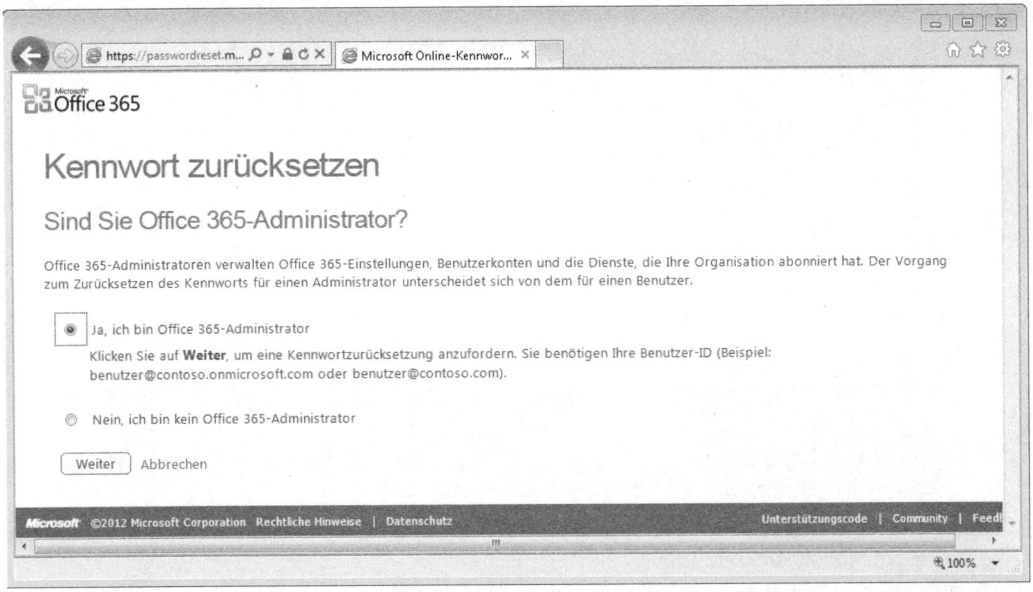

Im nächsten Schritt geben Sie den Benutzernamen an, dessen Kennwort Sie zurücksetzen möchten, und füllen wieder ein Captcha zur Validierung aus.

Abbildg. 2.13 Administratorbenutzer eintragen

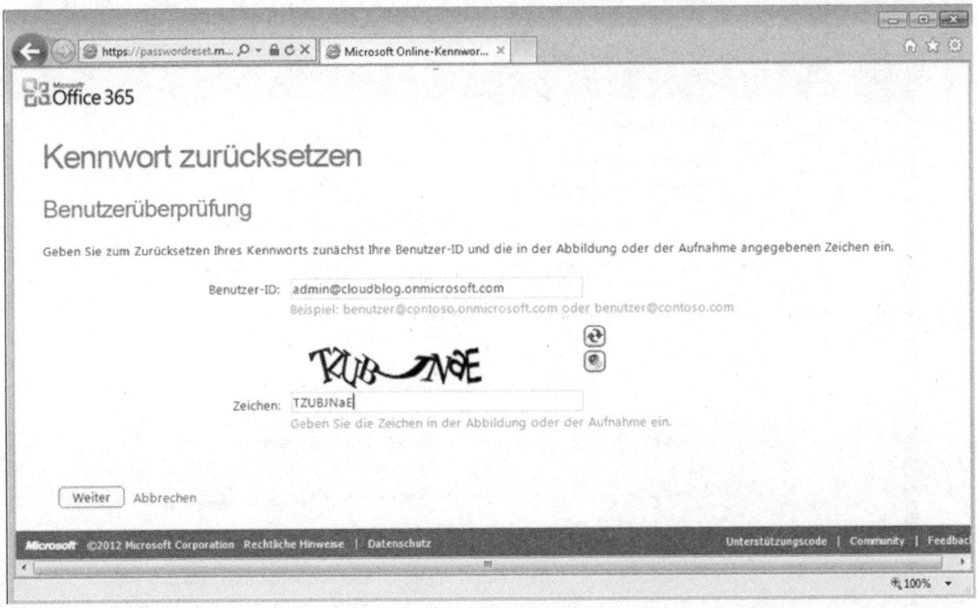

Sobald Sie auf *Weiter* geklickt haben, wird eine E-Mail an Ihre zuvor hinterlegte alternative E-Mail-Adresse gesendet.

Abbildg. 2.14 Die E-Mail wurde an eine alternative E-Mail-Adresse versendet

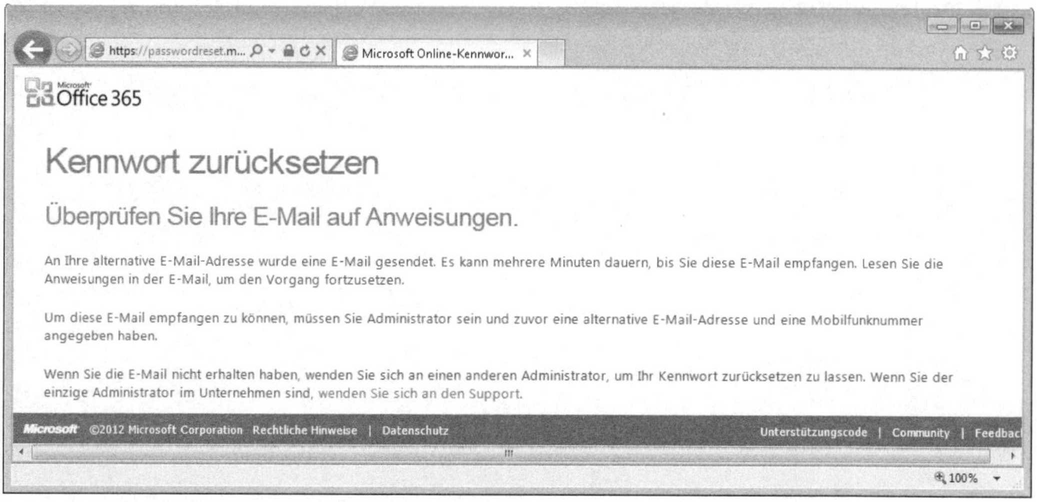

Schon wenig später findet sich in Ihrem Posteingang eine E-Mail mit weiteren Schritten für die Kennwortzurücksetzung.

Abbildg. 2.15 E-Mail mit weiteren Anweisungen für die Kennwortzurücksetzung

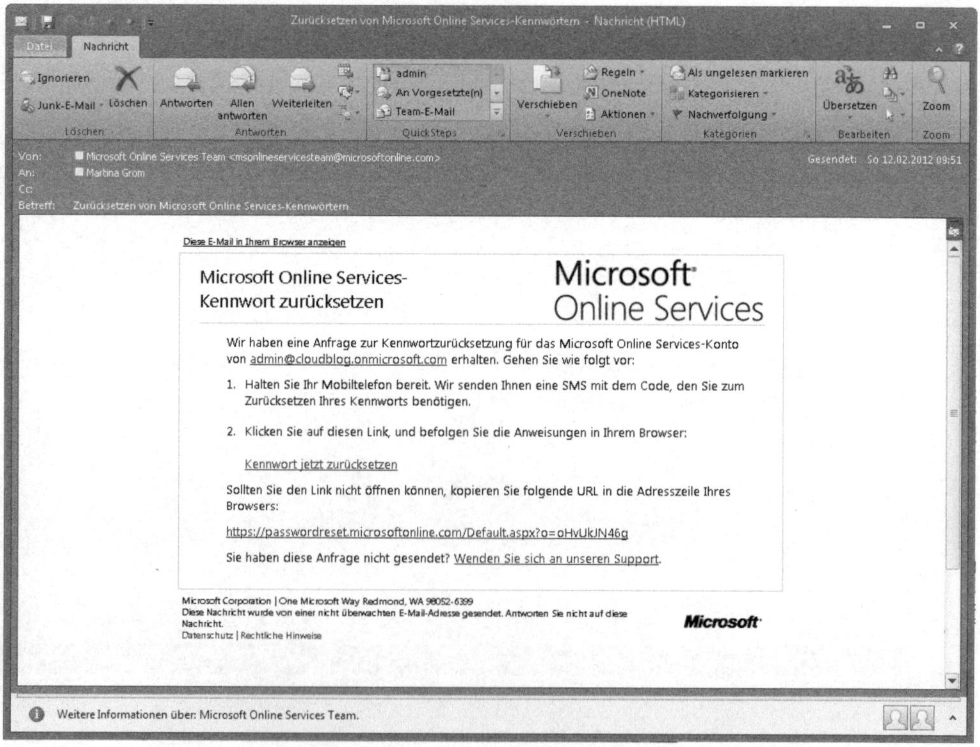

Nach einem Klick auf den Link *Kennwort jetzt zurücksetzen* wird an Ihr zuvor hinterlegtes Mobiltelefon per SMS ein Zugangscode verschickt. Diesen geben Sie bei der anschließenden Mobiltelefonüberprüfung an.

Abbildg. 2.16 Eingabe des zuvor erhaltenen Sicherheitscodes

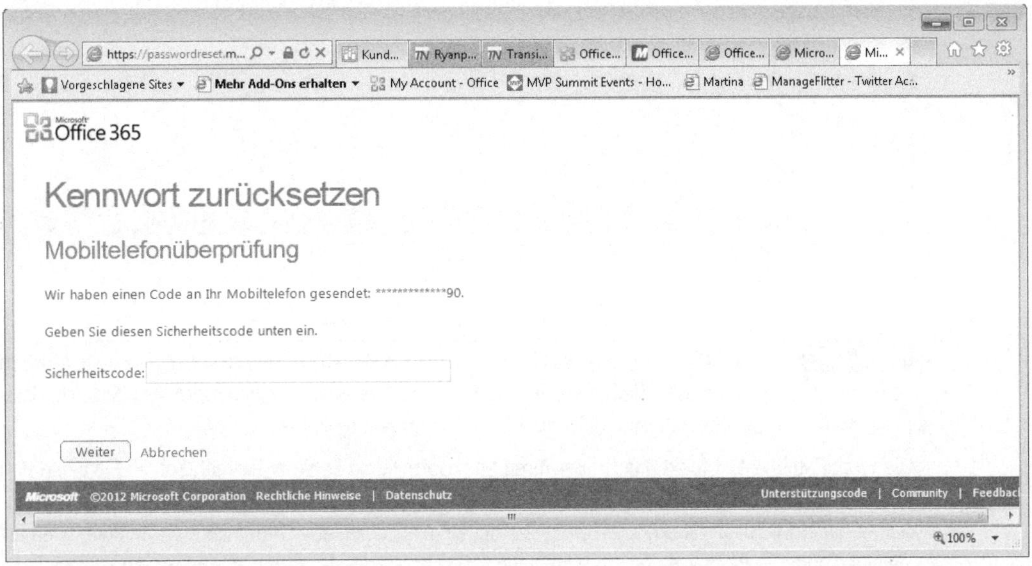

Sobald der Sicherheitscode aus der SMS eingegeben und mit *Weiter* bestätigt wurde, können Sie im nächsten Schritt ein neues Kennwort eingeben.

Abbildg. 2.17 Neues Kennwort festlegen

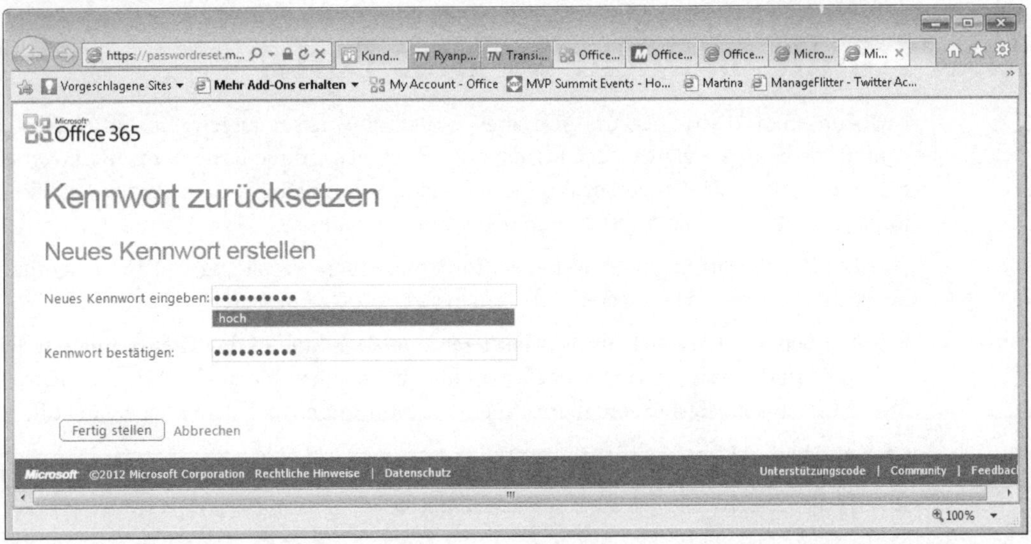

Sobald dies erledigt ist, können Sie sich mit dem neuen Kennwort anmelden.

Abbildg. 2.18 Kennwort erfolgreich geändert

PROFITIPP Es gibt für Sie drei Möglichkeiten, um das Kennwort zurückzusetzen. Die erste Möglichkeit habe ich eben beschrieben. Vergessen Sie nicht, hier Ihre Daten zu hinterlegen und vergewissern Sie sich, dass Ihre alternative E-Mail-Adresse funktioniert und Sie auch E-Mails empfangen können.

Die zweite Möglichkeit funktioniert über Ihren Microsoft Online Services-Partner. Sollten Sie einen Partner in Ihrem Account als sogenannten »Delegated Administrator« eingetragen haben, kann dieser für Sie das Kennwort zurücksetzen. Jeder Microsoft Cloud Accelerated-Partner kann als delegierter Administrator hinterlegt werden, selbst wenn Sie einen anderen Partner of Record haben. Ein Cloud Accelerated-Partner ist ein Microsoft-Partner, der eine besondere Expertise beim Verkauf und in der Beratung von Microsoft Online Services nachweisen kann.

Die dritte Möglichkeit ist ein Supportanruf bei Microsoft.

Am besten ist es natürlich, wenn Sie Ihr Kennwort gar nicht erst vergessen. Aber sicher ist sicher ...

Erste Schritte im Online Services-Portal

Nach unserem kleinen Exkurs nun aber zurück zum frisch angelegten Office 365-Testaccount. Anders als beim Vorgänger, der Business Productivity Online Suite, kurz BPOS genannt, gibt es für jeden Office 365-Nutzer, egal ob er Benutzer, Administrator oder Partner ist, einen zentralen Zugriffspunkt, nämlich *https://portal.microsoftonline.com*.

Sobald Sie sich dort angemeldet haben, finden Sie hier – abhängig von Ihrer Benutzerrolle – im oberen Bereich eine Menüleiste und können sich sofort orientieren.

Hier können Sie sich gleich etwas orientieren und auch kurz in das Thema einlesen. Die wichtigsten Links sind bereits zusammengefasst. Links oben sehen Sie auch eine Infonachricht, dass Ihr Konto (es ist ja ein Testabonnement) in einer bestimmten Anzahl von Tagen abläuft.

TIPP Nehmen Sie sich Zeit und schauen Sie sich auch die angebotene Admin-Tour an. Damit erhalten Sie schnell einen Überblick über die Office 365-Administration.

Unser Office 365-Testaccount verwendet, wie bereits oben erwähnt, eine Unterdomäne, in unserem Fall *cloudblog.onmicrosoft.com*. Wir möchten jedoch eine andere Domäne verwenden, eine, die uns eindeutig identifiziert und die leicht merkbar ist. Bevor wir also Benutzer anlegen und das Konto einrichten, werden wir zuerst unsere Domäne zu Office 365 hinzufügen.

Abbildg. 2.19 Der Office 365-Startbildschirm aus Sicht des Administrators

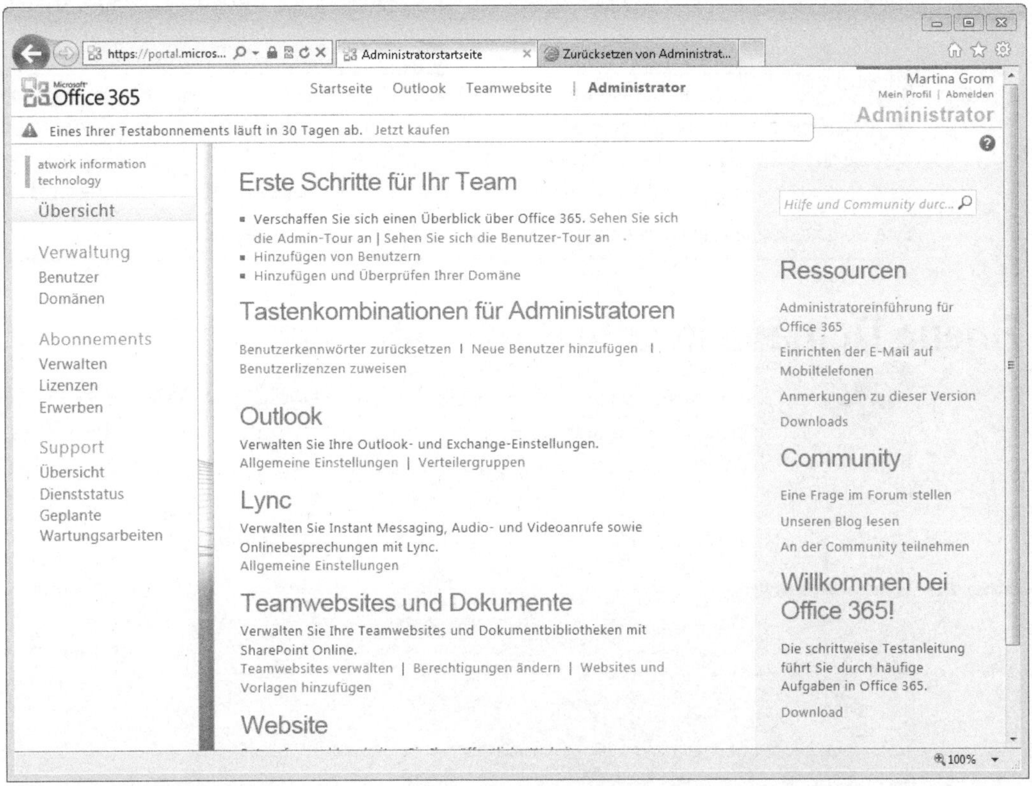

Eine Domäne ist ein weltweit eindeutiger und einmaliger Name unterhalb einer sogenannten Top-Level-Domäne. Typischerweise ist ein Domänenname immer durch Punkte getrennt.

Abbildg. 2.20 Aufbau eines Domänennamens

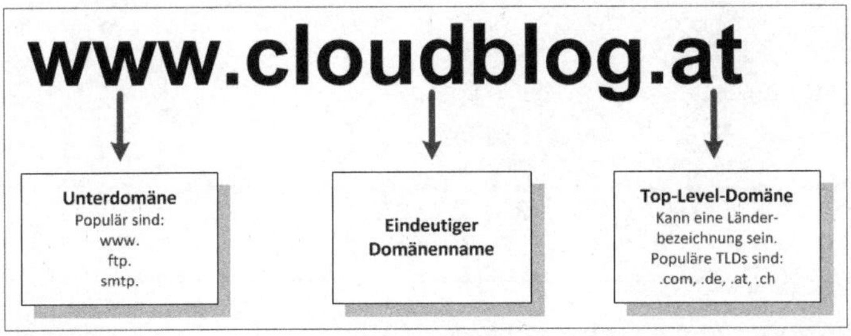

Verwaltet werden Domäneneinträge auf Namenservern. Diese Namenserver ordnen dann – vereinfacht ausgedrückt – jeder Domäne eine eindeutige Nummer zu, eine sogenannte IP-Adresse. Aufgrund dieser Adresse ist dann für jeden weltweit eindeutig identifizierbar, wo die Adresse zu einer Domäne endet. Stellen Sie sich das »Domain Name System« einfach wie ein großes Koordinatensystem vor. Gelesen wird eine Domäne quasi immer von rechts nach links: Die letzten Zeichen vor dem Punkt definieren die Top-Level-Domäne wie z.B. ».de« für Deutschland, ».at« für Österreich oder ».ch« für die Schweiz. Davor befindet sich dann der Domänenname, in unserem Fall »cloudblog«. Alles, was wir – mit einem Punkt getrennt – vor »cloudblog« schreiben, ist eine sogenannte Unterdomäne. Diese können wir selbst bestimmen, sofern wir der Domäneninhaber sind.

PROFITIPP Domänen sind nicht teuer! Sichern Sie sich am besten gleich heute Ihren eigenen Domänennamen. Diese Domäne gehört dann Ihnen und Sie können Sie beliebig verwenden. Der Vorteil einer eigenen Domäne ist der, dass Sie diese überall hin mitnehmen können. Wenn Sie mit einer der kostenlos verfügbaren E-Mail-Adressen arbeiten, sieht das zudem – auch für ein KMU – nicht professionell aus! Eine eigene Domäne ist eine gute Investition!

Eine Domäne können Sie jederzeit bei einem Internetprovider Ihrer Wahl registrieren.

Eigene Domäne in Office 365 einbinden

Für unseren Testaccount werden wir also die Domäne *cloudblog.at* in Office 365 einbinden. Dies ist auch gleichzeitig unser erster Schritt, bevor wir die Benutzer anlegen, da wir ja alle unsere Benutzer gleich mit der korrekten E-Mail-Adresse anlegen wollen, nämlich mit »initialen@cloudblog.at«.

Klicken Sie also im linken Navigationsbereich auf den Link *Domänen*.

Abbildg. 2.21 Domänenverwaltung

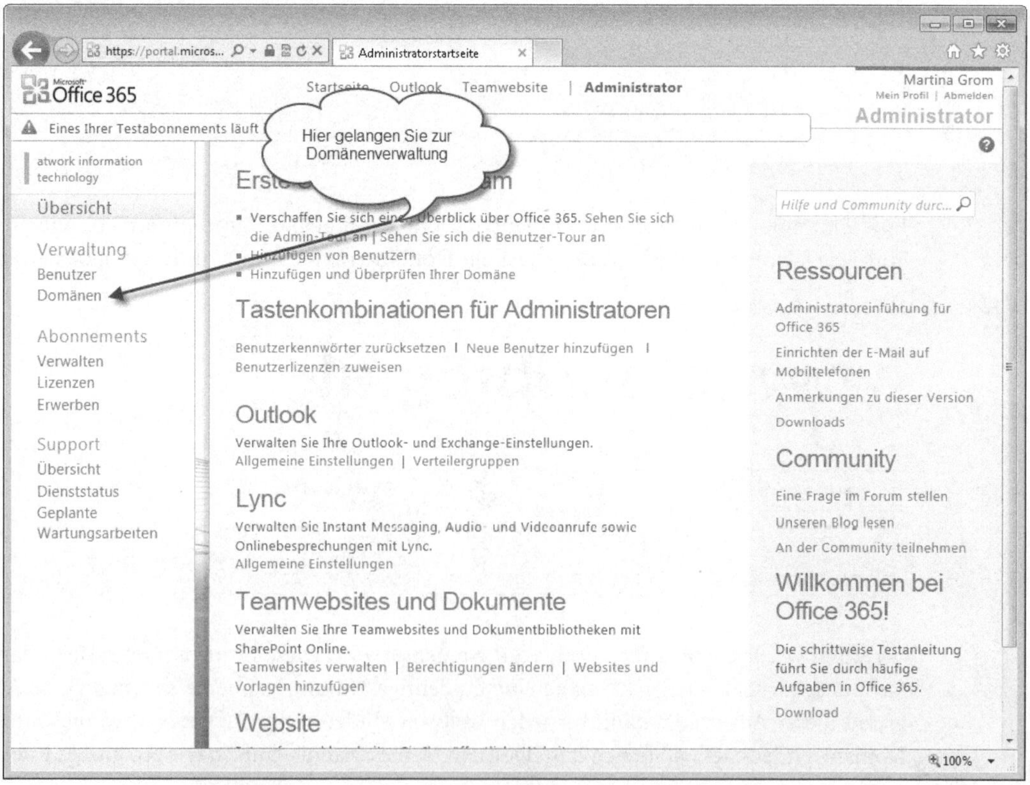

Auf der Domänenverwaltungsseite finden Sie ebenfalls nützliche Tipps zum Erwerb von Domänen bzw. auch eine Erläuterung, wie Sie eine Domäne zu Office 365 hinzufügen können.

Abbildg. 2.22 Die Domänenverwaltungsseite

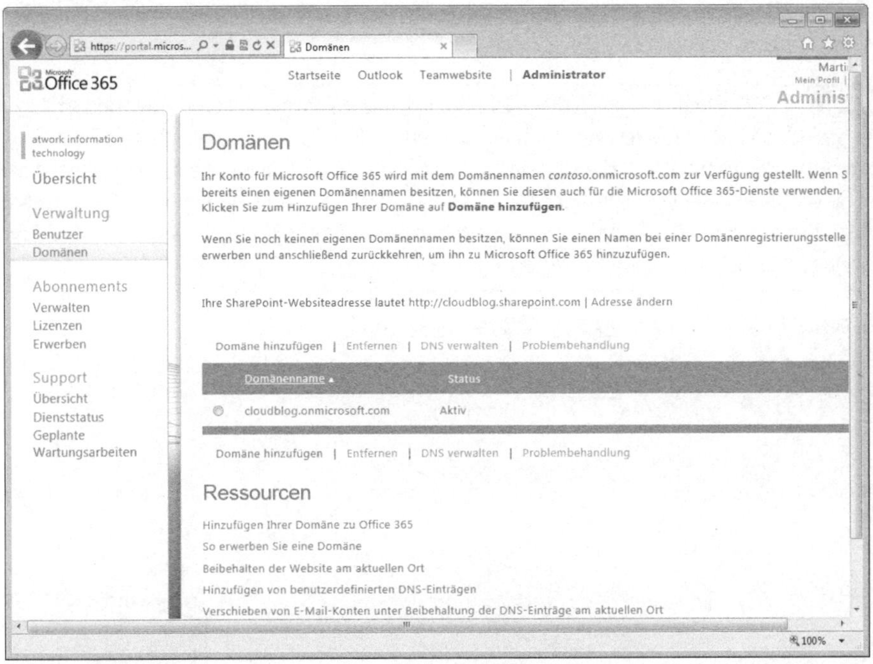

Um eine Domäne in Office 365 verwenden zu können, muss diese zuerst verifiziert werden. Diese Verifizierung stellt gegenüber Microsoft sicher, dass die Domäne, die hinzugefügt wird, auch tatsächlich Ihnen gehört.

Abbildg. 2.23 Domäne zu Office 365 hinzufügen

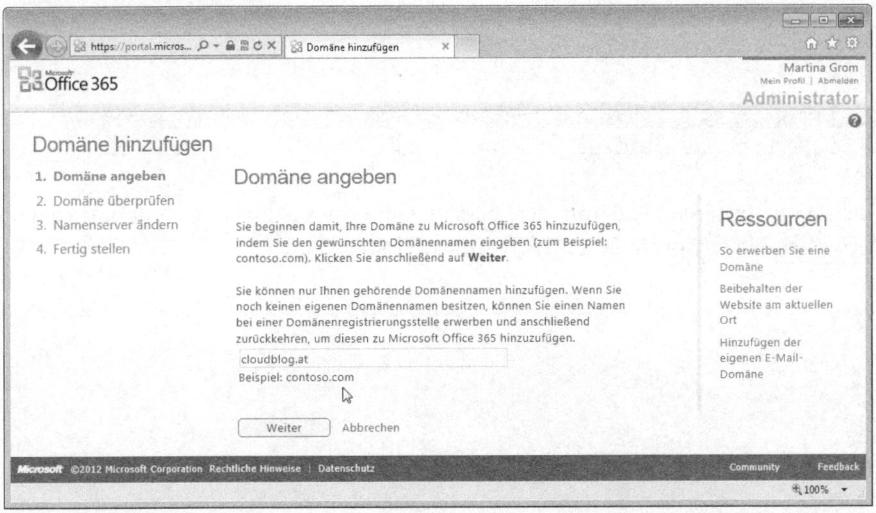

Im nächsten Schritt erhalten Sie bereits die Erläuterung zur Domänenüberprüfung. Diese erfolgt mit einem sogenannten TXT- oder MX-Eintrag im Namenserver, der Ihre Domäne verwaltet.

Hier sehen Sie unter *Auswählen* bereits einige Providernamen gelistet. Sollte Ihre Domäne bei einem dieser Provider registriert sein, wählen Sie ihn aus, ansonsten verwenden Sie die *Allgemeinen Anweisungen*.

HINWEIS DNS (Domain Name System) ist nicht jedermanns Sache. Sollten Sie hier Unterstützung benötigen, wenden Sie sich an Ihren Provider oder an Ihren Microsoft Online Services-Partner. Beide sollten Sie im Normalfall gut unterstützen können. Im deutschen Community-Blog von Office 365 finden Sie darüber hinaus auch noch Anleitungen für viele deutsche Internetprovider. Danke an dieser Stelle an Daniel Melanchton für die Zusammenstellung der Links: *http://community.office365.com/de-de/b/microsoft_office_365_blog/archive/2012/01/23/neue-anleitungen-zur-domainkonfiguration-in-office-365.aspx*

Abbildg. 2.24 Domäne überprüfen

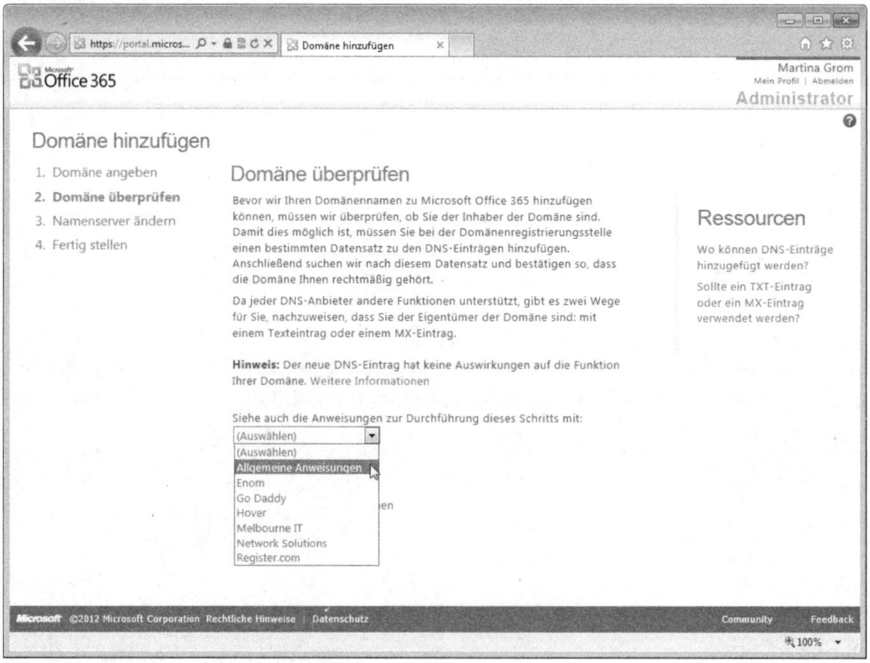

Wir fahren in unserem Fall mit den allgemeinen Anweisungen fort und tragen in unserem Namenserver den entsprechenden TXT-Eintrag ein.

Abbildg. 2.25 Domäne validieren

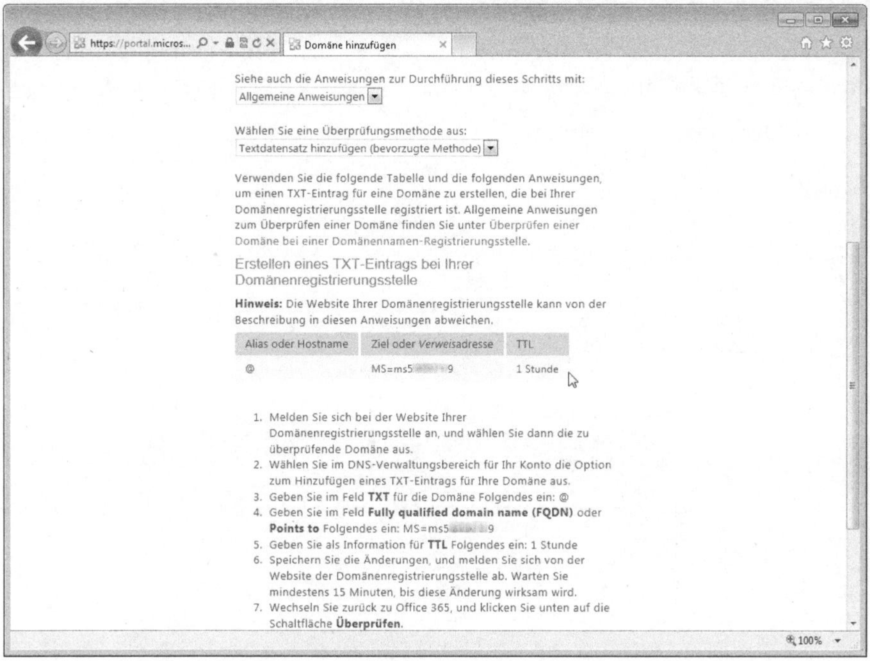

Sobald Sie die Einträge gesetzt haben, warten Sie bitte kurz, bis diese auf Ihrem Namenserver aktualisiert sind. Danach klicken Sie auf *Überprüfen* und schon sollte die Domäne dem Office 365-Konto hinzugefügt worden sein.

Zu diesem Zeitpunkt können Sie mit *Abbrechen* aus der Domänenkonfiguration aussteigen und zunächst die benötigten Benutzer anlegen.

Abbildg. 2.26 Domänenkonfiguration verlassen

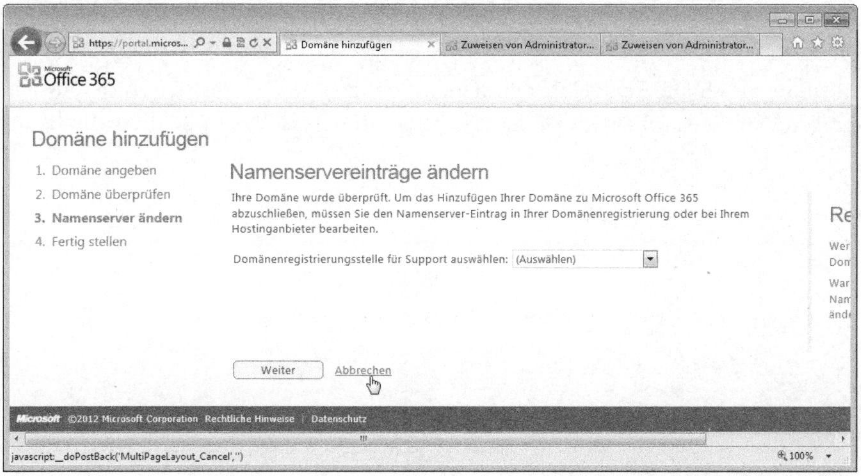

Office 365-Benutzer anlegen

Um in Office 365 Benutzer anzulegen, gehen wir wieder vom Startbildschirm aus. Im linken Bereich finden Sie den Eintrag *Benutzer*.

Abbildg. 2.27 Über diese Seite lassen sich neue Benutzer anlegen

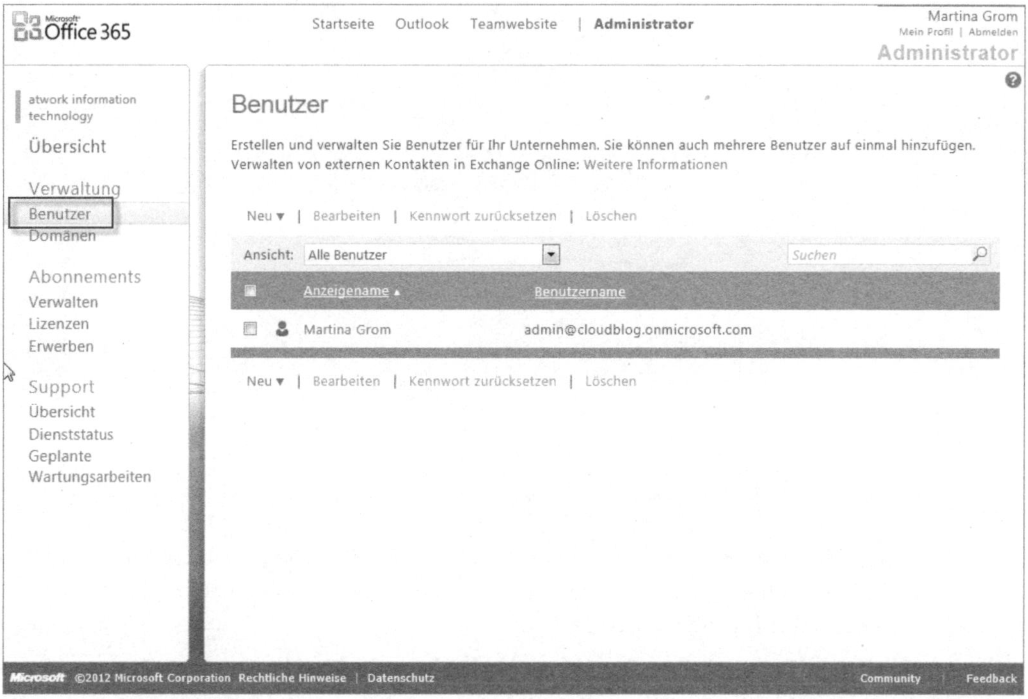

Sie haben mehrere Möglichkeiten, Benutzer hinzuzufügen. Die einfachste Möglichkeit ist, das Anlegen des Benutzers direkt über die Schaltfläche *Neu/Benutzer* zu starten. Falls Sie mehr als fünf Benutzer anlegen möchten, lohnt sich bereits das *Massenhinzufügen*, dazu aber später mehr.

Jetzt füllen Sie gleich alle Felder für den neuen Benutzer aus. Unser Benutzer soll sich gleich mit der richtigen Domäne anmelden. Da diese bereits validiert ist, lässt sich diese direkt auswählen.

Abbildg. 2.28 Neuen Benutzer anlegen

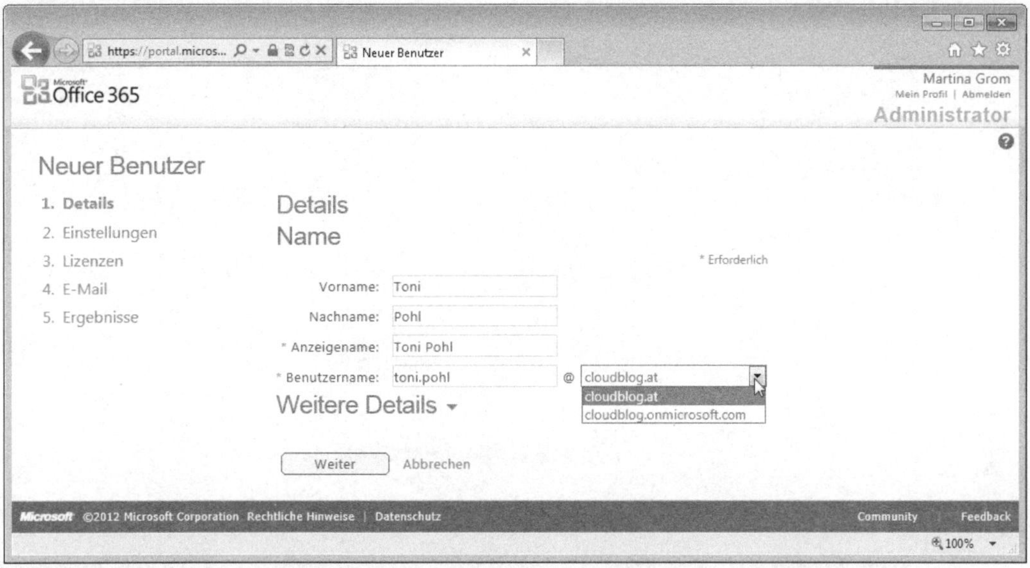

Nach einem Klick auf *Weiter* legen Sie im nächsten Schritt fest, ob dieser Benutzer ebenfalls Administratorrechte erhalten soll oder nicht. Unter *Benutzerstandort* legen Sie fest, in welchem Land sich der Benutzer befindet.

HINWEIS Im Office 365-P-Plan gibt es nur eine Administratorberechtigung. Im E-Plan kann diese aufgeteilt werden, hier gibt es definierte Rollen:

Folgende Administratorrollen können Sie in Office 365-E-Plan verwenden:

- **Benutzerverwaltungsadministrator** Der Benutzerverwaltungsadministrator verwaltet Benutzer und Benutzergruppen, setzt Kennwörter zurück, erstellt Serviceanfragen und überwacht den Dienststatus
- **Dienstadministrator** Dieser verwaltet Dienste wie Exchange Online und/oder SharePoint Online, kann Supporttickets verwalten und den Dienststaus überwachen. Dienstadministratoren haben keinen Zugriff auf die Benutzerverwaltung.
- **Kennwortadministrator** Dieser setzt Benutzerkennwörter für Benutzer (zurück), überwacht den Dienststatus und darf Supporttickets öffnen
- **Rechnungsadministrator** Diese Benutzerrolle verwaltet den kommerziellen Part: Abonnements, Supporttickets, Dienststatus und Erwerb von neuen Lizenzen
- **Globaler Administrator** Dies ist derjenige, der sich für Office 365 registriert hat. Administrator auf oberster Ebene. Globale Administratoren haben Zugriff auf alle Funktionen im Verwaltungscenter. Nur globale Administratoren dürfen Benutzerrollen zuweisen.

Abbildg. 2.29 Benutzerrechte und Standort festlegen

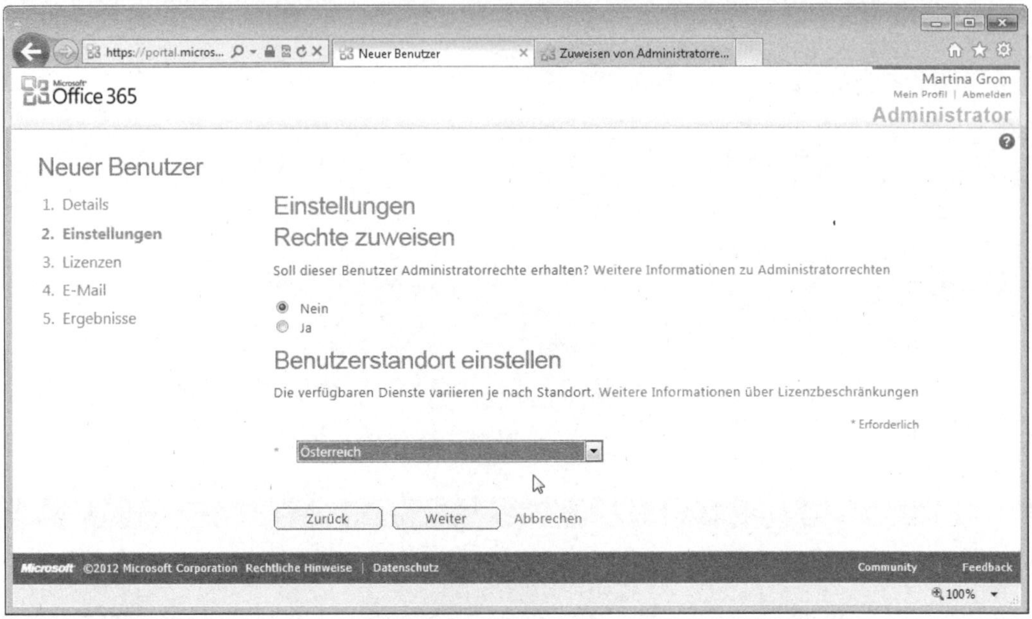

Im nächsten Schritt weisen Sie diesem Benutzer Lizenzen zu. Beim Office 365-Plan P1 stehen Lync Online, SharePoint Online und Exchange Online zur Auswahl. Alle drei sind bereits ausgewählt. Wir empfehlen Ihnen, es dabei zu belassen und auf *Weiter* zu klicken.

Abbildg. 2.30 Lizenzen zuweisen

Jetzt richtet Microsoft für Sie den neuen Office 365-Benutzer ein und legt ein temporäres Kennwort fest. Dieses Kennwort muss bei der ersten Anmeldung dieses Benutzers geändert werden.

Dieses Kennwort lassen Sie sich nun per E-Mail zusenden.

TIPP Sie können hier jede beliebige E-Mail-Adresse verwenden, z.B. auch gleich die alternative E-Mail-Adresse dieses Benutzers.

Abbildg. 2.31 Kennwort versenden

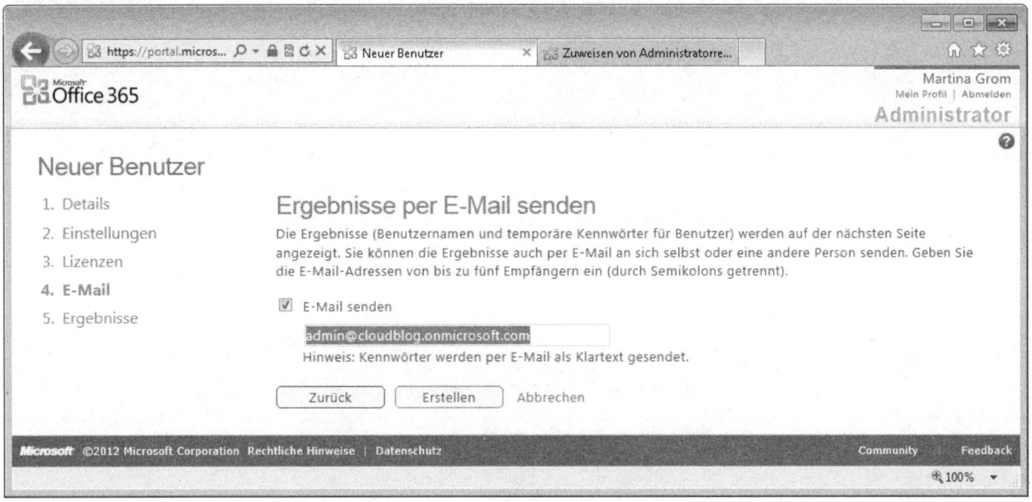

Sobald Sie auf *Erstellen* klicken, wird das temporäre Kennwort festgelegt und der Benutzer ist angelegt.

Abbildg. 2.32 Benutzer mit temporärem Kennwort

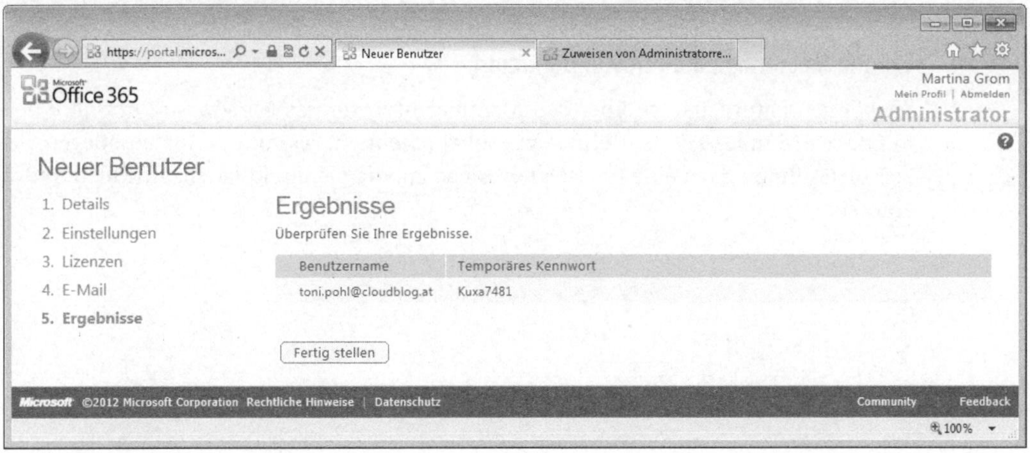

Die versendete E-Mail sieht dann in etwa so aus.

Abbildg. 2.33 E-Mail von Kennwortänderungen

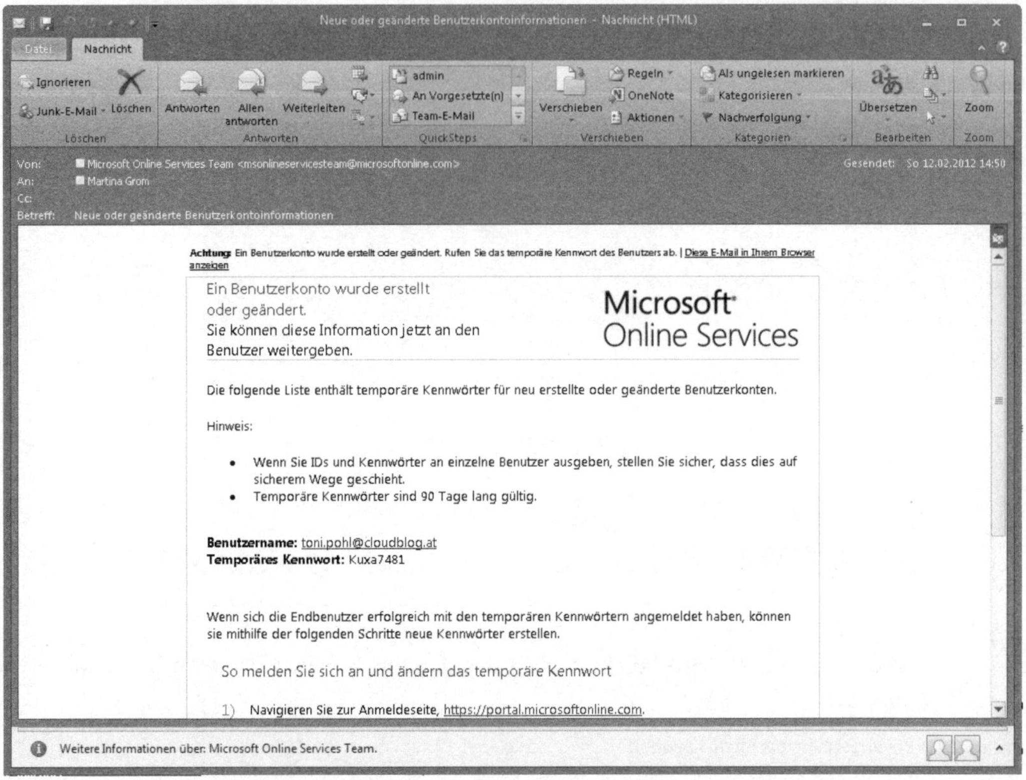

Exkurs: Massenhinzufügen von Benutzern

Sie können natürlich auch über den Menübefehl *Benutzer/Neu/Massenhinzufügen* neue Benutzer in Office 365 anlegen. Dies lohnt sich, sobald Sie mehr als fünf Benutzer anlegen wollen. Office 365 bietet Ihnen dazu eine CSV-Dateivorlage an, die Sie direkt laden, ausfüllen und importieren können.

Abbildg. 2.34 Massenhinzufügung von Benutzern

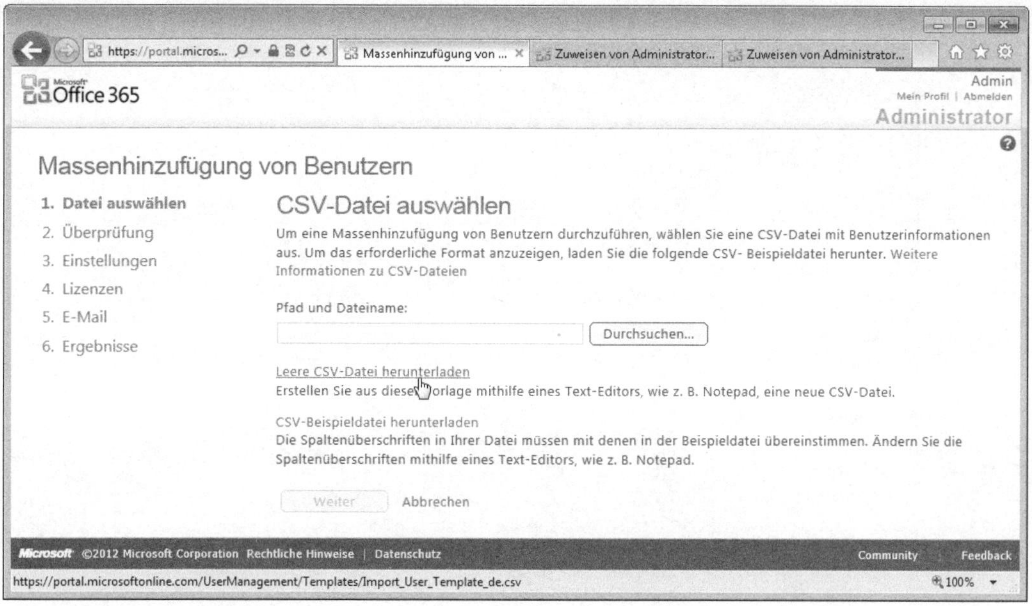

Diese CSV-Datei können Sie direkt bearbeiten und Benutzer anlegen.

Sobald alle Benutzer angelegt sind, können Sie sich daran machen, die Namenservereinträge fertig zu stellen. Damit können Ihre Benutzer dann auch gleich E-Mails empfangen.

Namenserver konfigurieren und E-Mails in Office 365 empfangen

Beim Office 365-P-Plan nimmt Ihnen Microsoft Arbeit bei der Domänenkonfiguration ab: Sie werden hier aufgefordert, die Namenservereinträge zu ändern. Man spricht hierbei von einer sogenannten Redelegation. Der Sinn liegt darin, dass Sie die Verwaltung Ihrer Domänennameneinträge an die Namenserver von Microsoft übergeben. Damit stellt Microsoft sicher, dass alle Einträge korrekt gesetzt sind.

Abbildg. 2.35 Domänennamenserver neu aufrufen

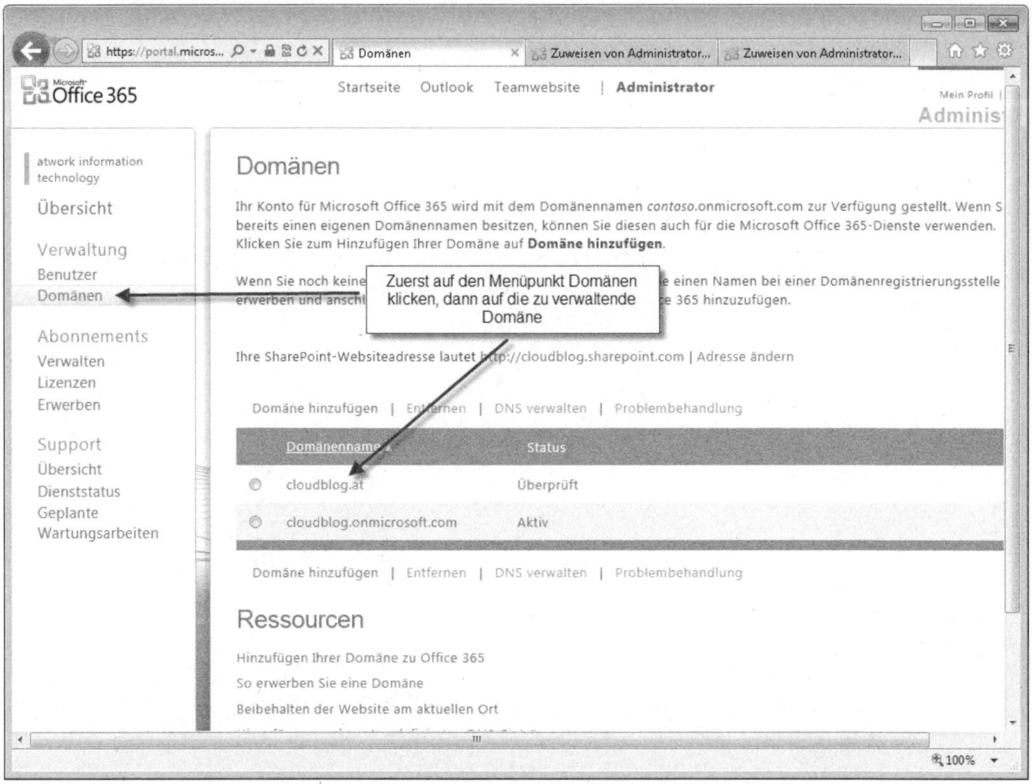

Im nächsten Schritt klicken Sie auf *Domänenproblembehandlung.*

Hier wählen wir aus, dass wir die Einstellungen beim Anbieter vor mehr als 72 Stunden geändert haben. Damit wird Ihnen angezeigt, auf welche Namenserver Sie die Namenservereinträge ändern sollen.

Abbildg. 2.36 Domänenproblembehandlung

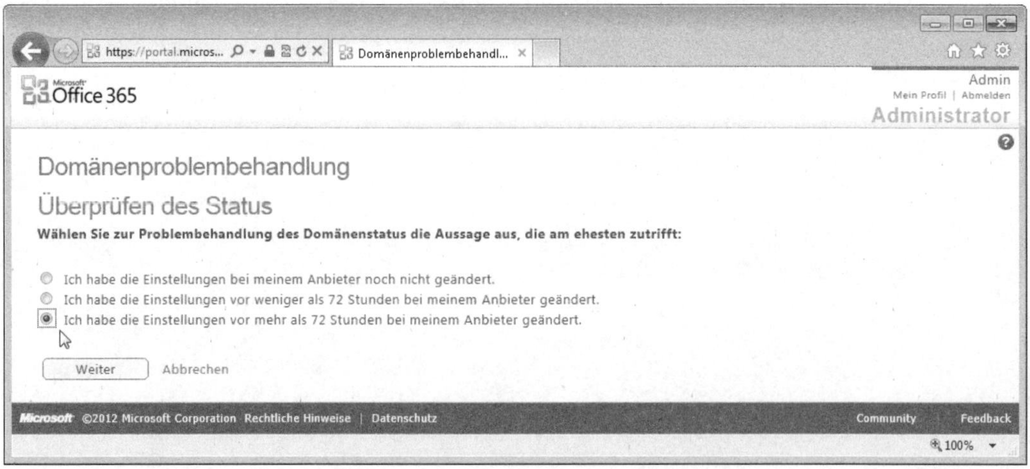

Dabei wird Ihnen nun angezeigt, auf welchen Namenserver Ihre Domäne aktuell zeigt und worauf Sie zeigen sollte.

Abbildg. 2.37 Namenserveranzeige

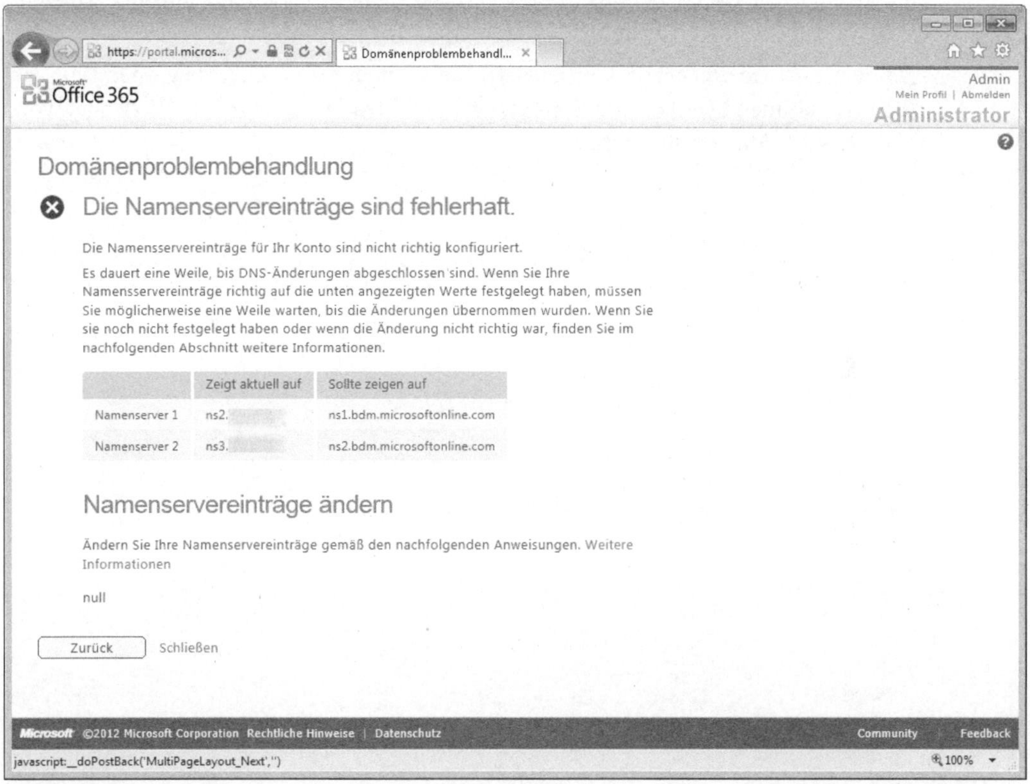

HINWEIS Wenn Sie den Office 365-P-Plan verwenden, empfiehlt sich in der Regel die Redelegation. Im E-Plan verwalten Sie nach wie vor Ihre Namenservereinträge selbst beim Provider Ihrer Wahl. Dies können Sie optional auch beim P-Plan durchführen, indem Sie einfach alle jene Einträge, die Ihnen vorgeschlagen werden, entsprechend in Ihrem Namenserver eintragen (lassen).

Sobald Sie die Änderungen durchgeführt haben, ist die Domäne zu Office 365 hinzugefügt.

PROFITIPP Falls das Überprüfen nicht gleich klappt: Es kann bis zu 72 Stunden dauern, bis alle Namenserver weltweit alles aktualisiert haben. Verlieren Sie nicht die Geduld, sondern versuchen Sie es einfach in einigen Stunden noch einmal!

Fertig! Ab nun können Sie Ihre eigene Domäne in Office 365 verwenden!

PROFITIPP Natürlich wäre es auch möglich gewesen, die Namenservereinträge gleich nach der Domänenvalidierung zu setzen. Damit ist es aber gleich so, dass Ihre E-Mails an Ihre Domäne gleich über Office 365 empfangen werden. Da wir zu diesem Zeitpunkt noch keine Benutzer mit der E-Mail-Adresse »vorname.nachname@cloud-blog.at« hatten, wären eventuell E-Mails verloren gegangen.

Zusammenfassung

Endlich am Ziel! Sie haben sich an Office 365 angemeldet. Wir haben Ihre Domäne in Office 365 hinzugefügt. Sie haben Benutzer angelegt, diese haben ein Einmalkennwort erhalten, mit dessen Hilfe sie sich in Office 365 anmelden können.

Damit ist Office 365 fertig konfiguriert. Sie können zu arbeiten beginnen. Die eingerichteten Benutzer können bereits E-Mails empfangen. Die Teamwebsite für das Verwalten von Dokumenten mit SharePoint ist startbereit.

Kapitel 3

Microsoft Exchange Online: E-Mails einfach und sicher verwalten

In diesem Kapitel:

E-Mails sind aus unserem Arbeitsalltag nicht mehr wegzudenken. Schnell und einfach geht die Kommunikation über dieses Medium vonstatten. Und dabei soll es noch sicher und zuverlässig sein.

Wussten Sie, dass die erste E-Mail 1971 von Ray Tomlinson versendet wurde? Er war es auch, der das »@« Symbol zwischen Benutzername und Computeradresse gesetzt hat.

Glaubt man einer Statistik von der Radicati Group (*http://www.radicati.com/*) wurden 2010 täglich rund 294 Milliarden E-Mails verschickt. Das sind rund 3,4 Millionen E-Mails pro Sekunde, wobei sich rund 90 % davon als Spam klassifizieren lassen. Rund 1,9 Milliarden E-Mail-Benutzer gibt es, 75 % aller E-Mail-Accounts sind private Postfächer, 25 % sind geschäftliche E-Mail-Accounts. Viele prognostizieren, dass die Kommunikation über E-Mail »tot« sei, angesichts dieser Zahlen dürfte es noch eine Zeit lang dauern, bis dies wirklich geschieht. Laut dieser Studie wird sogar erwartet, dass der E-Mail-Verkehr bis zum Jahr 2012 auf 418 Milliarden täglich steigen wird, da auch die Anzahl der Mail-Accounts um rund 30 % steigen wird.

Übrigens versendet und empfängt der durchschnittliche Geschäftskunde 110 E-Mail-Nachrichten täglich. Dies wäre in früheren Zeiten, als noch über Briefe kommuniziert wurde, nicht möglich gewesen. Diese soziale Beschleunigung wird von Hartmut Rosa in seinem Buch »Beschleunigung – Die Veränderung der Zeitstrukturen in der Moderne« beschrieben. In einem Beispiel erläutert Rosa anhand von E-Mail-Kommunikation, dass zwar der Versand und das Verfassen von E-Mail-Nachrichten nur mehr halb so viel Zeit in Anspruch nimmt wie das Erstellen eines Briefs, jedoch werden viermal so viele E-Mails wie früher Briefe geschrieben. Ergo verdoppelt sich die Zeit, die wir heute für Kommunikation aufwenden.

In diesem Kapitel werden wir uns ansehen, wie aus Benutzersicht mit E-Mail in Office 365 gearbeitet wird und wie die ersten Schritte in Office 365 erfolgen. Wie sieht es mit Outlook Web App aus, wenn Sie als Benutzer einmal unterwegs sind, und welche Einstellungsmöglichkeiten haben Sie hier? Als Administrator zeige ich Ihnen, wie Sie Verteilerlisten und Besprechungsräume anlegen und externe Kontakte über das globale Adressbuch zur Verfügung stellen können.

E-Mails Online aus Benutzersicht

Im vorherigen Kapitel haben wir unser Office 365-Konto geöffnet, eine Domäne hinzugefügt und auch gleich drei Benutzer, Martina Grom, Toni Pohl und Georg Binder angelegt. Diese drei Benutzer haben von uns eine Willkommensnachricht erhalten, in der sie aufgefordert werden, sich anzumelden und ihr Einmalkennwort zu ändern.

Toni Pohl wird sich nun mit seiner Willkommensnachricht und dem dort hinterlegten Einmalkennwort anmelden. Er beginnt auf der Office 365-Startseite, *https://portal.microsoftonline.com*.

TIPP Wenn Sie auf der Anmeldeseite die beiden Häkchen für *Anmeldeinformationen speichern* und *Angemeldet bleiben* aktivieren, müssen Sie sich nicht jedes Mal erneut anmelden.

Abbildg. 3.1 Die E-Mail-Nachricht mit dem Einmalkennwort eines Benutzers

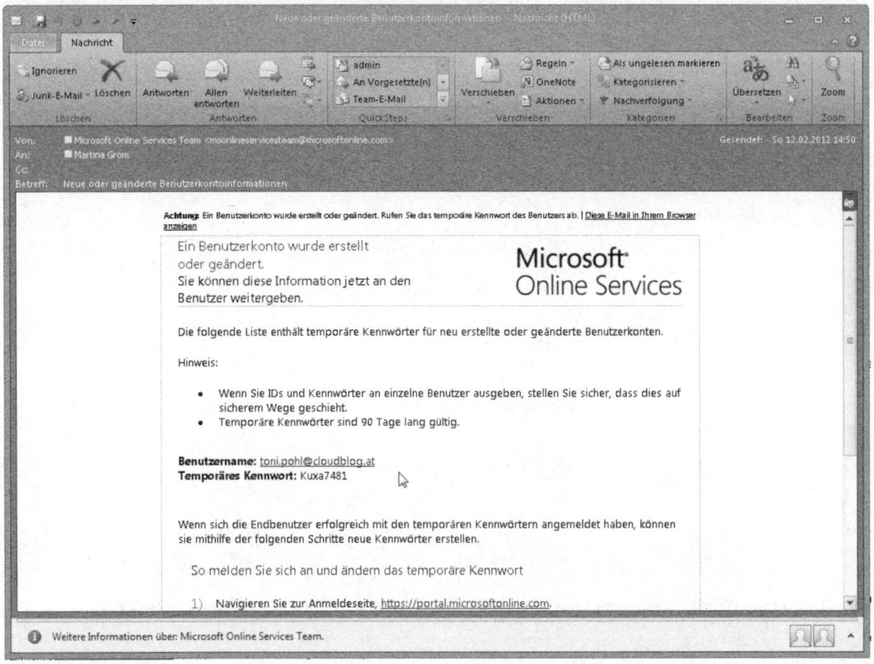

Abbildg. 3.2 Die erste Anmeldung

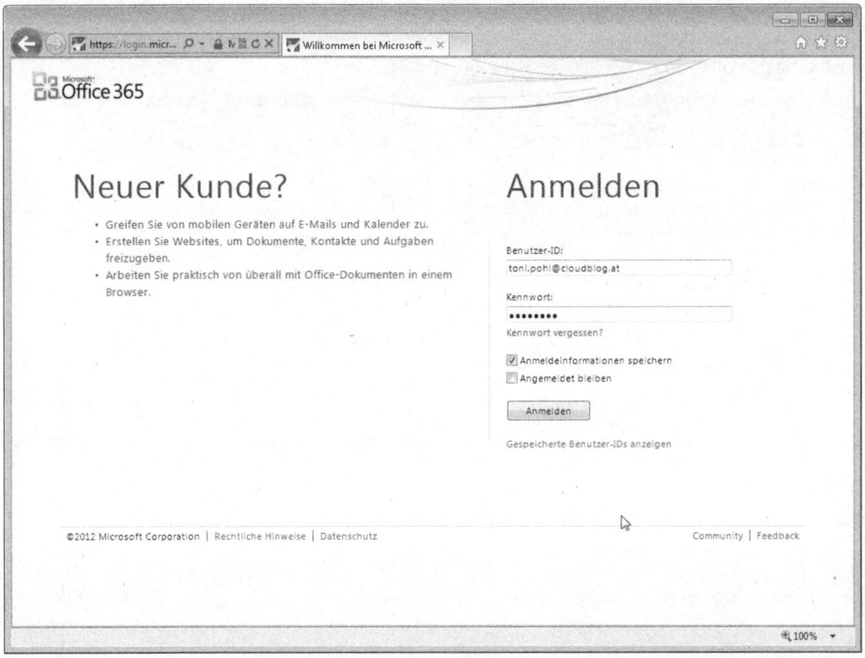

Im nachfolgenden Fenster müssen Sie das Einmalkennwort gegen ein sicheres Kennwort austauschen.

Abbildg. 3.3 Kennwortaktualisierung

Nachdem das Kennwort geändert wurde, melden Sie sich mit Ihrem neuen Kennwort bei Office 365 an.

Abbildg. 3.4 Benutzeranmeldung in Office 365

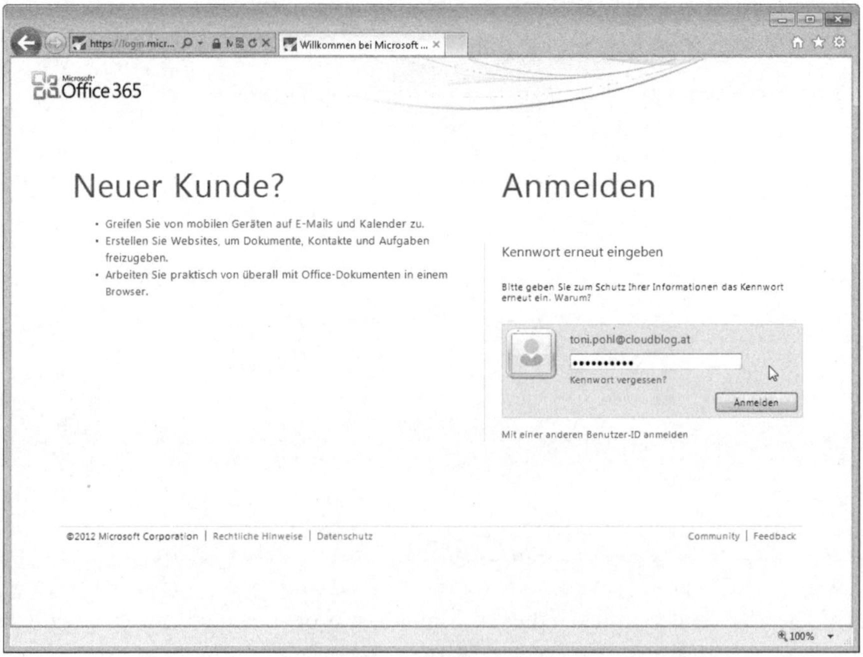

Sobald sich Toni Pohl angemeldet hat, gelangt er zu seiner Startseite von Office 365. Da Toni kein Administrator ist, fehlt bei ihm in der oberen Leiste der Eintrag »Administrator« und er gelangt sofort auf die Startseite, wo eine Reihe von Links und Einführungstouren auf ihn warten.

TIPP Die Tipps auf der Startseite unterstützen die Benutzer in vielerlei Hinsicht: Es gibt Hilfestellung zur Einrichtung des Computers, eine Benutzertour, Informationen zur Einrichtung von Mobiltelefonen und vieles mehr. Es lohnt sich, sich bei auftretenden Fragen hier zu orientieren.

Abbildg. 3.5 Der Startbildschirm aus Benutzersicht

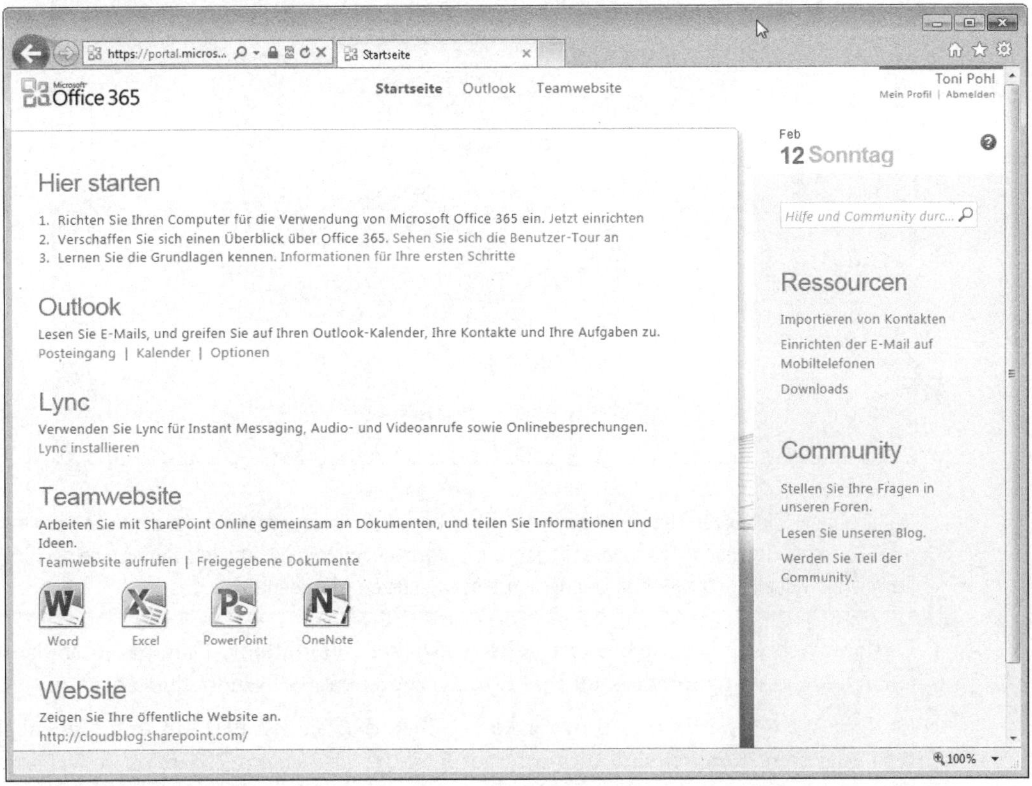

Toni Pohl kann nun direkt vom Startbildschirm aus auf Outlook Web App zugreifen. Dazu wählt er im oberen Navigationsbereich den Punkt *Outlook* aus.

HINWEIS Beim ersten Zugriff auf Outlook Web App wählen Sie Ihre Sprache und die aktuelle Zeitzone aus.

Abbildg. 3.6 Erster Zugriff auf die Outlook Web App

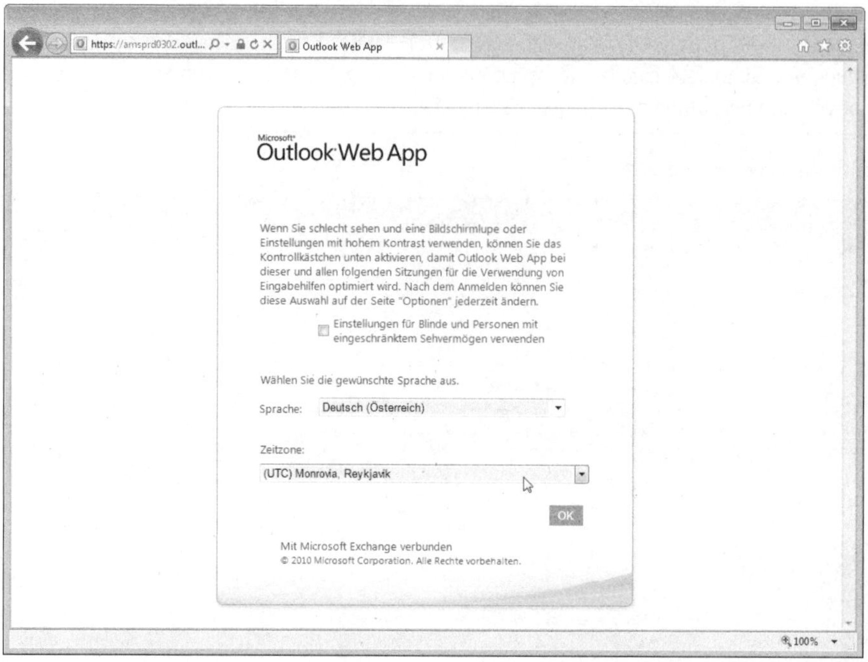

Ich bin immer wieder von Neuem beeindruckt, wie schnell der Dienst erweitert wird und neue Sprachen und Länder hinzukommen. Gerade für Teams, die Länder- und sprachenübergreifend arbeiten, ist das eine hervorragende Möglichkeit, individuell auf die Bedürfnisse des einzelnen Benutzers einzugehen.

Outlook Web App ist eine browserbasierte Variante von Outlook. Damit können Sie schnell und einfach direkt von unterwegs auf Ihre E-Mails zugreifen und Nachrichten abrufen.

Outlook Web App ist Cross-Browser-kompatibel, d.h. Sie können mit unterschiedlichen Browsern zugreifen. Konkret sind dies Internet Explorer ab Version 7, Firefox ab Version 3, Google Chrome ab Version 6 und für alle Mac-Benutzer Safari ab Version 4. Sollten Sie noch einen Browser verwenden, der älter oder nicht gelistet ist, bietet Outlook Web App auch eine »Light«-Version an.

Wenn Sie Outlook Web App verwenden, bleibt alles, was Sie online tun, gleich direkt in der Cloud, egal ob E-Mails, Kontakte oder Kalender.

Abbildg. 3.7 Outlook Web App

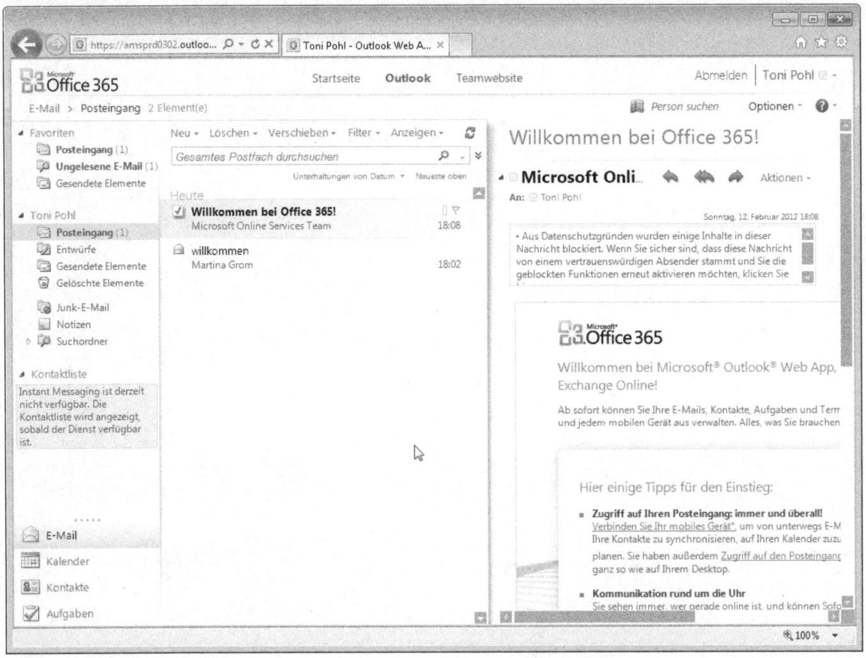

Abbildg. 3.8 Outlook Web App »Light« auf einem iPad

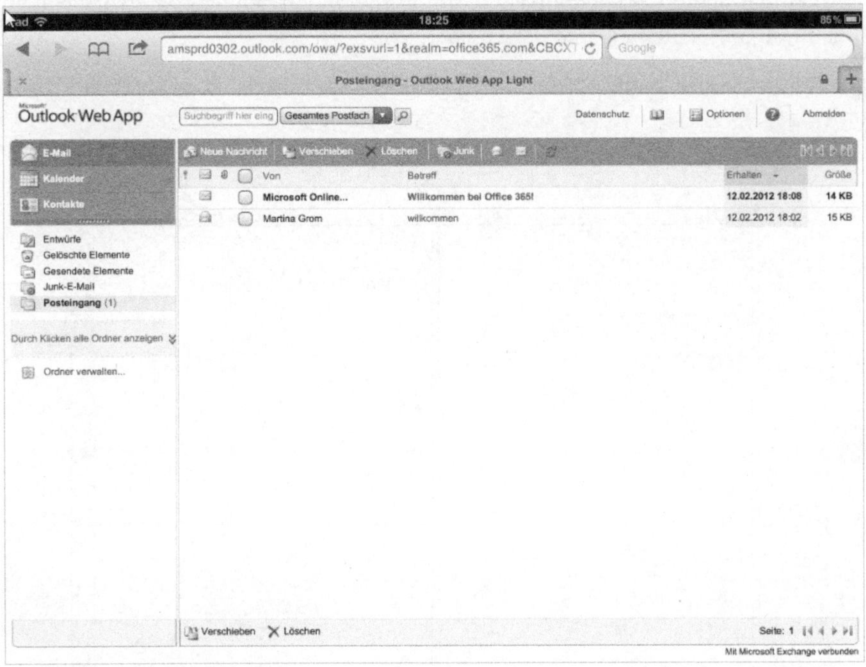

Ebenso wie die Clientversion bietet Outlook Web App ein kontextbasierendes Menü, d.h. abhängig davon, wo Sie die rechte Maustaste drücken, erhalten Sie ein dazu passendes Kontextmenü.

Abbildg. 3.9 Kontextbasierendes Menü über die rechte Maustaste

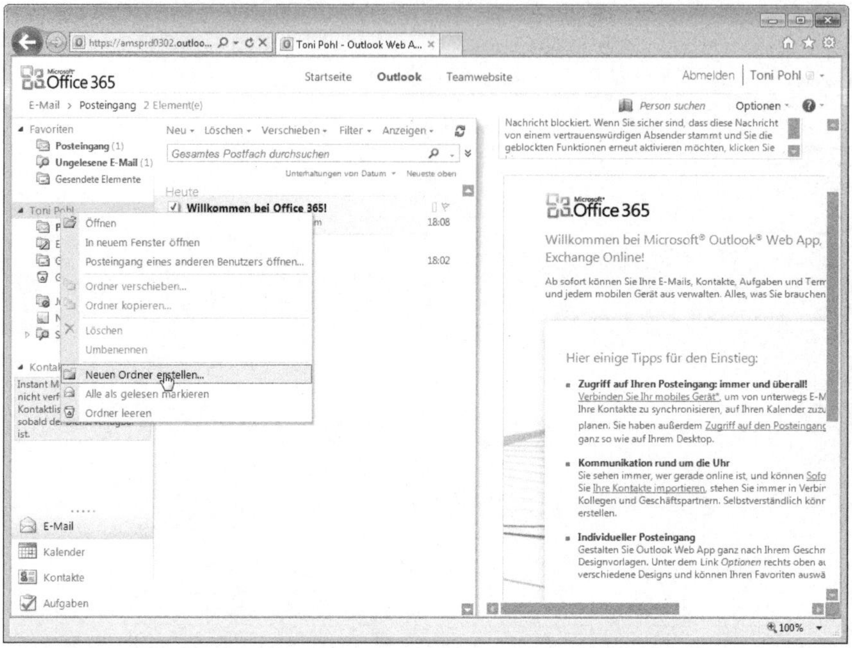

Der Aufbau von Outlook Web App folgt im Wesentlichen der Clientanwendung: Im linken Bereich befindet sich die Navigationsleiste, im mittleren Bereich eine Kurzvorschau auf den Postfachinhalt und im rechten Bereich der Lesebereich.

Abbildg. 3.10 Die einzelnen Bereiche von Outlook Web App

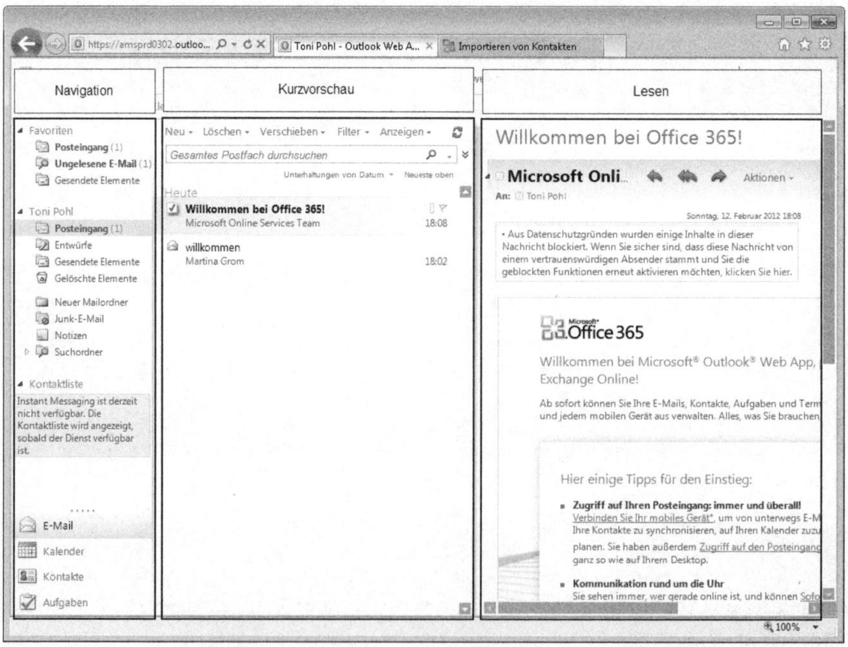

E-Mails schreiben und verwalten

Eine neue E-Mail legen Sie über den Link *Neu* an und können anschließend sofort losschreiben und die Nachricht versenden.

Abbildg. 3.11 Eine neue E-Mail verfassen

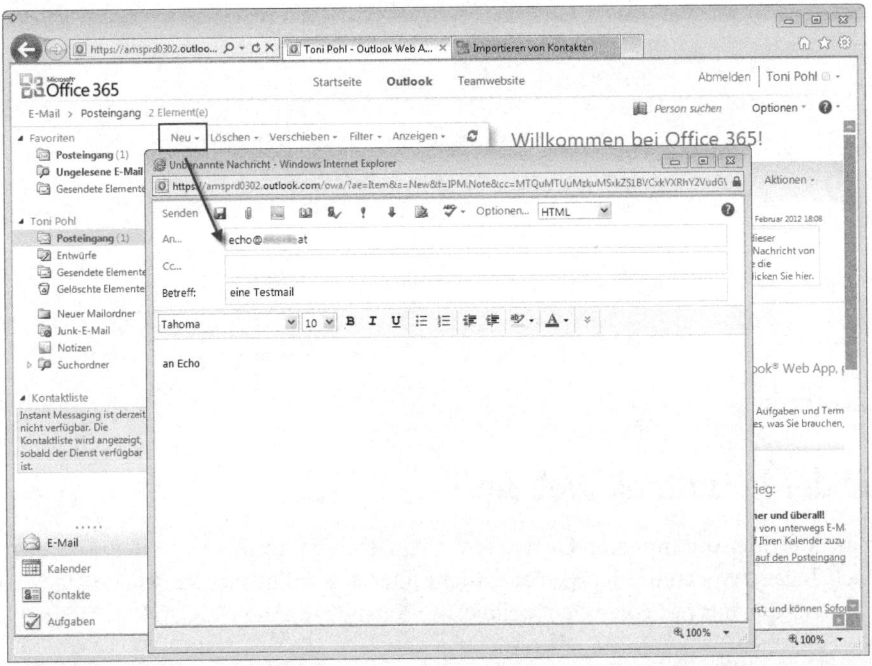

TIPP Auch Outlook Web App aktualisiert sich automatisch, wenn eine neue E-Mail eintrifft. So sind Sie auch über den Browser immer aktuell informiert.

Zum Antworten, allen Antworten oder Weiterleiten verwenden Sie diese Schaltflächen:

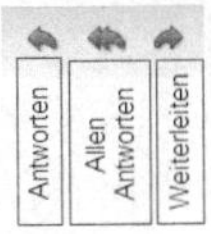

Über das Symbol *Adressbuch* gelangen Sie zum globalen Adressbuch, in dem Sie Kontakte nachschlagen und auch sofort sehen können, wann einer Ihrer Kontakte einen Termin frei hat.

Abbildg. 3.12 Zugriff auf das globale Adressbuch in Office Web App

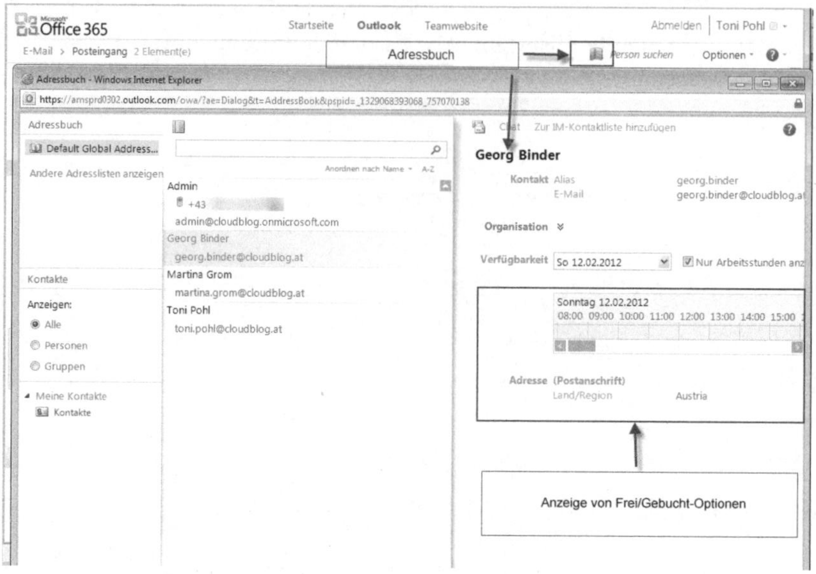

Kalender in Outlook Web App

Auch die Kalenderfunktionen in Outlook Web App sind gut implementiert. Sie können im Kalender nach Tages-, Wochen- oder Monatsansicht filtern. Termine werden ganz einfach eingetragen. Dazu müssen Sie nur mit einem Doppelklick im Kalender auf den Tag und die Uhrzeit klicken, für den Sie einen neuen Termin eingeben möchten.

Abbildg. 3.13 Terminkalender in der (Arbeits-)Wochenansicht

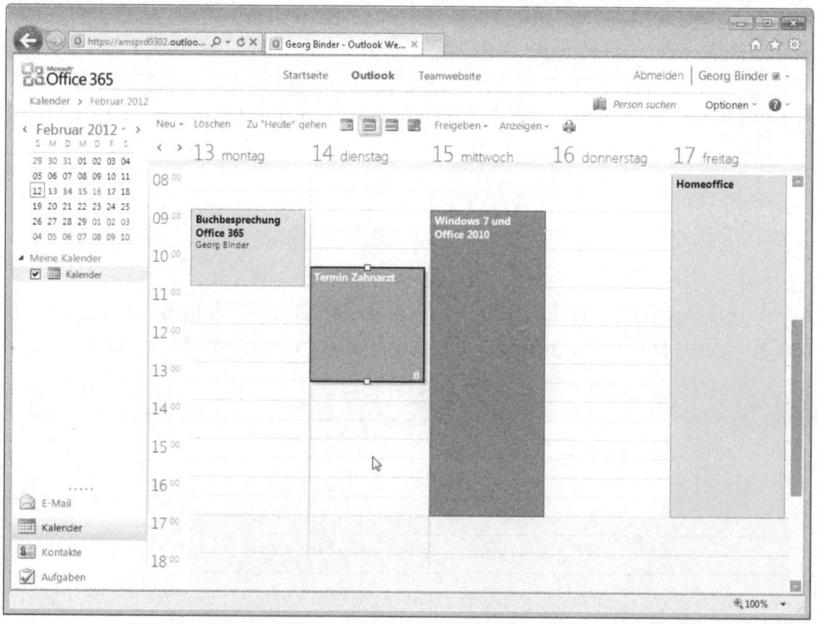

Andere Personen zu einem Meeting einladen und freie Zeiten gleich sehen

Wenn Sie ein Meeting vereinbaren wollen, an dem mehrere Personen teilnehmen, können Sie diese ebenfalls direkt per Outlook Web App einladen. Dank des Kalender-Concierge sehen Sie auch, ob Ihre Kollegen zu dem Termin Zeit haben. Dazu erstellen Sie zunächst einen neuen Termin.

Abbildg. 3.14 Einen neuen Termin aufrufen

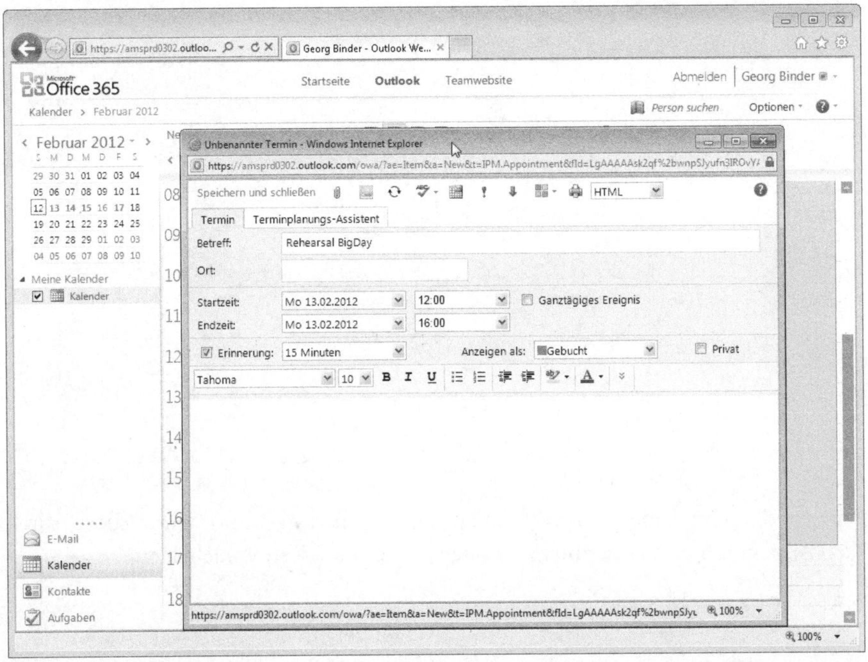

Nun wechseln Sie zur Registerkarte *Terminplanungs-Assistent* und wählen dort jene Personen aus Ihrem Unternehmen, die ebenfalls zu diesem Termin eingeladen werden sollen. Sie erhalten dann sofort einen Überblick zu den freien Zeiten und den Tagen, an denen ein Treffen besonders günstig wäre.

Abbildg. 3.15 Kalender-Concierge

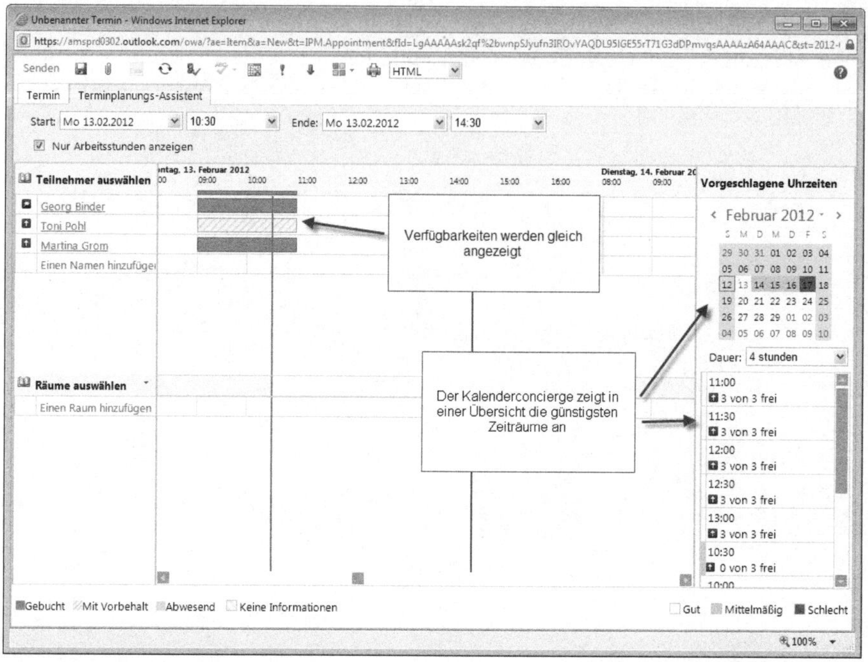

Die Person, die eingeladen wurde, erhält eine Einladung und kann diese direkt in Outlook Web App annehmen bzw. ablehnen oder eine andere Zeit vorschlagen.

Abbildg. 3.16 Terminoptionen für die Zu- oder Absage

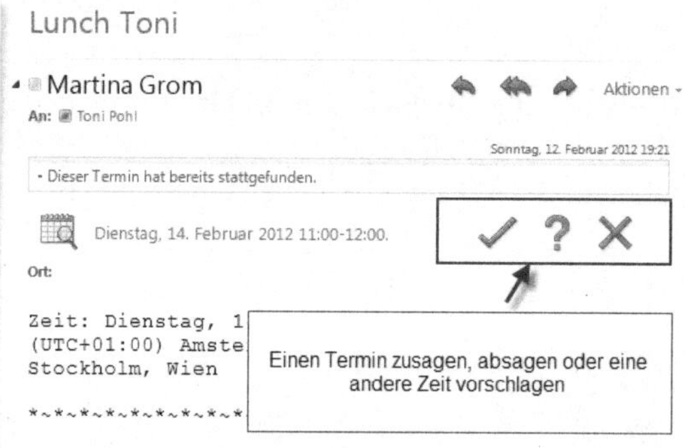

Sobald Sie eine dieser drei Schaltflächen anwählen, haben Sie die Gelegenheit, gleich eine Antwort zu senden, je nachdem, für welche der drei Möglichkeiten Sie sich entscheiden.

Abbildg. 3.17 Antwortoptionen bei Terminen

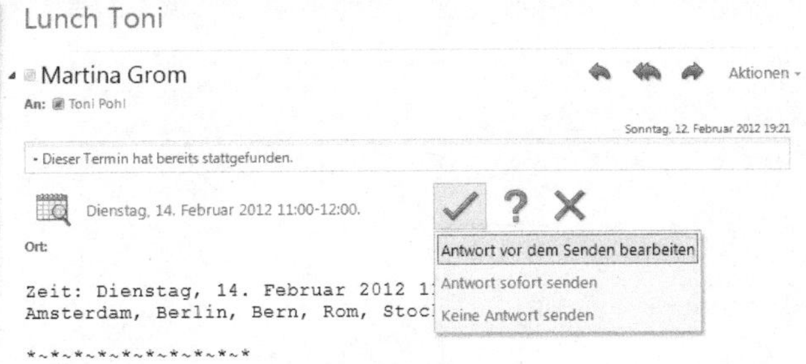

Sobald Sie zugesagt haben, verschwindet die Einladung aus Ihrem Posteingang und der Termin wird in Ihrem Kalender gespeichert oder – bei einer Absage – aus dem Kalender gelöscht.

Mit freigegebenen Kalendern arbeiten

Eine Funktion, die es in der Clientversion von Outlook schon länger gibt, gibt es nun auch in Outlook Web App: die freigegebenen Kalender anderer anzeigen lassen.

Zunächst geben Sie Ihren Kalender frei. Dies geschieht durch einen Klick mit der rechten Maustaste auf Ihren Kalender. Anschließend wählen Sie im Kontextmenü den Untermenübefehl *Freigeben/Diesen Kalender freigeben* aus.

Abbildg. 3.18 Kalender freigeben

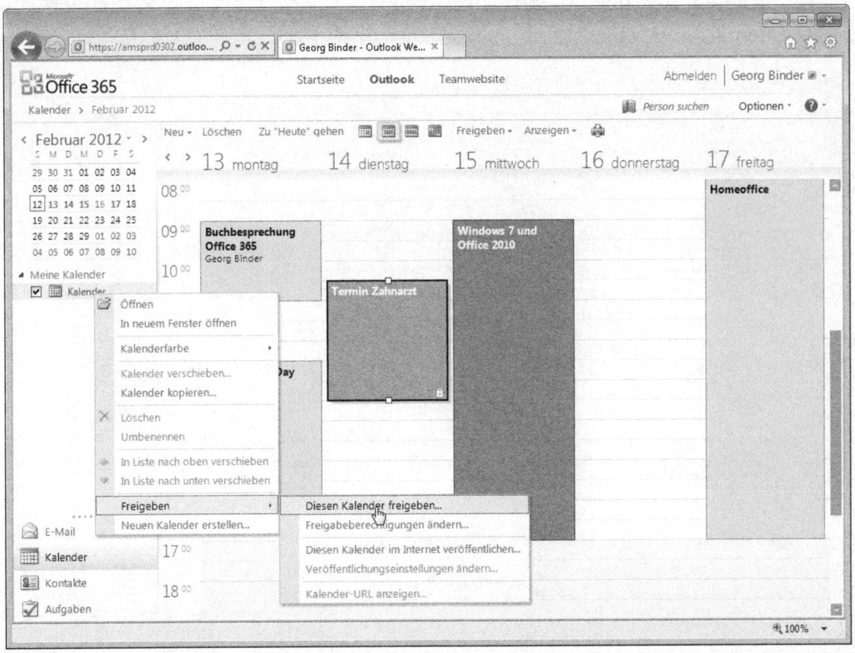

Im nächsten Schritt legen Sie fest, für wen Sie den Kalender freigeben möchten und welche Informationen angezeigt werden sollen. In unserem Beispiel gibt Georg Binder seinen Kalender an Martina Grom und Toni Pohl frei und lässt *Alle Informationen* anzeigen.

Abbildg. 3.19 Kalenderfreigabeeinstellungen

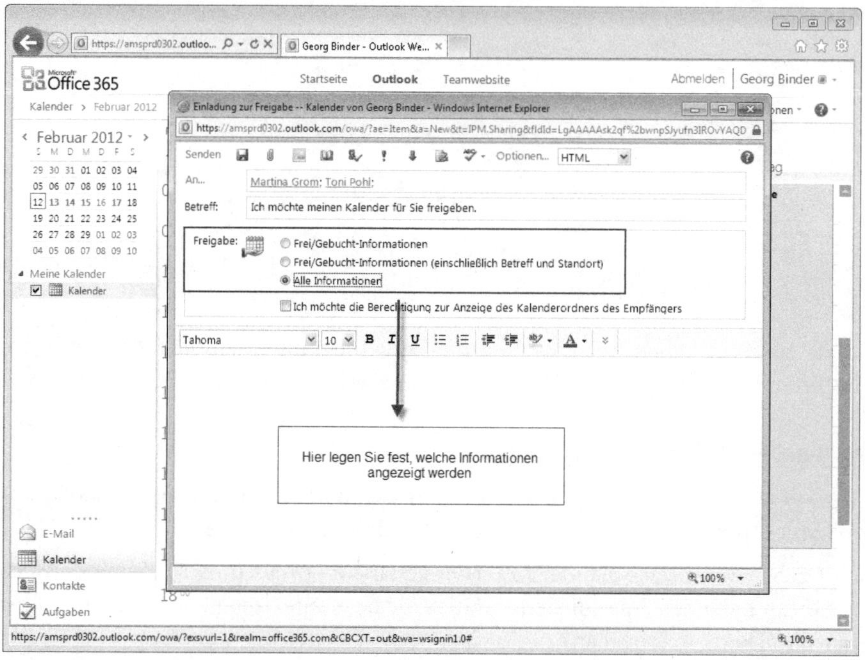

Mit *Senden* erhalten die beiden eine Einladung zur Anzeige dieses Kalenders und können anschließend den Kalender einsehen.

Abbildg. 3.20 Den freigegebenen Kalender einer anderen Person hinzufügen

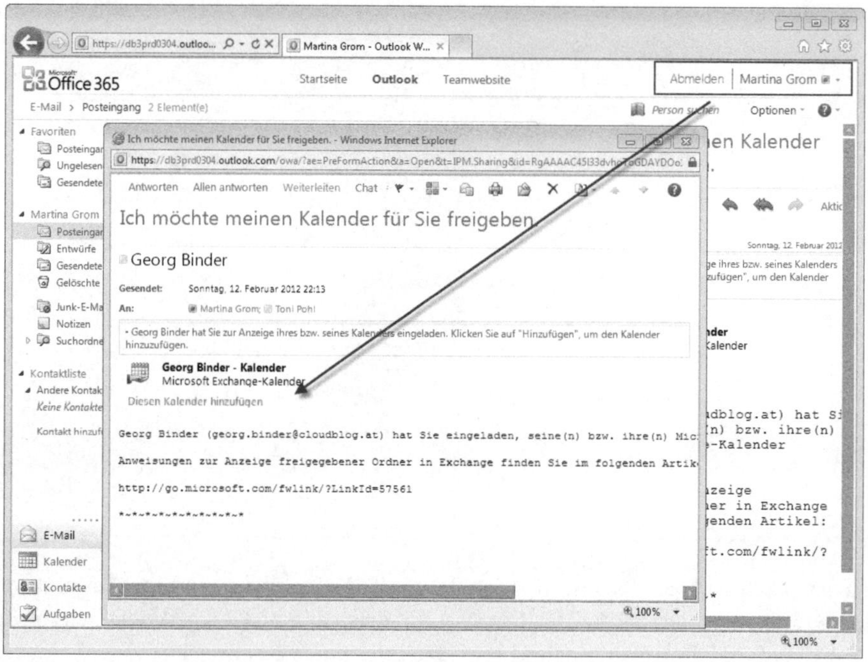

Sobald auf den Link *Diesen Kalender hinzufügen* geklickt wird, erscheint dieser zweite Kalender in Outlook Web App.

Abbildg. 3.21 Anzeige von mehreren Kalendern nebeneinander

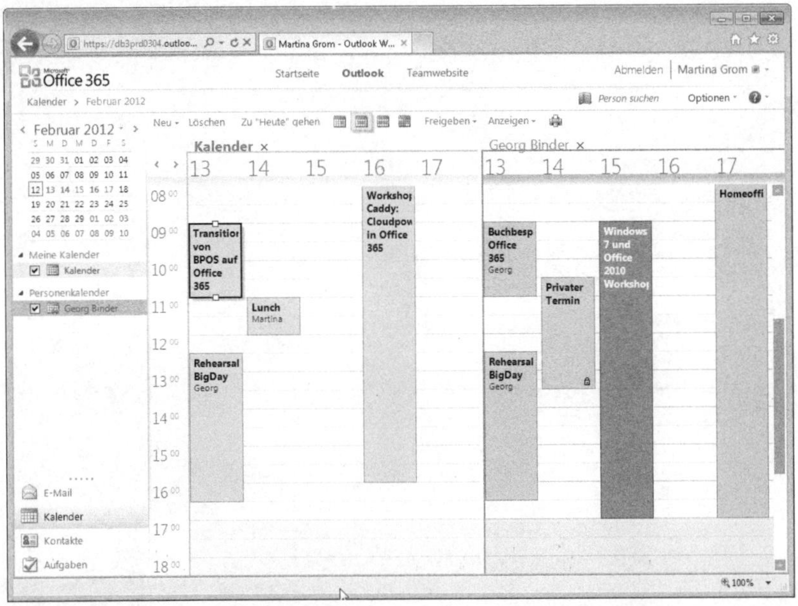

Termine als Privat kennzeichnen

Wenn Sie Ihren Kalender freigegeben haben, private Termine jedoch nicht in allen Details anzeigen lassen wollen, wählen Sie bei der Terminerstellung die Schaltfläche *Privat* aus.

Abbildg. 3.22 Ein privater Termin

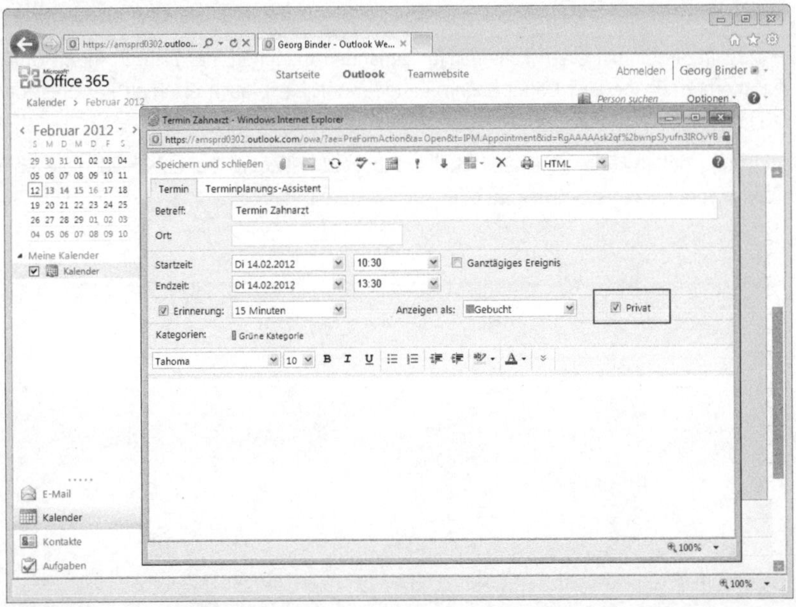

Jemand, der alle Details von Ihrem Kalender sehen kann, sieht diesen Termin zwar auch, aber nur mit der Kennzeichnung *Privater Termin*.

Abbildg. 3.23 Anzeige eines privaten Termins

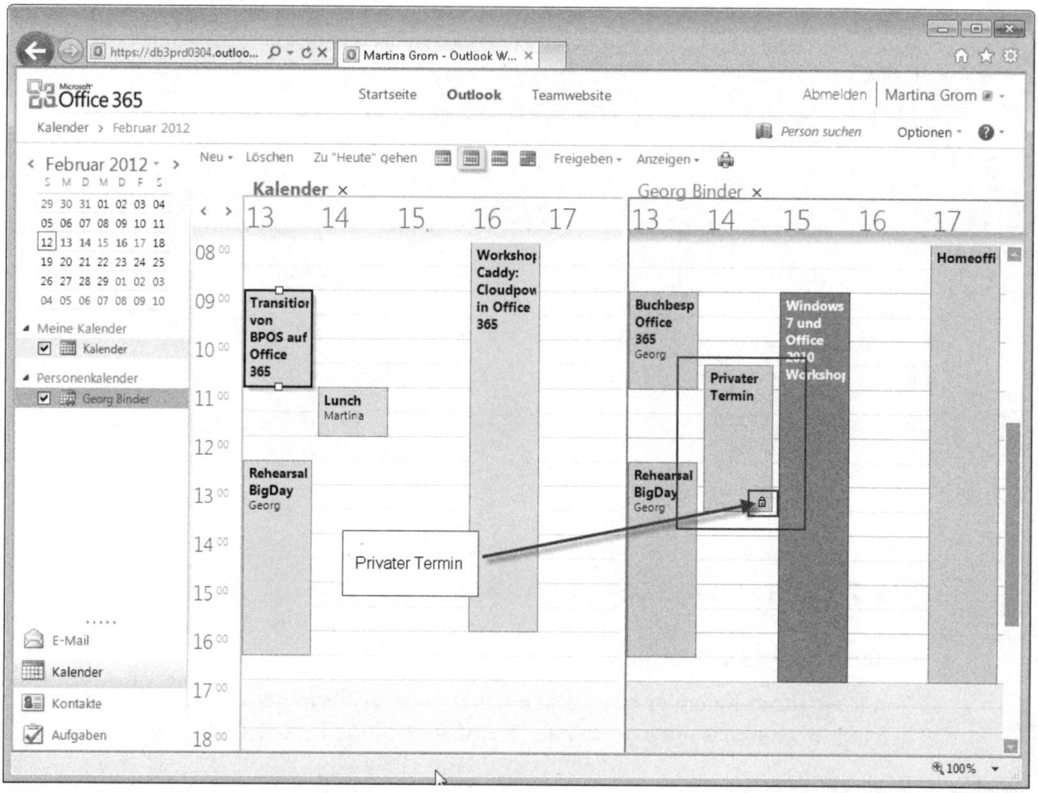

PROFITIPP Müssen Sie einmal einen Kalender für jemanden freigeben, der nicht in Ihrem Unternehmen ist, probieren Sie die Internetfreigabe aus! Damit haben Sie die Möglichkeit, auch externen Personen den Zugriff auf Ihren Kalender zu erlauben.

Bei den Veröffentlichungsdetails können Sie den Detaillierungsgrad festlegen. Hier entscheiden Sie, ob nur die freien und gebuchten Informationen angezeigt werden oder auch weitere Details.

Abbildg. 3.24 Kalenderfreigabe im Internet

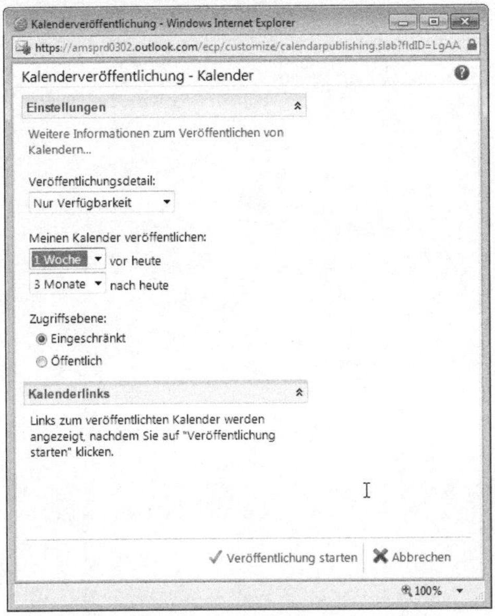

Sobald Sie hier auf den Link *Veröffentlichung starten* klicken, erhalten Sie die entsprechenden Links angezeigt, die Sie zum Öffnen dieses im Internet veröffentlichten Kalenders benötigen.

Abbildg. 3.25 Freigabelinks eines im Internet veröffentlichten Kalenders

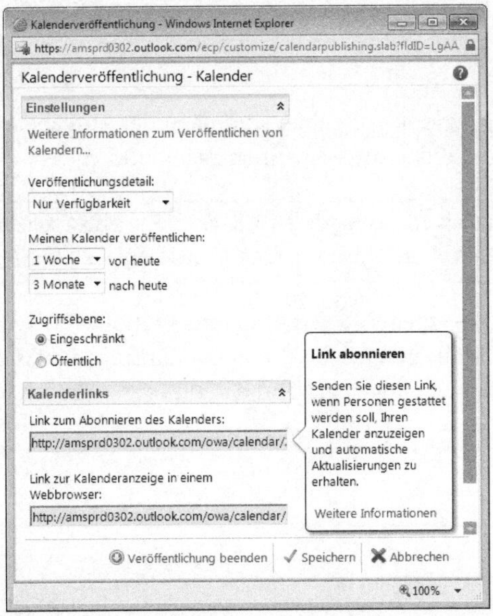

Über den Link *Veröffentlichung beenden* können Sie die Veröffentlichung Ihres Kalenders jederzeit wieder beenden. Senden Sie diesen Link bitte nur an Personen, die auch wirklich den Zugriff auf den Kalender benötigen!

Kontakte und Aufgaben in Outlook Web App

Ihre Kontakte und Aufgaben können Sie ebenfalls bequem in Outlook Web App verwalten. Mit dem Link *Neu* haben Sie schnell einen neuen Kontakt angelegt.

Abbildg. 3.26 Neuen Kontakt einfügen

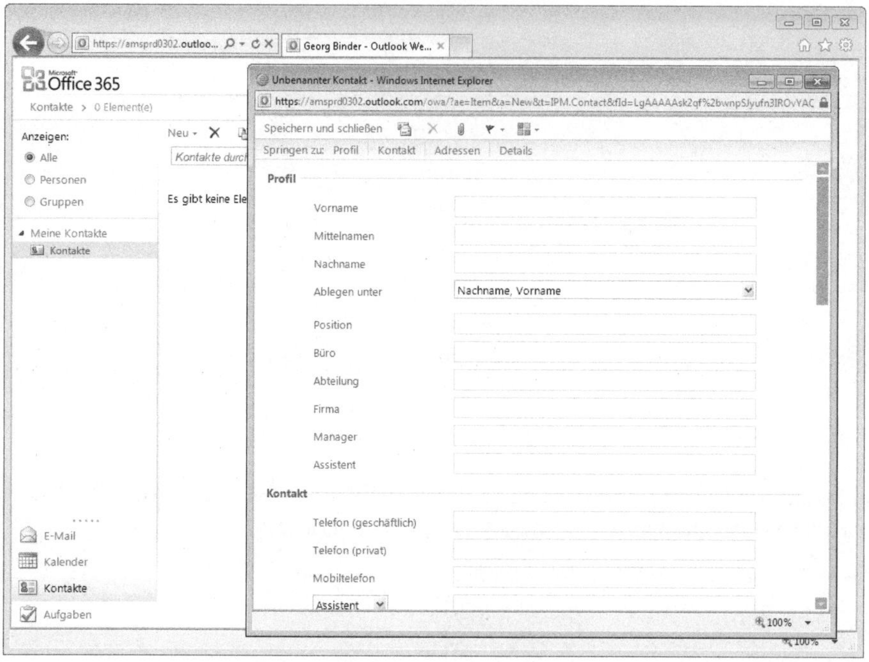

Ebenso verhält es sich mit den Aufgaben. Outlook-Aufgaben sind dazu da, Aufgaben, die keinen fixen Termin haben, aber trotzdem erledigt werden müssen, einzutragen und zu verwalten.

TIPP Aufgaben eignen sich hervorragend als Erinnerungshelfer, z.B. für Einkaufslisten, kurzfristige Erinnerungsfunktionen, wiederkehrende Tätigkeiten. Statt sich einen Termin zu setzen, tragen Sie einfach eine Aufgabe ein.

Anhand dieser einfachen Beispiele haben Sie gesehen, wie gut bereits Outlook Web App als Tool zur Zusammenarbeit dient. Wir haben E-Mails geschrieben, Kalendereinträge verfasst, Kalender freigegeben, Aufgaben erstellt und neue Kontakte angelegt. Und das alles ganz einfach im Browser.

Abbildg. 3.27 Neue Aufgabe eintragen

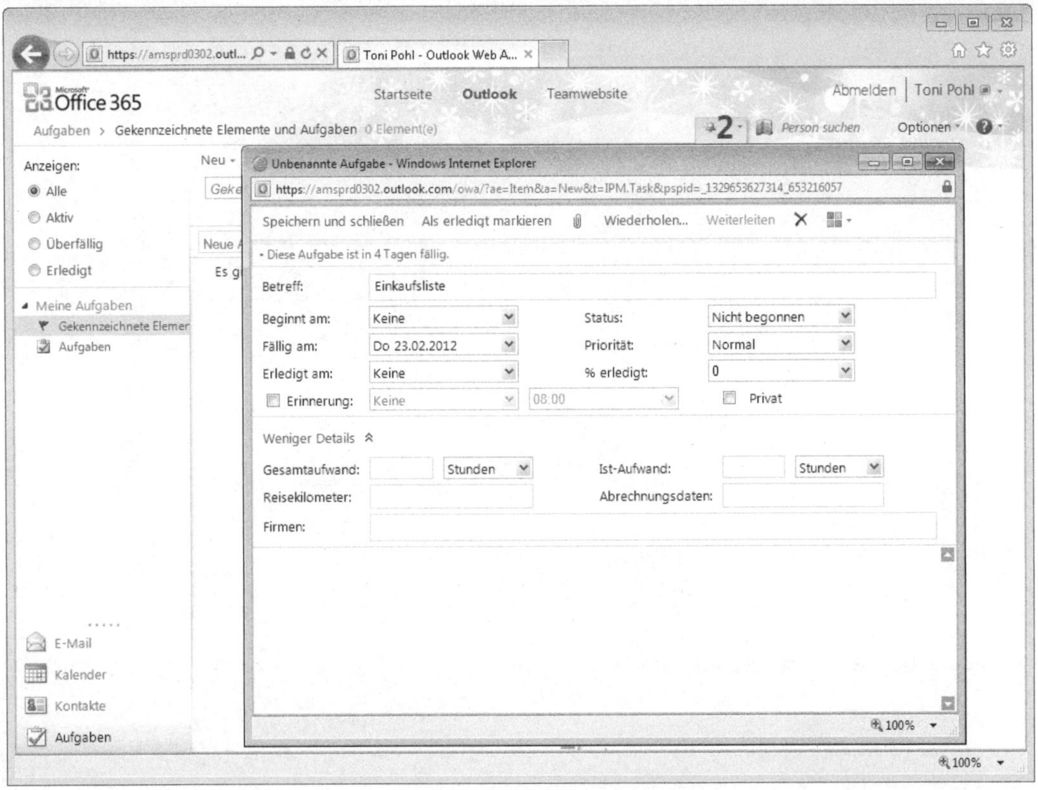

Eigenes Profil in Outlook Web App verwalten

Outlook Web App kann aber noch viel mehr. Über die Schaltfläche *Optionen* können Sie hier Ihre Profilinformationen verwalten, Optionen einstellen (wie z.B. eine persönliche E-Mail-Signatur), Domänen als sichere Absender eintragen oder das Layout Ihrer Seite verändern. Ganz schnell können Sie hier auch Abwesenheitsbenachrichtigungen eintragen.

Abbildg. 3.28 Optionen in der Outlook Web App

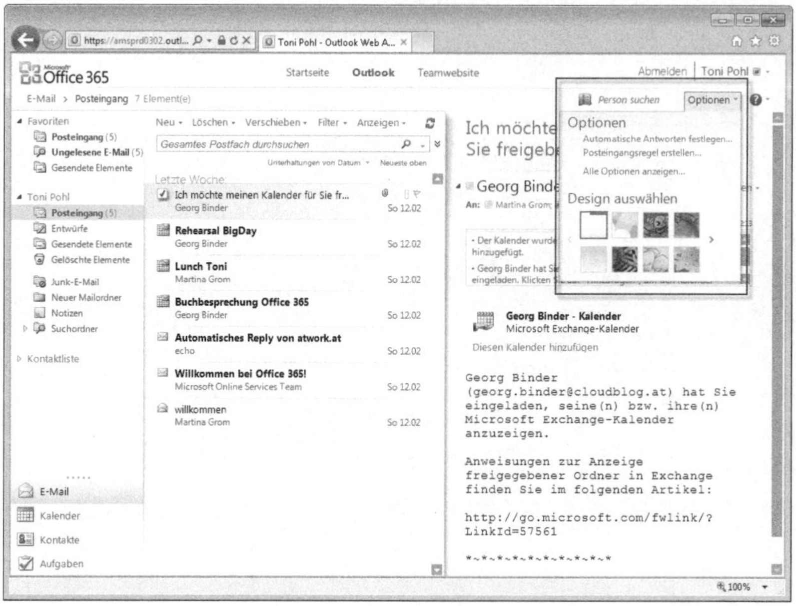

Abbildg. 3.29 Outlook Web App mit angepasstem Design

Ich bin dann mal weg – Abwesenheiten in Outlook Web App einstellen

Abwesenheitsbenachrichtigungen helfen uns, wenn wir jemanden erreichen möchten und derjenige gerade in Urlaub ist. Umgekehrt unterstützen wir dadurch aber auch andere Personen, die uns erreichen möchten, da diese dann entweder jemand anderen aus unserem Unternehmen kontaktieren können oder eben mit einer Antwort erst ab unserer Rückkehr rechnen.

Outlook und Office 365 unterstützt Sie auch hier. Der Klassiker ist ja sehr oft, dass man in den letzten Tagen vor dem Urlaub einfach vergisst, seine Abwesenheitsbenachrichtigung einzustellen. Kaum ist man unterwegs, fällt es einem dann ein. Über Outlook Web App können wir das nachholen.

Über *Optionen/Automatische Antworten festlegen* können Sie Ihre Abwesenheit direkt eintragen.

PROFITIPP Beachten Sie bei einer Abwesenheitsnachricht immer die 3 W: Was, Wann, Warum. Damit helfen Sie dem Empfänger, sich zu orientieren. Er weiß, von wann bis wann Sie nicht erreichbar sind, ob Sie Ihre Nachrichten in der Zwischenzeit lesen und/oder ob er mit einer verzögerten Beantwortung rechnen muss. Sollten Sie Ihre E-Mails von einem Kollegen bearbeiten lassen, teilen Sie auch das in Ihrer Benachrichtigung mit bzw. geben Sie die Adresse Ihrer Vertretung an, damit sich der Empfänger an diesen wenden kann.

Outlook Web App bietet darüber hinaus noch die Möglichkeit, automatische Antworten zu variieren: eine Abwesenheitsbenachrichtigung an Personen innerhalb des eigenen Unternehmens und eine an externe Absender.

Abbildg. 3.30 Automatische Antworten an externe und interne Absender

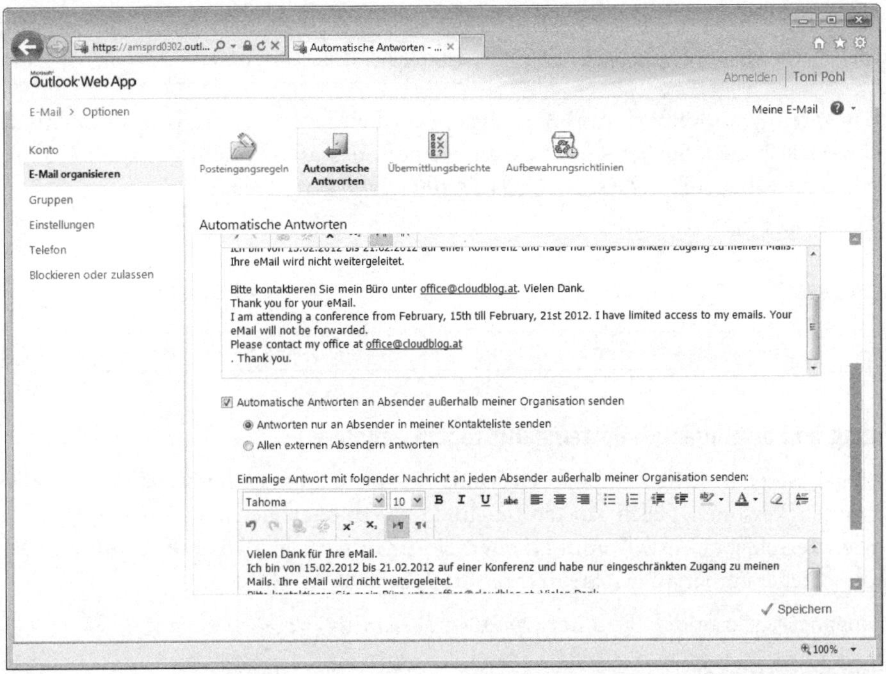

Ist diese Abwesenheitsbenachrichtigung aktiviert, erhalten auch Ihre Kollegen, sobald diese eine E-Mail an Sie versenden, sofort den Hinweis, dass Sie abwesend sind! Das hilft sicher bereits vor dem Versand bei der Zustellung der einen oder anderen »sehr dringenden« Nachricht!

Abbildg. 3.31 Mailtipps helfen, den E-Mail-Versand während einer Abwesenheit zu reduzieren

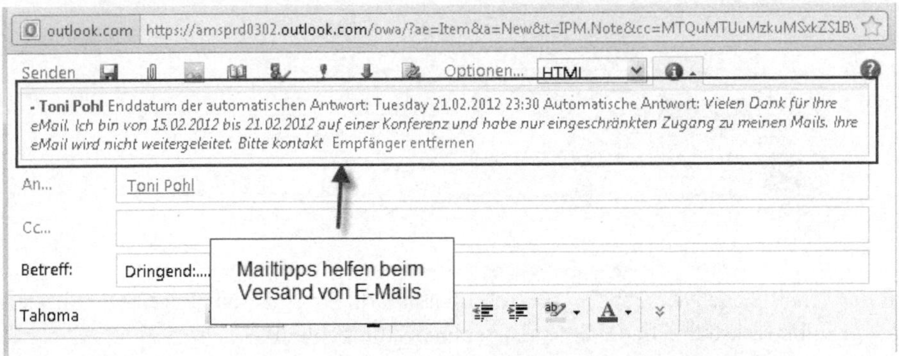

PROFITIPP Bei externen Absendern haben Sie die Wahl, ob Ihre Antwort an alle externen Absender gesendet werden soll oder nur an jene, die in Ihren Outlook-Kontakten vorhanden sind. Wenn Sie allen externen Absendern antworten, erhält auch jeder Versender von Newslettern und auch jeder Fremde diese Benachrichtigung. Damit validieren Sie indirekt auch Ihre E-Mail-Adresse gegenüber Spammern.

Obwohl Office 365 einen ausgezeichneten Spamfilter einsetzt – empfehle ich Ihnen, die Abwesenheitsbenachrichtigung nur an jene Personen zu versenden, die sich in Ihrem Adressbuch befinden!

Auch in Ihrem Outlook Web App-Posteingang wird eingeblendet, dass Sie automatische Antworten eingestellt haben. So werden Sie daran erinnert, dass diese Nachrichten noch aktiv sind, und Sie haben die Möglichkeit, diese bei Bedarf früher zu deaktivieren.

Abbildg. 3.32 Mailtipp im Posteingang

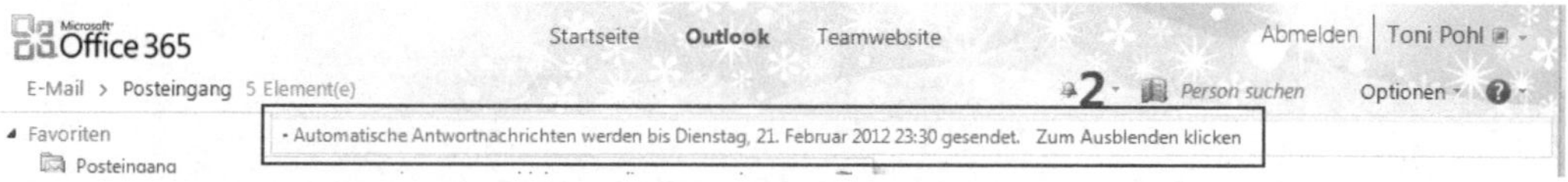

Ordnung im Posteingang – Posteingangsregeln definieren

Posteingangsregeln helfen Ihnen, Ordnung im Posteingang herzustellen, Nachrichten von bestimmten Personen gleich zu kennzeichnen, Newsletter gleich in einen Ordner für »später lesen« zu verschieben, usw. Damit erhalten Sie einen schnellen Überblick in Ihrem Posteingang, und diese Regeln unterstützen Sie in Ihrer Produktivität.

Posteingangsregeln finden Sie unter *Optionen/Posteingangsregel erstellen*.

Abbildg. 3.33 Posteingangsregeln erstellen

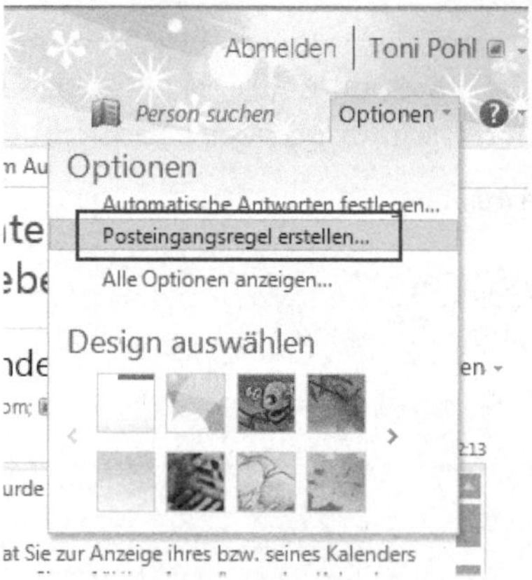

Mit der Schaltfläche *Neu* erstellen Sie anschließend direkt eine neue Regel. Die Regelerstellung ist einfach zu bewerkstelligen, da diese assistentengestützt abläuft.

Abbildg. 3.34 Eine Posteingangsregel erstellen

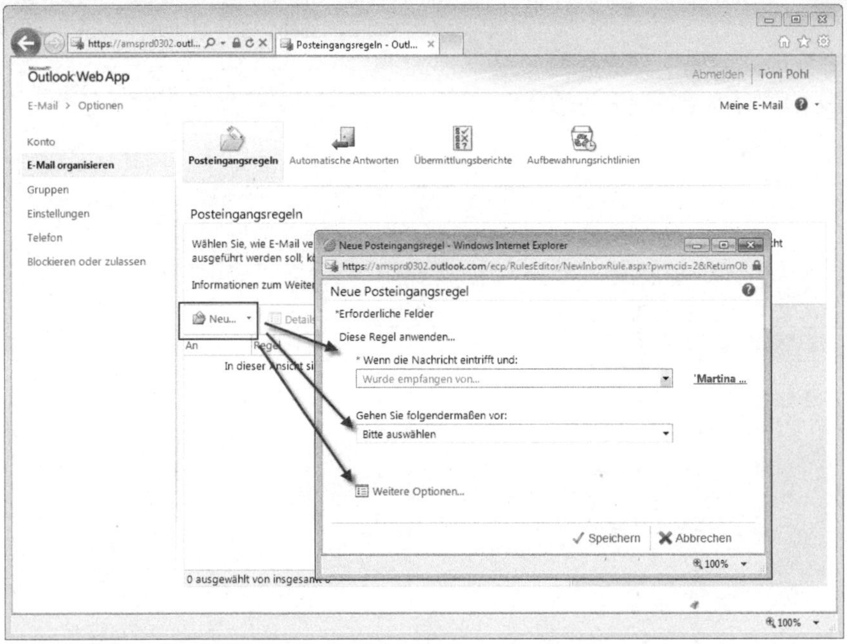

In diesem Fall habe ich eine Posteingangsregel erstellt, die jede E-Mail von Martina Grom an Toni Pohl mit der Kategorie »Grün« versieht. Auf diese Weise kann Toni Nachrichten von Martina schneller finden.

Abbildg. 3.35 Posteingangsregel, mit der alle Nachrichten eines bestimmten Absenders mit einer farbigen Kategorie gekennzeichnet werden

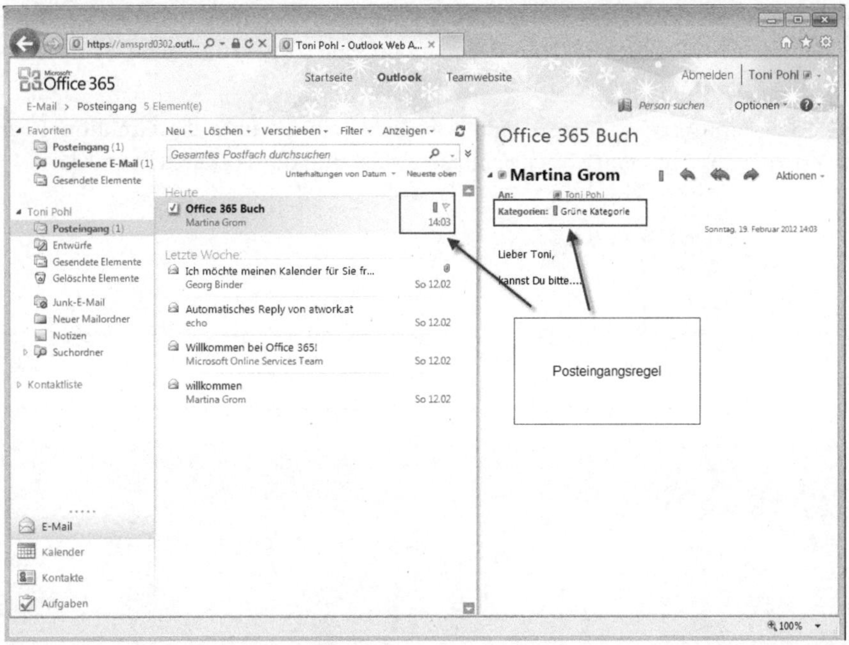

PROFITIPP Posteingangsregeln können Sie auch direkt vom Posteingang aus erstellen. Klicken Sie dazu mit der rechten Maustaste auf jene Nachricht, die als Vorlage für Ihre Regel dienen soll, und definieren Sie – vom zugehörigen Kontextmenü ausgehend – Ihre Posteingangsregel.

Abbildg. 3.36 Posteingangsregel direkt im Posteingang erstellen

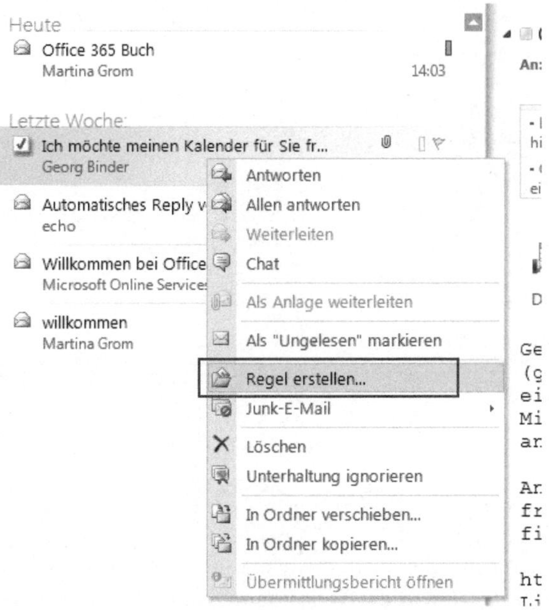

Übermittlungsberichte helfen bei der Analyse von versendeten E-Mails

Wer kennt das nicht? Da versendet man eine E-Mail und sie kommt einfach nicht beim Empfänger an. Manchmal braucht es Tage, in der man auf eine Antwort auf eine Nachricht wartet, die möglicherweise nie empfangen wurde.

Mit Office 365 kann man bequem – und vor allem selbst – über die Funktion *Übermittlungsberichte* verfolgen, was mit einer Nachricht passiert ist und ob sie zugestellt wurde.

Abbildg. 3.37 Über Übermittlungsberichte lässt sich herausfinden, ob eine Nachricht zugestellt wurde

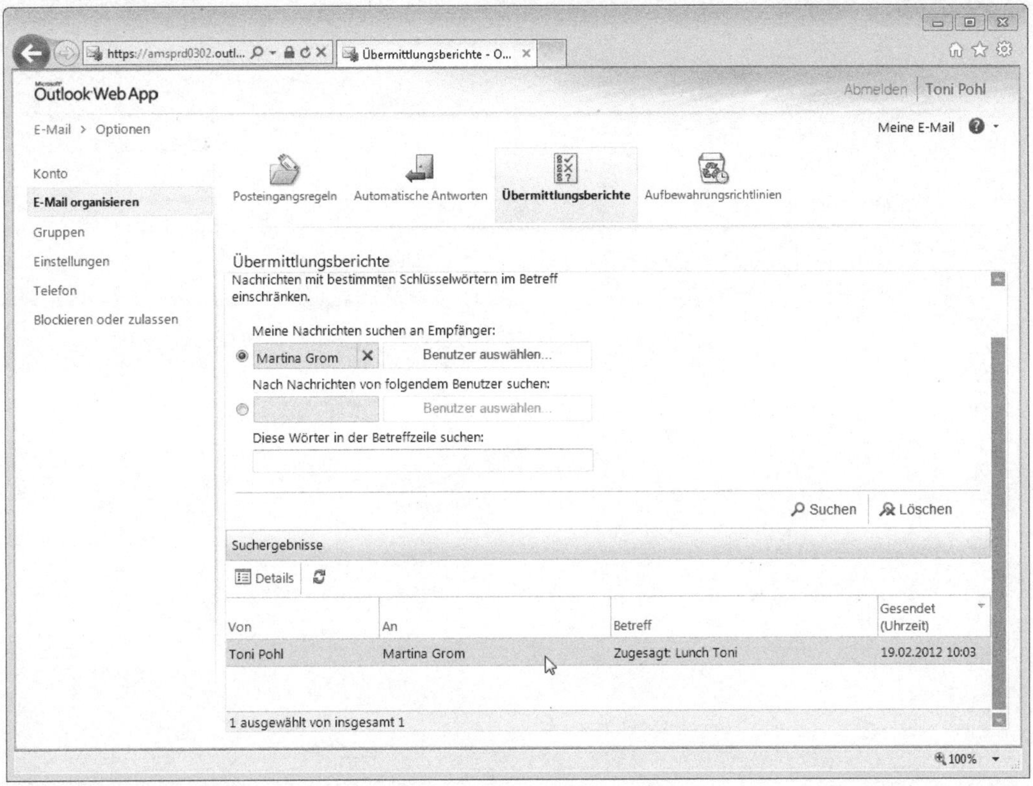

Aufbewahrungsrichtlinien helfen dabei, E-Mails im Postfach zu behalten

Mit den Aufbewahrungsrichtlinien können Sie festlegen, wie lange bestimmte E-Mails in Ihrem Postfach aufbewahrt werden sollen. Dies kann insbesondere bei Nachrichten hilfreich sein, die Sie aus rechtlichen Gründen eine bestimmte Zeit aufbewahren müssen, oder bei E-Mails, die Sie vor unbeabsichtigtem Löschen sichern wollen.

Hierbei stehen Ihnen bereits vordefinierte Richtlinien zur Verfügung, die Sie auf Ihr Postfach anwenden können. Sollten Sie andere Aufbewahrungsrichtlinien benötigen, lassen Sie diese über Ihren Administrator erstellen, sofern diese unternehmensweit gelten sollen.

TIPP Bei dem in diesem Buch behandelten P-Plan steht Ihnen das unbegrenzte E-Mail-Archiv des E-Plans nicht zur Verfügung. Sollten Sie ein unbegrenztes E-Mail-Archiv benötigen, ist der E-Plan das geeignetere Modell für Ihre Anforderungen.

Abbildg. 3.38 Aufbewahrungsrichtlinien helfen bei der Archivierung

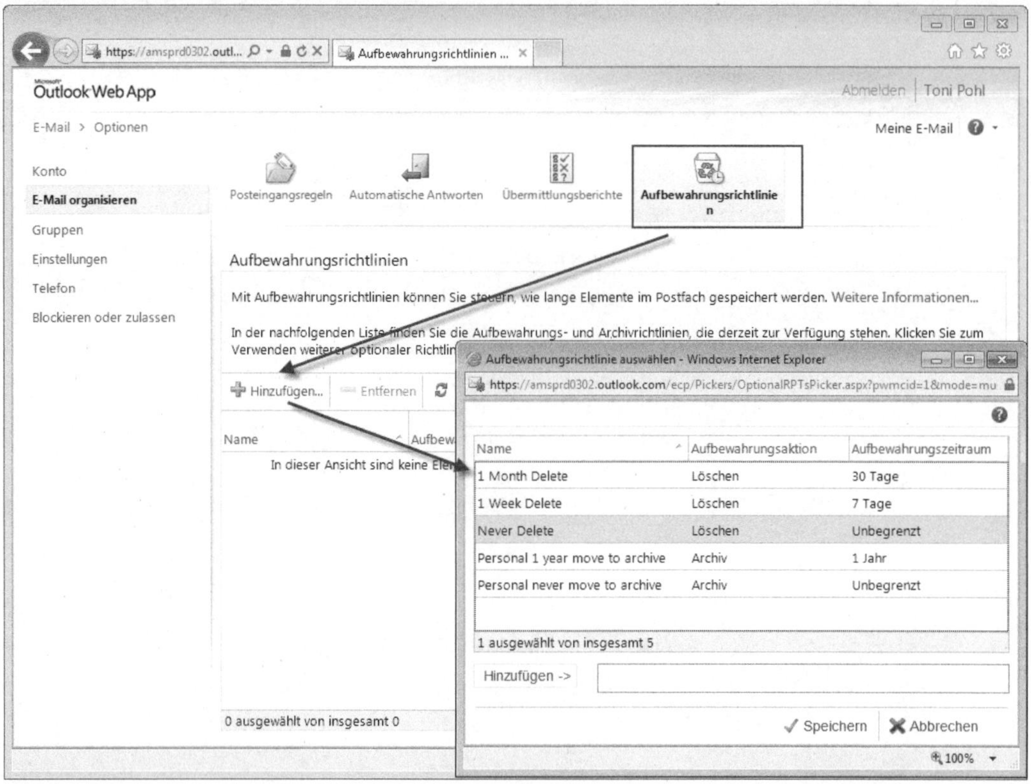

Verteilerlisten und öffentliche Gruppen im Selbstmanagement

Öffentliche Gruppen helfen Ihnen dabei, Personen zu bestimmten Themen in einer Verteilerliste zusammenzufassen. Diese Verteilerlisten erscheinen in Ihrem globalen Adressbuch und können nach verschiedenen Kriterien gestaltet sein. Dieses Selbstmanagement unterstützt Teams dabei, eigene Verteiler zu erstellen. Teammitglieder können sich bei dieser Gruppen anmelden (also quasi den Empfang von Nachrichten an diesen Personenkreis »abonnieren«), aber auch wieder aus diesen Gruppen austreten, z.B. bei einem Teamwechsel. Dieses Selbstmanagement hilft den Administratoren, die bisher für die Erstellung von Verteilern zuständig waren. Verteilerlisten haben den Vorteil, dass eine Nachricht nur an eine Adresse gesendet wird (die Verteileradresse), dort aber mehrere Personen erreicht werden.

Über Outlook Web App können Sie *Öffentlichen Gruppen* (Verteilerlisten) beitreten und diese auch wieder verlassen.

Auch hier zielt man darauf ab, dass Verteilerlisten im Selbstmanagement verwaltet werden können und dies nicht unbedingt vom Administrator erledigt werden muss. Damit können schnell eigene Verteiler zu bestimmten Themen gebildet werden, die (für einen bestimmten Zeitraum) verwendet werden können.

Abbildg. 3.39 Einer öffentlichen Gruppe beitreten

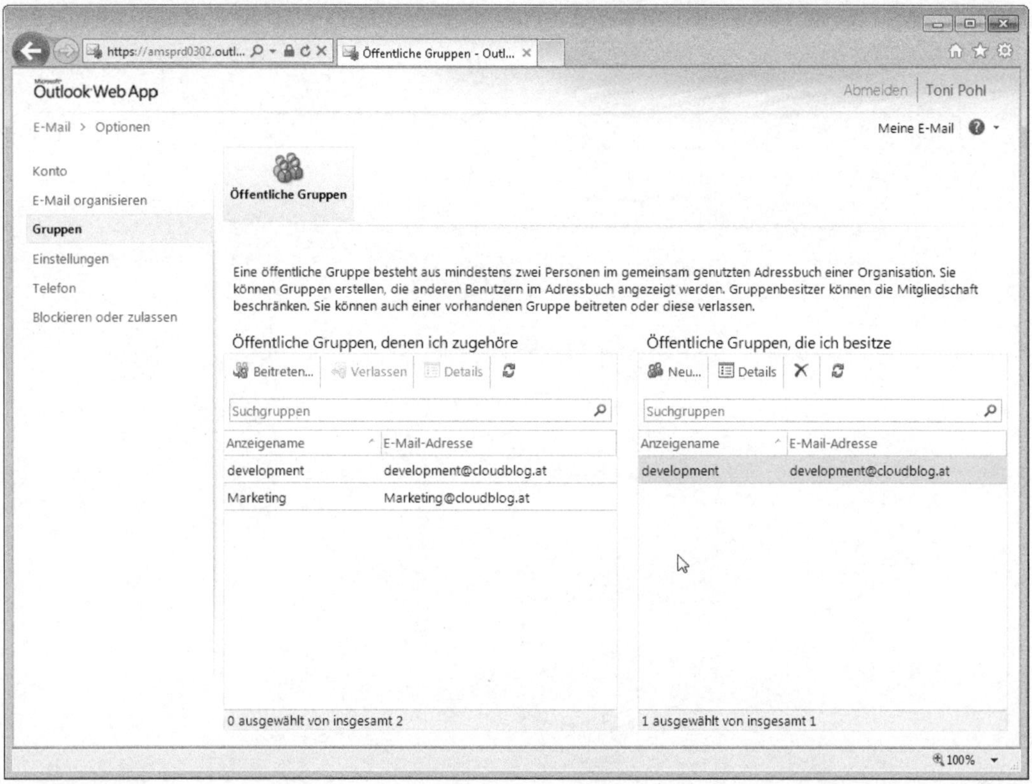

ACHTUNG Sie können öffentliche Gruppen auch selbst erstellen. Diesen können dann wiederum Ihre Kollegen beitreten. Beachten Sie jedoch, dass diese Gruppen standardmäßig nur den internen Empfang – also innerhalb Ihres Unternehmens zulassen! Sollten Sie die Gruppe auch für den Empfang von außen öffnen wollen, bitten Sie Ihren Administrator, entsprechende Berechtigungen zu setzen.

So, wie Sie einer öffentlichen Gruppe beitreten, können Sie diese auch wieder verlassen. Dazu klicken Sie einfach auf das entsprechende Symbol.

Abbildg. 3.40 Öffentlichen Gruppen beitreten

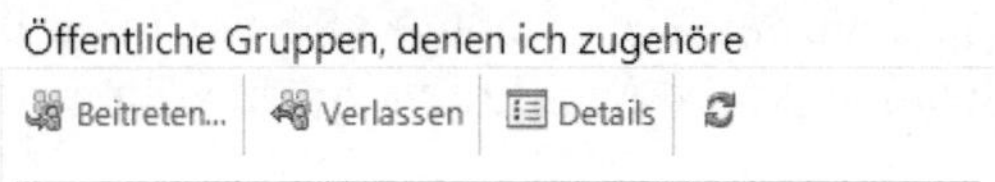

Abbildg. 3.41 Öffentliche Gruppen: beitreten, aber auch wieder verlassen

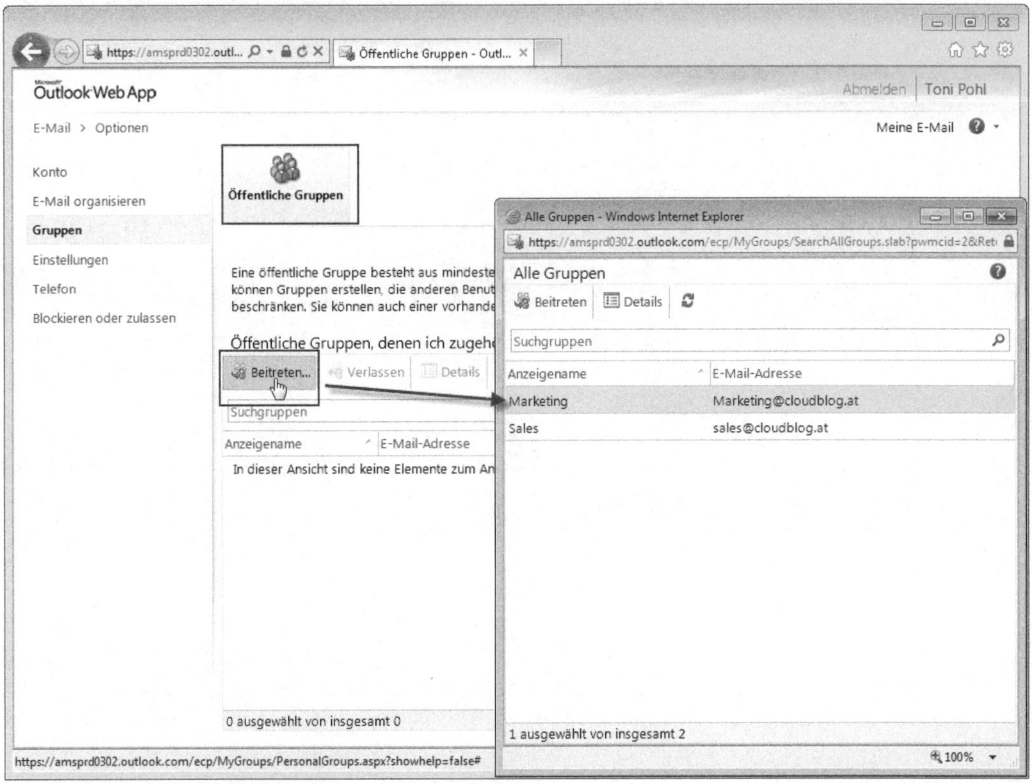

Externe E-Mail-Konten über verbundene Konten in Office 365 einbinden und stündlich abrufen

Viele Benutzer verwenden nicht nur eine E-Mail-Adresse, sondern unterschiedliche Adressen für unterschiedliche Einsatzgebiete. So ist es bei vielen durchaus üblich, private E-Mail-Nachrichten von geschäftlichen zu trennen.

In Office 365 haben Sie die Möglichkeit, alle diese Nachrichten über Ihr E-Mail-Konto abzufragen und in ein Postfach zu integrieren. Der Abruf der E-Mails erfolgt stündlich.

Um sich bei einem anderen E-Mail-Konto anzumelden, benötigen Sie nur Ihren Benutzernamen und Ihr Kennwort, und schon holt Outlook Web App Ihre Nachrichten einmal pro Stunde für Sie ab.

Genauso, wie Sie Nachrichten abholen können, können Sie auch eine Weiterleitung konfigurieren – damit wird jede Nachricht, die Sie in Ihrem Office 365-Konto erhalten, automatisch weitergeleitet.

Abbildg. 3.42 Verbundene Konten abfragen und E-Mails in einem Postfach konsolidieren

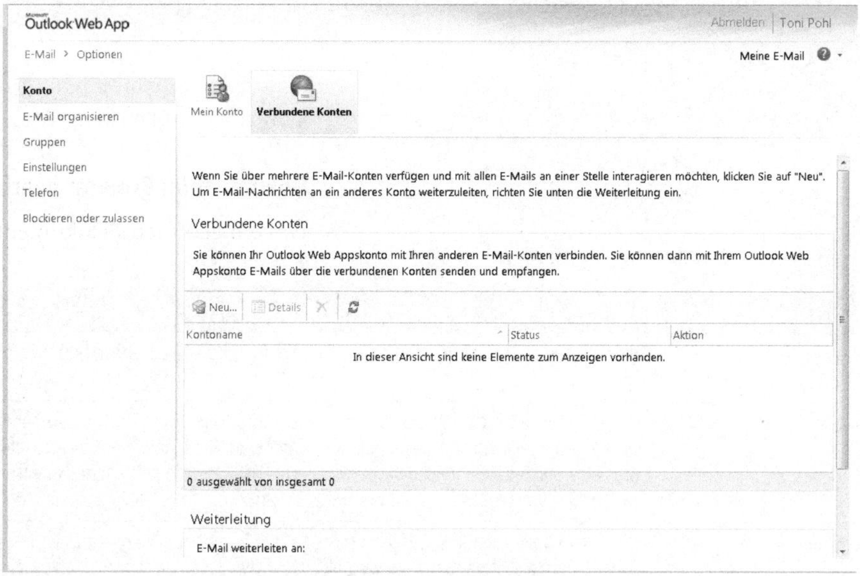

Die eigene Signatur festlegen und viele weitere Einstellungen

Unter *Einstellungen* im linken Navigationsbereich finden Sie die Möglichkeit, Ihre eigene persönliche E-Mail-Signatur festzulegen. Eine E-Mail-Signatur ist quasi wie Ihre persönliche Unterschrift. Hier senden Sie Kontaktinformationen mit und eventuell auch Links zu Ihrer Website.

Abbildg. 3.43 E-Mail-Signatur in Outlook Web App eingeben

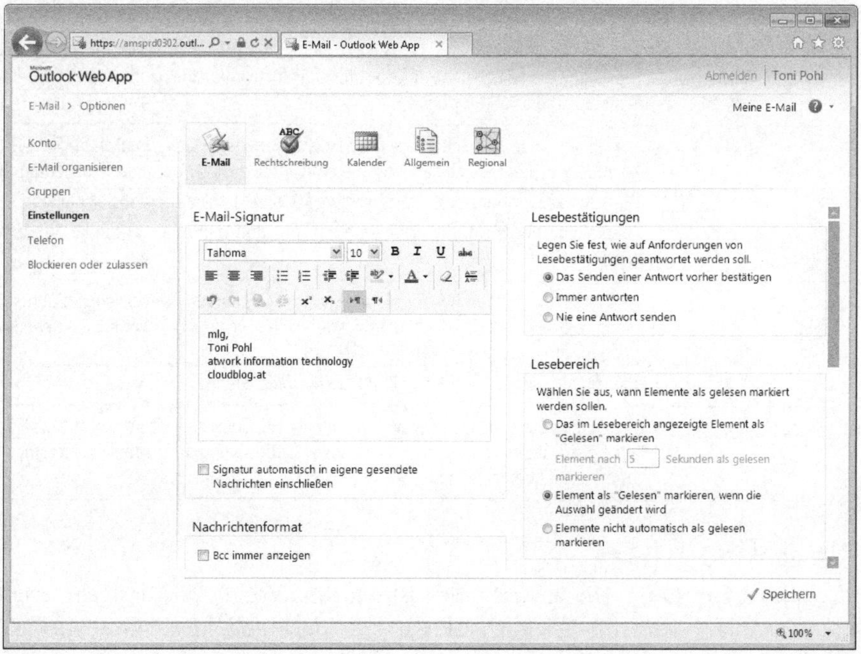

In den Einstellungen können Sie Outlook Web App sehr gezielt an Ihre Bedürfnisse anpassen. Die Tabelle 3.1 gibt Ihnen einen Überblick über die Einstellungsmöglichkeiten.

Abbildg. 3.44 Die Einstellungsmöglichkeiten in Outlook Web App

Tabelle 3.1 Einstellungsmöglichkeiten in den E-Mail-Optionen

Thema	Funktion
Lesebestätigungen	Hier können Sie festlegen, wie Sie auf die Anforderung von Lesebestätigungen reagieren wollen
Lesebereich	Normalerweise wird eine Nachricht als gelesen markiert, sobald sie im Lesebereich markiert wurde und zum nächsten Element gesprungen wird. Viele Anwender bevorzugen jedoch, dass eine Nachricht erst als gelesen markiert wird, wenn sie mit einem Doppelklick geöffnet wurde.
Nachrichtenformat	Hier können Sie einstellen, ob das Feld für »Bcc« immer angezeigt wird. Bcc bezeichnet eine Blindkopie, der Empfänger sieht also nicht, wer diese Nachricht zusätzlich erhält. Außerdem können Sie hier einstellen, ob das Feld »Absender« angezeigt wird. Hier legen Sie auch fest, in welchem Format Ihre Nachrichten versendet werden: HTML oder nur Text. Ebenfalls können Sie hier die Standardschrift und -farbe für Ihre E-Mail-Nachrichten bestimmen.
Unterhaltungen	Outlook Web App zeigt Ihnen zusammengehörende Nachrichten gruppiert an, d.h. Sie sehen diese Nachrichten zusammengefasst. Hier können Sie festlegen, wie diese Ansicht sortiert ist.
Nachrichtenoptionen	Hier bestimmen Sie, wie Sie auf neue Nachrichten aufmerksam gemacht werden wollen bzw. ob Ihr Papierkorb beim Beenden geleert wird.
Rechtschreibung	Hier legen Sie fest, welches Wörterbuch für die Rechtschreibprüfung verwendet wird und weitere Autokorrekturoptionen.
Kalender	Hier legen Sie fest, welche Tage die Ansicht »Arbeitswoche« umfasst, ob Sie die Kalenderwochen angezeigt bekommen möchten, welcher der erste Wochentag der Woche ist. Die Standarderinnerung für Ihre Termine können Sie hier ebenfalls einstellen. Ebenfalls festlegen können Sie hier, ob Besprechungsanfragen automatisiert zugesagt werden sollen.
Allgemein	Hier legen Sie fest, ob bei der Namensauflösung zuerst das globale Adressbuch oder Ihre persönlichen Kontakte durchsucht werden sollen. Mein Tipp: Wenn Sie eigene Kontakte pflegen, schalten Sie hier auf *Kontakte* um. Hier finden Sie auch die Einstellung für Barrierefreiheit.
Regional	Hier finden Sie die Ländereinstellungen, wie z.B. Sprache, Datums- und Uhrzeitformat und auch die Zeitzone. Die Zeitzone hilft Ihnen dabei, wenn Sie viel auf Reisen sind, Termine zur korrekten Zeit einzutragen.

Mein Telefon ist weg, was tun?

Sein Smartphone mit Office 365 zu verbinden ist ein Kinderspiel. Wie das geht, erfahren Sie in Kapitel 7. Was aber, wenn Ihr Telefon verloren geht oder gestohlen wird? Hier bietet Ihnen

Office 365 die Möglichkeit, direkt in Outlook Web App Ihr mobiles Gerät von der Ferne zu löschen (im Fachjargon wird diese Funktion »Remote wipe« genannt).

Abbildg. 3.45 Mit Office 365 verbundene Geräte

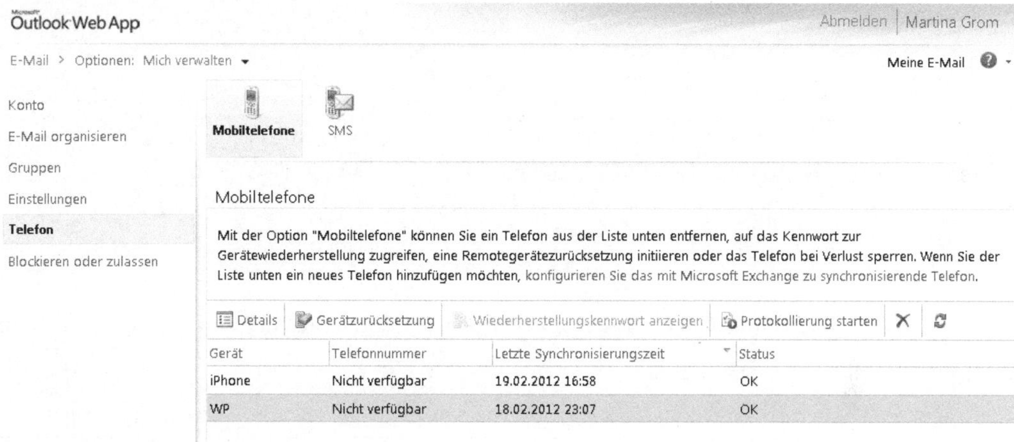

TIPP Übrigens: Natürlich kann Ihre Liste hier etwas länger sein, denn jedes Exchange-ActiveSync-fähige Gerät kann synchronisiert werden.

Sobald Sie auf die Schaltfläche *Gerätzurücksetzung* klicken, wird das Telefon gelöscht – sprich auf Werkseinstellungen zurückgesetzt. Damit sind Ihre Daten geschützt, da diese nicht mehr auf dem Gerät verfügbar sind.

Abbildg. 3.46 Zurücksetzen eines mobilen Geräts

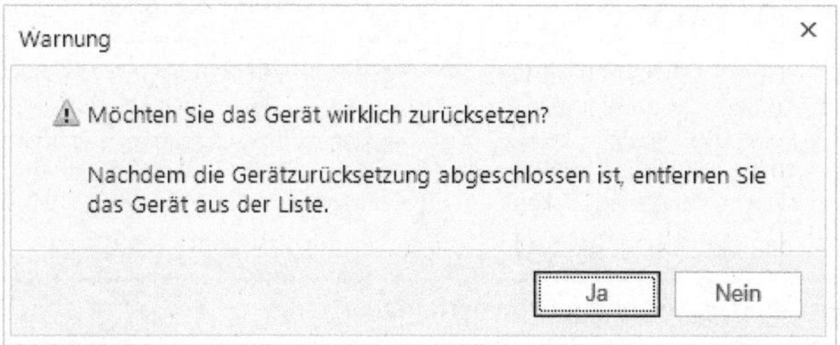

PROFITIPP Die Gerätzurücksetzung bleibt so lange aktiv, bis Sie das Gerät aus der Liste entfernen. Sollten Sie Ihr Smartphone also wiederfinden, vergessen Sie bitte nicht, es aus der Liste der zurückgesetzten Geräte zu entfernen, da es sonst immer wieder gelöscht wird.

Während das Gerät gelöscht wird, ändert sich der Status.

Abbildg. 3.47 Ein Mobiltelefon wird auf die Werkseinstellungen zurückgesetzt

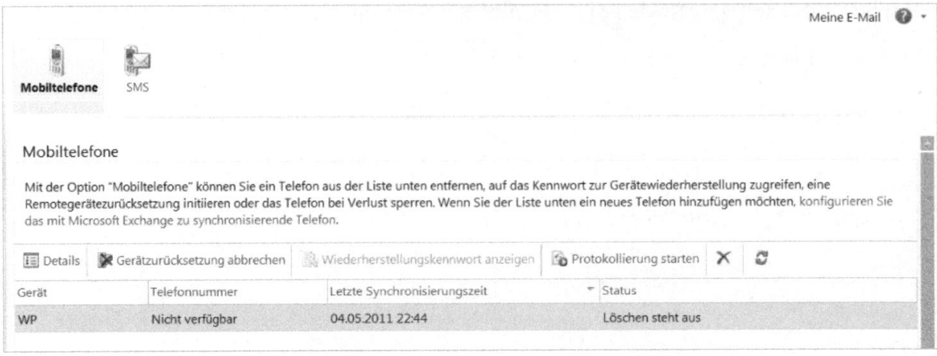

Sobald das mobile Gerät zurückgesetzt wurde, erhalten Sie eine Bestätigung per E-Mail.

Abbildg. 3.48 Ein mobiles Gerät wurde gelöscht

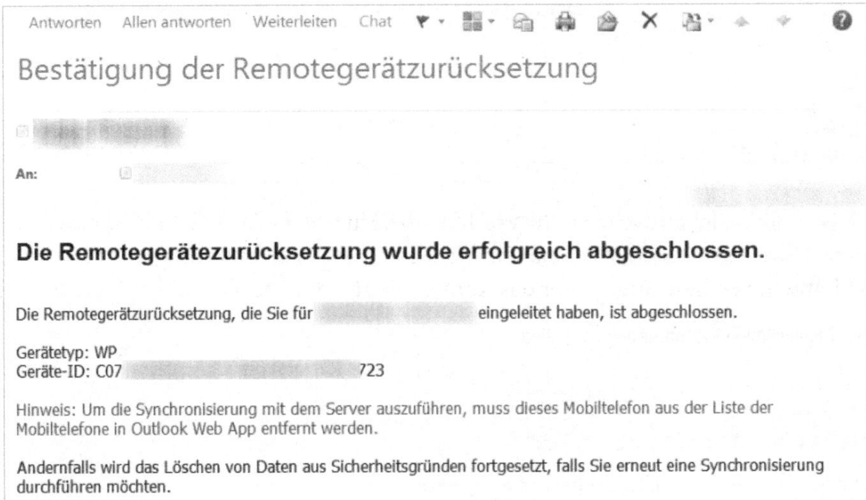

ACHTUNG Glauben Sie mir: Die Gerätrücksetzung funktioniert. Immer!

Bitte probieren Sie die Funktion also nicht einfach »testweise« aus, es sei denn, Sie möchten alle Ihre Daten wieder neu einrichten und konfigurieren!

Junk-E-Mail-Einstellungen verwalten

Im Menübereich auf der linken Fensterseite können Sie über *Blockieren oder zulassen* Ihre Junk-E-Mail-Einstellungen bearbeiten und verwalten.

Hier lässt sich festlegen, ob als Junk-E-Mail klassifizierte Nachrichten gleich in den Ordner *Junk* geschoben werden oder nicht. Ebenso können Sie ganze Domänen hier als sicher oder als gesperrt eintragen.

Abbildg. 3.49 Junk-E-Mail-Optionen

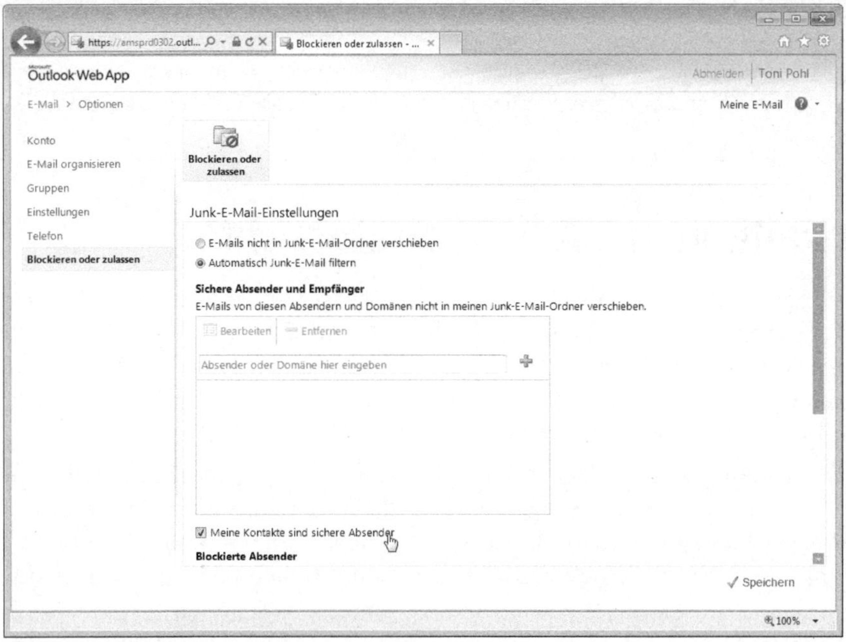

Natürlich ist es nicht notwendig, für die Klassifizierung von Junk-E-Mails immer in das Menü *Optionen* zu wechseln. Landet einmal eine E-Mail in Ihrem Posteingang, die Sie als Junk-E-Mail werten, können Sie diese direkt über das Kontextmenü zur Liste blockierter Absender hinzufügen.

Abbildg. 3.50 Junk-E-Mail-Einstellungen im Kontextmenü festlegen

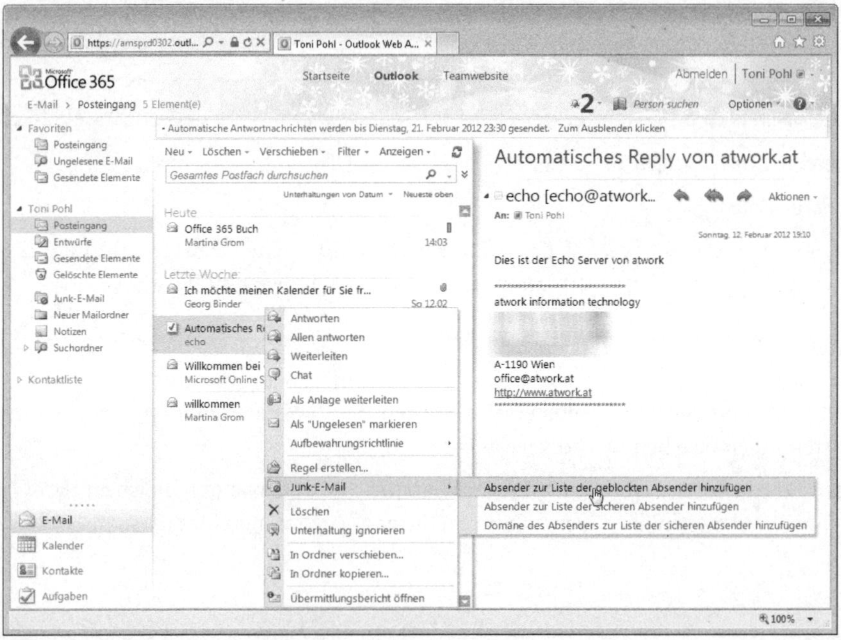

Bevor wir uns nun der E-Mail-Verwaltung in Office 365 aus Administratorsicht zuwenden, noch ein letzter Hinweis.

HINWEIS Einstellungen, die Sie in der Onlineversion vornehmen, werden nicht automatisch auch in den Outlook-Client übernommen. Schriftarteinstellungen gelten nur für Outlook Web App, ebenso wie die Signatureinstellungen.

E-Mail-Verwaltung aus Administratorsicht

Im ersten Abschnitt dieses Kapitels haben wir Ihnen gezeigt, welche Möglichkeiten die Outlook Web Apps bieten. Bereits mit der browserbasierten Version von Outlook lassen sich sehr viele Dinge konfigurieren und einstellen. Der Browser wird damit unterwegs zu einem hilfreichen Instrument in der E-Mail-Kommunikation. Viele Schritte, die früher ein E-Mail-Administrator erledigen musste, kann der Benutzer jetzt selbst in Office 365 erledigen.

Gerade bei der P-Plan-Version von Office 365 haben kleine Unternehmen nicht immer einen eigenen Administrator zur Verfügung, der sie bei IT-Fragen unterstützt. Viele haben einen Partner, der bei der Einrichtung von Office 365 und weiteren IT-Fragen hilft. Deshalb ist es äußerst hilfreich, dass viele Standardtätigkeiten auch von Benutzern selbst durchgeführt werden können.

Trotzdem bleiben auch für Administratoren noch einige Tätigkeiten »übrig«. Diese zeige ich Ihnen auf den folgenden Seiten.

Um zur Exchange Online-Konfiguration zu gelangen, starten Sie zunächst wie immer mit *https://portal.microsoftonline.com* und hier mit der *Administrator*-Registerkarte, welche sichtbar ist, wenn sich jemand mit Adminrechten anmeldet.

HINWEIS Der im P-Plan von Office 365 wohl am häufigsten verwendete Menübefehl für Administratoren bezieht sich auf Verteilerlisten. Aus diesem Grund finden Sie hier auch gleich mit *Verteilergruppen* einen Quicklink dorthin.

Im Office 365-P-Plan gibt es unter der Überschrift *Outlook* zwei Einstellungsmöglichkeiten:

- *Allgemeine Einstellungen*
- *Verteilergruppen*

Nach einem Klick auf *Allgemeine Einstellungen* wird eine neue Registerkarte in Ihrem Browser geöffnet und Sie gelangen zur Administratorsicht von Exchange Online.

Abbildg. 3.51 Das Administratorportal

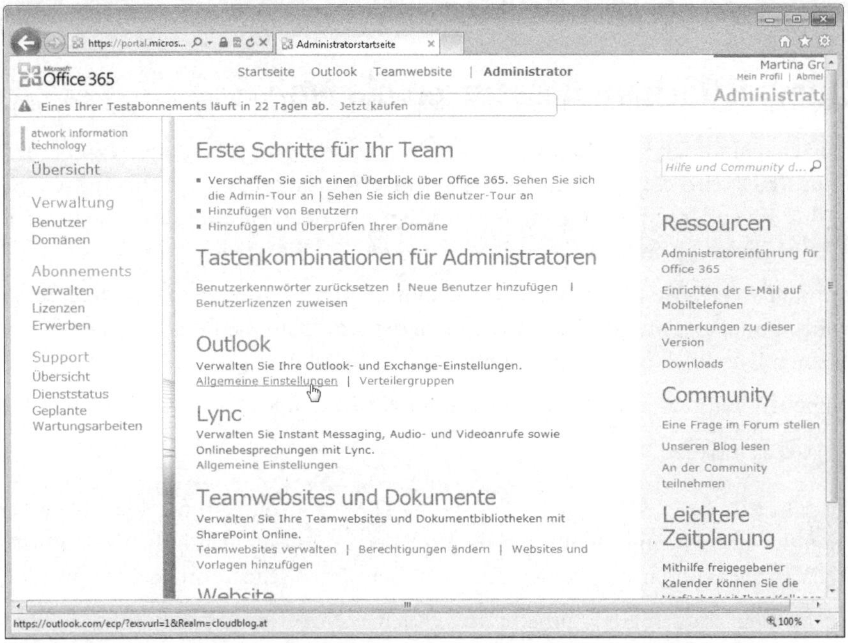

HINWEIS Im E-Plan ist die Benennung etwas anders und damit auch das Menü, da manche Funktionen des E-Plans im P-Plan nicht verfügbar sind.

Abbildg. 3.52 Die Administratoransicht von Exchange Online im P-Plan von Office 365

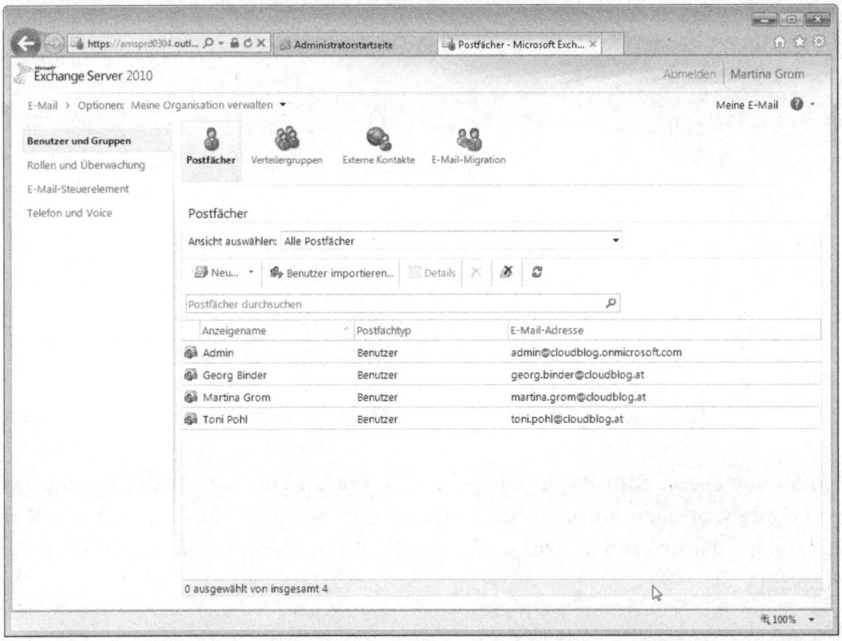

Hier haben Sie die Möglichkeit, Ihre Benutzer zu verwalten, Verteilergruppen anzulegen, externe Kontakte einzutragen oder eine E-Mail-Migration durchzuführen.

Mit Raumpostfächern Ressourcen planen

Raumpostfächer sind dafür da, Räume oder andere Ressourcen in Planungen zu berücksichtigen. Ein Raumpostfach wird dazu verwendet, die Raumverwaltung online durchzuführen. Räume stellen dabei ihre Kalender zur Verfügung und werden von den Teammitgliedern »bebucht«. Damit wird ein Raum gleich optimal mitverwaltet.

Der Raum sagt wahlweise gleich bei jeder Buchungsanfrage zu oder es gibt eine Person, die die Anfrage noch bestätigen muss – dies ist vor allem bei sehr knappen Ressourcen ein hilfreiches Instrument, einen Überblick über die Raumbuchung zu behalten.

Um einen neuen Raum anzulegen, klicken Sie auf *Neu/Raumpostfach.*

Abbildg. 3.53 Ein neues Raumpostfach anlegen

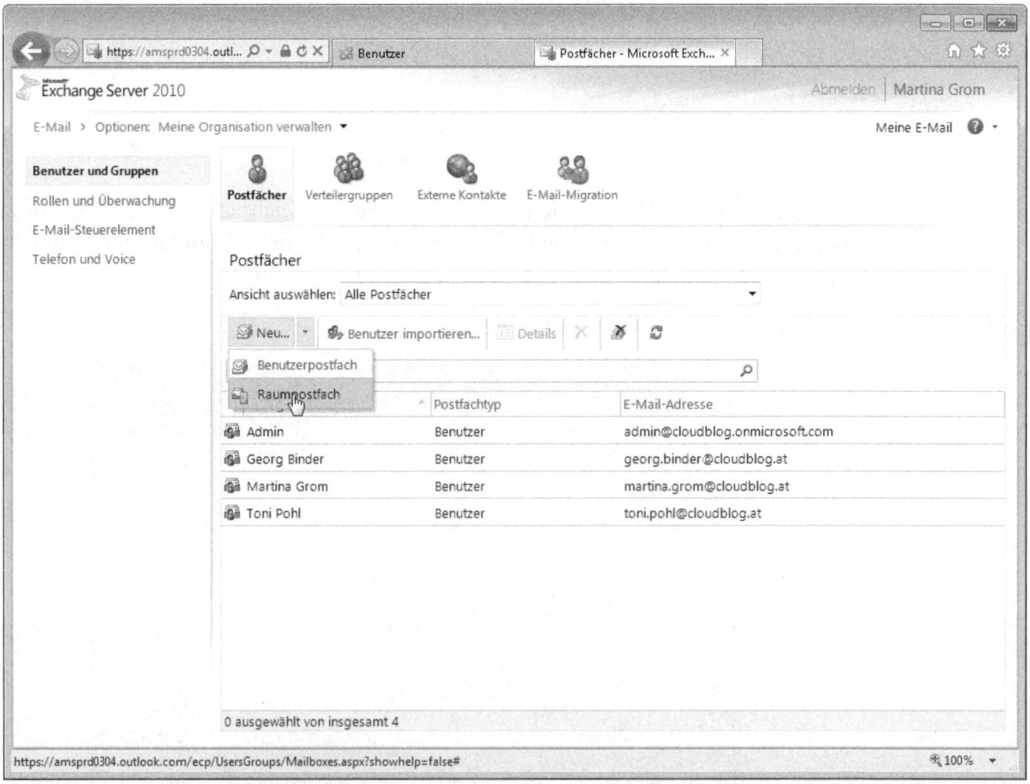

Nun füllen Sie die Daten zum Raum aus, z.B. auch die E-Mail-Adresse des Raums, und bestimmen, ob Buchungsanfragen automatisch angenommen werden. Auch die Kapazität des Raums wird eingetragen – damit kann derjenige, der den Raum buchen möchte, gleich feststellen, ob dieser Raum geeignet ist.

Abbildg. 3.54 Raumeigenschaften bei der Anlage festlegen

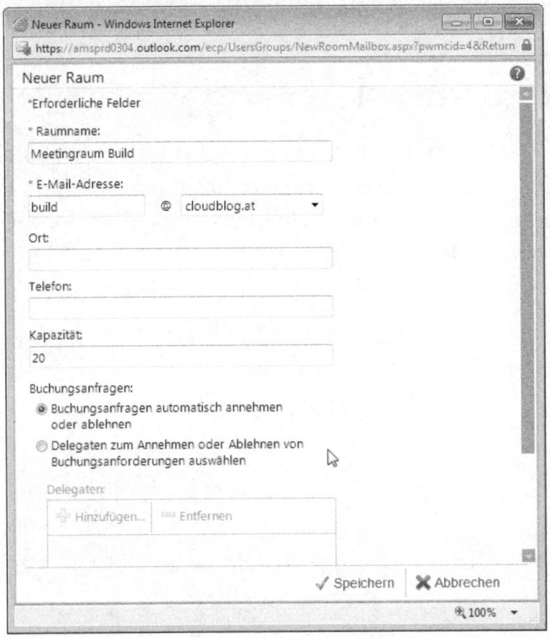

Meetingräume sind in der Übersichtsliste anders gekennzeichnet. In einen Kalender integrieren kann man den Meetingraum genauso wie den freigegebenen Kalender eines Kollegen. Wie das geht, haben Sie bereits weiter vorne in diesem Kapitel erfahren.

Abbildg. 3.55 Meetingraum als Kalender in Outlook Web App

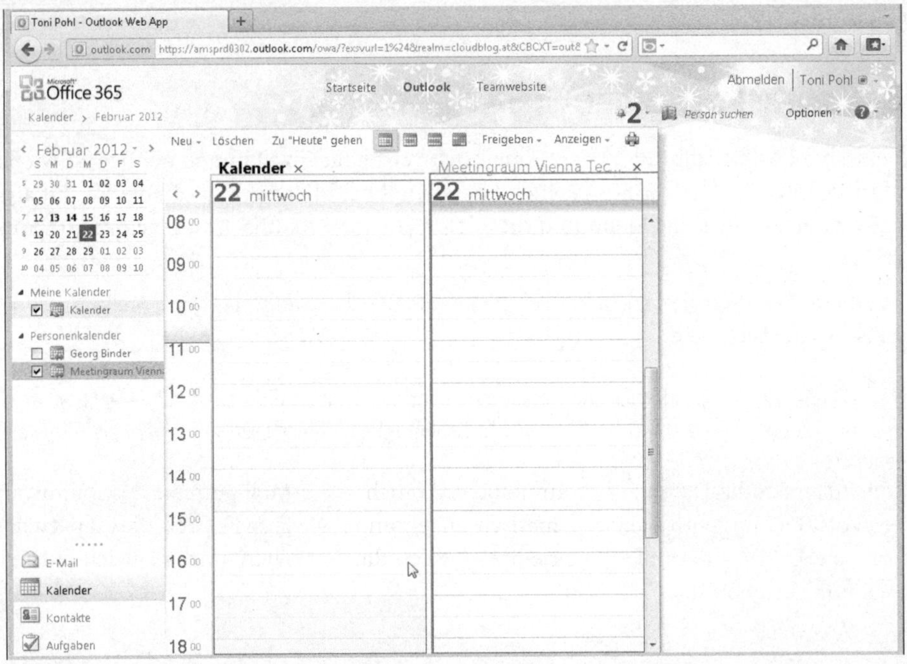

Raumpostfächer sind sofort erkennbar. Diese Ressourcen sind ohne zusätzliche Lizenzkosten nutzbar und helfen Ihnen, Ihre Ressourcen zu verwalten.

Abbildg. 3.56 Raumpostfächer sind in der Übersicht sofort erkennbar

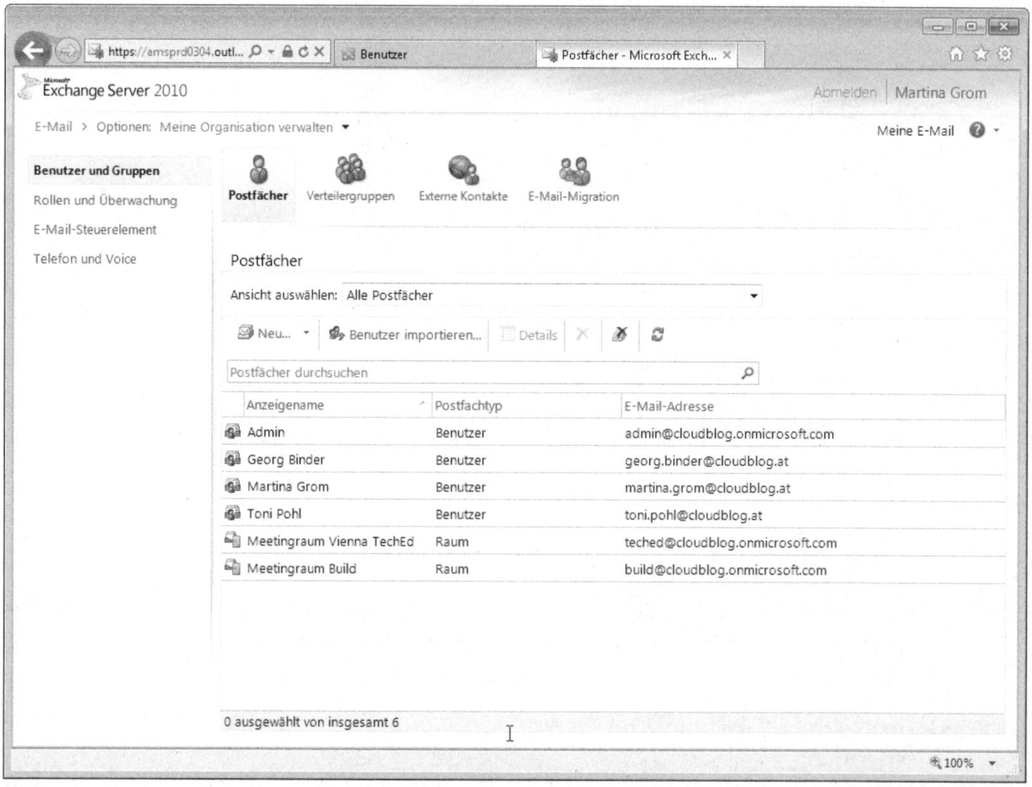

Gelöschte Postfächer wiederherstellen

Gelöschte Postfächer sind 30 Tage lang noch verfügbar und können bei Bedarf wiederhergestellt werden. Dazu ist es nicht nötig, einen Supportfall bei Microsoft zu öffnen. Es gibt auch die Möglichkeit, direkt über das Menü und die entsprechende Schaltfläche auf gelöschte Postfächer zuzugreifen.

Auf dieser Seite werden gelöschte Postfächer 30 Tage lang angezeigt und Sie können diese von hier selbst wiederherstellen.

HINWEIS Raumpostfächer und Ressourcenpostfächer können nicht wiederhergestellt werden. Auch Postfächer, die Sie erstellt und sofort wieder gelöscht haben, scheinen hier nicht auf, sofern sie nicht tatsächlich schon generiert wurden.

Abbildg. 3.57 Gelöschtes Postfach wiederherstellen

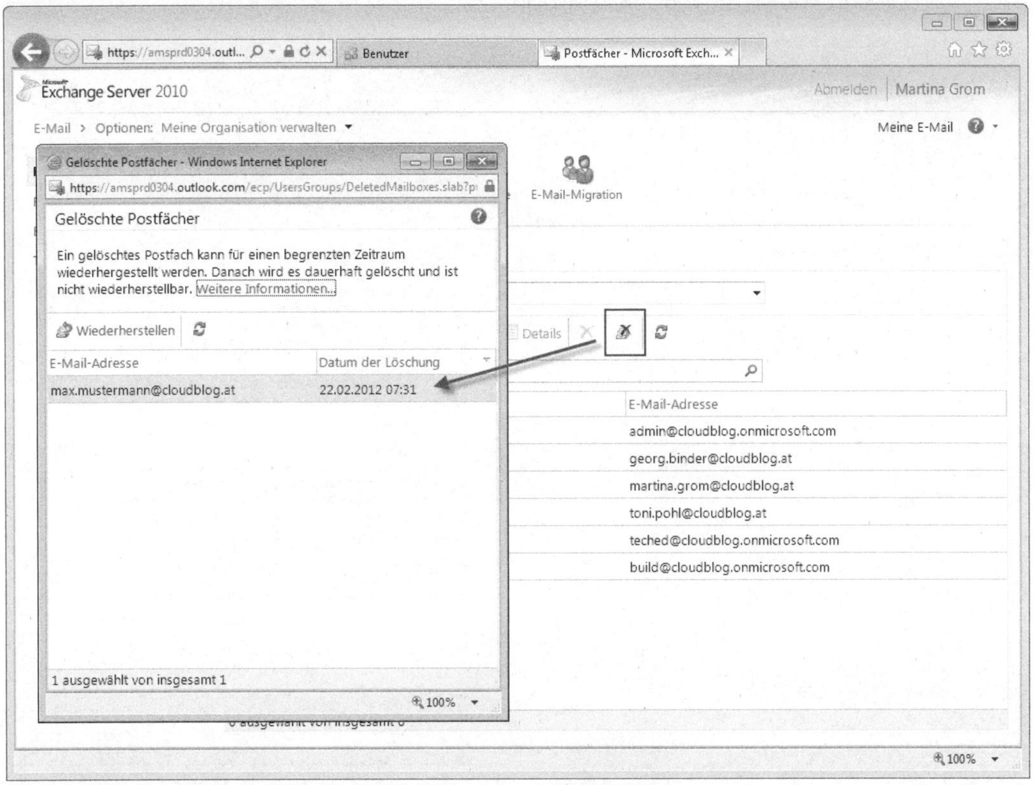

Verteilergruppen anlegen und verwalten

Bereits im ersten Abschnitt dieses Kapitels haben Sie gesehen, dass es in Office 365 möglich ist, dass Benutzer Verteilergruppen selbst anlegen und ihre Mitgliedschaft darin selbst festlegen.

Verteilergruppen können ebenfalls von Administratoren angelegt werden; ein Administrator hat dann erweiterte Konfigurationsmöglichkeiten. Der Administrator kann beispielsweise festlegen, dass es sich um eine Verteilerliste handelt, die auch externe E-Mails empfängt, oder bestimmen, dass die Mitgliedschaft in einem Verteiler nicht geändert werden kann. Bestehende Verteilerlisten, also auch solche, die von Benutzern angelegt wurden, können hier von Administratoren verwaltet werden.

Abbildg. 3.58 Ein Administrator hat erweiterte Einstellungsmöglichkeiten. Er kann beispielsweise festlegen, dass die Verteilerliste auch von externen E-Mail-Adressen Nachrichten empfangen kann.

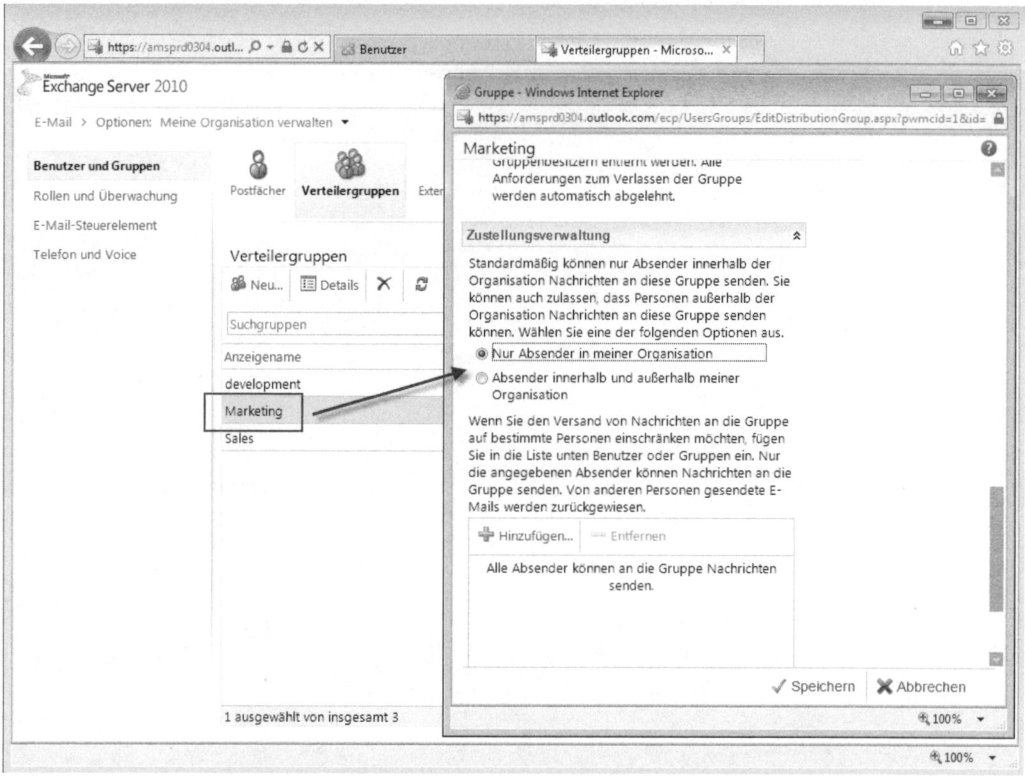

TIPP Einige Einstellungen stehen erst zur Verfügung, wenn die Verteilerliste angelegt wurde. Legen Sie deshalb zuerst die Verteilerliste an und bestimmen Sie danach weitere Optionen wie zum Beispiel, ob die Zustellung erlaubt ist oder nicht, ob es sich um eine geschlossene Gruppe handelt oder nicht, etc.

Externe Kontakte anlegen und verwalten

Exchange Online stellt Ihnen ein globales Adressbuch zur Verfügung, in dem Sie alle Kontakte und Verteilerlisten und Raumpostfächer sehen. Dieses globale Adressbuch steht jedem Benutzer zur Verfügung.

Externe Kontakte sind Personen außerhalb des Unternehmens, die jedoch im Adressbuch angezeigt werden sollen und/oder die in Verteilerlisten integriert sind. Externe Kontakte können sich nicht in Ihrem Office 365 anmelden, sondern stehen als Adresse jedem Benutzer in Ihrem Unternehmen zur Verfügung.

Praktisch ist diese Verwendung vor allem dann, wenn Sie diese externen Kontakte einbinden wollen.

Abbildg. 3.59 Hinzufügen eines externen Kontakts

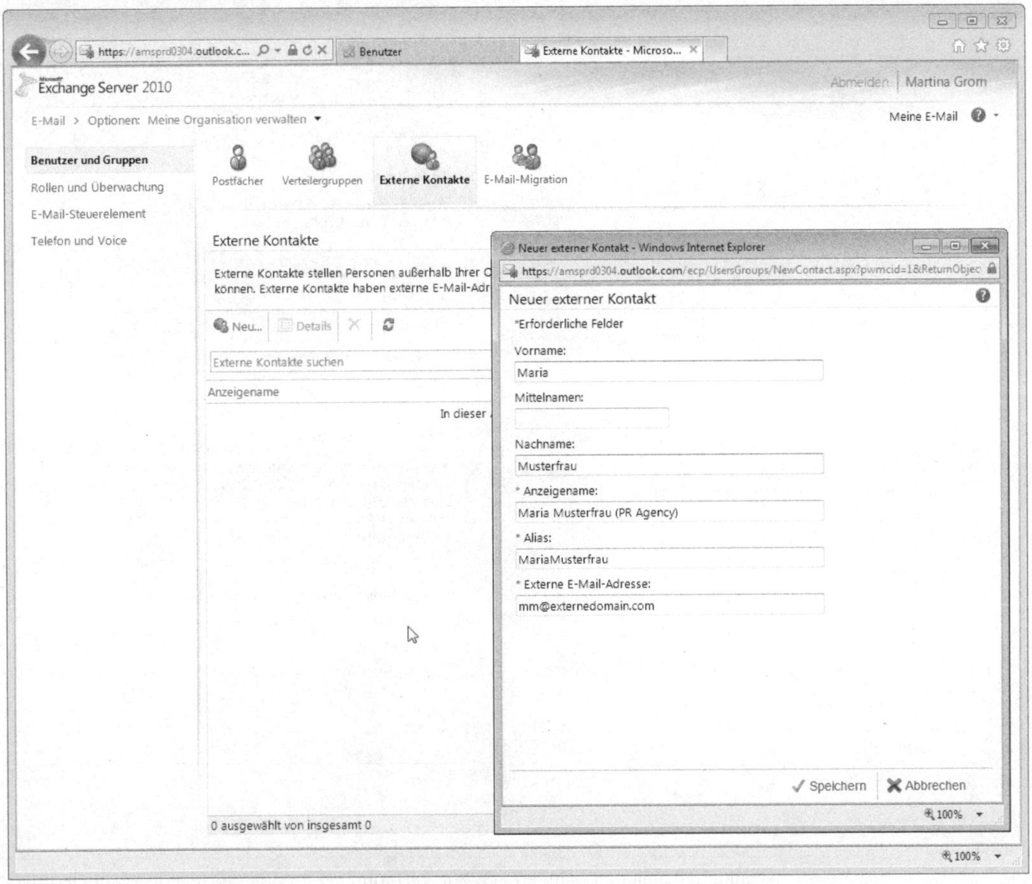

E-Mail-Migration

In der E-Mail-Migration können Sie Migrationen von bestehenden Systemen planen und durchführen. E-Mail-Migration ist nicht Thema dieses Buchs, deshalb hier nur eine kurze Beschreibung, welche Tätigkeiten Sie durchführen können.

Über E-Mail-Migration können Sie Nachrichten von Ihrer bisherigen E-Mail-Lösung in die Cloud zu Office 365 (teil-)automatisiert migrieren.

Sie können damit Postfächer und E-Mail-Daten von Microsoft Exchange Server (Versionen 2003 bis 2010) oder Postfachdaten aus einem IMAP-fähigen E-Mail-System migrieren.

TIPP Auch hier gilt: Lassen Sie sich helfen! Bei einer E-Mail-Migration unterstützt Sie ein Office 365 Online Services-Partner gerne!

Abbildg. 3.60 E-Mail-Migration

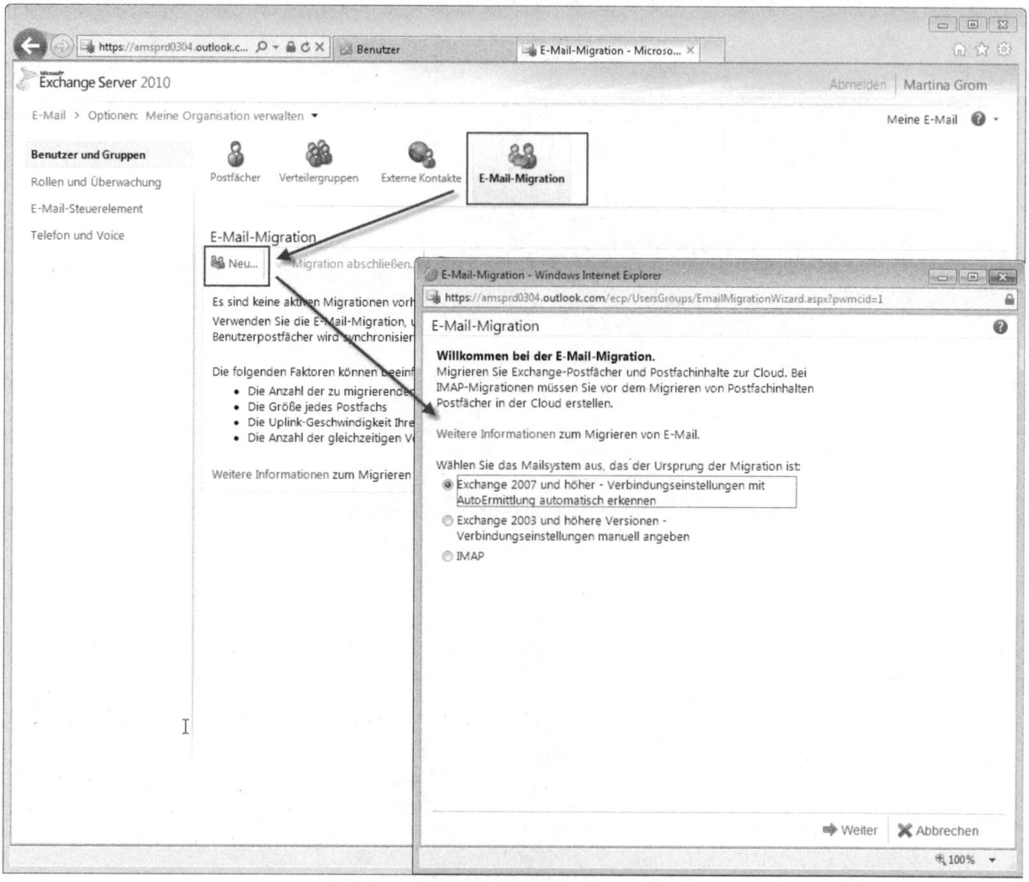

Diese Migrationsarten stehen Ihnen im P-Plan zur Verfügung.

Tabelle 3.2 Migrationsszenarien in Office 365

Migrationsart	Beschreibung
Exchange-Übernahmemigration	Hierbei werden Postfächer aus Ihrer lokalen Exchange-Umgebung in Office 365 migriert. Kontakte und Verteilergruppen werden dabei ebenfalls migriert. Office 365 stellt hierbei eine Verbindung zu Ihrem Exchange-Server her, erstellt die Postfächer und migriert Ihre Postfachdaten inklusive Nachrichten, Kontakten und Kalenderelementen.
IMAP-E-Mail-Migration	Über eine CSV-Datei können Sie E-Mail-Nachrichten von jedem unterstützten IMAP-fähigen E-Mail-System migrieren

Die phasenweise Exchange-Migration steht im P-Plan von Office 365 nicht zur Verfügung.

Rollen und Überwachung

In diesem Bereich finden Sie weitere Administratoroptionen, mit deren Hilfe Sie Ihr Office 365-E-Mail-System weiter anpassen können. Beim P-Plan, wo es normalerweise sehr wenige Benutzer in einem Abo gibt, wird es kaum nötig sein, hier weitere Rechte und Rollen zu vergeben, jedoch sind diese Einstellungen für Unternehmen mit vielen Benutzern durchaus sinnvoll, da damit der Administrator weitere Berechtigungen steuern kann.

Tabelle 3.3 Rollen und Überwachungsoptionen

Thema	Beschreibung
	Mit den Admininistratorrollen können Sie einzelne Benutzer berechtigen, bestimmte administrative Tätigkeiten durchzuführen. Hier haben Sie z.B. die Möglichkeit, einzelnen Benutzern Help-Desk-Funktionen zu geben.
	Mittels Benutzerrollen können Sie festlegen, welche Tätigkeiten Benutzer selbst durchführen können. Hier wird beispielsweise festgelegt, ob ein Benutzer Optionen für Outlook Web App selbst setzen kann.
	In diesem Bereich können Sie allerlei Berichte und Informationen abrufen. Vor allem, wenn Sie die Administration zwischen mehreren Benutzern aufteilen, können Sie sich hier einen Überblick verschaffen, wann was von wem durchgeführt wurde.

E-Mail-Steuerelement

Unter dem Menüpunkt *E-Mail-Steuerelement* finden Sie die Einstellungen für *Domänen* & *Schutz*, *Journal* und *Übermittlungsberichte*.

Tabelle 3.4 E-Mail-Steuerelemente

Thema	Beschreibung
	Hier werden E-Mail-Domänen verwaltet. Manchmal gibt es die Anforderung, dass die Verwaltung einer E-Mail-Domäne nicht durch Exchange Online durchgeführt wird, sondern zwischen mehreren E-Mail-Servern geteilt ist. In diesem Fall muss in Office 365 der Domänentyp von *Gehostet* auf *Freigegeben* gesetzt werden, damit Office 365 weiß, dass das Messagingsystem zwischen mehreren Systemen geteilt wird.
	Journaling kann zur E-Mail-Archivierung verwendet werden
	Übermittlungsberichte wurden bereits im ersten Teil dieses Kapitels beschrieben. Mit Übermittlungsberichten können auch Administratoren den Weg einer Nachricht von Absender zu Empfänger nachverfolgen.

Telefon und Voice

Nach einem Klick auf die Schaltfläche *ActiveSync-Zugriff* können Administratoren bestimmen, ob der Zugriff von mobilen Endgeräten erlaubt ist oder nicht. Standardmäßig ist dieser Zugriff erlaubt.

Abbildg. 3.61 ActiveSync-Zugriffsoptionen

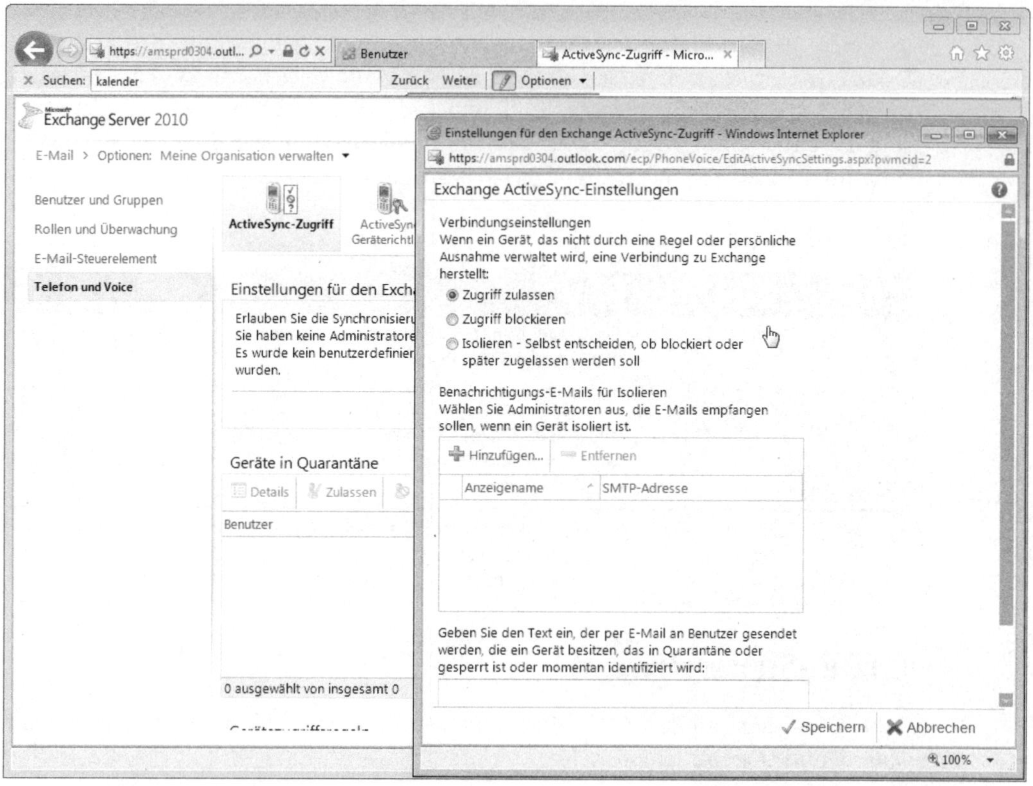

Mit der Schaltfläche *ActiveSync-Geräterichtlinie* können Sie Optionen für mobile Geräte hinterlegen. Ein sehr häufiger Anwendungsfall ist das Erzwingen einer Kennworteingabe zum Entsperren des Geräts. Bereits im oberen Abschnitt habe ich beschrieben, wie ein Benutzer selbst den Inhalt eines verlorenen oder gestohlenen mobilen Geräts über Outlook Web App von der Ferne löschen kann. Damit sich nicht sofort mit jedem »gefundenen« Gerät weitertelefonieren lässt, ist es oft sehr sinnvoll, wenn jedes Gerät eine PIN-Eingabe erfordert.

HINWEIS Die Standardgeräterichtlinie *Default (Standard)* ist sehr einfach gehalten und erfordert keine besonderen Sicherheitsmechanismen. Wenn Sie etwas verändern wollen, können Sie die Einstellungen auch direkt in dieser Richtlinie vornehmen.

Abbildg. 3.62 Geräterichtlinie

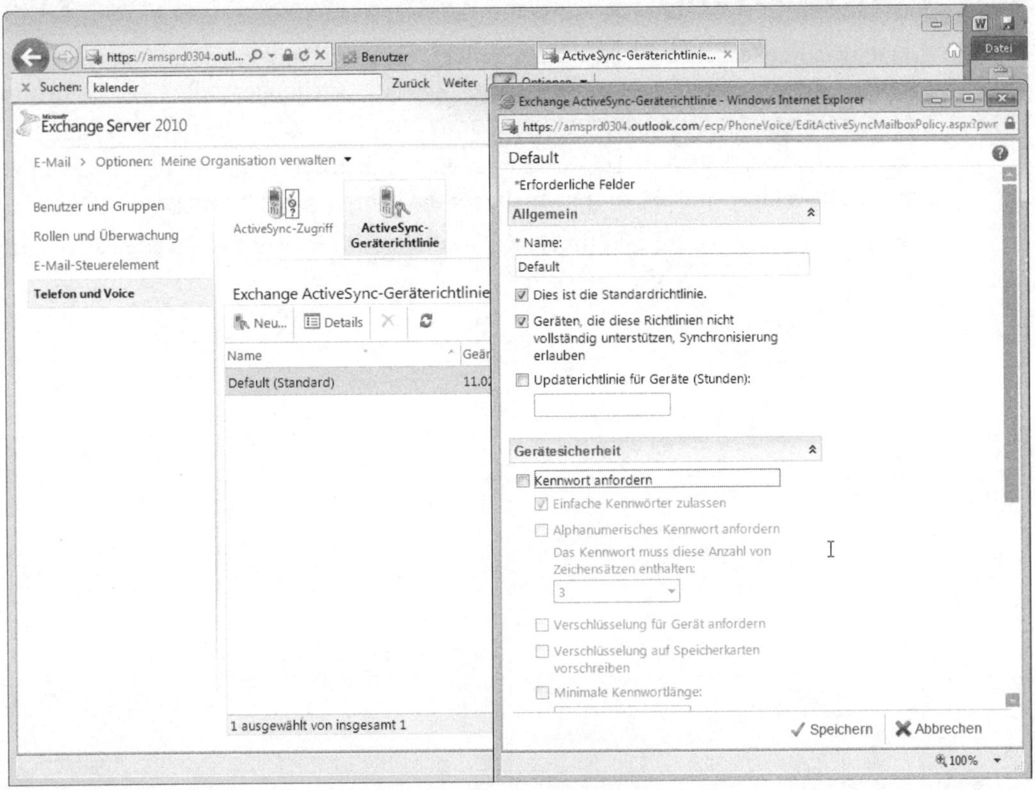

Zwischen Verwaltungsaufgaben wechseln

Administratoren haben die Möglichkeit, zwischen Verwaltungsaufgaben zu wechseln. Über den Link *Meine Organisation verwalten* kann jeder Administrator einfach zwischen den persönlichen Einstellungen und denen für das Unternehmen wechseln.

Abbildg. 3.63 Organisationen verwalten

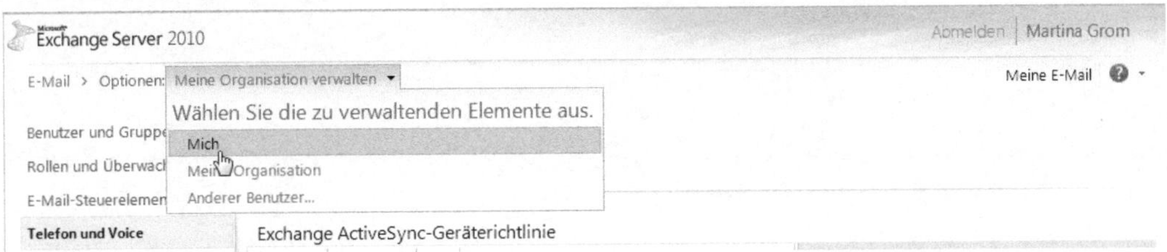

Zusammenfassung

In diesem Kapitel haben Sie die unterschiedlichsten Einstellungsmöglichkeiten von Exchange Online kennengelernt. Jeder Benutzer kann bereits viele Einstellungen selbst vornehmen und in Outlook Web App sofort und unkompliziert arbeiten.

Administratoren haben in der Verwaltung die Möglichkeit, Aufgaben für ihre Benutzer durchzuführen bzw. Einstellungen zu treffen, die für das ganze Unternehmen gelten.

Sie sehen also: Office 365 gibt Ihnen die Flexibilität, Ihr E-Mail-System einfach im Griff zu halten!

Kapitel 4

Microsoft SharePoint Online: Arbeiten Sie zusammen – intern und extern!

In diesem Kapitel:

»Zusammenarbeit ist ein bewusstes Zusammenwirken bei der Verrichtung einer Tätigkeit zur Erreichung eines gemeinsamen Ziels«, so lautet eine Definition des Begriffs Zusammenarbeit. Die Menschen erkannten schon sehr früh, dass manche Arbeiten nur in der Gruppe lösbar und effizienter durchzuführen sind. Dieses Wissen hat unsere Geschichte und unsere moderne Gesellschaft geprägt. Wir funktionieren nach dem Prinzip der Zusammenarbeit.

Dort, wo Menschen zusammenarbeiten, muss auch dokumentiert werden. Heutzutage praktisch überall. Dies kann aus Sicht des Gesetzgebers, des Arbeitgebers oder einfach aus Notwendigkeit für die Übergabe eines Arbeitsschritts erforderlich sein. Jedes Produkt durchläuft meist viele Stationen bis es fertig ist, dann folgen Transport, Verkauf und oftmals Weiterverarbeitung. Dieser Prozess betrifft somit fast jedes Produkt und jede Leistung.

Aus der Vergangenheit kennen wir die schriftliche Zusammenarbeit in Form von Briefen, Formularen, Post und Genehmigungswegen. Heute geschieht die Zusammenarbeit und deren Protokollierung in den meisten Fällen nur noch elektronisch – anders wären die Datenmengen nicht mehr zu bewältigen. Das Datenaufkommen einer Person und auch eines Betriebs verdoppelt sich pro Jahr nahezu.

Was grundsätzlich einfach klingt, ist in der Praxis oft gar nicht leicht zu bewerkstelligen. In vielen Betrieben geht es heute hektischer als früher zu. So wird heute im Berufsleben von den Mitarbeitern mehr Eigenverantwortung und gesteigerte Effizienz erwartet. All das trägt dazu bei, dass die Anforderungen steigen. Unser gesamtes Leben hat sich verändert. Und es wird sich weiter verändern.

Gerade im elektronischen Alltag können wir nun dank E-Mail, Internet und elektronischer Dokumente schneller und effizienter zusammenarbeiten. Die umgekehrte Seite zeigt jedoch oft, dass uns die elektronische Informationsflut behindert. Die E-Mail-Flut führt zu einem geänderten Arbeitsalltag.

Durchschnittlich wendet jeder Büroangestellte täglich mindestens 30 Minuten für die Durchsicht seiner E-Mails auf. In vielen Fällen besteht die Arbeit sogar zu einem großen Teil in der Bearbeitung von E-Mails. Aus Erfahrung wissen wir, dass etwa 90 Prozent davon Spam, falsche oder veraltete E-Mails sind (siehe Einleitung in Kapitel 3). E-Mails sind schnell geschrieben, nach dem Prinzip »Fire and forget« (informieren Sie den Empfänger, und damit haben Sie das Thema auch schon erledigt oder können es vergessen – zumindest so lange, bis eine Antwort kommt). Wenn beispielsweise ein Dokument mehrmals per E-Mail an verschiedene Personen gesendet wird, gibt es oft eine Verwirrung über die aktuellste Version und wer diese Version bearbeitet und gesehen hat. Letztlich existieren dann von einem Dokument mehrere Versionen an unterschiedlichen Orten und in unterschiedlichen Postfächern.

Solche und ähnliche Probleme können mit einer *Zusammenarbeit*-Plattform umgangen werden. Personen – auch in verschiedenen Unternehmen – können online zusammenarbeiten und ihre Dokumente, E-Mails, Kontakte, Terminkalender und weitere elektronische Daten in einem gemeinsamen SharePoint-Portal abspeichern. Die Teilnehmer erhalten Zugriff zum Portal, dieser kann natürlich auf bestimmte Bereiche eingeschränkt werden. Bei der Bearbeitung eines Dokuments wird (auf Wunsch) jedes Mal automatisch eine neue Version abgelegt. Hier wird auch protokolliert, wer das Dokument wann bearbeitet hat. Somit ist auch ein Zugriff auf ältere Versionen möglich. Jeder Teilnehmer erhält standardmäßig immer das letzte, aktuellste Dokument. Dieses kann in bestimmten Fällen sogar gemeinsam online bearbeitet werden. Damit eröffnen sich völlig neue Möglichkeiten zur Zusammenarbeit.

Wie SharePoint zu einer erfolgreichen Onlinezusammenarbeit beiträgt, erfahren Sie in diesem Kapitel.

Das SharePoint-Konzept

Ein SharePoint-Portal besteht immer aus einer Website. Diese kann Folgendes beinhalten:

- Seiten
- Listen
- Dokumentbibliotheken

Listen sind sozusagen das Grundkonzept von SharePoint, alle Daten werden in Listen gespeichert. Es kann nahezu beliebig viele Listen geben, diese werden als Sammlung (engl.: Collection) zusammengefasst. In Wahrheit liegen diese Daten im dahinterliegenden Datenbankserver (beispielsweise Microsoft SQL Server) in Tabellen und werden durch das SharePoint-Portal bereitgestellt.

Was ist eine SharePoint-Seite?

Eine SharePoint-Seite ist – vereinfacht gesagt – eine HTML-Datei. Hier können Sie Informationen bearbeiten und innerhalb Ihres Portals für alle Mitglieder verfügbar machen, ohne dass ein spezielles Programm (wie Microsoft Word o.Ä.) benötigt wird. Die Seite wird direkt im Browser angezeigt.

Die Bearbeitung der Seite erfolgt ebenfalls im Browser. SharePoint stellt hierfür WYSIWYG (What you see is what you get)-Funktionen für einfache Formatierungen bereit. Eine Seite ist also die einfachste Form, um eigene Informationen direkt im Browser bereitzustellen. Seiten eignen sich vor allem für die rasche Darstellung statischer Inhalte.

Wie sieht eine SharePoint-Liste aus?

Jede Liste besteht aus Spalten und Zeilen. Die Spalten werden vorab definiert und bestimmen, welche Informationen eingetragen werden dürfen (hier beispielsweise eine einfache Einkaufsliste).

Tabelle 4.1 Eine einfache Einkaufsliste

Stück	Artikel	Preis	Gesamt
2	Milch	1 €	2 €
3	Brot	2 €	6 €

Die Spalte ist der sogenannte Feldname und definiert durch den Datentyp, was eingetragen werden kann. Die Spalte »Stück« definiert beispielsweise die Eingabe einer Zahl ohne Kommastelle (Ganzzahl), die Spalte »Artikel« die Eingabe eines beliebigen Textes (Text) und die Spalten »Preis« und »Gesamt« erlauben die Eingabe einer Kommazahl (Währung). Damit ist klar, was der Anwender eintragen kann und wie SharePoint die Daten speichern muss.

Die Zeilen sind der Inhalt der Liste, also die Daten. In SharePoint können Änderungen an diesen Daten auch protokolliert werden und ältere Versionen lassen sich archivieren. Zusätzlich können auch Benutzerrechte vergeben werden, sodass beispielsweise Benutzer A Zeile 1 bearbeiten darf, aber Benutzer B nicht. Da dies in der Praxis allerdings aufwendig sein kann, ist es empfehlenswerter, bestimmten Benutzergruppen Berechtigungen auf eine ganze Liste zu geben, als einzelne Elemente einer Liste mit Berechtigungen zu versehen.

SharePoint bietet Standardlisten zur Verwendung an, wie Aufgaben, Kalender und Kontakte und viele weitere typische Szenarien. Anwender können eigene benutzerdefinierte Listen, wie beispielsweise die obige Einkaufsliste oder ähnliche Listen, mit ihren eigenen Spalten erstellen. Dies ist auch eine Stärke von SharePoint, dass Benutzer ihre Inhalte und ihr Portal selbst gestalten können, ohne etwas programmieren zu müssen.

Eine Liste kann viele Millionen Einträge enthalten. Die Anzeige von Listelementen erfolgt durch sogenannte Ansichten (siehe dazu Abschnitt »Mit Listen arbeiten« in diesem Kapitel). Diese können selbst definiert werden und stellen für einen Administrator eine einfache Möglichkeit dar, die Inhalte zu filtern.

Was sind Dokumentbibliotheken?

Dokumentbibliotheken speichern Dateien und sind grundsätzlich ebenso Listen. Das Dokument, beispielsweise ein Word-Dokument, eine Excel-Datei oder ein PDF-Dokument, wird als Datei in einer Spalte der Liste gespeichert. Das Besondere daran ist, dass SharePoint diese Dokumente ebenso durchsuchen und indizieren kann. Technisch funktioniert dies durch sog. iFilter, die für die gängigsten Dateitypen wie Microsoft Word, Excel, PowerPoint, PDF, Text, HTML und viele weitere Dokumenttypen bereits in SharePoint integriert sind.

Zu jedem Dokument werden in der Dokumentbibliothek in eigenen, teilweise nicht sichtbaren Spalten (sogenannten Metainformationen) Metadaten gespeichert. Metadaten sind zusätzliche beschreibende Daten zum Dokument. Hier merkt sich SharePoint den ursprünglichen Dateinamen, den Dokumenttyp, die Dateigröße, den Benutzer, das Datum und die Uhrzeit des Uploads, die Versionsnummer sowie weitere Dokumentinformationen. Diese Metainformationen dienen zur internen Verwaltung und zur Suche.

Für den Anwender bedeutet dies, dass die SharePoint-Suche auch den Inhalt eines Dokuments durchsuchen und anzeigen kann. Egal, wo die Information steht, alle Vorkommen des Suchbegriffs werden gefunden!

Eine Dokumentbibliothek kann nahezu beliebig viele Dokumente speichern. Wie vom Dateisystem gewohnt, können in Dokumentbibliotheken auch Ordner erstellt werden – wenn dies vom Administrator für diese Dokumentbibliotheken aktiviert wurde. Dies ist auch standardmäßig der Fall. Durch die gute Suche in SharePoint ist dies im Regelfall selten erforderlich und es wird auch nicht empfohlen, eine Verzeichnisstruktur wie in einem Dateisystem in SharePoint anzulegen. Dies verlangsamt das System. Stattdessen lautet die Empfehlung, Dokumente einfach direkt in eine Dokumentbibliothek zu speichern und die SharePoint-Suche zu verwenden.

Die Möglichkeiten von SharePoint

SharePoint ist aber noch mehr: Es kann als Mitarbeiter- oder Unternehmensportal, als Informationsportal mit Berichtswesen, Dokumentmanagementsystem oder sogar als Internetwebsite eingesetzt werden (siehe Kapitel 8). Dahinter liegt ein Baukastensystem, das auch Daten aus fremden Systemen verarbeiten kann, Workflows beherrscht und selbst mit eigenen Programmen und

Geschäftslogik erweitert werden kann. SharePoint ist damit eine der vielseitigsten Anwendungsplattformen, die Microsoft zur Verwendung in der Cloud anbietet.

SharePoint enthält viele Funktionen

SharePoint ist ein sehr umfangreiches, großes System mit vielfältigen Möglichkeiten. In diesem Buch wird SharePoint nur für die eigene Website (siehe Kapitel 8) und die Möglichkeit zur Onlinezusammenarbeit mit einer Teamwebsite verwendet. Für KMUs sind diese beiden Szenarien im Regelfall sehr praktikabel. Wenn Sie tiefer in SharePoint einsteigen wollen, nutzen Sie Fachliteratur, die sich näher mit dem Thema beschäftigt.

SharePoint-Portal nutzen

Im P-Plan ist automatisch eine Teamwebsite integriert. In diesem Kapitel erhalten Sie das notwendige Handwerkszeug zur Verwendung Ihrer eigenen Teamwebsite. Zum Erstellen und Konfigurieren Ihrer Teamwebsite gehen Sie wie folgt vor:

Öffnen Sie die Office 365-Administrationsseite *https://portal.microsoftonline.com* und melden Sie sich mit Ihrem Admin-Konto an. Damit wird die Übersichtsseite angezeigt.

Abbildg. 4.1 Die Administrationsseite Ihres Office 365-Kontos

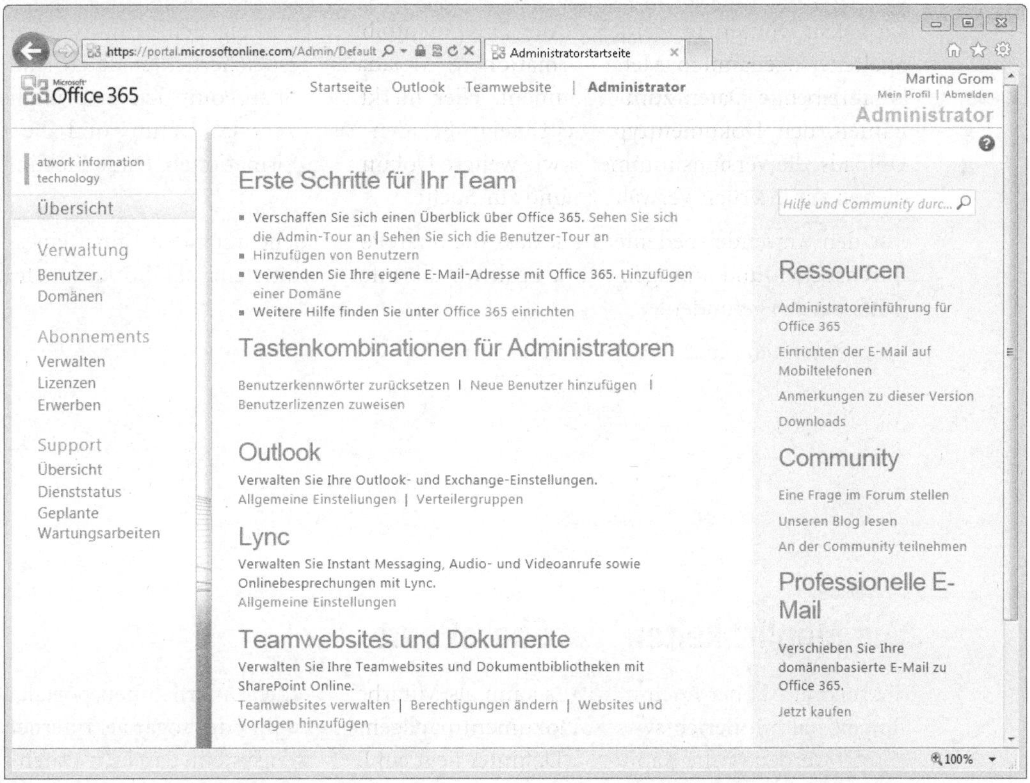

Von der Administrationsseite aus werden alle Verwaltungsaufgaben und Einstellungen durchgeführt.

Alle Benutzer, die Zugriff auf Ihre Teamwebsite erhalten sollen, müssen in der Benutzerverwaltung angelegt werden und Zugriff auf Ihr SharePoint-Portal erhalten. Ihr Administratorkonto ist automatisch Besitzer der Teamwebsite und erhält automatisch vollen Zugriff.

TIPP Sofern Sie die Benutzer für Office 365 noch nicht angelegt haben, führen Sie dies jetzt durch (siehe Kapitel 2).

Im unteren Bereich sehen Sie die Verwaltungsmöglichkeiten für Ihre Teamwebsites.

Abbildg. 4.2 Die SharePoint-Verwaltung im Admin-Panel

Klicken Sie auf den Link *Teamwebsites verwalten*. Nun öffnet sich eine neue Registerkarte bzw. ein neues Fenster im Browser mit der Teamwebsite.

HINWEIS Bei den E-Plänen von Office 365 sind mehrere SharePoint-Websites verwendbar. Im P-Plan steht nur eine Teamwebsite zur Verfügung.

Abbildg. 4.3 Websiteeinstellungen Ihrer Teamwebsite

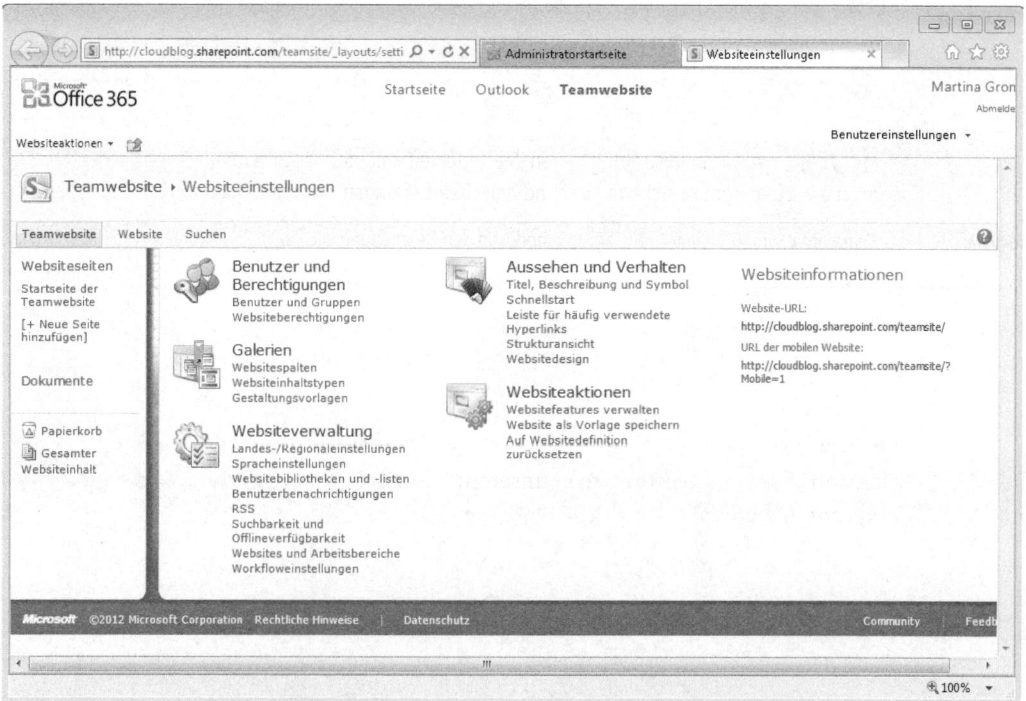

Das Bild 4.3 zeigt alle möglichen Einstellungen der Teamwebsite. Klicken Sie auf das Menü *Teamwebsite* (oder direkt auf das SharePoint-Symbol), um die Homepage der Teamwebsite anzuzeigen.

Abbildg. 4.4 Die Teamwebsite im Anzeigemodus

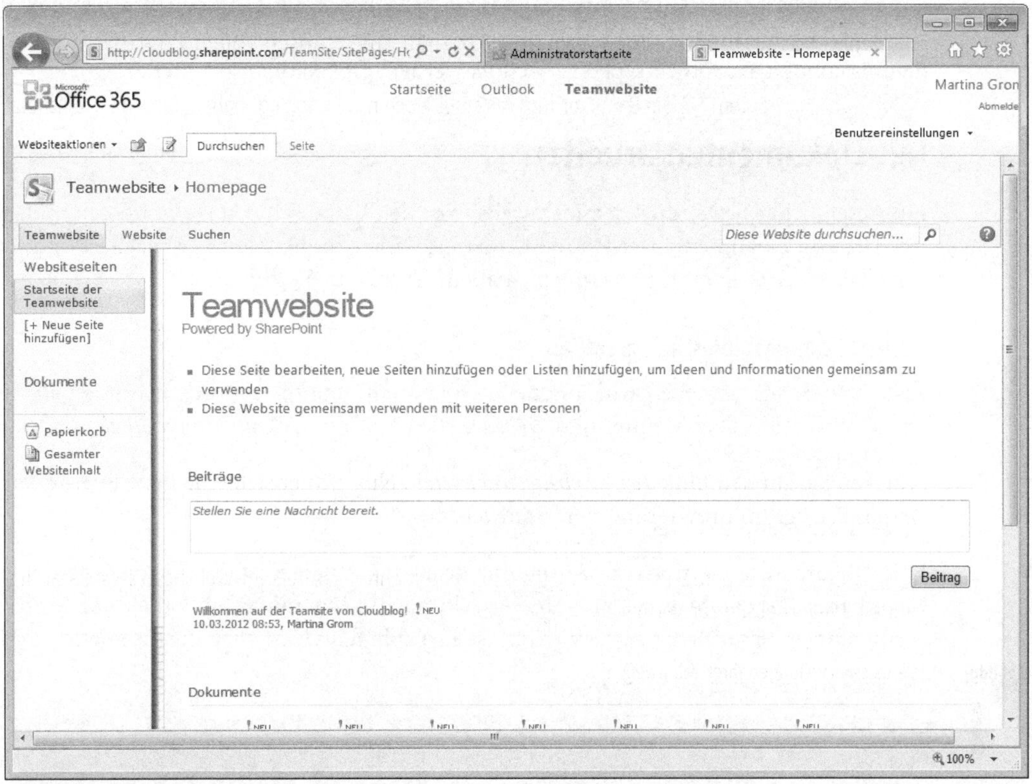

TIPP Als Administrator können Sie jederzeit mit dem *Bearbeiten*-Symbol in der Menüleiste *Websiteaktionen* zwischen dem Ansichtsmodus und dem Bearbeitungsmodus umschalten.

Abbildg. 4.5 Das *Bearbeiten*-Symbol schaltet vom Anzeigemodus in den Bearbeitungsmodus

Die eigene Teamwebsite wird direkt über die eigene Domäne oder mit der vorgegebenen Microsoft-Adresse geöffnet. In unserem Beispiel lautet die Adresse *http://cloudblog.sharepoint.com/TeamSite.*

Teamwebsite entdecken

Die Teamwebsite ist eine vordefinierte SharePoint-Websitevorlage, die für die Zusammenarbeit von Mitgliedern eines Teams vorbereitet ist. Hier ist bereits eine Dokumentbibliothek *Dokumente* angelegt. Weitere Inhalte und Listen müssen allerdings – bei Bedarf – zunächst neu angelegt werden. Es können alle Objekttypen verwendet werden, die SharePoint bietet.

Mit Dokumenten arbeiten

Ein wesentlicher Bestandteil der Teamwebsite ist der Austausch von Dokumenten mit Mitgliedern Ihres Teams. Dokumente werden in SharePoint Online in der Cloud gespeichert und stehen allen Mitarbeitern, die einen Internetzugang haben, zentral zur Verfügung.

Neue Dokumentbibliothek erstellen

Als ersten Schritt erstellen wir eine neue Dokumentbibliothek mit dem Namen *Werbematerial*. Dazu öffnen Sie den Menüpunkt *Websiteaktionen/Neue Dokumentbibliothek* und erstellen die neue Bibliothek.

Neues Dokument erstellen

Eine Dokumentbibliothek (mit Ausnahme der bereits angelegten *Dokumente*) besitzt ein eigenes Menüband. Hier stehen Befehle zur Verwaltung der Dokumentbibliothek zur Verfügung. Das Menüband ändert sich je nach Situation, ist also abhängig vom angezeigten Inhalt.

Abbildg. 4.6 Menüband in einer eigenen Dokumentbibliothek

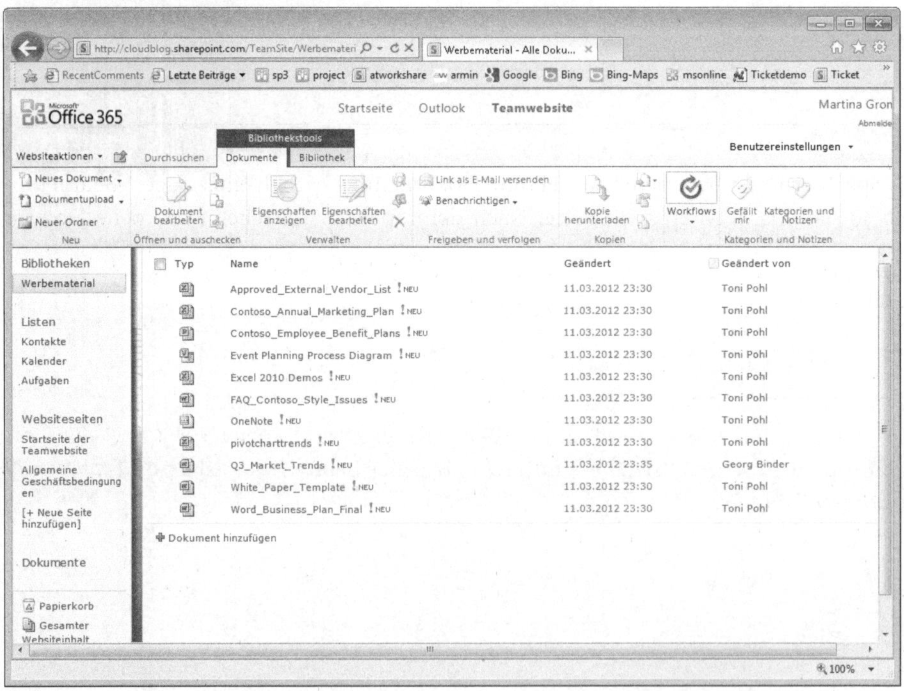

Ein neues Dokument wird beispielsweise im Menüband über *Dokumente/Neues Dokument* erstellt. Je nach Einstellung der Dokumentbibliothek öffnet sich dann ein leeres Dokument, zumeist im Microsoft Word-Format, da dieser Dokumenttyp standardmäßig als Vorgabe hinterlegt ist. Nach der Bearbeitung in Ihrer lokal installierten Word Version wird das Dokument gespeichert. SharePoint fragt nun nach dem Namen des Dokuments.

Abbildg. 4.7 Speichern eines Word-Dokuments

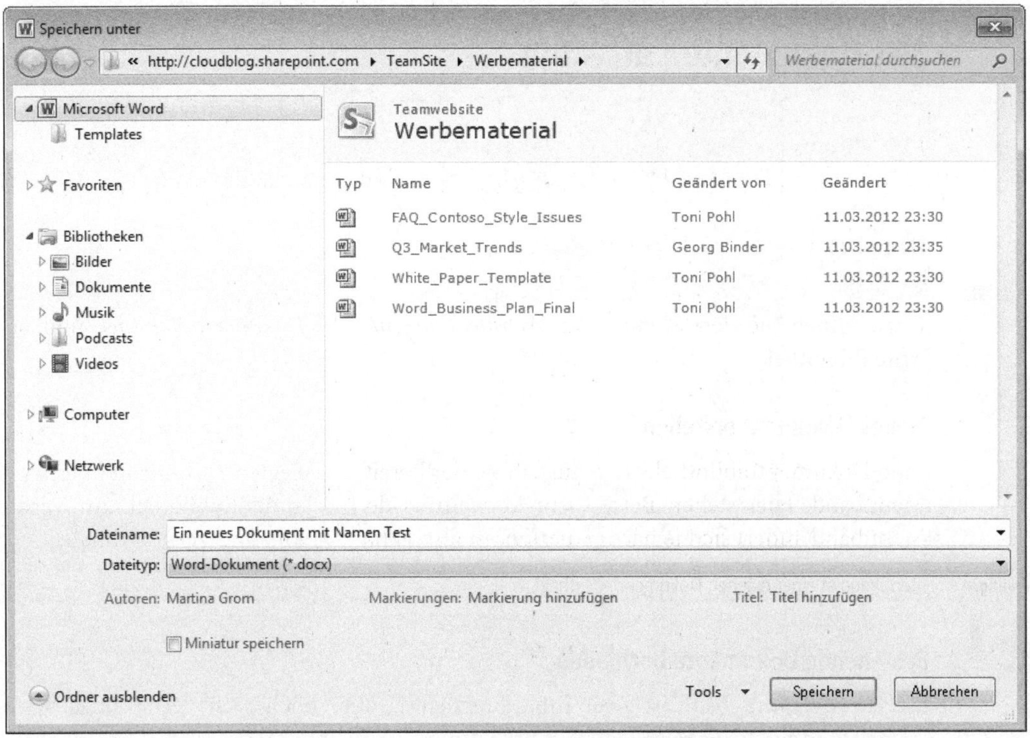

Als Speicherort ist bereits die SharePoint-Dokumentbibliothek eingetragen. SharePoint integriert sich so nahtlos in Microsoft Office. Nach dem Speichern erscheint das neue Dokument in der Liste.

Abbildg. 4.8 Das neue Dokument in der Dokumentbibliothek

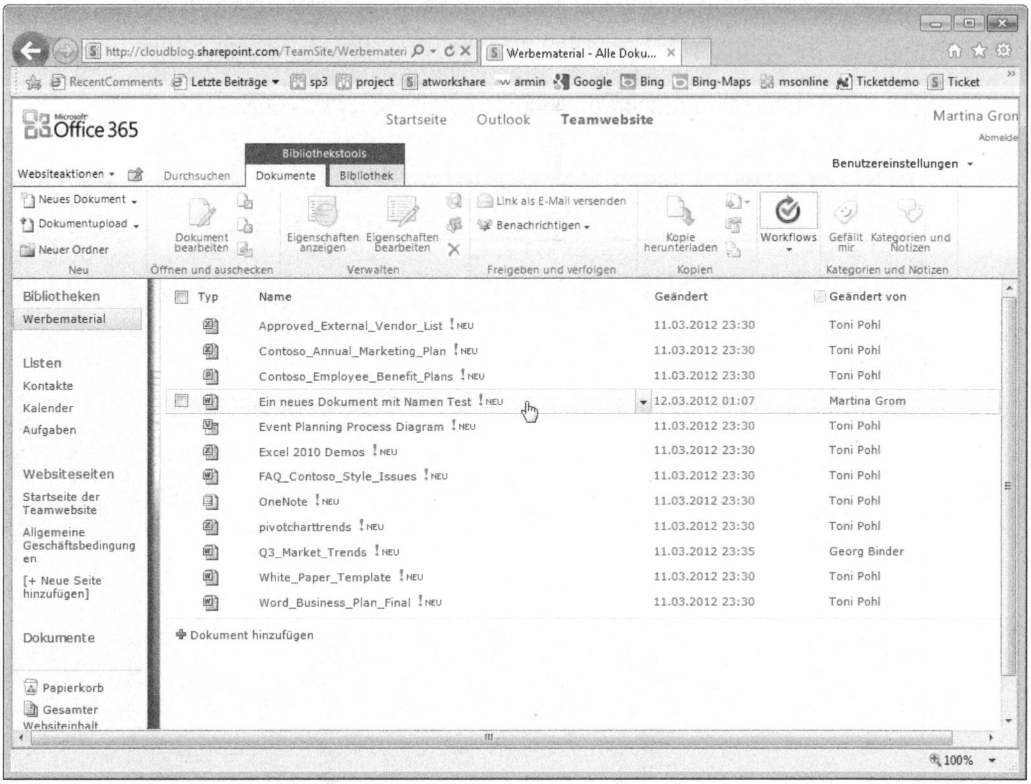

Bestehende Dokumente hochladen

Ihre neue Teamwebsite ist zwar funktionstüchtig, aber noch recht leer. Zunächst werden wir einige Dokumente in das Portal speichern, um es zu füllen.

Klicken Sie dazu im linken Menübereich auf den Link *Dokumente*. Damit wechseln Sie in diese Dokumentbibliothek. Klicken Sie auf den Link *Hochladen*.

Abbildg. 4.9 Die Dokumentbibliothek *Dokumente*

Das Befüllen von Dokumenten in eine Dokumentbibliothek beginnt üblicherweise mit dem Hochladen von lokal gespeicherten Dateien in das SharePoint-Portal.

Abbildg. 4.10 Alternativ kann ein Dokument mit dem Link *Dokument hinzufügen* am Listenende hochgeladen werden

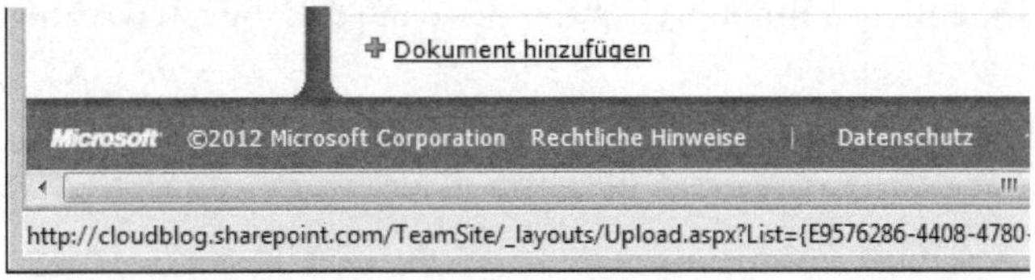

Nun folgt das Dialogfeld zur Auswahl des gewünschten Dokuments, welches in das Portal gespeichert werden soll. Dies kann einzeln per *Durchsuchen* oder gesammelt mit *Mehrfachdateiupload* erfolgen.

Abbildg. 4.11 Dialogfeld zum Hochladen von Dokumenten

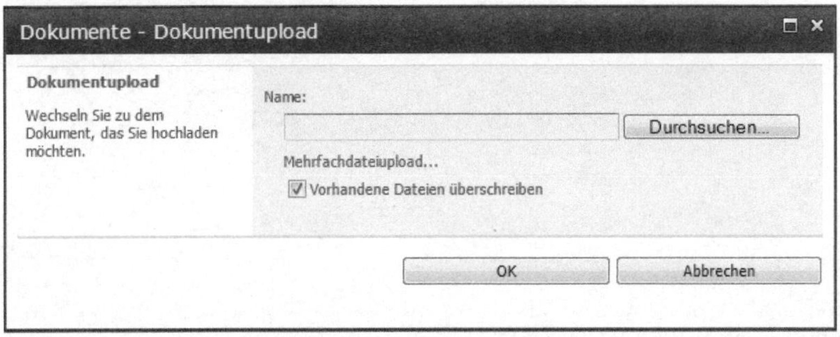

Wählen Sie mit *Durchsuchen* ein Dokument auf Ihrem Computer aus.

Abbildg. 4.12 Auswahl einer einzelnen Datei am lokalen Computer

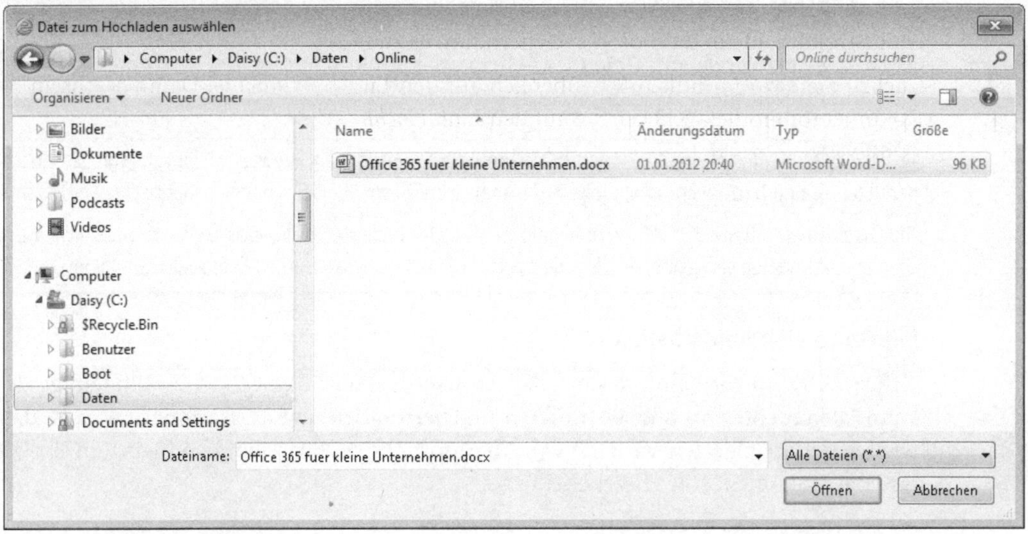

Übernehmen Sie die gewählte Datei mit *Öffnen* und bestätigen Sie den Upload danach im ausgefüllten Dialogfeld mit *OK*.

Alternativ können Sie den *Mehrfachdateiupload* verwenden. Dieser hat den Vorteil, dass Sie in einem Schritt mehrere Dokumente von Ihrem Computer per Drag & Drop auf das Dialogfeld ziehen und so an SharePoint senden können.

Abbildg. 4.13 Die Dokumentbibliothek *Dokumente* zeigt ihren Inhalt

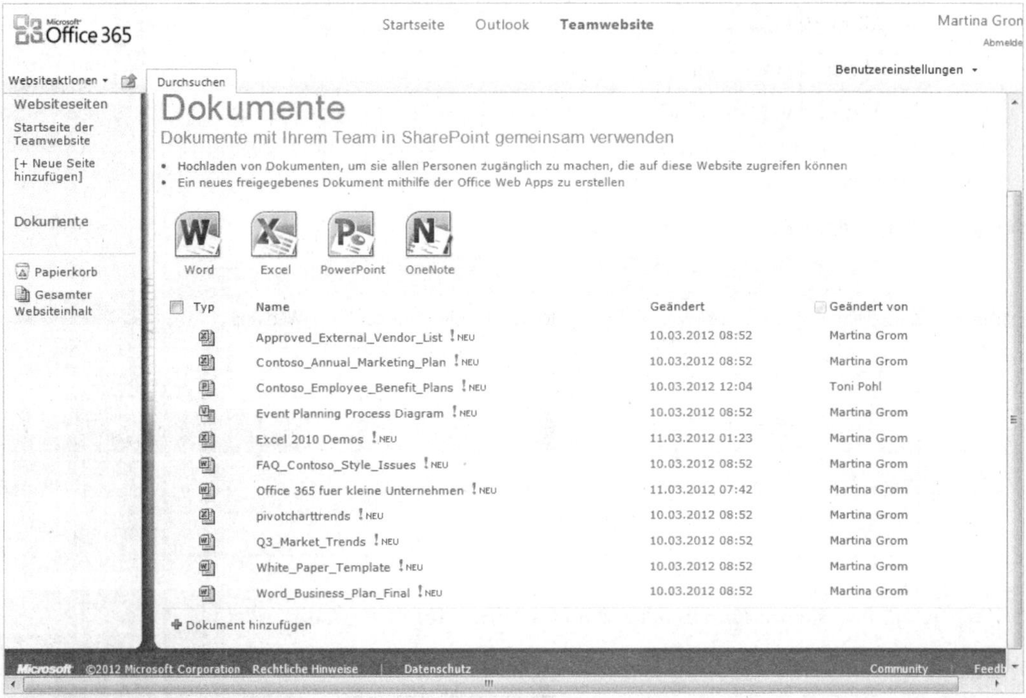

Nach dem erfolgreichen Upload erscheint das Dokument in der *Dokumente*-Liste (eigentlich Dokumentbibliothek). Verfahren Sie für weitere Dokumente genauso.

HINWEIS Alle neuen Dokumente erhalten automatisch den Hinweis »!Neu«, damit sie gleich für andere Benutzer als neu hinzugekommen gekennzeichnet sind. Dieser Hinweis verschwindet nach zwei Tagen automatisch.

Die Dateinamen müssen NICHT internetkonform sein. Das bedeutet, es können Umlaute, Leerzeichen und Sonderzeichen im Dateinamen verwendet werden, beispielsweise »Öffentlichkeitsarbeit Protokoll 1-23-4 vom 01.02.2012.docx«.

Mit Office Web App arbeiten

Office Web App wird einfach über den Browser bedient. Der Nutzen ist eindeutig: Der Benutzer kann Dokumente von überall editieren und verwenden. Die »User Experience« ist dabei ähnlich wie bei der installierten Variante von Microsoft Office. Ein Menüband wird im Browser geladen und das Dokument kann bearbeitet werden.

Je nach Dokumenttyp erfolgt die Anzeige von Dokumenten direkt im Browser per Office Web App oder in einem eigenen Anzeigeprogramm – dieses muss dann am Computer des Anwenders installiert sein. Office Web App ist in dem von uns hier verwendeten P-Plan bereits enthalten.

HINWEIS Office Web App ist in SharePoint integriert und ermöglicht die Anzeige und das Bearbeiten der folgenden Dokumenttypen direkt im Browser:

- Microsoft Word
- Microsoft Excel
- Microsoft PowerPoint
- Microsoft OneNote

Office Web App ist in Office 365 in den Plänen P, E2, E3 und E4 enthalten.

Dokument öffnen und schließen

Jedes Dokument wird durch einfaches Anklicken des Dokumentnamens geöffnet.

Abbildg. 4.14 Beispiel für eine geöffnete Microsoft Excel-Datei direkt im Browser per Office Web App

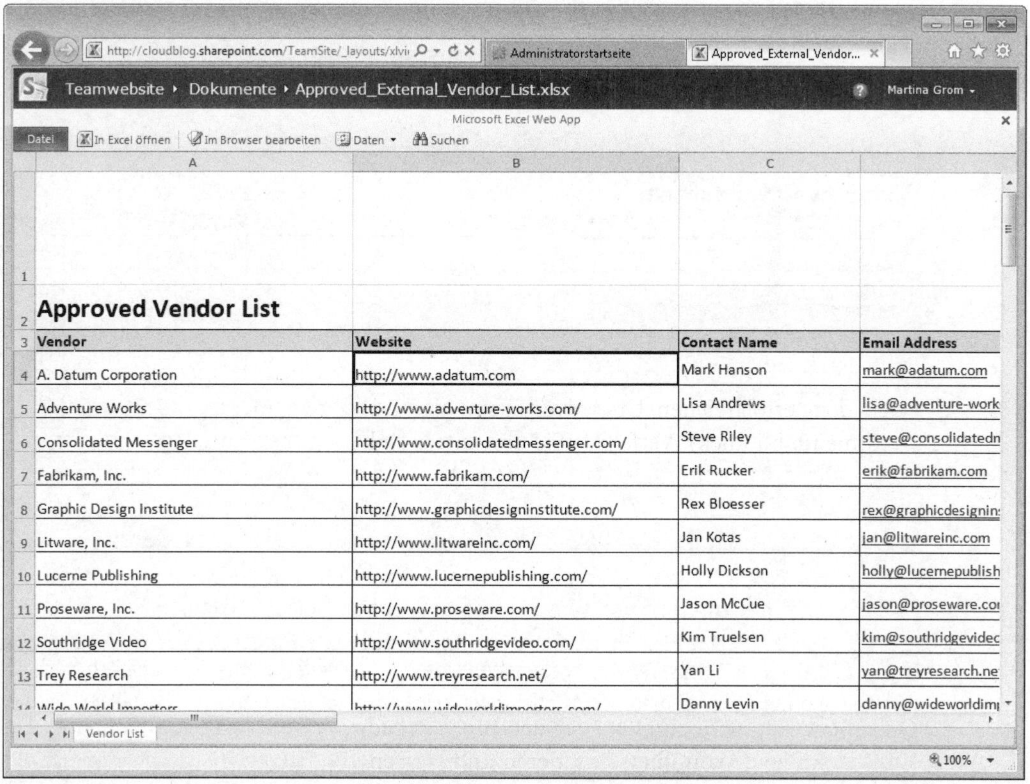

Das Öffnen und Bearbeiten von Dateien direkt im Browser ist bequem und vor allem dann besonders sinnvoll, wenn der Anwender das entsprechende Programm – beispielsweise Microsoft Excel – nicht auf seinem Computer installiert hat.

Beim Anklicken wird das Dokument zum Lesen geöffnet (Read-only).

Geschlossen wird die Web App durch Anklicken des kleinen *x*-Symbols (Schließen) in der grauen Menüleiste ganz rechts oben, über den Menüpunkt *Datei / Schließen* oder durch Anklicken eines anderen SharePoint-Links (*Teamwebsite* oder in diesem Fall *Dokumente*) in der blauen Menüleiste ganz oben im Fenster.

Dokument im Browser bearbeiten

Um ein geöffnetes Dokument zu bearbeiten, klicken Sie auf den Link *Im Browser bearbeiten.*

Abbildg. 4.15 Bearbeiten eines Dokuments im Browser per Office Web App

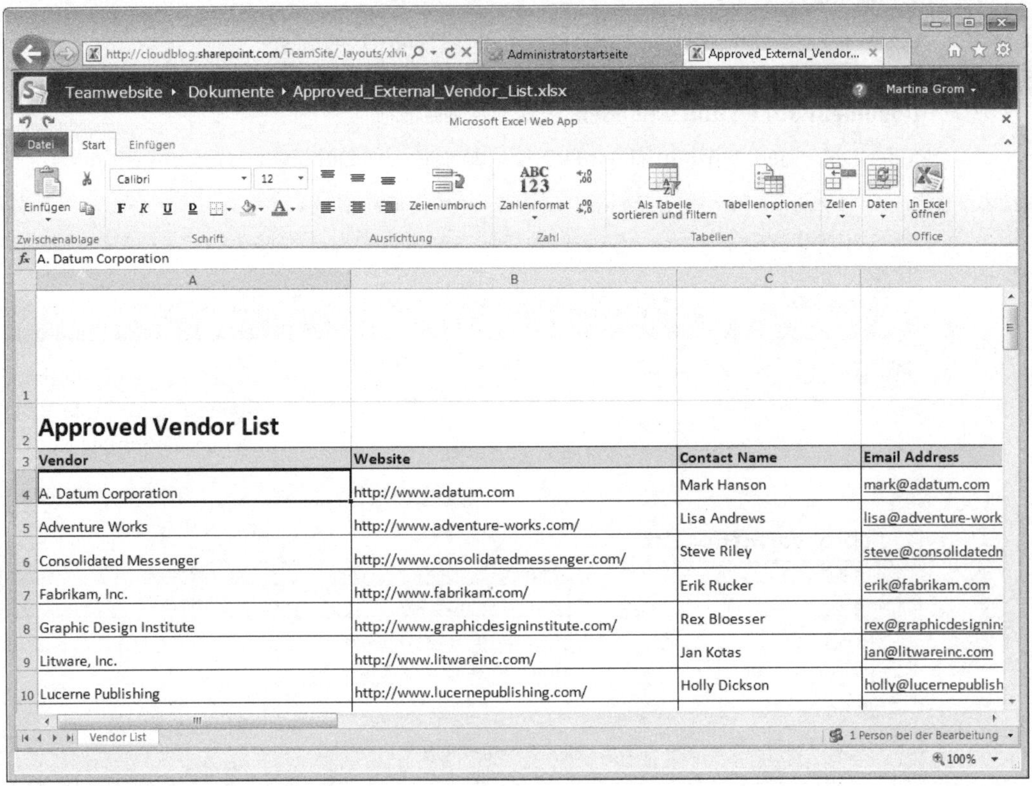

Das Dokument kann nun direkt im Browserfenster bearbeitet werden.

HINWEIS Jede Office Web App speichert Änderungen in einem Dokument automatisch, auch beim Schließen der Web App mit dem *x*-Symbol rechts oben oder beim Anklicken eines anderen SharePoint-Links in der blauen Menüleiste am oberen Fensterrand.

Abbildg. 4.16 Kein Speichern mehr in Excel Web App

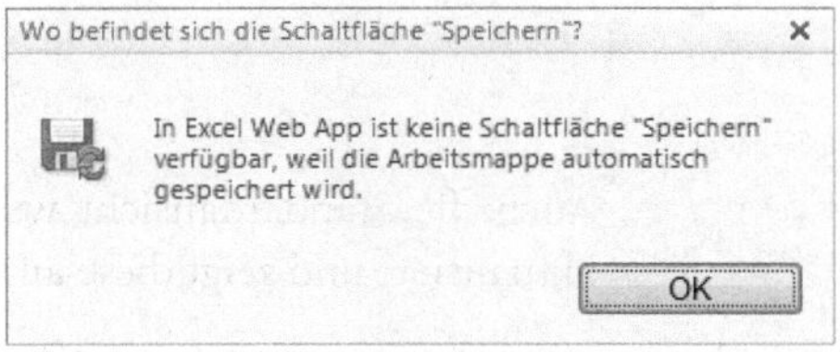

Die Registerkarte *Datei* bietet die für SharePoint Online angepassten Funktionen zum Speichern und Bearbeiten des Dokuments.

Abbildg. 4.17 Befehle auf der Registerkarte *Datei* in Excel Web App

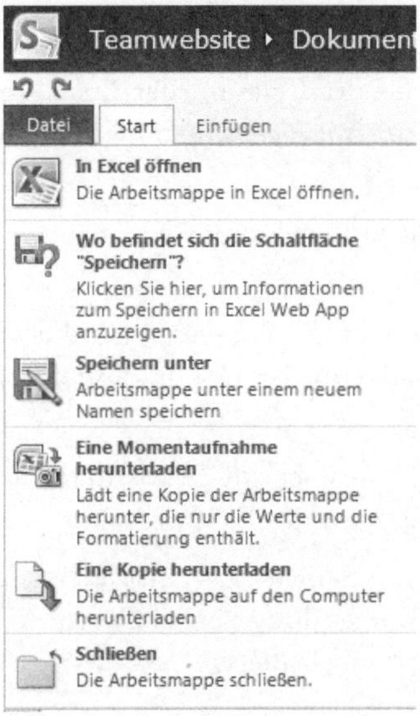

Die Bearbeitungsmöglichkeiten in den Web Apps entsprechen nicht dem vollen Funktionsumfang des installierten Produkts wie in Microsoft Word, Excel, PowerPoint und OneNote, sondern bieten die am meisten gebrauchten Funktionen. Das allerdings direkt im Browser, ohne dass der Anwender das entsprechende Programm installiert haben muss.

TIPP Wer alle Bearbeitungsfunktionen benötigt, kann auf den Link *In Excel öffnen* klicken (bzw. je nach Dateityp die entsprechende Anwendung öffnen). Was passiert jedoch mit Formatierungen, die eingefügt wurden, jedoch nicht in Office Web App unterstützt werden? Durch das einheitliche Dateiformat in Office 2010 gehen diese nicht verloren, sobald man ein Dokument in Office Web App öffnet, sondern bleiben erhalten.

Dokument direkt bearbeiten

Wenn Sie ein Dokument bearbeiten wollen, können Sie alle Möglichkeiten dazu direkt im Menü des Dokuments auswählen. Klicken Sie dazu mit der linken Maustaste auf den kleinen Pfeil rechts neben dem Dokumentnamen. Damit öffnet sich das Menü des Dokuments.

Abbildg. 4.18 *Dokument*-Menü zur direkten Bearbeitung

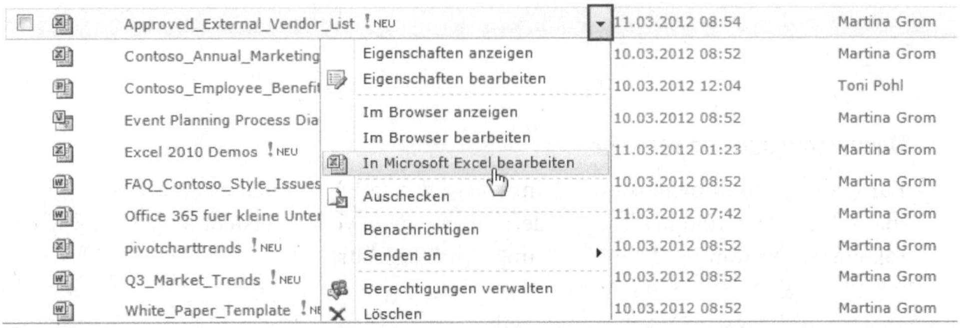

Die Funktionen des *Dokument*-Menüs im Überblick:

- **Eigenschaften anzeigen** Zeigt Name, Titel, Bearbeiter und Datum der Erstellung und der letzten Änderung an. Zusätzlich können Name und Titel mit *Eigenschaften bearbeiten* geändert werden.
- **Eigenschaften bearbeiten** Ermöglicht das Ändern von Name und Titel, also das Umbenennen des Dokuments
- **Im Browser anzeigen** Öffnet das Dokument im Browser im Nur-Lesen-Modus (Read-only) in der entsprechenden Office Web App, genauso wie wenn der Dokumentname-Link angeklickt wird
- **Im Browser bearbeiten** Öffnet das Dokument im Browser im Bearbeiten-Modus (Edit) direkt in der entsprechenden Office Web App
- **In <Anwendungsname> bearbeiten** Öffnet das Dokument in der entsprechenden Anwendung auf dem Client, je nach Dateityp. Lautet die Dateiendung beispielsweise *.xl**, wird das Dokument in Microsoft Excel geöffnet, ein Dokument mit Dateityp **.doc* wird beispielsweise mit Microsoft Word geöffnet usw.
- **Auschecken** Verwenden Sie diese Option in der Zusammenarbeit mit anderen Teammitgliedern, um ein Dokument zu kennzeichnen, das Sie selbst bearbeiten werden. Damit ist dieses Dokument für alle anderen Mitglieder lediglich zum Lesen verfügbar. Somit werden unterschiedliche Versionen verhindert, es gibt nur eine aktuelle Version. Nach der Bearbeitung sollten Sie das Dokument wieder *Einchecken* oder das *Auschecken verwerfen*, um es so für andere Teammitglieder wieder freizugeben.
- **Benachrichtigen** Diese Funktion bietet Ihnen an, dass Sie bei Änderungen an diesem Dokument eine Nachricht per E-Mail erhalten. Sie können selbst einstellen, bei welchen Änderungen ein Hinweis an welche Benutzer und wie oft die Benachrichtigung erfolgen soll. Sie können dies für jedes Dokument oder besser für eine ganze Dokumentbibliothek auswählen.
- **Senden an** Dient zum Senden des Dokuments per E-Mail oder zum lokalen Speichern des Dokuments, beispielsweise wenn Sie eine Kopie auf Ihrem Computer speichern wollen
- **Berechtigungen verwalten** Ermöglicht, die Benachrichtigungen (siehe Punkt oben) für die gesamte Dokumentbibliothek einzustellen. Dies ist meist der sinnvollere Weg, als eine Benachrichtigung für einzelne Dokumente festzulegen.

- **Löschen** Nach einer Sicherheitsabfrage wird das Dokument in den Papierkorb der Website verschoben und aus der Dokumentbibliothek gelöscht

TIPP Das *Dokument*-Menü bietet die schnellste Möglichkeit zum Bearbeiten eines Dokuments.

Dokumentversionen verwenden

Für manche Dokumente kann es sinnvoll sein, ältere Versionen zu archivieren. Dies soll vollautomatisch erfolgen und bei jeder Änderung eine neue Version erstellt werden. Dabei wird auch protokolliert, wer wann welche Änderungen durchgeführt hat.

Versionierung für Dokumentbibliotheken aktivieren

Die Versionisierung für Dokumentbibliotheken muss in den Einstellungen der Dokumentbibliothek eingeschaltet werden. Öffnen Sie dazu das Dropdownmenü *Websiteaktionen* und wählen Sie darin den Befehl *Websiteeinstellungen*.

Abbildg. 4.19 Die Websiteeinstellungen umfassen alle Verwaltungsmöglichkeiten Ihrer Teamwebsite

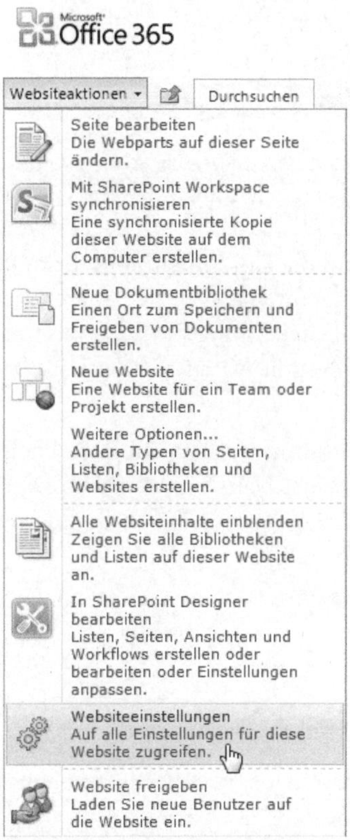

In den Websiteeinstellungen können alle Eigenschaften der SharePoint-Website geändert werden.

Abbildg. 4.20 Die Websiteeinstellungen umfassen alle Verwaltungsmöglichkeiten Ihrer Teamwebsite

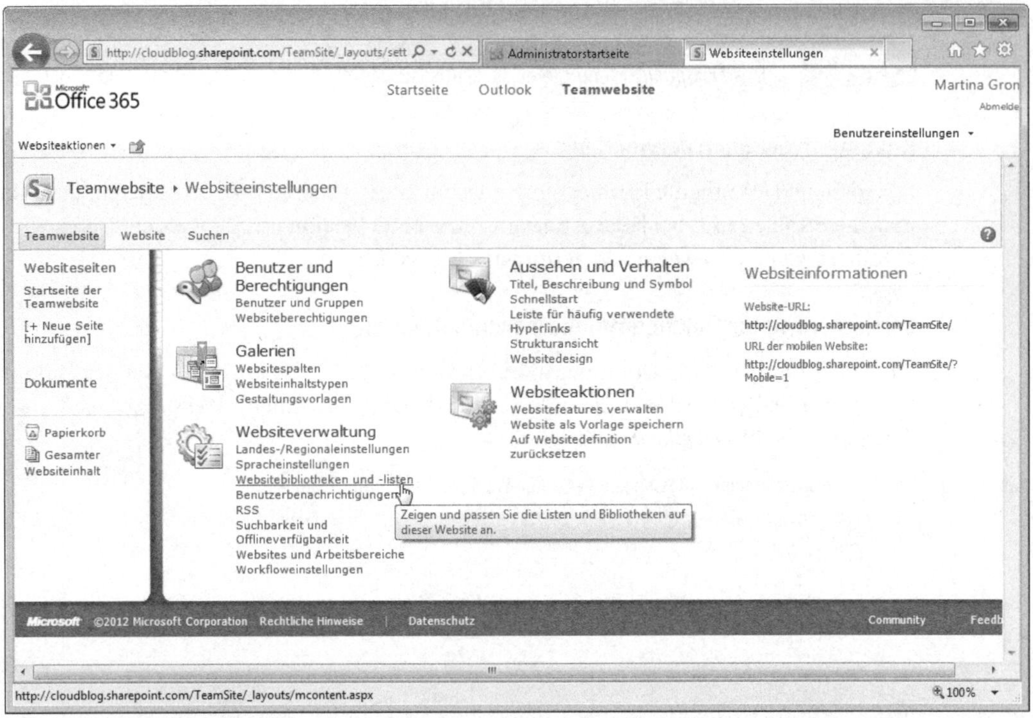

Wählen Sie Websitebibliotheken und -listen aus und dann die Dokumentbibliothek *Dokumente*.

Abbildg. 4.21 Hier können die SharePoint-Objekte angepasst werden

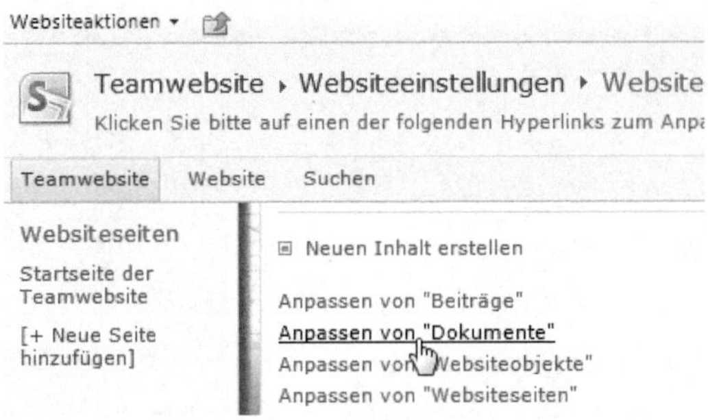

Es folgt die Seite für alle Einstellungen der Dokumentbibliothek *Dokumente*.

Abbildg. 4.22 Einstellungen für eine Dokumentbibliothek

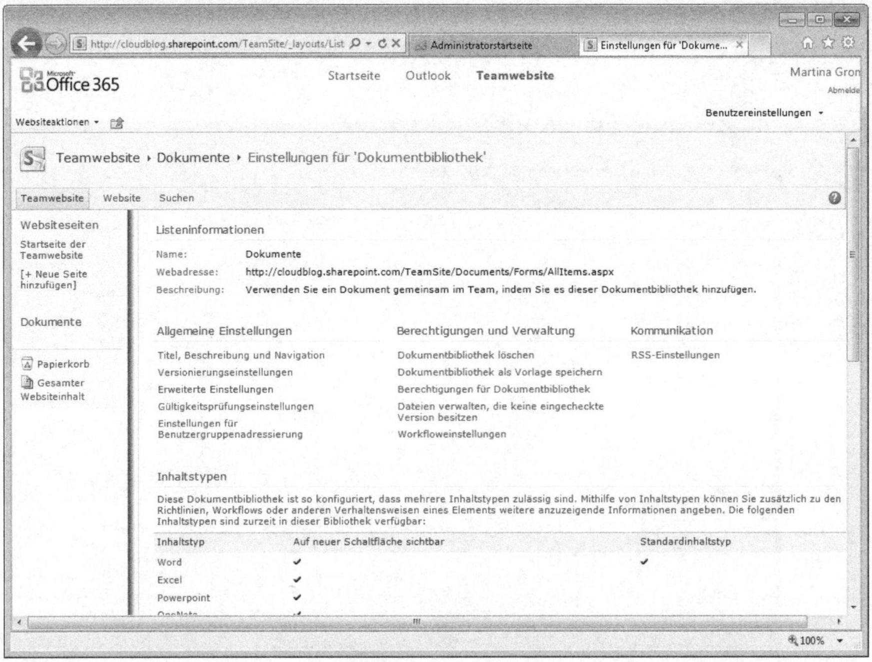

Klicken Sie auf *Versionierungseinstellungen*. Es folgt die Seite zum Konfigurieren der Versionsverwaltung.

Abbildg. 4.23 Versionierung für eine Dokumentbibliothek festlegen

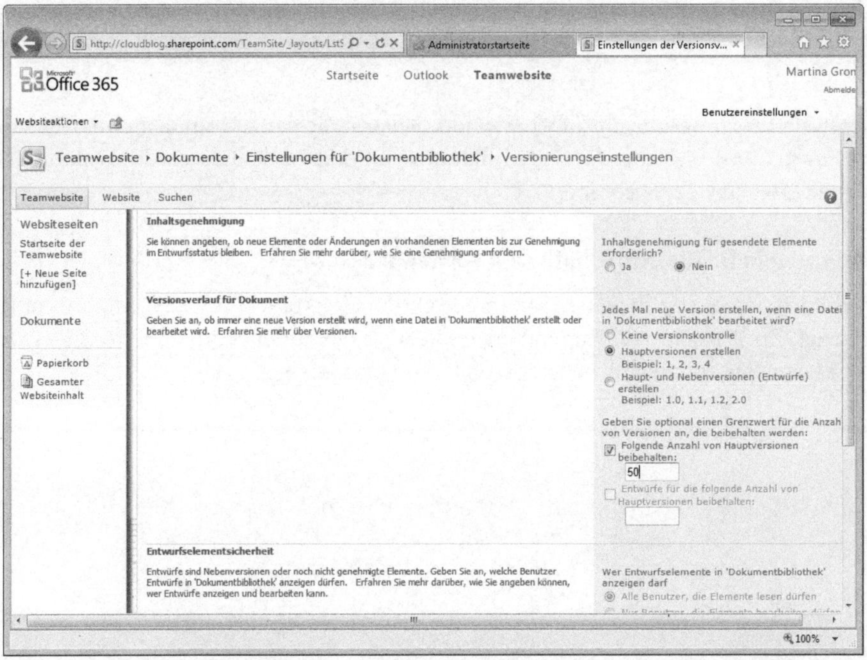

Ändern Sie die Optionsschaltfläche bei *Jedes Mal neue Version erstellen, wenn eine Datei in 'Dokumentbibliothek' bearbeitet wird?* von *Keine Versionskontrolle* auf *Hauptversionen erstellen*. Sie können die Anzahl der zu archivierenden Versionen auch begrenzen, hier beispielsweise auf 50 Versionen.

Bestätigen Sie die Änderung mit *OK* am Seitenende.

Abbildg. 4.24 Erst mit *OK* am Seitenende werden die Änderungen gespeichert

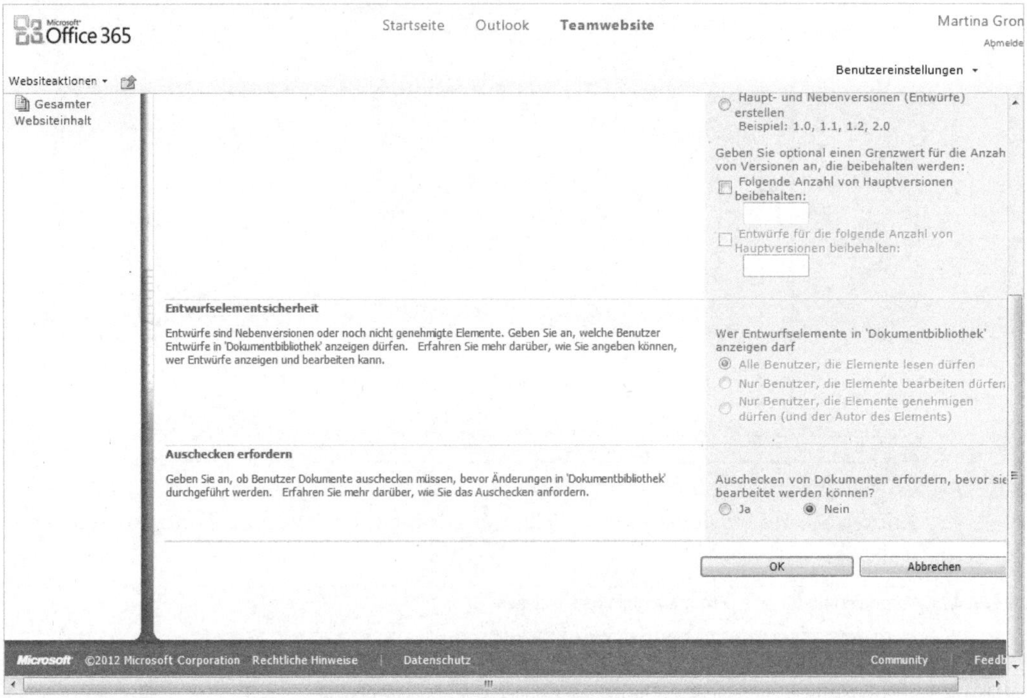

Damit ist die Versionierung ab sofort aktiviert. Klicken Sie danach auf den Link *Dokumente* in der linken Navigationsleiste oder im Seitentitel, um von den Einstellungen der Dokumentbibliothek wieder zur Liste zurückzukehren.

Versionierung in Dokumentbibliotheken verwenden

Wenn die Versionierung für eine Dokumentbibliothek aktiviert ist, werden automatisch Versionen erzeugt. Zur Ansicht von älteren Versionen eines Dokuments öffnen Sie das *Dokument*-Menü über das kleine Dreieck rechts neben dem Dokumentnamen.

Abbildg. 4.25 Die Funktion *Versionsverlauf* ist verfügbar, wenn die Versionierung der Dokumentbibliothek aktiviert ist

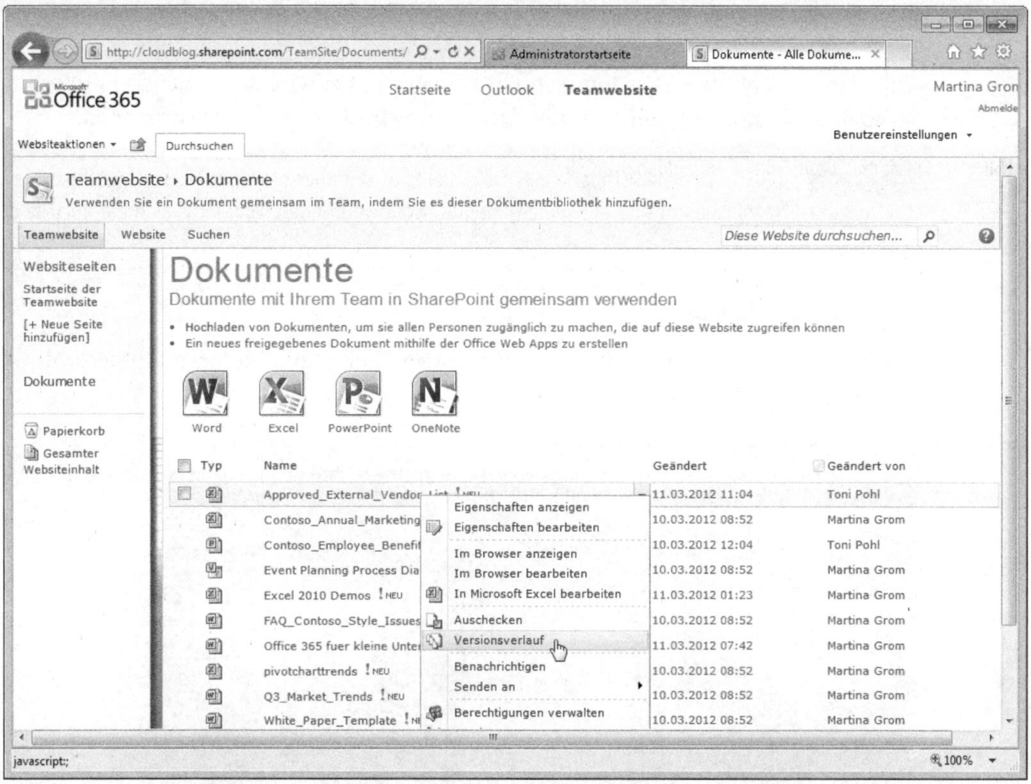

Mit der Auswahl von *Versionsverlauf* öffnet sich ein Dialogfeld.

Abbildg. 4.26 Der Versionsverlauf zeigt alle archivierten Versionen eines Dokuments

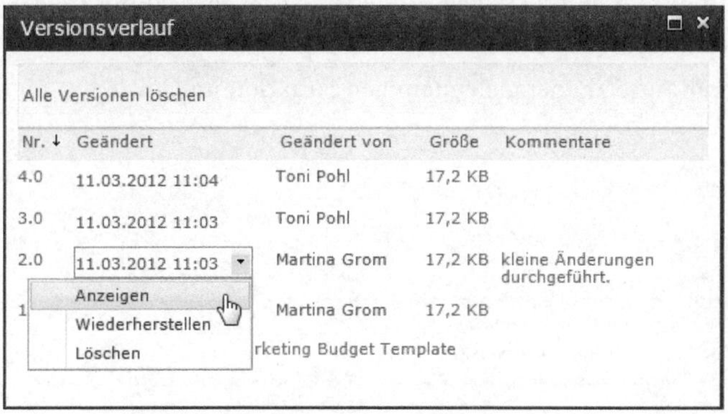

Hier gibt es bereits vier Versionen von zwei unterschiedlichen Bearbeitern. Durch Anklicken einer Version wird diese geöffnet.

Zusätzlich kann mit dem *Dokument*-Menü eine Version mit *Wiederherstellen* als aktuelle Version verwendet werden. Dabei wird diese Version zu einer neuen Version »über« der aktuellen Version, in diesem Beispiel Version 5.

Mit *Löschen* kann diese Version gelöscht werden. Dabei wird sie in den Papierkorb der Website verschoben. In unserem Beispiel sind dann nur mehr drei Versionen vorhanden.

TIPP Beim normalen Öffnen eines Dokuments wird immer die letzte Version geöffnet. Die Verwendung von Versionen ist transparent und mit keinem Mehraufwand verbunden. Es überwiegen die Vorteile der Versionierung.

Dokument auschecken

Dokumente können für die Bearbeitung anderer Teilnehmer gesperrt werden. Ab diesem Zeitpunkt ist die Datei ausschließlich für Sie zum Bearbeiten reserviert.

Abbildg. 4.27 Prinzip zum Auschecken, Bearbeiten und Einchecken

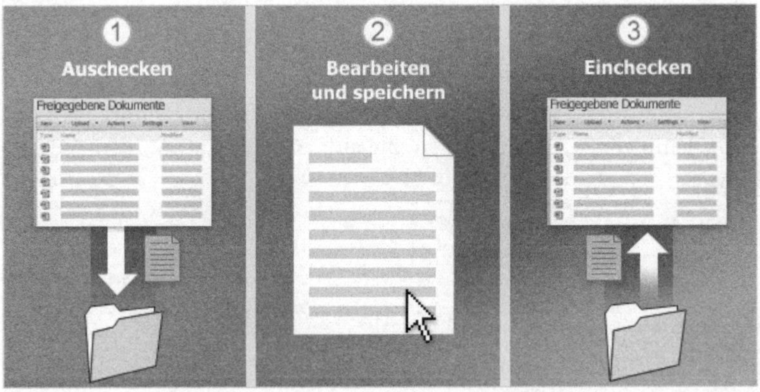

Quelle: *http://office.microsoft.com/de-at/windows-sharepoint-services-help/sharepoint-dokumentbibliotheken-ii-alles-wissenswerte-zum-auschecken-RZ010234545.aspx?section=6*

Das Auschecken erfolgt durch Auswahl der gleichnamigen Funktion im *Dokument*-Menü.

Abbildg. 4.28 Auschecken eines Dokuments

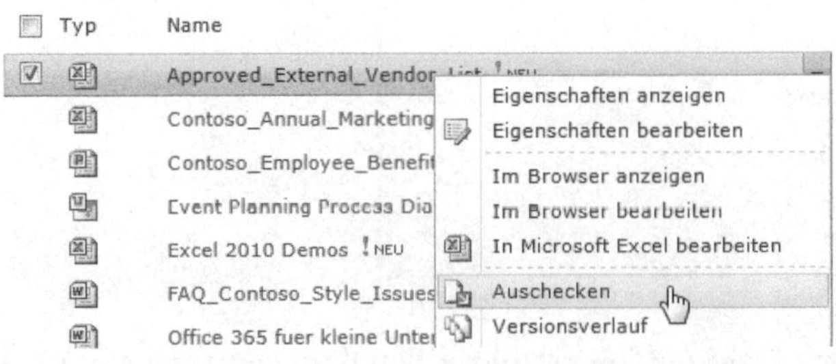

Nach dem Auschecken folgt bei lokaler Office-Installation eine Abfrage, ob Sie den eigenen lokalen Entwurfsordner verwenden möchten.

Abbildg. 4.29 Lokalen Entwurfsordner verwenden?

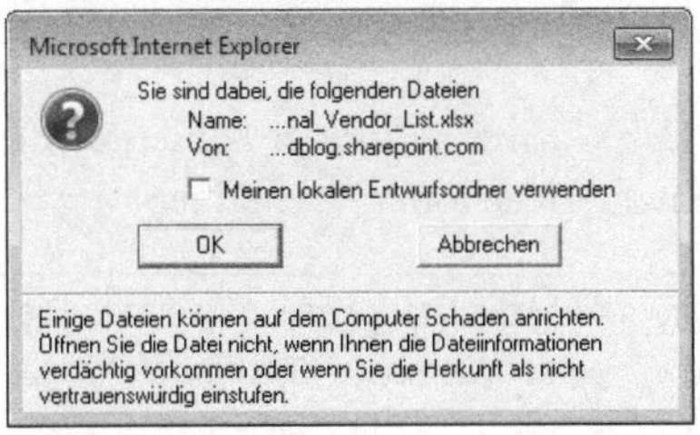

Wenn Sie die Datei auschecken und das Kontrollkästchen *Meinen lokalen Entwurfsordner verwenden* aktivieren, wird diese Datei in einem Ordner auf Ihrem Computer gespeichert und zwar im Ordner *\Dokumente\SharePoint-Entwürfe*. Wenn Sie ein Notebook verwenden, können Sie die Datei auch dann bearbeiten, wenn keine Internetverbindung besteht. Wenn Sie die Datei bearbeiten und speichern, werden Ihre Änderungen im Ordner *SharePoint-Entwürfe* und nicht in der Bibliothek gespeichert.

Empfohlene Einstellungen für den Internet Explorer

Nach dem Markieren des Kontrollkästchens *Meinen lokalen Entwurfsordner verwenden* und der Bestätigung mit *OK* kann eine Meldung folgen, die auf ein Problem mit Ihren Internet Explorer-Einstellungen hinweist.

Abbildg. 4.30 Hinweis für »Meinen lokalen Entwurfsordner verwenden«

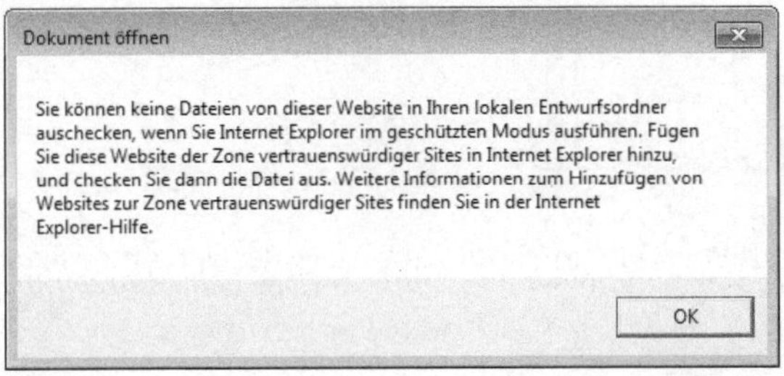

Sie sollten die Einstellungen Ihres Internet Explorers wie folgt setzen und Ihre Teamwebsiteadresse zur Liste Ihrer vertrauenswürdigen Sites hinzufügen.

In diesem Fall öffnen Sie im Internet Explorer die Internetoptionen, um dieses Problem zu beheben.

Abbildg. 4.31 Einstellungen des Internet Explorers ändern

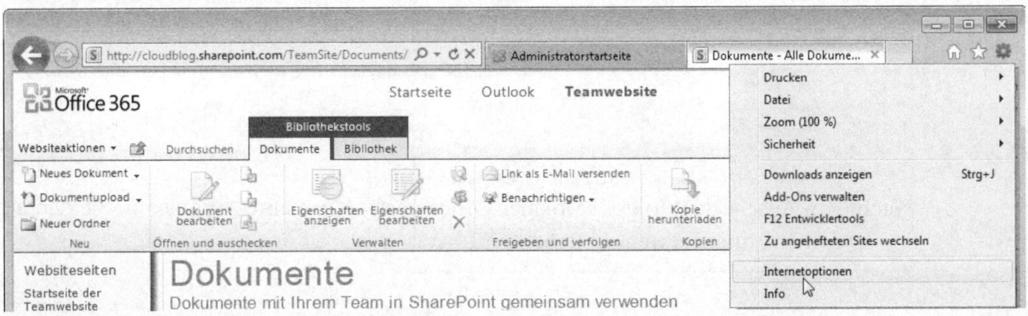

Aktivieren Sie die Registerkarte *Sicherheit*, wählen Sie zunächst als Zone *Vertrauenswürdige Sites* aus und klicken Sie anschließend auf die Schaltfläche *Sites*.

Abbildg. 4.32 SharePoint zu den vertrauenswürdigen Sites hinzufügen

Fügen Sie nun die Adresse Ihrer SharePoint-Teamwebsite zur Liste der vertrauenswürdigen Sites hinzu.

Abbildg. 4.33 Vertrauenswürdige Sites im Browser

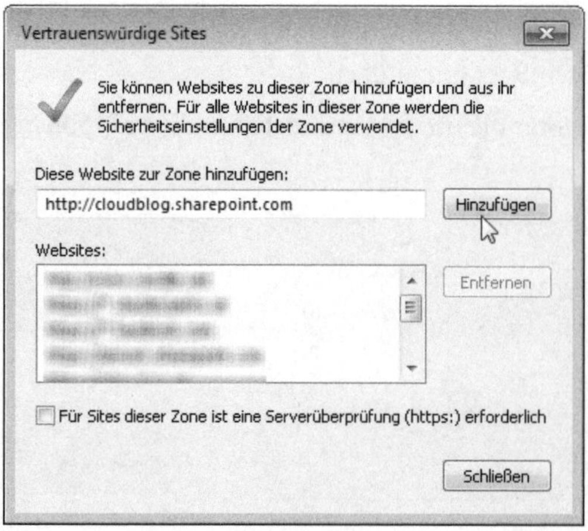

Die Adresse Ihrer Teamwebsite wird mit *Hinzufügen* zur Liste der Websites hinzugefügt. Schließen Sie das Dialogfeld und bestätigen Sie mit *OK*.

Nun laden Sie im Internet Explorer die Teamwebsite neu, indem Sie die Taste F5 drücken. Danach funktioniert der Vorgang zum Auschecken mit dem markierten Kontrollkästchen *Meinen lokalen Entwurfsordner verwenden*.

Abbildg. 4.34 Ein ausgechecktes Dokument auf der eigenen Festplatte

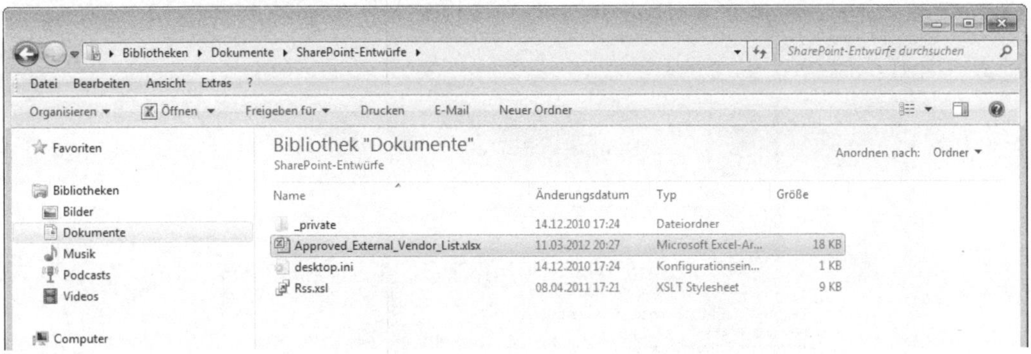

Wenn Sie nun das Dokument auschecken, wird es in Ihren lokalen Dokumenten auf Ihrer Festplatte gespeichert. Das Dokument kann direkt von hier – auch ohne Internetverbindung – bearbeitet werden

Ein erneutes Öffnen zur Bearbeitung im Browser bringt nun einen entsprechenden Hinweis.

Abbildg. 4.35 Ein ausgechecktes Dokument mit lokalem Entwurf kann nicht mehr in SharePoint bearbeitet werden

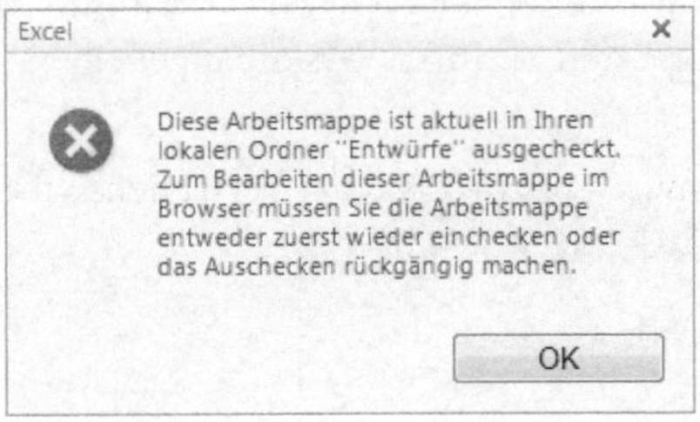

Das Dokument kann aber durchaus von allen Benutzern in SharePoint angesehen werden, die Versionen verwendet werden oder mit *Senden an* weiterverwendet werden.

Dokument einchecken

Nach der Bearbeitung des ausgecheckten Dokuments können Sie dieses mit *Einchecken* aus dem *Dokument*-Menü wieder einchecken.

Abbildg. 4.36 Einchecken eines ausgecheckten Dokuments

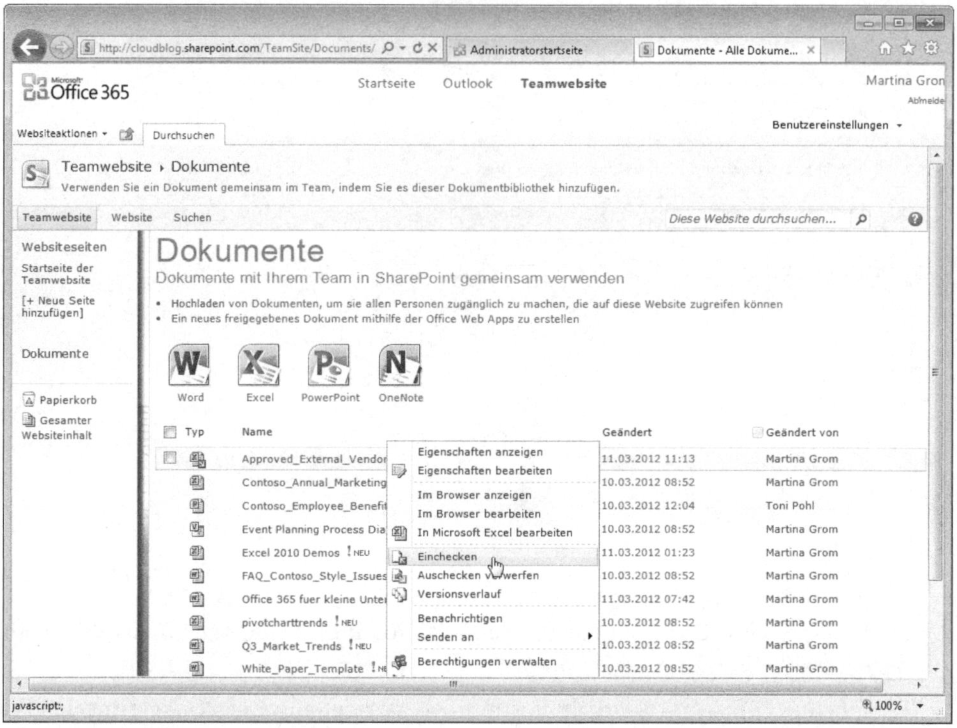

Hier können Sie noch steuern, ob das Dokument von Ihnen ausgecheckt bleiben soll (die Vorgabe ist *Nein*) und Sie können einen zusätzlichen Kommentar zu Ihrer Version angeben.

Abbildg. 4.37 Frage beim Einchecken

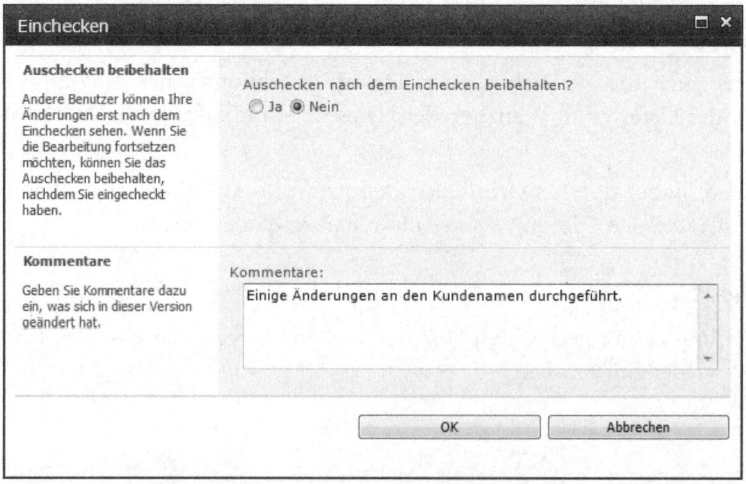

Mit *OK* wird das Einchecken bestätigt. Es kann noch eine weitere Sicherheitsmeldung folgen. Bestätigen Sie den Vorgang mit *Ja*.

Abbildg. 4.38 Sicherheitsmeldung nach dem Einchecken

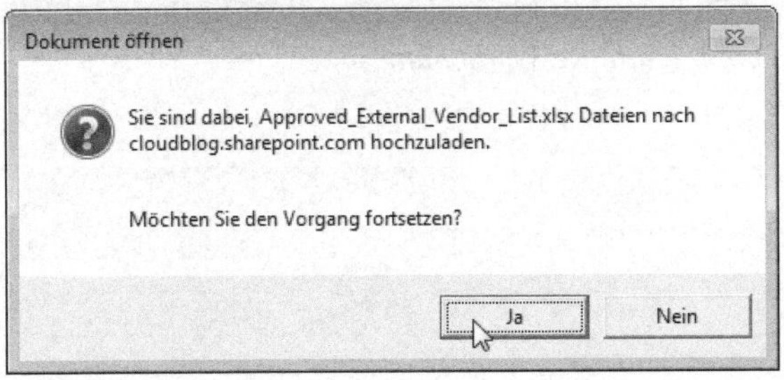

Anschließend wird das Dokument in SharePoint Online eingecheckt.

Wenn in der Dokumentbibliothek die Versionierung aktiviert ist, sehen Sie den Kommentar im *Versionsverlauf*.

Abbildg. 4.39 Der Versionsverlauf zeigt alle Änderungen und Kommentare

Dokumente mit dem Windows-Explorer verwalten

SharePoint bietet auch die Möglichkeit, auf Dokumentbibliotheken per Windows-Explorer – genauso wie auf das Dateisystem – zuzugreifen. Diese sehr praktikable Variante ist in der Dokumentbibliothek im Menüband über *Bibliothekstools/Bibliothek* mit dem Symbol *Mit Explorer öffnen* möglich.

Abbildg. 4.40 Mit Explorer öffnen

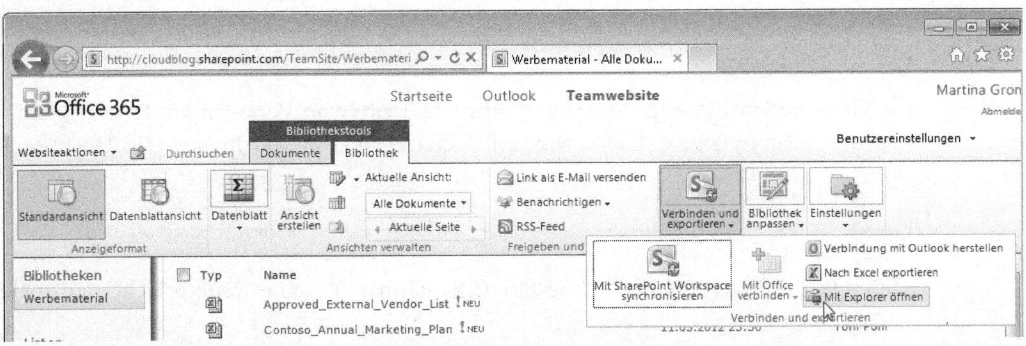

Anschließend öffnet sich automatisch der Windows-Explorer. Als Dateipfad ist in der Adressleiste der Ort Ihrer Teamwebsite und Ihrer Dokumentbibliothek angegeben! In unserem Beispiel lautet die URL *http://cloudblog.sharepoint.com/TeamSite/Werbematerial.*

Abbildg. 4.41 Bearbeiten von Dokumenten im Windows-Explorer

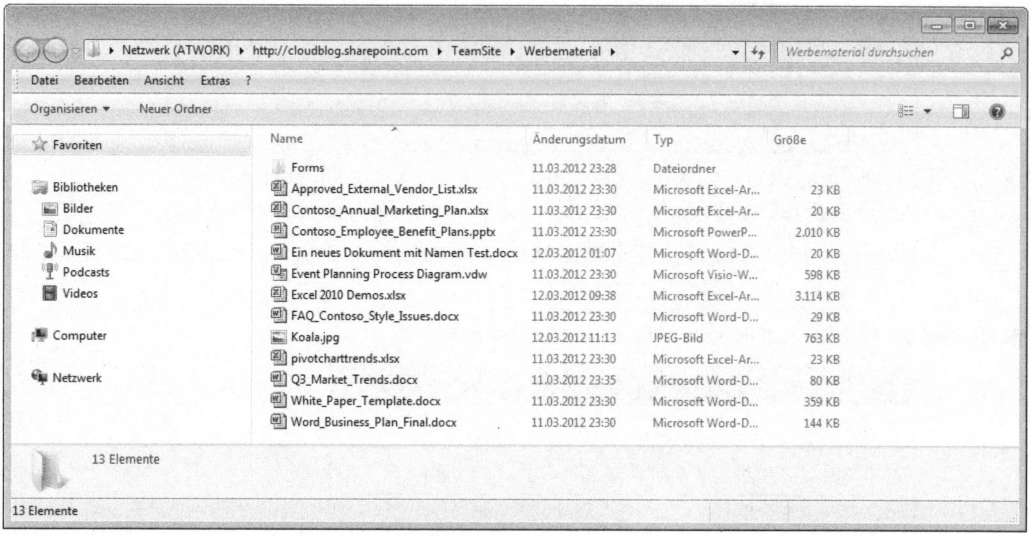

Damit können Sie wie gewohnt arbeiten, Dokumente per Doppelklick bearbeiten, verschieben, umbenennen, löschen usw.

Mit Listen arbeiten

Listen dienen in SharePoint zur Verwaltung von allem, was keine Dokumente sind. Viele Informationen des täglichen Lebens werden in Formularen und Tabellen gespeichert, beispielsweise Einkaufslisten, Lagerlisten, Rechnungen, Adresslisten usw. Um solche Daten zu strukturieren, verwendet SharePoint Listen.

In der Teamwebsite sind noch keine Listen vorhanden. Daher werden wir im ersten Schritt eine neue Liste anlegen.

Neue Liste erstellen

Das Anlegen einer neuen Liste erfolgt über das Dropdownmenü *Websiteaktionen* mit dem Befehl *Weitere Optionen.*

Im nächsten Schritt bietet uns SharePoint eine Reihe von Vorlagen an. Es gibt Vorlagen für verschiedenste SharePoint-Objekte wie Ankündigungen (News), Aufgaben (ToDo-Listen), Kontakte usw.

Abbildg. 4.42 Anlegen einer neuen Liste

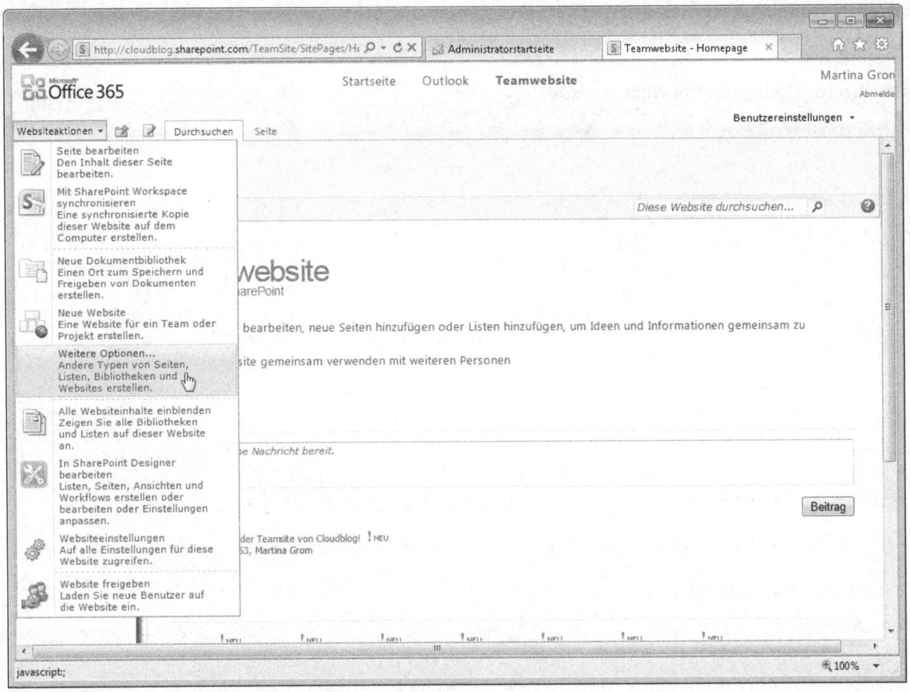

TIPP Verwenden Sie, wo immer es für Sie sinnvoll erscheint, die SharePoint-Vorlagen. Das geht sehr rasch vonstatten und erspart in vielen Fällen die Objekte selbst als benutzerdefinierte Liste anzulegen. Wenn unpassende Felder vorhanden sind, können diese im Nachhinein gelöscht oder zusätzliche Felder selbst angelegt werden.

Abbildg. 4.43 Dialogfeld zum Erstellen eines neuen SharePoint-Objekts

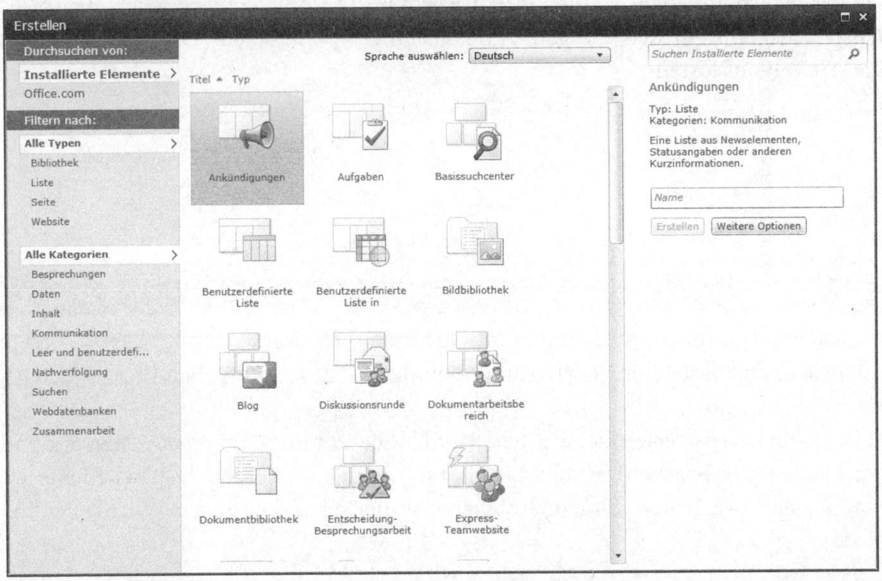

Die Liste der Vorlagen kann über die linke Navigationsleiste nach Typen gefiltert werden. Praktikabel ist auch die Suche nach einem Ausdruck über das Suchfeld rechts oben.

Abbildg. 4.44 Die gefilterte Liste

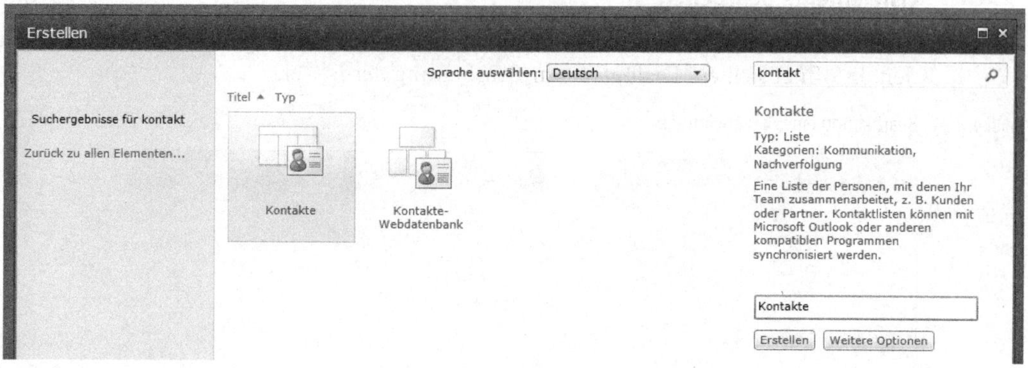

Erstellen Sie bitte eine neue Liste vom Typ *Kontakte* mit dem Namen *Kontakte*.

Fertig, SharePoint hat die Liste angelegt und zeigt diese an.

Abbildg. 4.45 Die neue SharePoint-Liste *Kontakte*

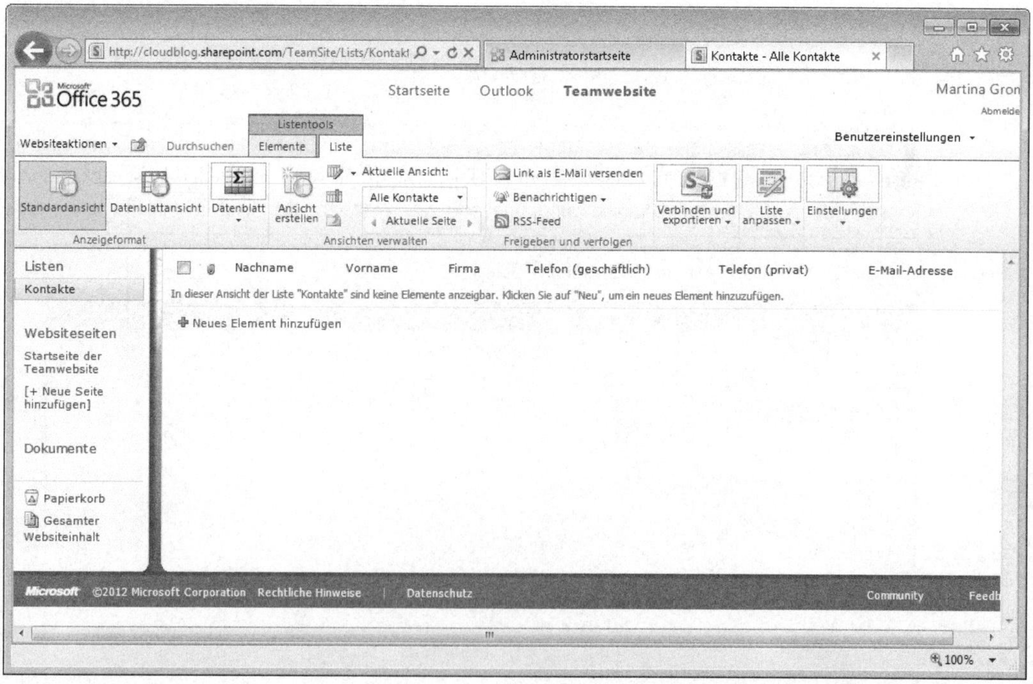

Die Liste kann bereits verwendet werden. Im Menüband unter *Listentools* sehen Sie eine Reihe von Möglichkeiten zur Bearbeitung der Liste. Standardmäßig werden Listenelemente meist in der *Standardansicht* bearbeitet. Zusätzlich stehen erweiterte Bearbeitungsmöglichkeiten in der *Daten-*

blattansicht zur Verfügung. Diese werden unten unter *Datenblattansicht – Listen bearbeiten* einmal anders beschrieben.

Listelemente bearbeiten

Mit dem Link *Neues Element hinzufügen* kann ein neuer Eintrag in der Liste *Kontakte* erstellt werden. Es öffnet sich ein Dialogfeld zur Bearbeitung der Felder.

Abbildg. 4.46 Bearbeitung eines Listeneintrags

Das Dialogfeld bietet im Menüband weitere Möglichkeiten zur Bearbeitung an. Mit *Speichern* wird der Eintrag gespeichert und das Dialogfeld geschlossen.

Die Liste zeigt jeden Eintrag in einer eigenen Zeile an.

Abbildg. 4.47 Die Liste *Kontakte* mit einigen Einträgen

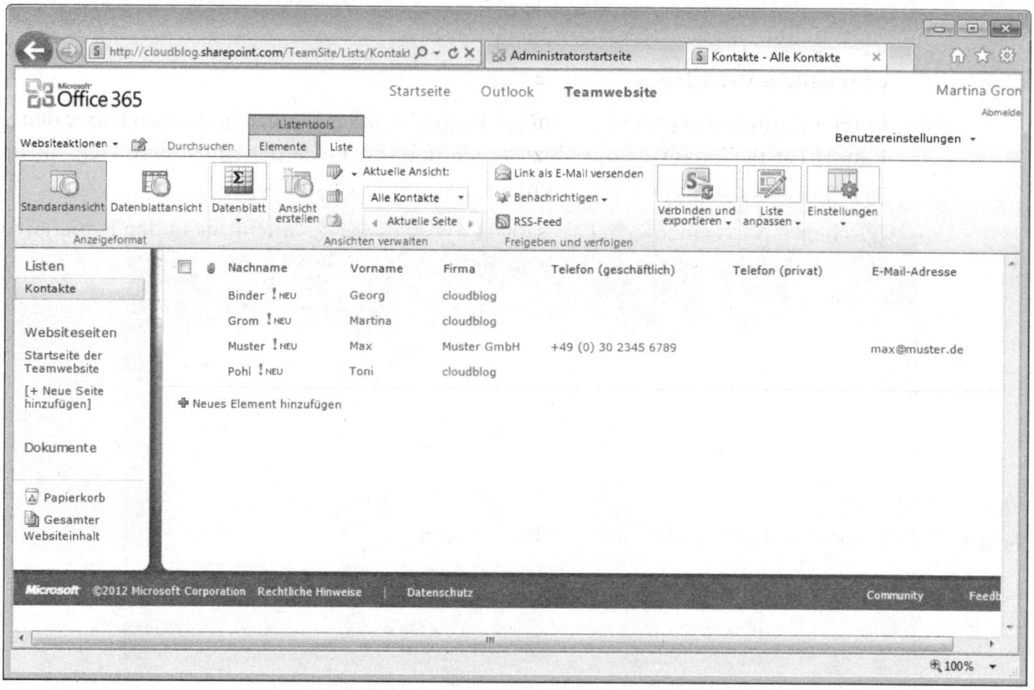

Die nachträgliche Bearbeitung eines Eintrags erfolgt durch Anklicken des Nachnamens der Person oder über das *Element*-Menü.

Abbildg. 4.48 Das *Element*-Menü bietet verschiedene Bearbeitungsmöglichkeiten

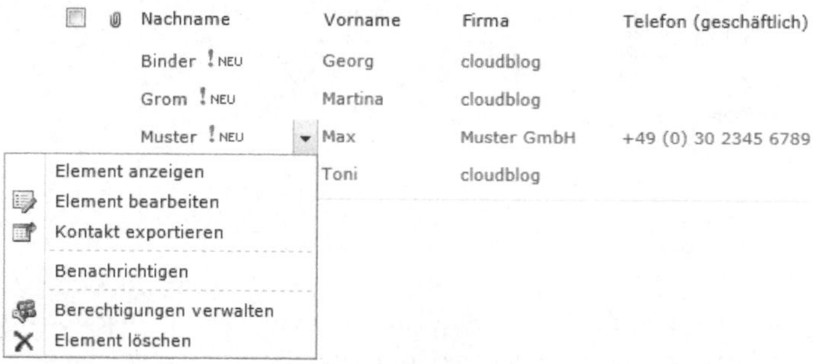

Die Funktionen des *Element*-Menüs im Überblick:

- **Element anzeigen** Zeigt den Listeneintrag sowie Datum der Erstellung und der letzten Änderung an. Zusätzlich können Sie gleich über *Element bearbeiten* die einzelnen Felder bearbeiten – wie beim Anklicken des *Element*-Links.
- **Kontakt exportieren** Verwenden Sie diese Option, um eine *.vcf*-Visitkarte dieses Kontakts von SharePoint zu generieren und diesen Kontakt in Outlook zu speichern

- **Benachrichtigen** Diese Funktion bietet Ihnen an, dass Sie bei Änderungen an diesem Listeneintrag eine Nachricht per E-Mail erhalten. Sie können selbst einstellen, bei welchen Änderungen ein Hinweis an welche Benutzer und wie oft erfolgen soll. Sie können dies für jeden Listeneintrag oder besser für eine ganze Liste festlegen.
- **Berechtigungen verwalten** – Ermöglicht Ihnen, die Benachrichtigungen (siehe den vorherigen Punkt) für die gesamte Liste einzustellen. Dies ist meist der sinnvollere Weg, als die Benachrichtigung für einzelne Listelemente.
- **Löschen** Nach einer Sicherheitsabfrage wird dieser Listeneintrag in den Papierkorb der Website verschoben und aus der Liste gelöscht

Damit können alle Aktionen für ein Element durchgeführt werden.

TIPP Das *Element*-Menü bietet die schnellste Möglichkeit zum Bearbeiten eines Listeneintrags.

Weitere Bearbeitungsmöglichkeiten für Listelemente

Beim Bearbeiten eines Listeneintrags kann die Rechtschreibprüfung hilfreich sein.

Abbildg. 4.49 Die integrierte Rechtschreibprüfung unterstützt bei der Eingabe

HINWEIS Sehr hilfreich ist die Fähigkeit, zu einzelnen Listeneinträgen Dateien anzufügen. Mit dem Befehl *Datei anfügen* im Menüband können mehrere Dateien wie beispielsweise Schriftstücke, Grafiken oder Logos zu einem Kontakt hinzugefügt werden.

Abbildg. 4.50 Dateianlagen eines Listelements

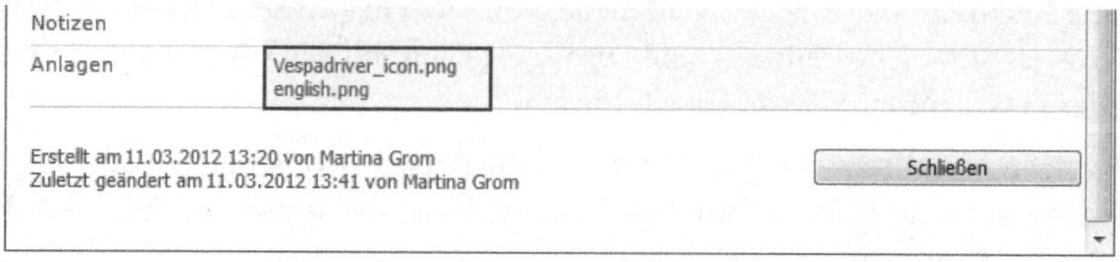

Angefügte Dateien werden in der Liste mit einem *Büroklammer*-Symbol angezeigt und sind in der Anzeige des Datensatzes in den *Anlagen* aufrufbar.

Kontakte synchronisieren

In SharePoint gespeicherte Daten sind gemeinsam verwendbar und keine Dateninsel.

SharePoint-Kontakte können mit Ihrem Outlook synchronisiert werden! Damit ist eine gemeinsame Verwendung der zentral gespeicherten Kontakte möglich. Wie dies funktioniert, erfahren Sie in Kapitel 6.

Kalender anlegen

Für die Zusammenarbeit im Team kann ein gemeinsam genutzter Kalender sinnvoll sein. Dieser wird nach dem gleichen Muster wie die Liste *Kontakte* (siehe den Abschnitt »Neue Liste erstellen« ab Seite 142) durch *Websiteaktionen* mit dem Befehl *Weitere Optionen* angelegt.

Filtern Sie die Liste nach *Kalender* und erstellen Sie eine neue Liste mit Namen *Kalender*.

Abbildg. 4.51 Erstellen eines neuen Kalenders

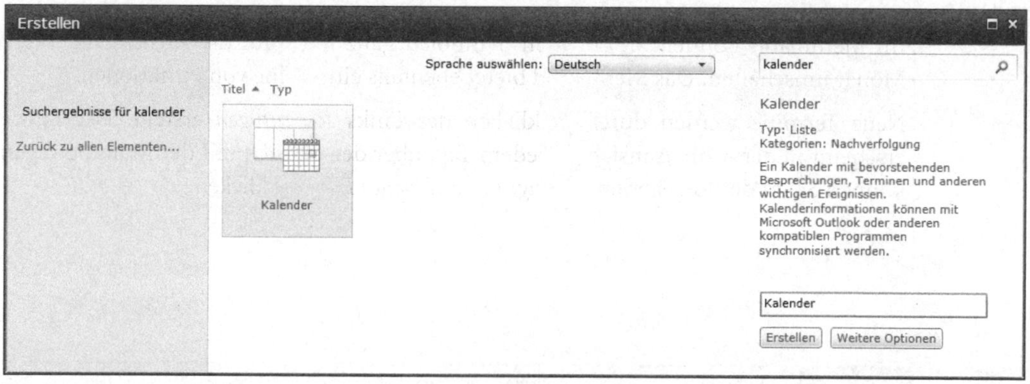

Nach der Anlage mit *Erstellen* wird der neue Kalender geöffnet.

Mit einem Kalender arbeiten

Der Kalender bietet verschiedene Darstellungen und im Menüband eine ganze Reihe von Funktionen.

Abbildg. 4.52 Anzeige eines Kalenders

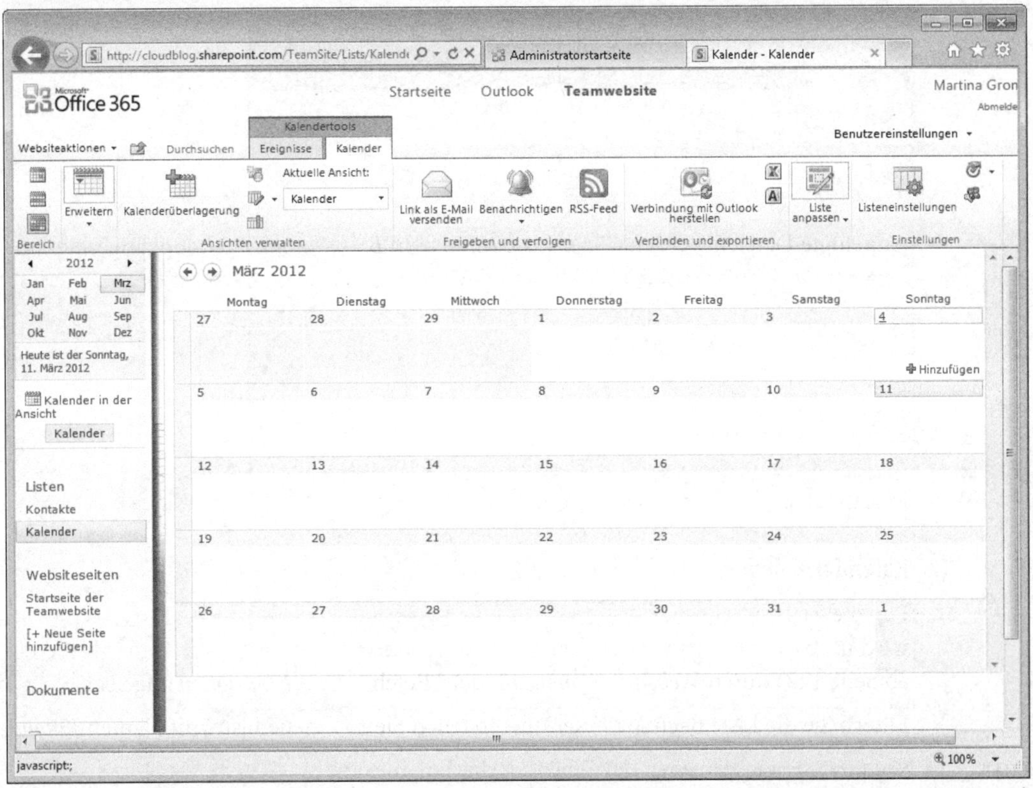

Im Menüband können Sie mit den Symbolen ganz links auf die Ansicht für Tag, Woche und Monat umschalten. Das Menüband bietet ebenfalls eine Reihe von Funktionen.

Neue Termine werden durch Anklicken des Links *Hinzufügen* erstellt. Der Link *Hinzufügen* erscheint in der Monatsansicht in jedem Tag, über den Sie sich mit der Maus bewegen. Alternativ können Sie in der Registerkarte *Ereignisse* auf *Neues Ereignis* klicken.

Abbildg. 4.53 Die Registerkarte *Ereignisse* im Kalender

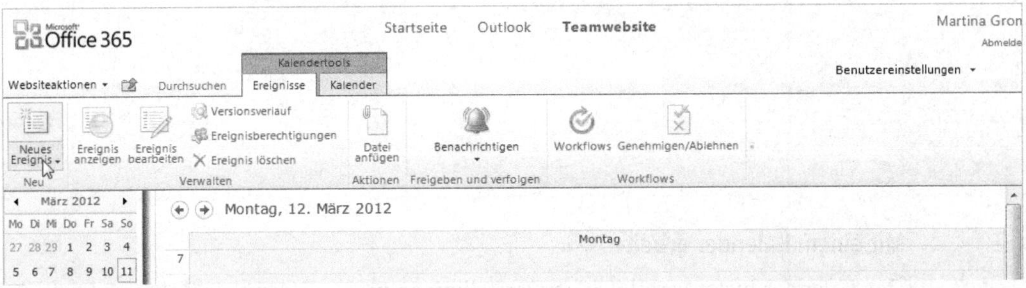

Ein neuer Termin wird dabei wie ein neuer Listeneintrag erstellt.

Abbildg. 4.54 Erstellen eines neuen Termins

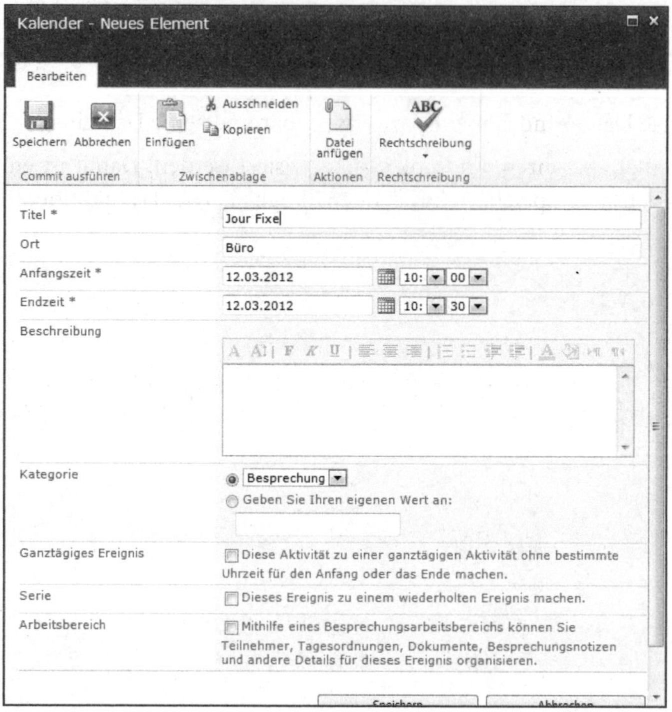

Nach dem Speichern zeigt der Kalender die Termine an.

Abbildg. 4.55 Kalenderansicht *Monat*

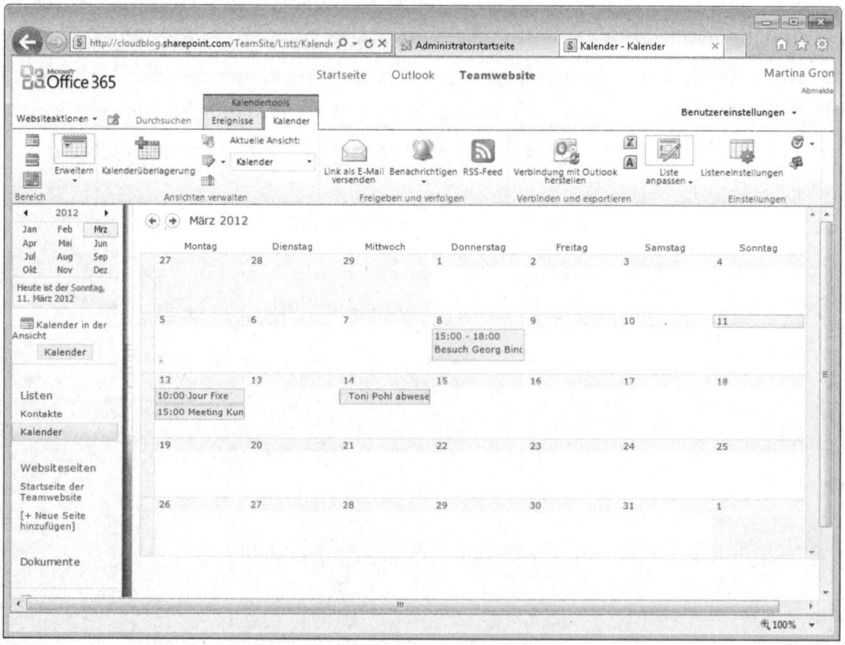

Der Kalender ist grundsätzlich ebenso eine SharePoint-Liste mit bestimmten Feldern. Nur die Darstellung der Liste ist anders.

Kalender synchronisieren

In SharePoint gespeicherte Daten sind gemeinsam verwendbar und keine Dateninsel.

SharePoint-Kalender können mit Ihrem Outlook synchronisiert werden! Damit ist eine gemeinsame Verwendung eines zentral gespeicherten Kalenders möglich. Wie das funktioniert, erfahren Sie in Kapitel 6.

Aufgaben anlegen

Gemeinsame Aufgaben, neudeutsch sehr oft als ToDo-Liste bezeichnet, können im Team helfen, Aufgaben zu verteilen und zu organisieren. Dazu wird nach dem gleichen Muster wie die Liste *Kontakte* (siehe oben) durch *Websiteaktionen* mit dem Befehl *Weitere Optionen* eine neue Liste vom Typ *Aufgabe* angelegt.

Abbildg. 4.56 Aufgaben anlegen

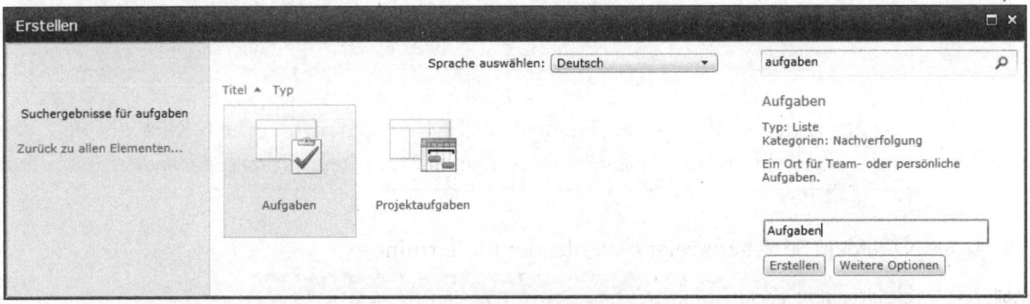

Nach dem Erstellen von *Aufgaben* wird diese Liste angezeigt.

Mit Aufgaben arbeiten

Die Aufgabenliste bietet verschiedene Darstellungen und im Menüband eine Reihe von Funktionen.

Abbildg. 4.57 Die Liste *Aufgaben*

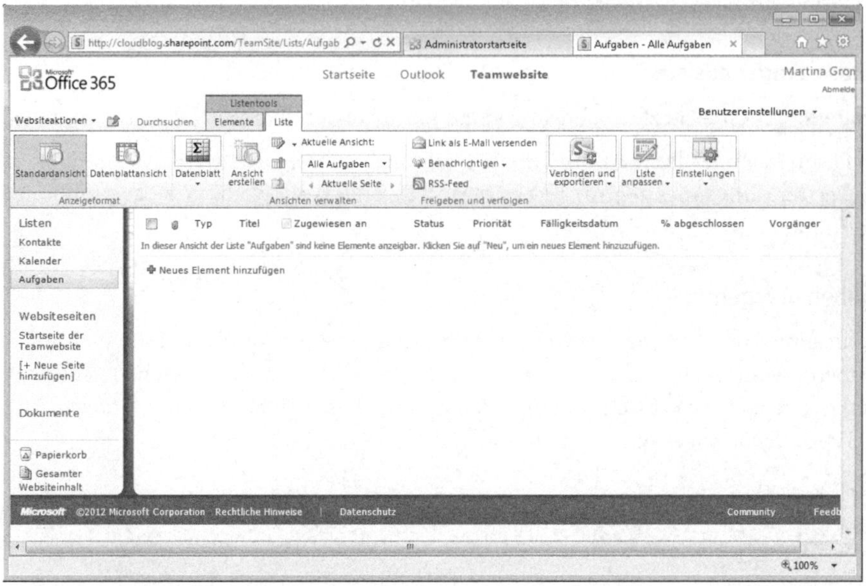

Das Hinzufügen eines neuen Elements erfolgt entweder mit einem Klick auf den gleichnamigen Link unterhalb der Liste oder im Menüband in der Registerkarte *Elemente* über die Schaltfläche *Neues Element*.

Abbildg. 4.58 Bearbeiten einer neuen Aufgabe

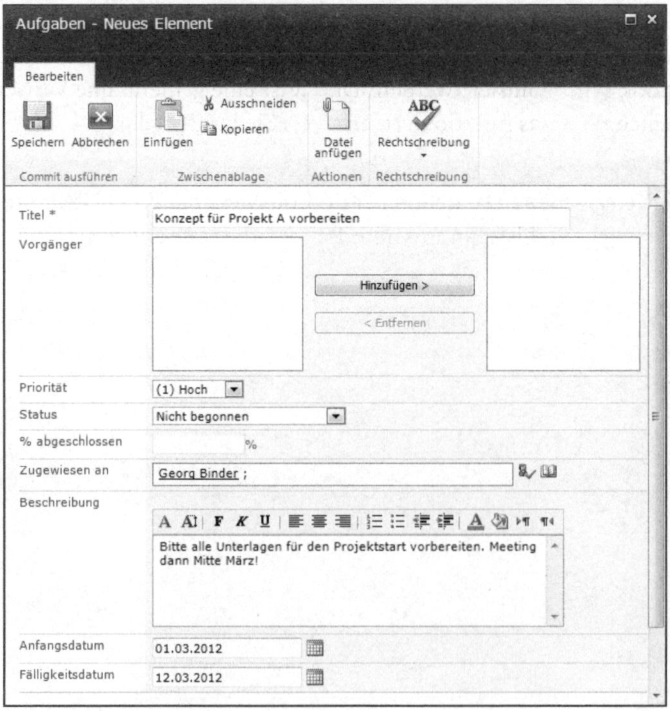

Nach dem Speichern erscheinen die neuen Einträge in der Liste der Aufgaben.

Abbildg. 4.59 Die Aufgabenliste

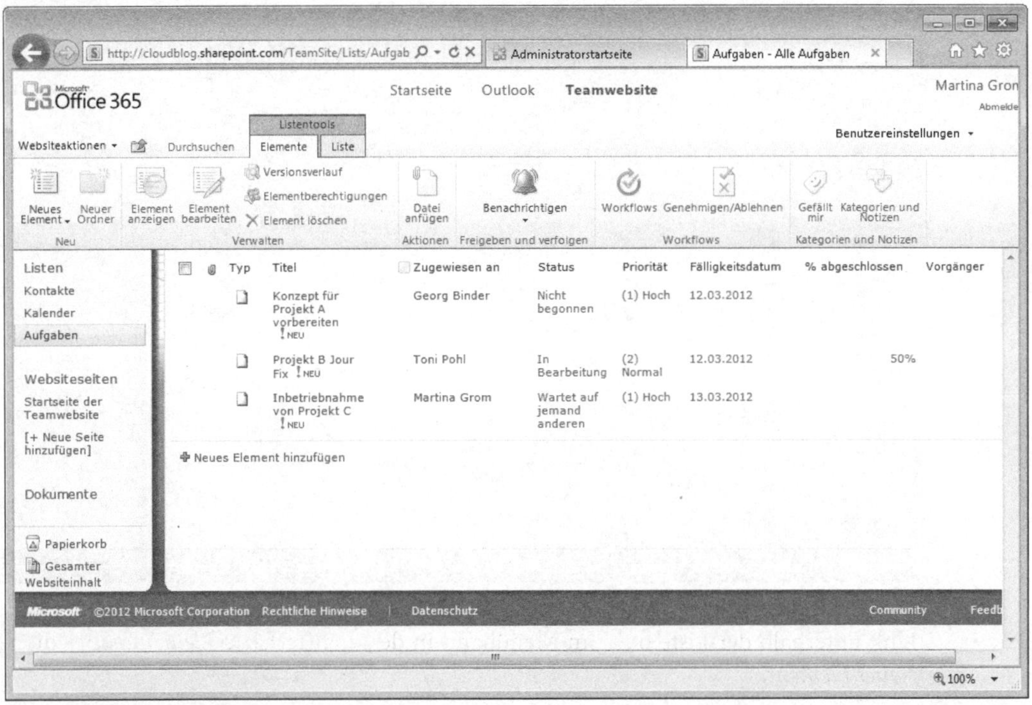

Aufgaben synchronisieren

In SharePoint gespeicherte Daten sind gemeinsam verwendbar und keine Dateninsel. Aufgaben können mit Ihrem Outlook synchronisiert werden! Damit ist eine gemeinsame Verwendung von zentralen Aufgaben möglich. Wie das funktioniert, erfahren Sie in Kapitel 6.

Ansichten verwenden

In jeder Liste kann die Anzeige der Liste (in unserem Beispiel die Liste *Aufgaben*) mit verschiedenen Ansichten gefiltert werden. Diese Funktion ändert die Darstellung der Liste und zeigt nur die entsprechenden Einträge an. Ansichten sind ein zentraler Bestandteil aller SharePoint-Listen.

Die Auswahl der Ansicht erfolgt über das Menüband auf der kontextbezogenen Registerkarte *Listentools/Liste* im Dropdownfeld mit der Anzeige der jeweils aktuellen Anzeige (üblicherweise *Alle <Elementname>*).

Abbildg. 4.60 Umschalten der Ansicht in der Liste *Aufgaben*

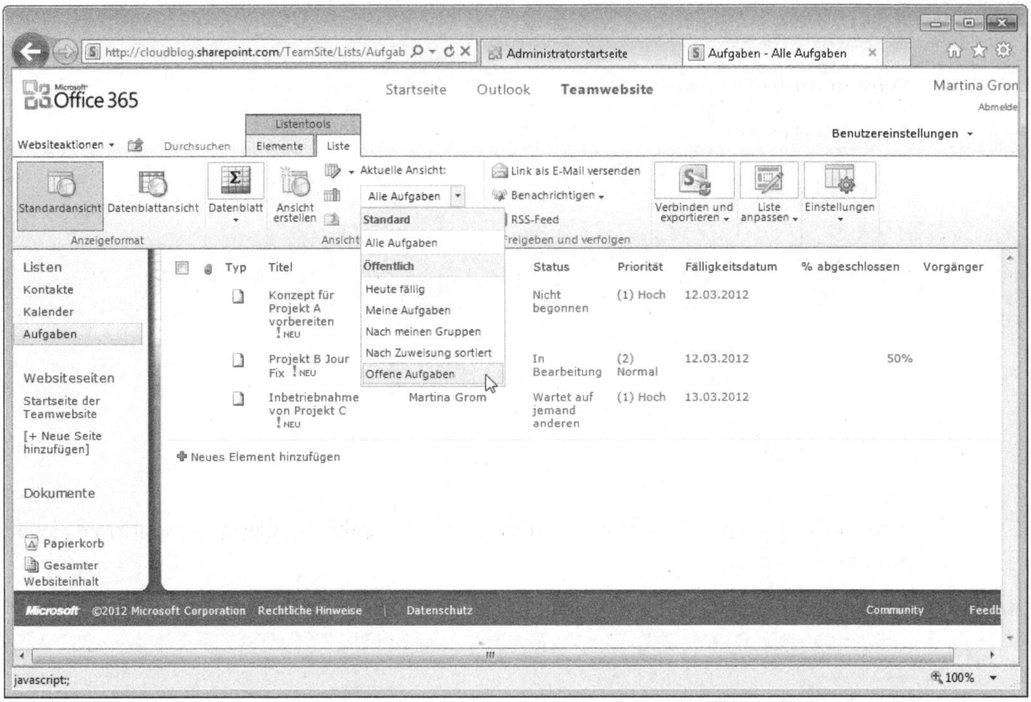

So kann sich der Anwender beispielsweise durch Auswahl von *Offene Aufgaben* nur Aufgaben anzeigen lassen, die noch nicht erledigt sind. Die Auswahl von *Meine Aufgaben* führt zur Darstellung der Aufgaben des aktuell angemeldeten Benutzers usw.

Abbildg. 4.61 Anzeige *Meine Aufgaben*

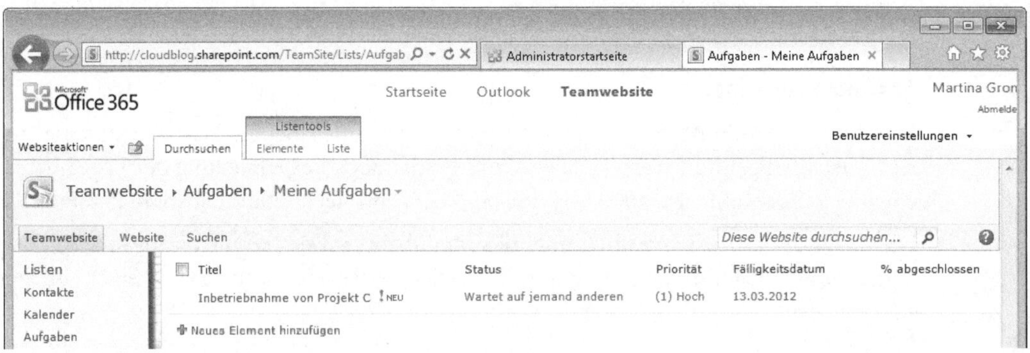

Die Ansichten stellen nur bestimmte Informationen nach eigenen Kriterien und Sortierung aus einer Liste oder Dokumentbibliothek dar.

Ansicht erstellen

Administratoren einer Liste oder Dokumentbibliothek können sich auch eigene Ansichten erstellen. Über die Registerkarte *Listentools/Liste* erfolgt das Anlegen einer eigenen Ansicht durch das Symbol *Ansicht erstellen.*

Abbildg. 4.62 Eigene Ansicht erstellen

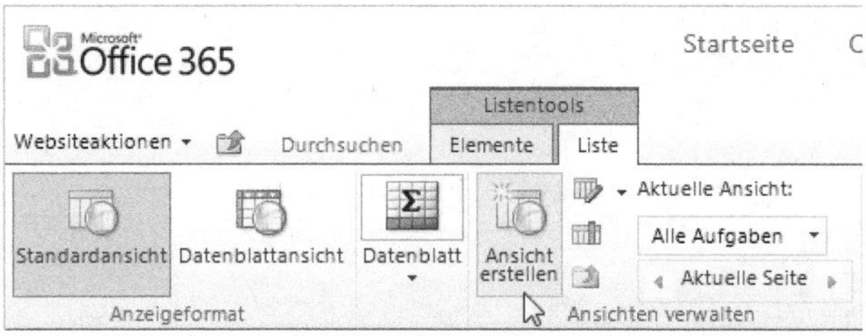

Die neue Ansicht soll alle Aufgaben anzeigen, die noch offen sind und nach Priorität geordnet werden: Zuerst alle wichtigen Aufgaben, dann alle mit normaler und geringer Priorität.

Nach Auswahl von *Ansicht erstellen* folgt die Auswahl für das Ansichtsformat. Wählen Sie hier *Standardansicht.*

Abbildg. 4.63 Auswahl der Standardansicht

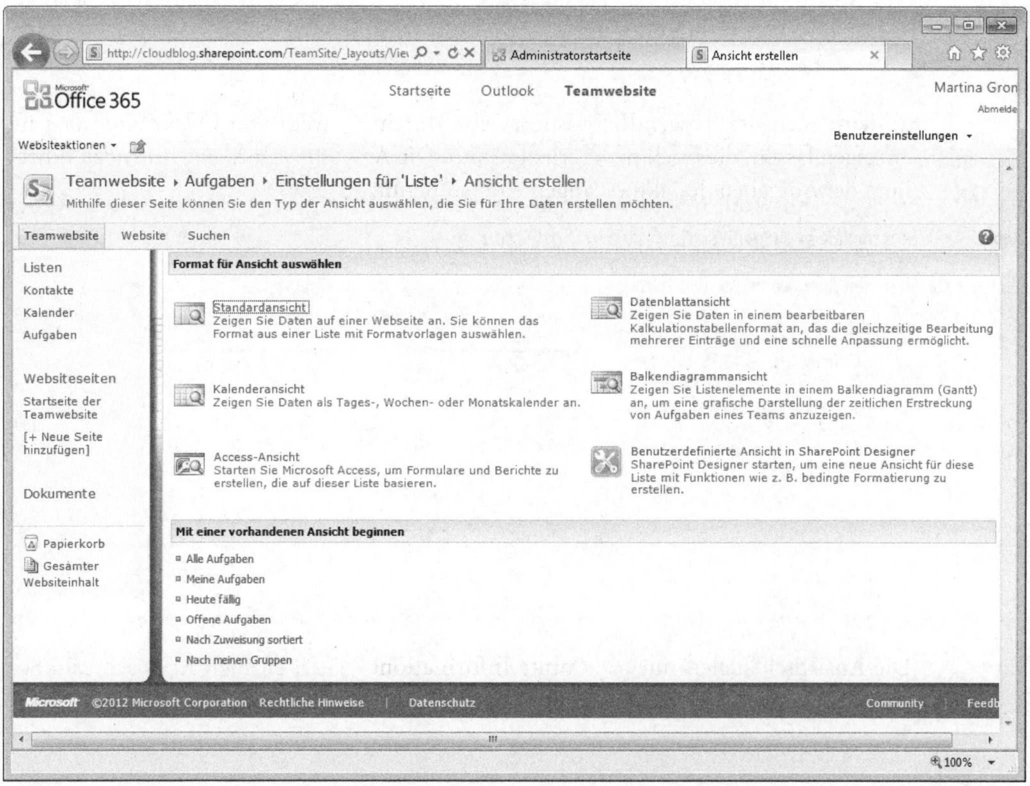

Geben Sie beispielsweise den Namen *Prioritäten* ein und konfigurieren Sie die neue Ansicht.

Abbildg. 4.64 Definition einer neuen Ansicht

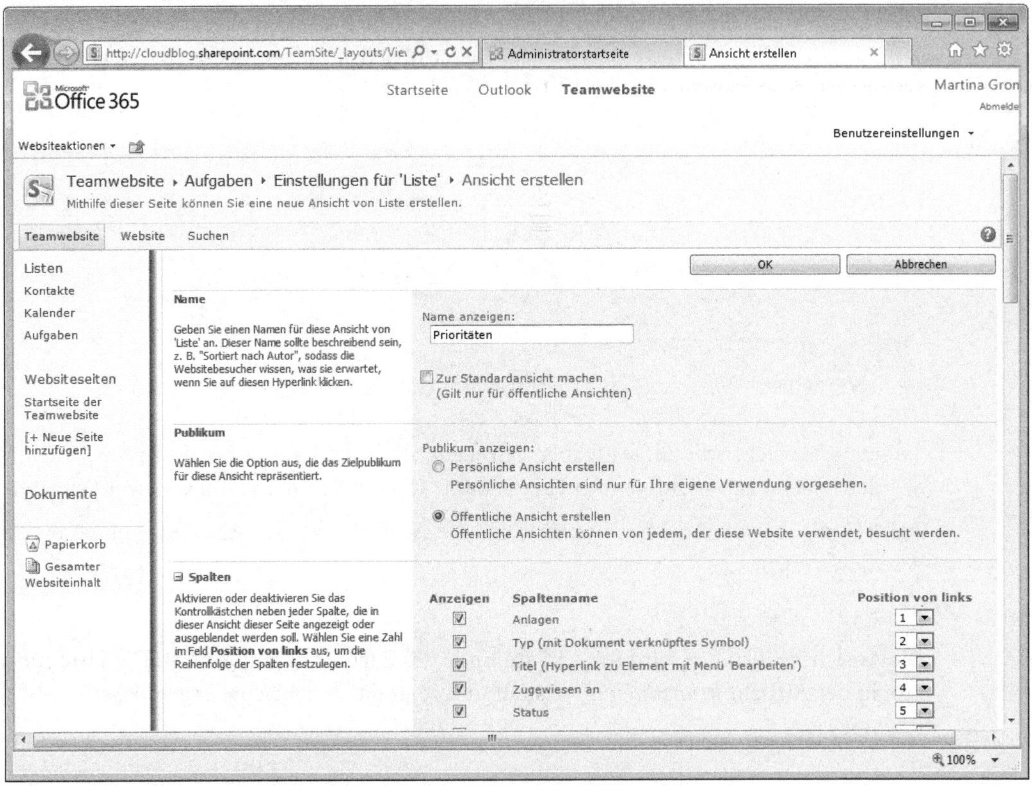

Nach der Auswahl, welche Felder in unserer Ansicht angezeigt werden sollen, folgt etwa in der Mitte des Formulars die Gruppe *Sortieren*.

Abbildg. 4.65 Einstellen der gewünschten Sortierung

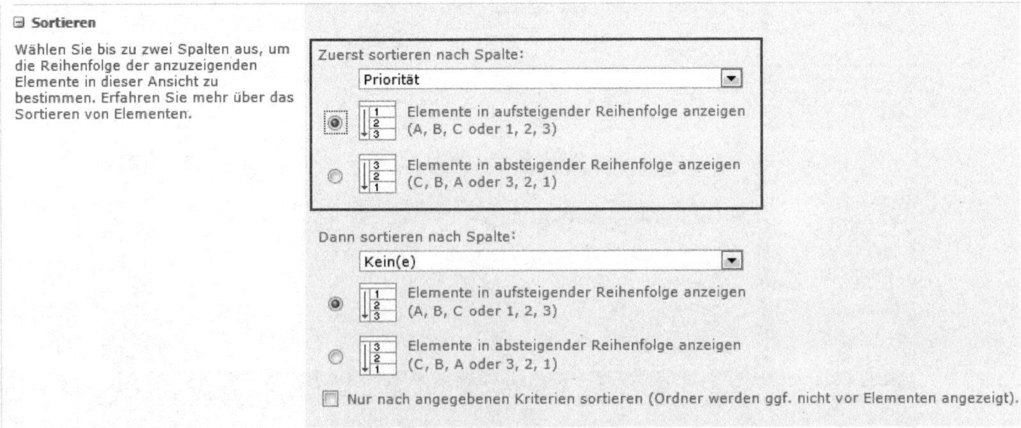

Hier wird die Spalte *Priorität* und eine aufsteigende Reihenfolge ausgewählt. Nun sind wir schon fast fertig. Als Filterkriterium wünschen wir uns noch, dass nur jene Aufgaben angezeigt werden, deren Status ungleich »Abgeschlossen« ist.

Abbildg. 4.66 Filterkriterium für die Anzeige offener Aufgaben

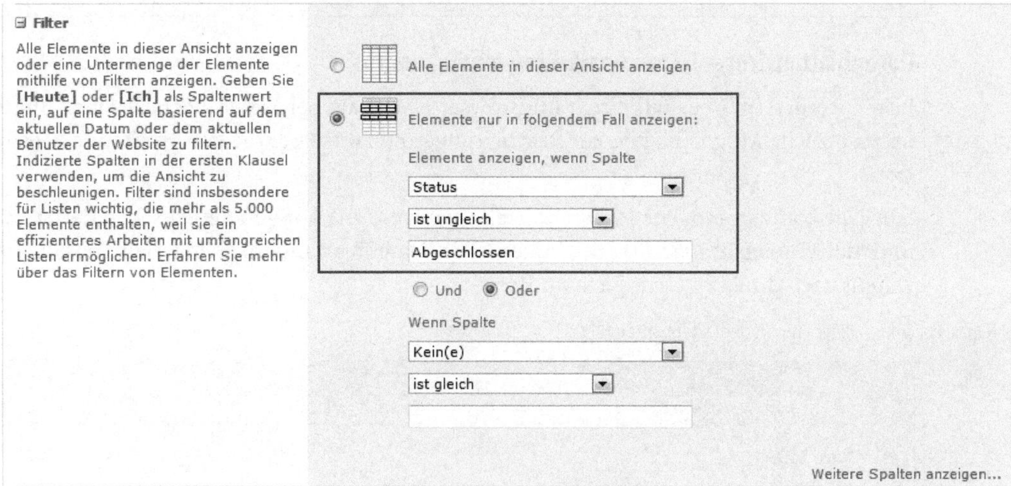

Die Ansicht *Prioritäten* wird mit *OK* am Ende des Formulars gespeichert. Die Liste *Aufgaben* wird nun in der Ansicht *Prioritäten* dargestellt und zeigt das gewünschte Ergebnis an.

Abbildg. 4.67 Verwendung der neuen Ansicht

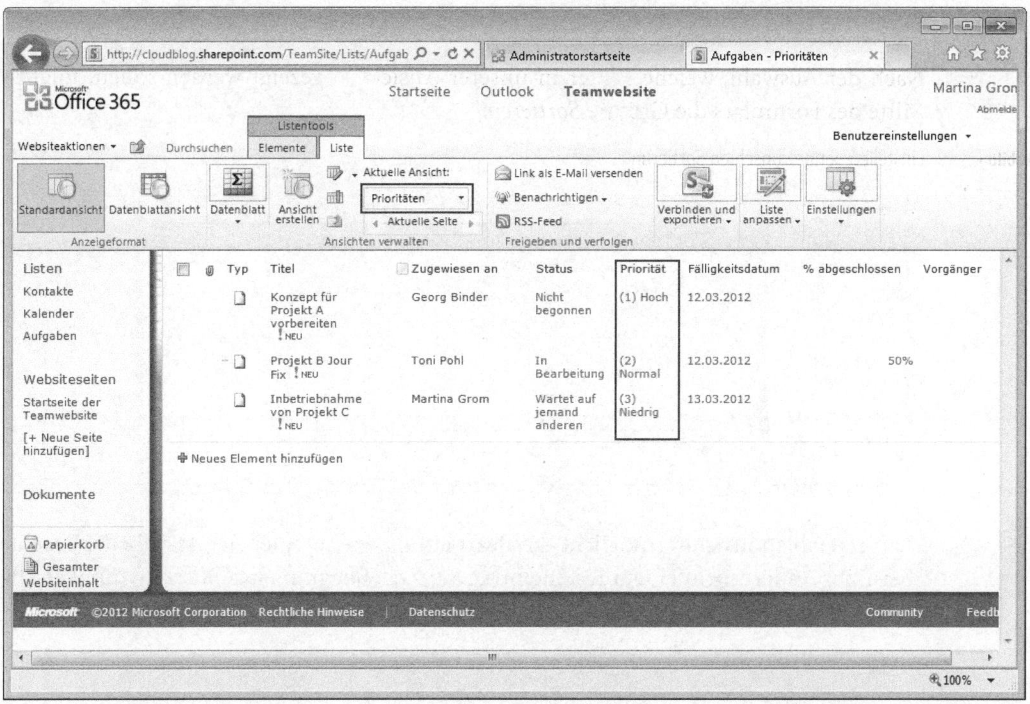

Die Sortierung funktioniert. Ansichten sind ein mächtiges Werkzeug, um Daten zu präsentieren.

HINWEIS Ansichten können – je nach Berechtigungen – auch selbst erstellt werden. Ein SharePoint-Administrator kann so beispielsweise Ansichten für bestimmte Benutzer definieren, wo etwa zusätzliche Spalten oder nur bestimmte Listelemente angezeigt werden – und das Ganze ohne Programmierung.

Datenblattansicht – Listen bearbeiten einmal anders

Listen werden im Regelfall direkt im Browser Datensatz per Datensatz bearbeitet. SharePoint bietet zusätzliche Möglichkeiten zur Bearbeitung, und zwar über die entsprechende Registerkarte der Liste.

Über die kontextbezogene Registerkarte *Listentools/Liste* können Sie zwischen der *Standardansicht* und der *Datenblattansicht* umschalten. Die Datenblattansicht ermöglicht das Bearbeiten von Datensätzen direkt in einer Liste im Browser.

Abbildg. 4.68 Öffnen einer Liste in der Datenblattansicht

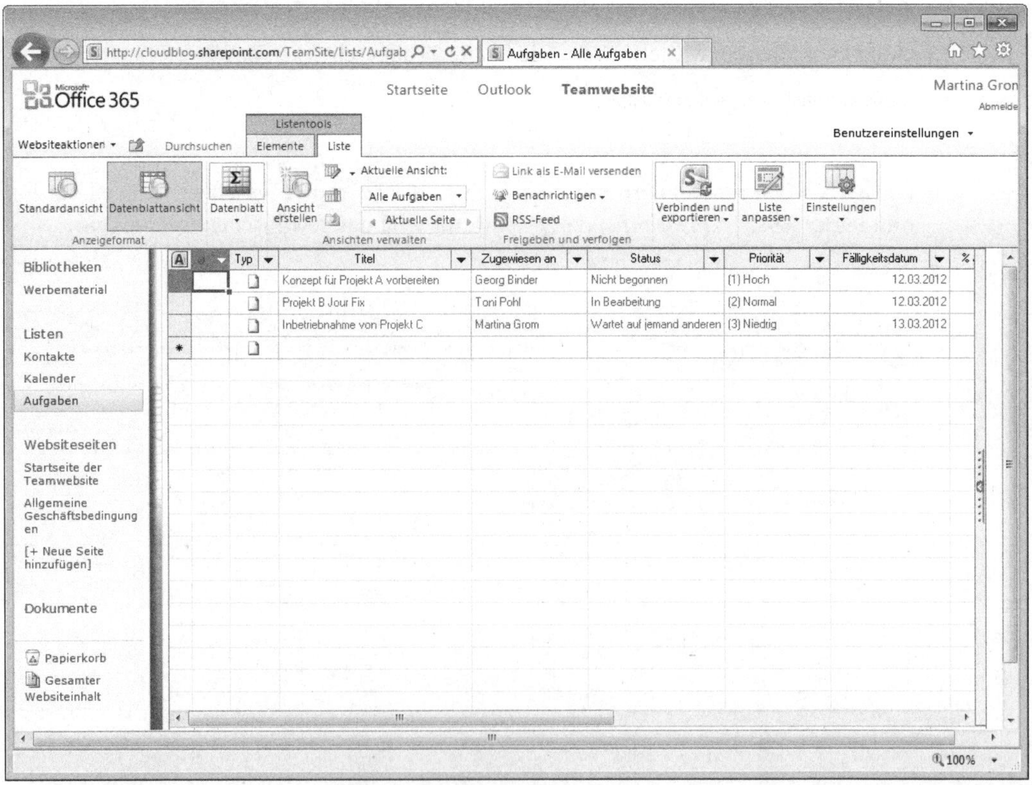

Die Datenblattansicht ermöglicht die Bearbeitung wie in einer Access-Tabelle. Beachten Sie, dass bei einer Änderung in einem Listeneintrag am Zeilenbeginn ein *Ändern*-Symbol erscheint.

Abbildg. 4.69 Bearbeitung einer Zeile

		Typ	Titel	Zugewiesen an	Status	Priorität
			Konzept für Projekt A vorbereiten	Georg Binder	Nicht begonnen	(1) Hoch
			Projekt B2 Jour Fix	Toni Pohl	In Bearbeitung	(2) Normal
			Inbetriebnahme von Projekt C	Martina Grom	Wartet auf jemand anderen	(3) Niedrig
*						

Sobald Sie die aktuelle Zeile verlassen, beispielsweise durch Drücken der [↵]-Taste oder durch Klicken mit der Maus in eine andere Zeile, wird der Datensatz gespeichert. Durch Drücken von [Esc] brechen Sie die durchgeführte Änderung ab, das *Ändern*-Symbol verschwindet.

HINWEIS Alle Änderungen, die Sie in der Datenblattansicht durchführen, werden automatisch beim Verlassen der Zeile gespeichert.

Die Datenblattansicht bietet noch weitere Möglichkeiten. Mit dem *Summen*-Symbol im Menüband können Sie auch Gesamtergebnisse anzeigen lassen. Im Beispiel mit der Aufgabenliste ergeben Summen, wie etwa bei einer Rechnung, zwar keinen Sinn, aber beispielsweise die Anzahl der Aufgaben oder ein Mittelwert für die Spalte % abgeschlossen o.Ä.

Abbildg. 4.70 Gesamtergebnisse in der Datenblattansicht

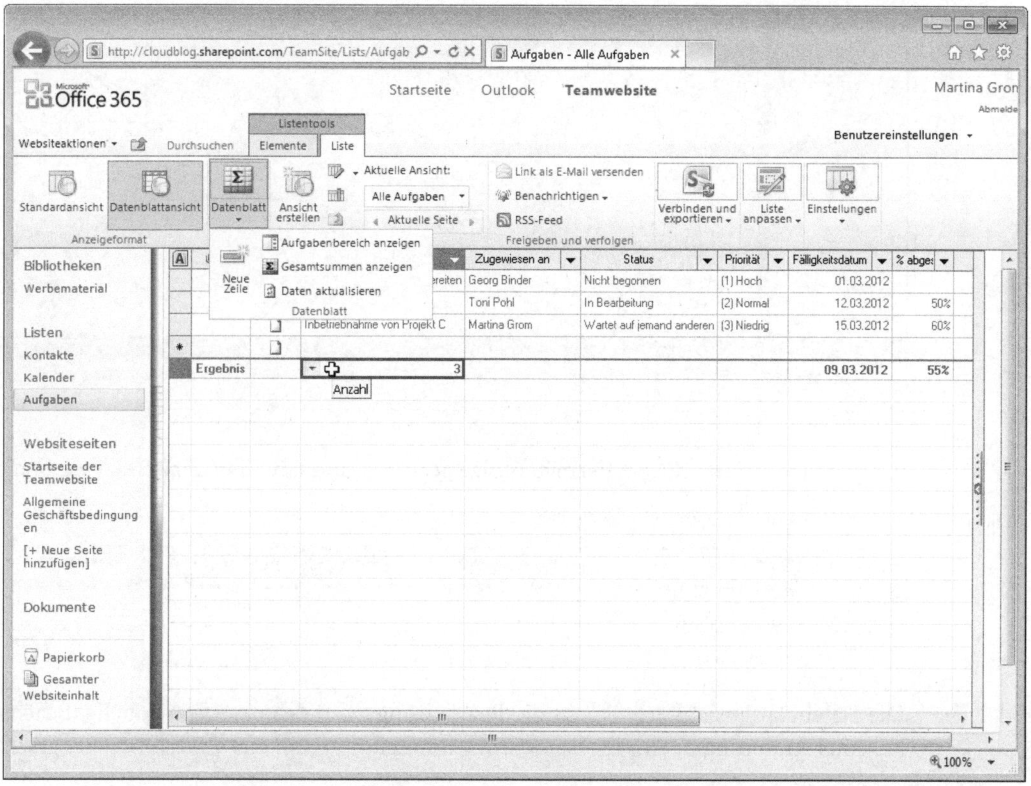

Durch Anklicken des Listensymbols in der Zeile *Ergebnis* öffnet Access automatisch eine Auswahl, welche gruppierten Ergebnisse für die jeweilige Spalte ausgegeben werden können. Sinnvoll ist in unserem Beispiel etwa die Anzahl der Aufgaben, hier sind drei Aufgaben vorhanden. Experimentieren Sie ruhig mit den Möglichkeiten in den einzelnen Spalten. SharePoint merkt sich die zuletzt ausgewählte Darstellung der Listenansicht und präsentiert diese beim erneuten Einstieg wieder so, wie die Liste verlassen wurde.

Auch die Standardansicht wurde durch die Anpassung der Liste mit *Gesamtsummen anzeigen* aktualisiert und zeigt diese an.

Abbildg. 4.71 Anzeige der Gesamtsummen in der Standardansicht

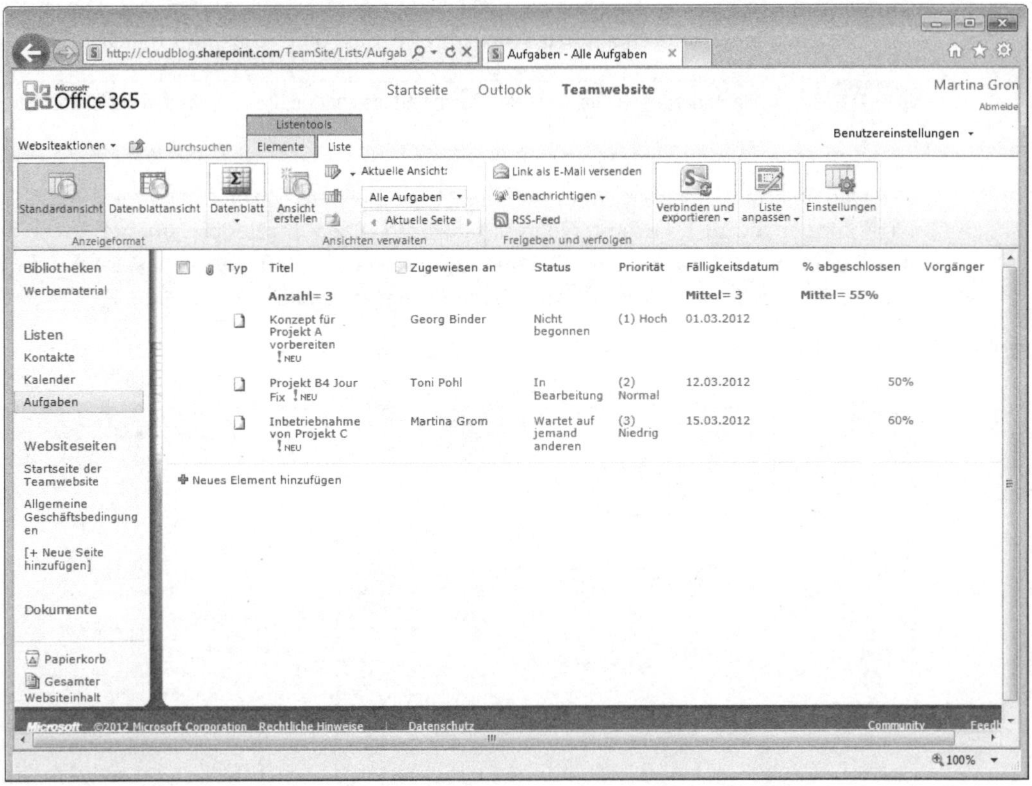

Im Spaltenkopf kann die Sortierreihenfolge geändert und ein Filter verwendet werden.

Abbildg. 4.72 Filter- und Sortierungsmöglichkeiten einer Spalte

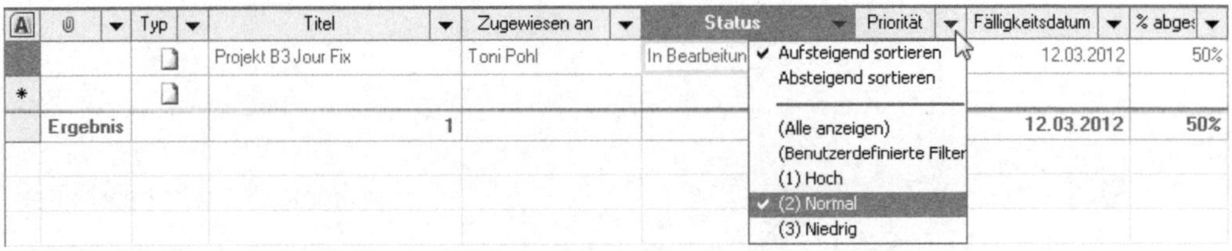

Die Datenblattansicht bietet also erweiterte Möglichkeiten zur Bearbeitung.

HINWEIS Gesamtsummen, Filter und Sortierung sowie Gruppierung einer Liste können auch in einer Ansicht definiert werden (siehe Ansichten verwenden).

Listen mit Access bearbeiten

Listen liegen intern auf einem Datenbankserver. SharePoint bietet dem Benutzer direkte Bearbeitungsmöglichkeiten. Die Daten können aber auch exportiert und in anderen Programmen weiterbearbeitet werden.

In diesem Beispiel wird die Liste der Aufgaben mit Microsoft Access extern bearbeitet. Die Daten bleiben dabei in SharePoint gespeichert, lediglich die Bearbeitung erfolgt im Clientprogramm. Die Kommunikation zwischen SharePoint und Access erfolgt mittels Webservices.

Abbildg. 4.73 Öffnen der Liste mit Access

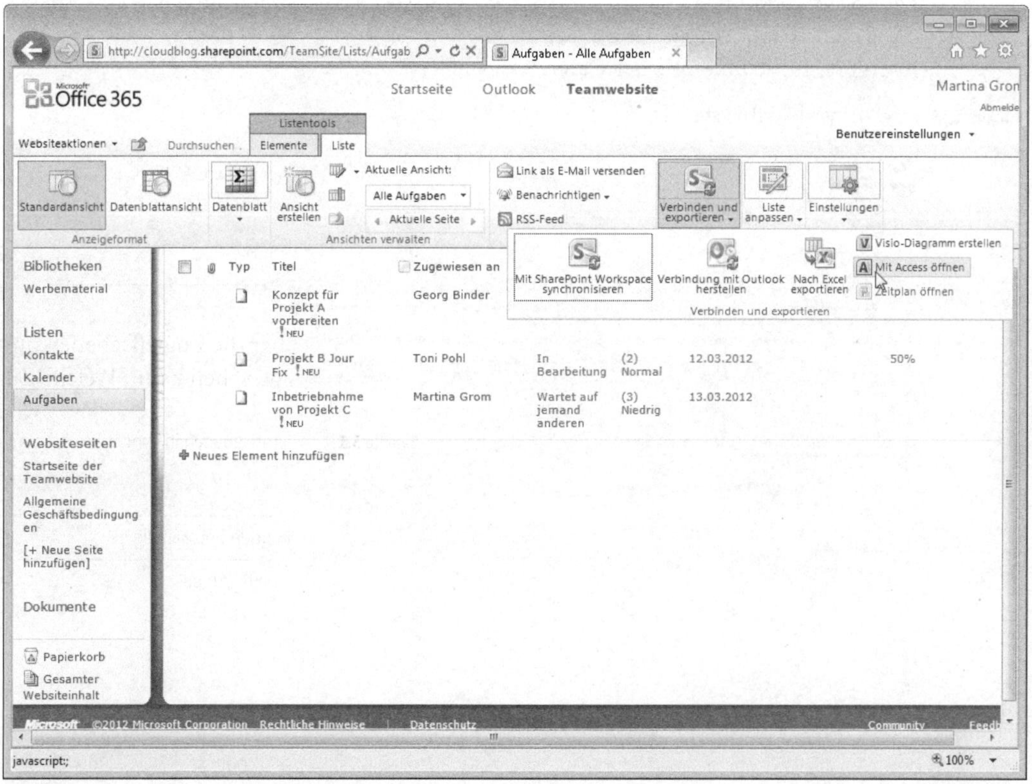

Die Liste wird über das Menüband in der kontextbezogenen Registerkarte *Listentools/Liste* nach einem Klick auf *Mit Access öffnen* exportiert.

Abbildg. 4.74 Liste in Microsoft Access öffnen

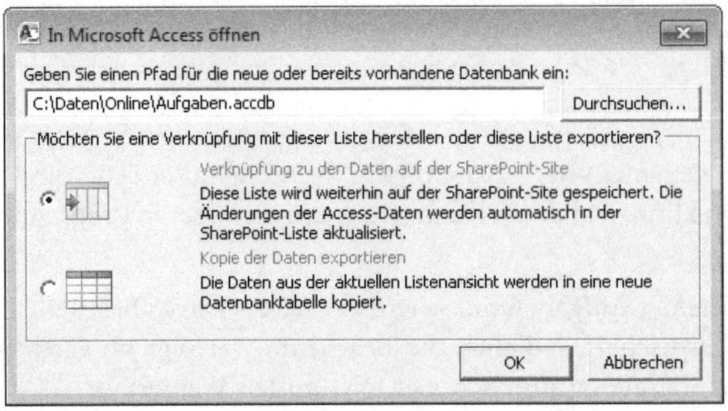

Die Liste muss nun auf Ihrem lokalen Computer als Access-Datei gespeichert werden. Hier gibt es die Möglichkeit, mit SharePoint verbunden zu bleiben (Verknüpfung), oder die Verbindung zu lösen und nur eine Kopie der Daten zu speichern.

Abbildg. 4.75 Access öffnet die verknüpfte Liste

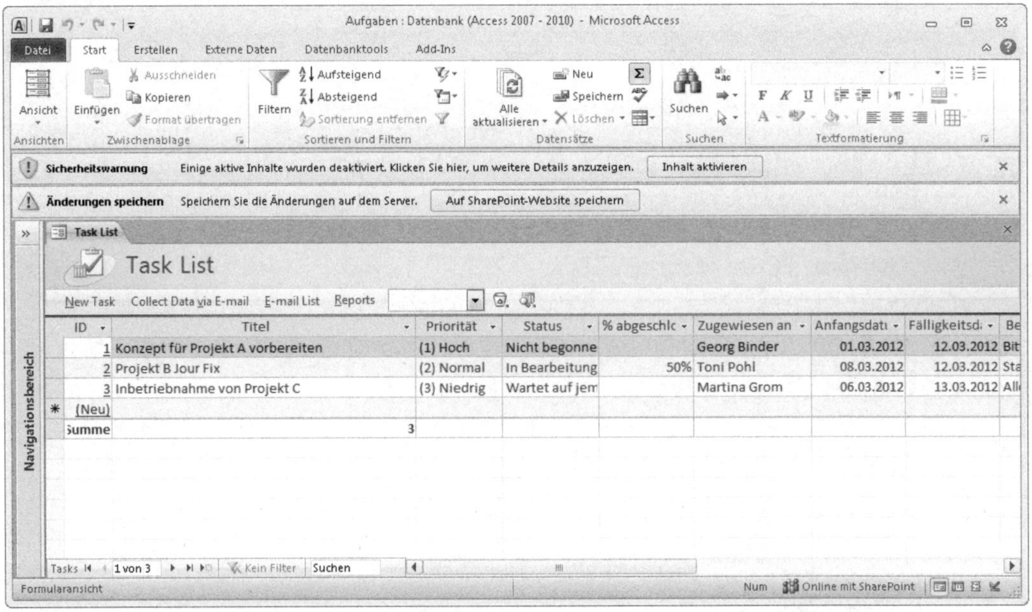

Bestätigen Sie die Sicherheitswarnung mit *Inhalt aktivieren*. Die Daten können nun direkt in Access bearbeitet werden. Änderungen werden genauso wie in der Datenblattansicht automatisch gespeichert.

Abbildg. 4.76 Bearbeitung der Liste in Microsoft Access

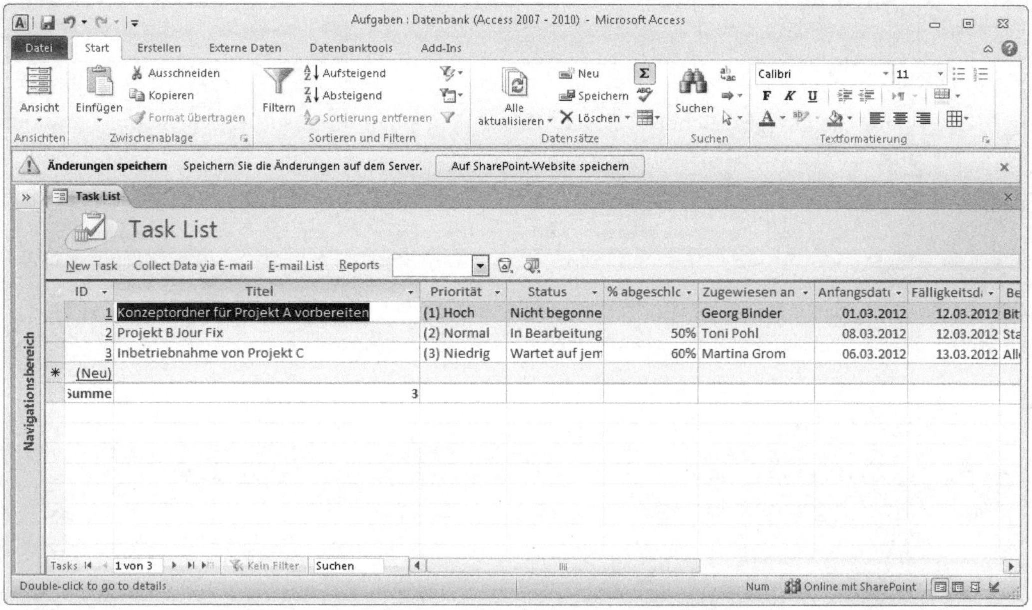

Um den aktuellsten Datenstand vom SharePoint-Server zu erhalten, klicken Sie im Menüband in der Registerkarte *Start* auf *Alle aktualisieren*. Schließen Sie Access, um die Bearbeitung zu beenden. In Access stehen noch viele weitere Möglichkeiten zur Datenbearbeitung zur Verfügung.

Listen nach Excel exportieren

SharePoint-Listen können sehr einfach in Microsoft Excel exportiert werden. Wählen Sie dazu in der kontextbezogenen Registerkarte *Listentools/Liste* das Symbol *Nach Excel exportieren* aus.

Abbildg. 4.77 Nach Excel exportieren

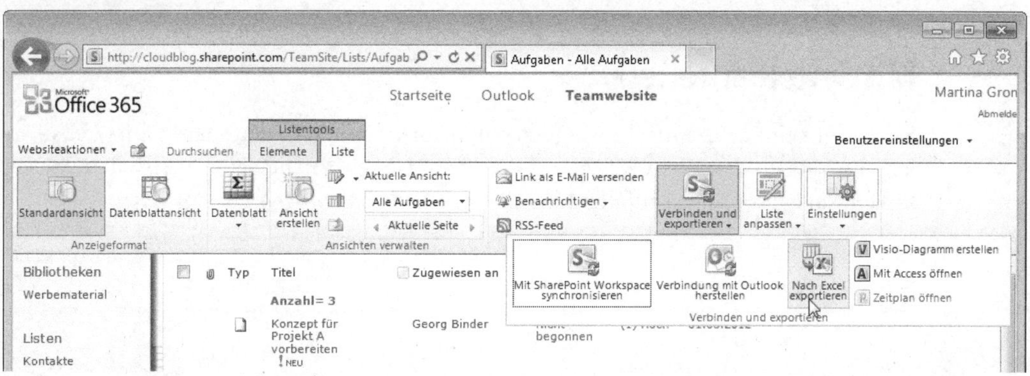

Der Internet Explorer fragt nun, ob die erzeugte Datei geöffnet oder gespeichert werden soll. Wählen Sie *Öffnen* oder *Speichern* aus.

Abbildg. 4.78 Sicherheitsmeldung des Internet Explorers

Wenn Sie die (gespeicherte) Datei öffnen, sieht sie in Microsoft Excel entsprechend dem Bild 4.79 aus.

Abbildg. 4.79 Die exportierte Liste *Aufgaben* in Excel

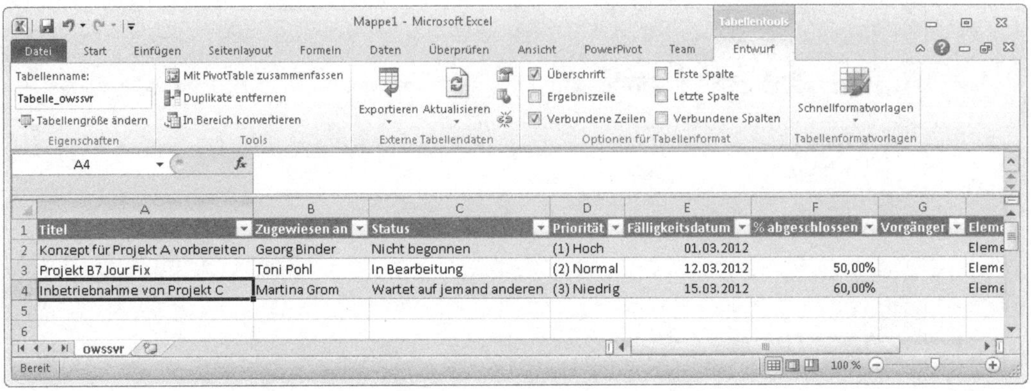

Es besteht eine einseitige Verbindung zur Liste. Änderungen können mit dem Symbol *Aktualisieren* auf der Registerkarte *Entwurf* neu vom SharePoint-Server abgefragt werden. Bereits in Excel durchgeführte Änderungen werden dabei überschrieben. Änderungen in Excel werden nicht in SharePoint zurückgeschrieben. Diese Verbindung kann jederzeit mit dem Symbol *Verknüpfung aufheben* (rechts neben *Aktualisieren*) getrennt werden.

HINWEIS SharePoint bietet eine Reihe von Bearbeitungsmöglichkeiten für Listen und Funktionen zum Export von Listendaten an. Welche Sie verwenden wollen, hängt ganz von der Art der Daten, den Anforderungen und letztendlich von Ihren persönlichen Gewohnheiten bei der Bearbeitung der Daten ab.

Mit Seiten arbeiten

Seiten sind eine sehr einfache Möglichkeit, Informationen in der SharePoint-Website bereitzustellen. Sie müssen dazu kein HTML beherrschen. Um eine neue Seite zu erstellen, klicken Sie in der linken Navigationsleiste auf den Link *[+ Neue Seite hinzufügen]*.

Abbildg. 4.80 Hinzufügen einer neuen Seite

Nun wird der Seite ein Name zugewiesen, beispielsweise »Allgemeine Geschäftsbedingungen«. SharePoint erstellt daraus automatisch einen internetkonformen Seitennamen, der von allen Clients gelesen werden kann.

Abbildg. 4.81 Erstellen einer neuen Seite

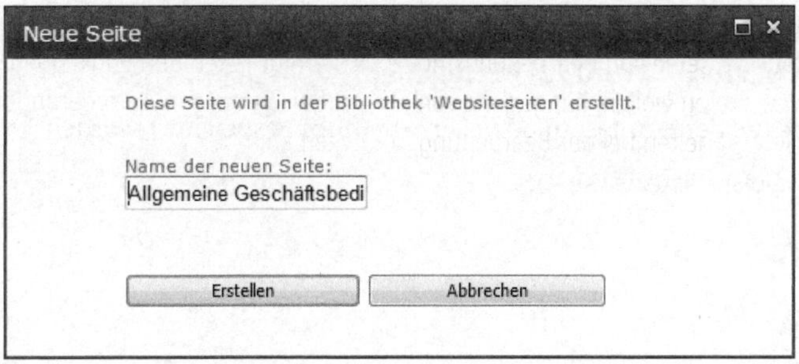

In unserem Beispiel wurde die Seite auf Internettauglichkeit geprüft, umbenannt und ist mit dieser Adresse erreichbar: *http://cloudblog.sharepoint.com/TeamSite/SitePages/Allgemeine%20Gesch%c3%a4ftsbedingungen.aspx*. Dieser Seitenname ist nicht gut lesbar. Daher empfiehlt es sich, diesen später zu ändern. Mehr dazu erfahren Sie im Abschnitt »Seiten ändern« ab Seite 167.

TIPP Verwenden Sie für Webseiten internetkonforme Namen, um lesbare Adressen zu erhalten.

Nach dem Erstellen folgt der Bearbeitungsmodus für die neue Webseite.

Abbildg. 4.82 Bearbeiten einer Seite

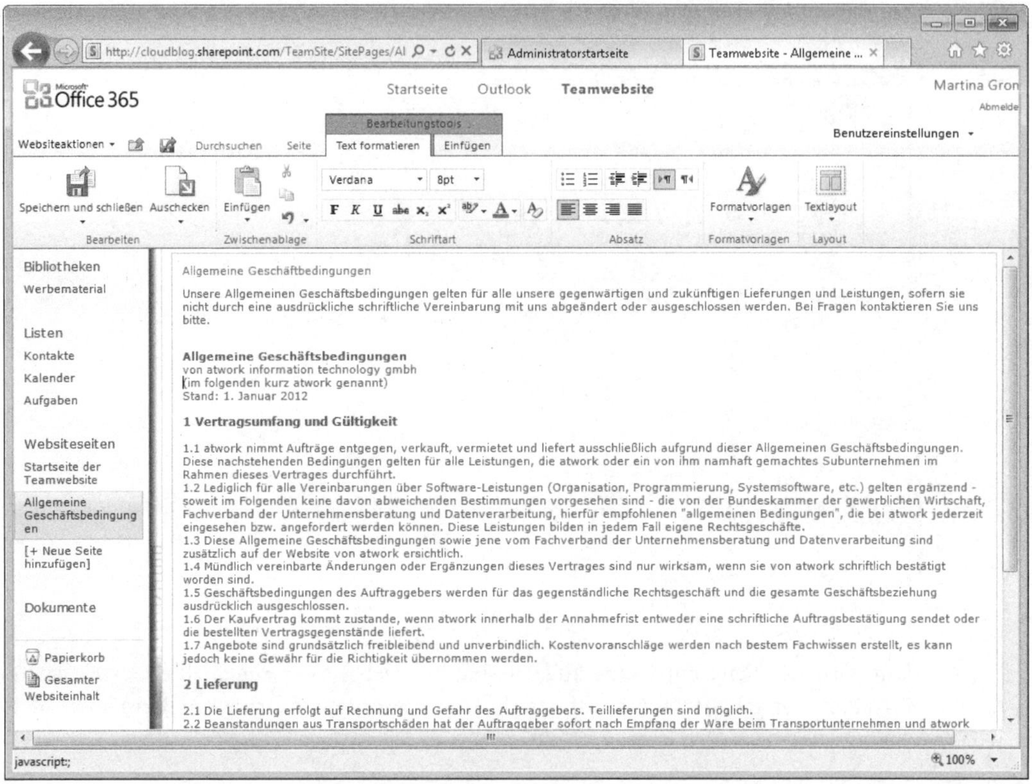

Hier können Texte und auch Bilder verwendet werden. Im Menüband stehen einfache Formatierungsmöglichkeiten wie in Microsoft Word zur Verfügung.

Nach der Bearbeitung muss die Seite mit dem *Speichern*-Symbol gespeichert werden.

Die fertige Seite sieht dann beispielsweise so aus.

Abbildg. 4.83 Die fertige Seite

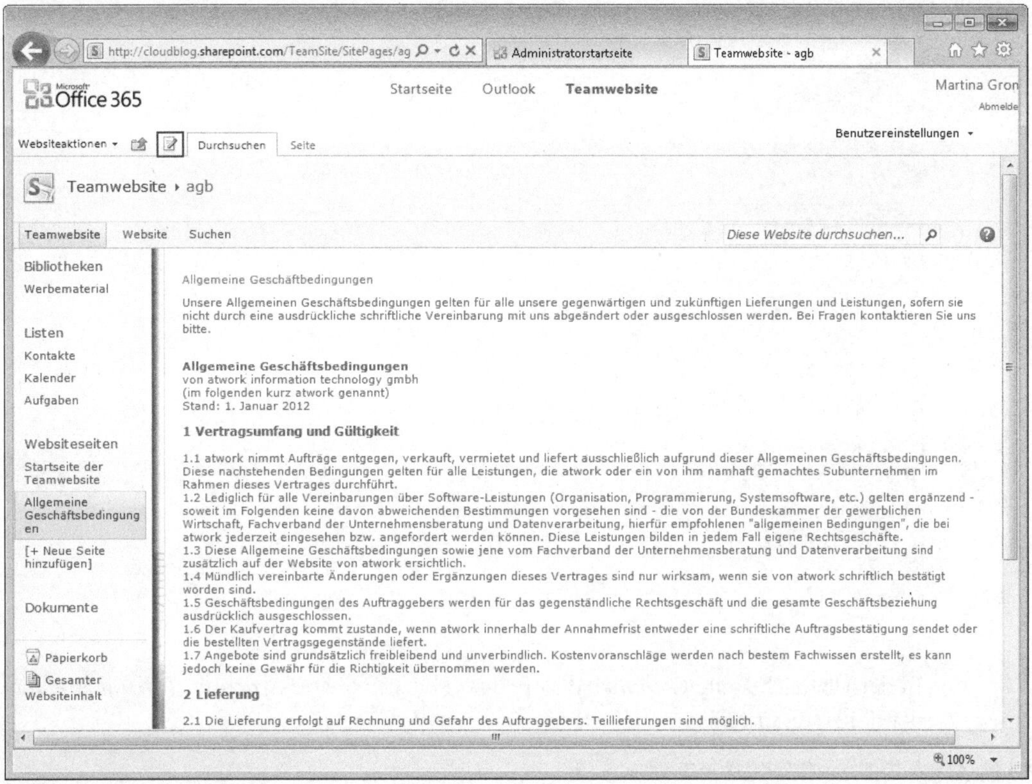

Durch Anklicken des kleinen *Bearbeiten*-Symbols in der Menüleiste (hier eingerahmt) kann der Seiteninhalt jederzeit wieder bearbeitet werden.

HINWEIS Der Vorteil von Seiten ist, dass sie als HTML-Dokument direkt im Browser angezeigt werden. Seiten eignen sich daher vor allem für statische Inhalte, die sich nicht oft ändern.

Seiten ändern

SharePoint-Seiten werden in den *Websiteseiten* gespeichert. Diese können natürlich ebenso nachbearbeitet und deren Eigenschaften geändert werden. Öffnen Sie dazu das Dropdownmenü *Websiteaktionen* und wählen Sie darin die Funktion *Alle Websiteinhalte einblenden* aus.

Abbildg. 4.84 Alle Websiteinhalte einblenden

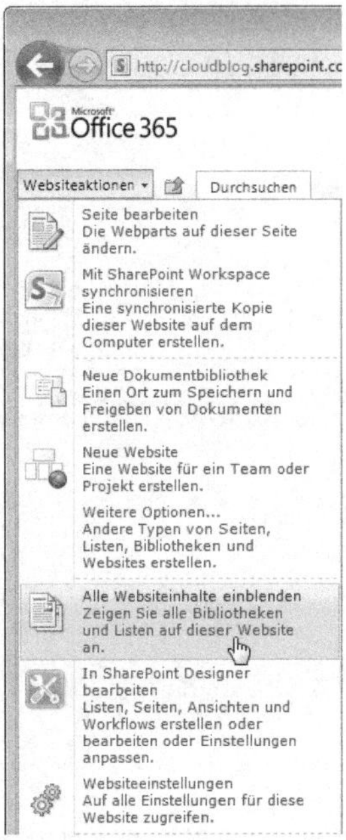

In der Übersichtsseite *Gesamter Websiteinhalt* klicken Sie im Abschnitt *Dokumentbibliotheken* auf den Link *Websiteseiten.*

Abbildg. 4.85 Anzeige von *Gesamter Websiteinhalt*

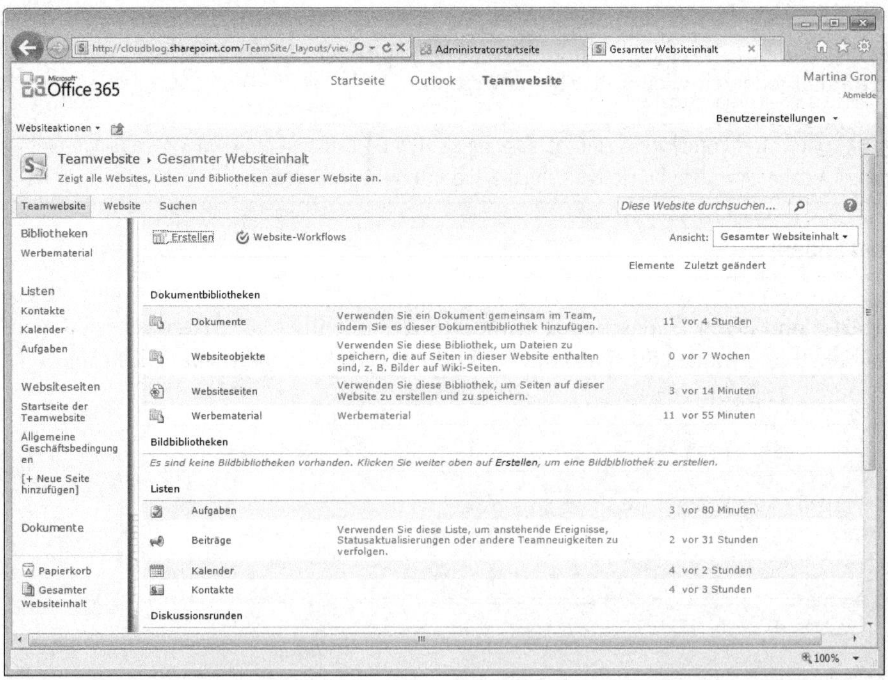

Nun folgt die Liste der Websiteseiten. Diese können – wie von Listen gewohnt – bearbeitet werden. Hier finden Sie auch die Seite *Homepage.*

Abbildg. 4.86 Änderungsmöglichkeiten von Webseiten

In unserem Beispiel wird die Seite nach Auswahl von *Eigenschaften bearbeiten* im *Element*-Menü von »Allgemeine Geschäftsbedingungen« in »AGB« umbenannt.

Abbildg. 4.87 Bearbeiten der Seiteneigenschaften

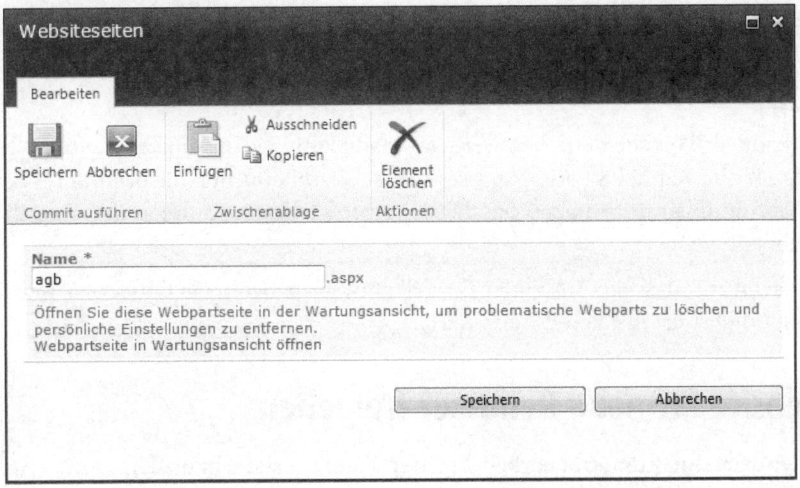

Nach dem Speichern ist die Umbenennung durchgeführt.

Abbildg. 4.88 Die umbenannte Seite

Beachten Sie, dass die offizielle Adresse der Seite (in dem Bild in der Statusleiste des Browsers erkennbar) nun »agb.aspx« lautet. Damit besitzt die Seite eine internetkonforme und lesbare Adresse: *http://cloudblog.sharepoint.com/TeamSite/SitePages/agb.aspx*. Der Seitentitel in SharePoint lautet nach wie vor »Allgemeine Geschäftsbedingungen«.

Berechtigungen in SharePoint

SharePoint kann als Website betrieben werden – dann kann jeder Benutzer weltweit auf die Website zugreifen (siehe Kapitel 8). Als Teamwebsite ist SharePoint nur für bestimmte Benutzer verwendbar. Als Administrator müssen Sie die Benutzer kennen und ihnen den Zugriff zur Teamwebsite erlauben.

Wir gehen davon aus, dass die Anwender Ihrer Teamwebsite bereits in Office 365 angelegt wurden (wie das funktioniert, ist in Kapitel 2 erläutert).

Teamwebsite für neue Benutzer freigeben

Um neue Benutzer zur Zusammenarbeit in Ihrer Teamwebsite einzuladen, öffnen Sie das Dropdownmenü *Websiteaktionen* und wählen hier die Funktion *Website freigeben* aus.

Abbildg. 4.89 Website freigeben

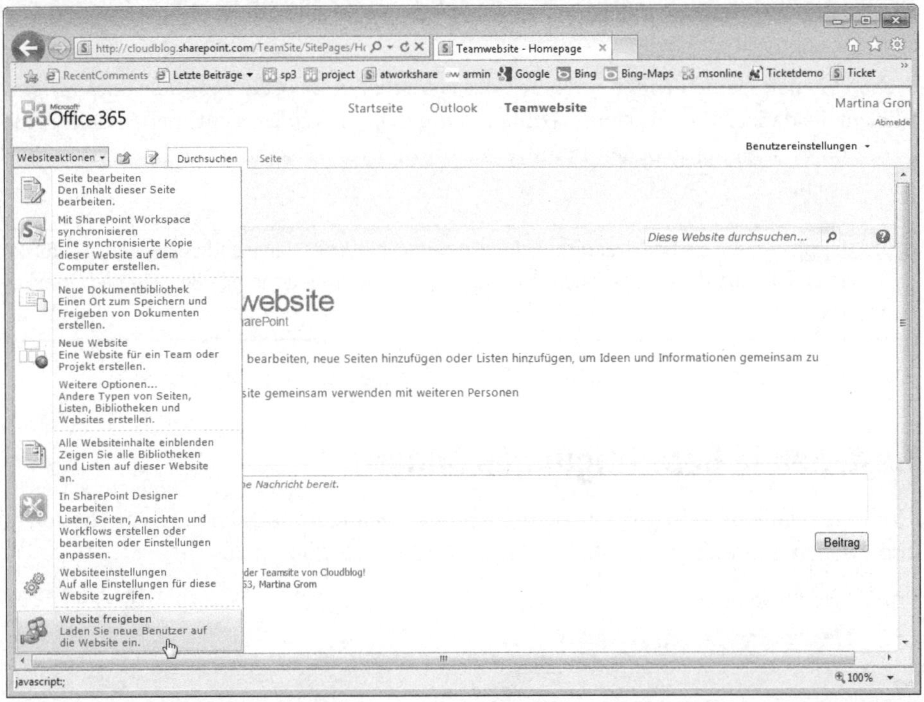

Es folgt ein Formular, in welchem Sie die bereits angelegten Office 365-Benutzer angeben können, und diesen so den Zugriff erlauben.

Abbildg. 4.90 Auswahl der berechtigten Office 365-Benutzer

Besucher können nur Inhalte ansehen. Mitglieder können Inhalte anlegen, verändern und löschen. Dies sind die Standardrechte. Diese können danach im Detail noch weiter verändert werden.

Geben Sie den Namen (oder einen Teil des Namens) in das Feld *Besucher* oder *Mitglieder* ein und klicken Sie danach auf das kleine Symbol *Benutzername prüfen* rechts neben dem Feld. SharePoint prüft, ob es den eingegebenen Benutzer kennt und vervollständigt und unterstreicht die bekannten Namen.

HINWEIS Wenn ein Benutzer nicht gefunden wurde, muss der Name entfernt werden. SharePoint ist hier sehr strikt und erlaubt nur, die angegebenen Berechtigungen zu setzen, wenn alle Benutzernamen bekannt, eindeutig und korrekt sind.

Das war der Vorgang zur Vergabe von Berechtigungen zu Ihrer Teamwebsite!

Bestehende Berechtigungen ändern

Um bestehende Berechtigungen anzusehen oder zu ändern, öffnen Sie das Dropdownmenü *Websiteaktionen* und wählen hier die Funktion *Websiteeinstellungen* aus.

Abbildg. 4.91 Benutzer und Berechtigungen

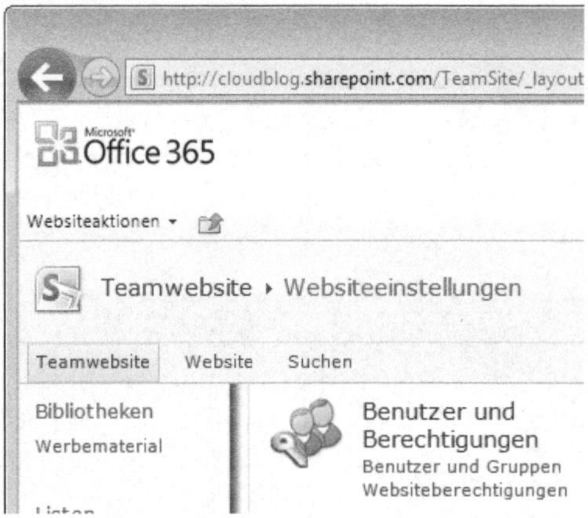

Der Link *Benutzer und Gruppen* zeigt die Gruppen und deren Mitglieder an.

Hier können Benutzer markiert und im Menü *Aktionen* entfernt werden oder auch im Menü *Neu* zur Gruppe hinzugefügt werden.

Standardmäßig gibt es in SharePoint diese Gruppen:

- **Mitglieder** Können Mitwirkungsberechtigungen für andere Benutzer erteilen
- **Anzeigende Benutzer** Dürfen Inhalte nur lesen
- **Besucher** Können Mitwirkungsberechtigungen für andere Benutzer erteilen
- **Besitzer** Erhalten Vollzugriff auf die Teamwebsite. Diese Berechtigung sollten tatsächlich nur Administratoren und Chefredakteure erhalten.

Das Bild 4.93 zeigt alle vordefinierten Gruppen.

Abbildg. 4.92 Mitglieder der Teamwebsite

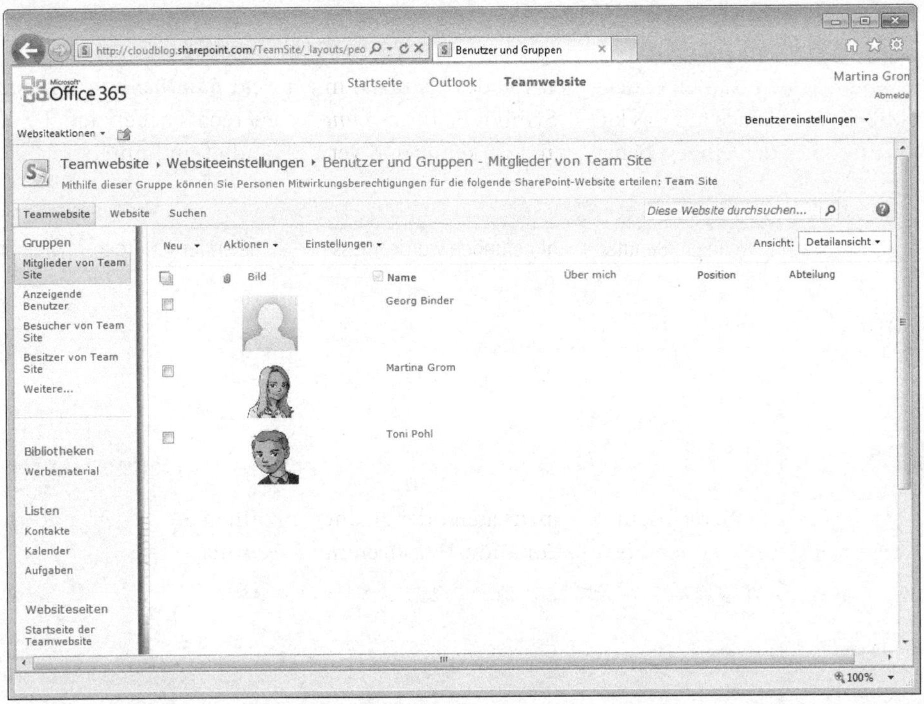

Abbildg. 4.93 Alle SharePoint-Gruppen

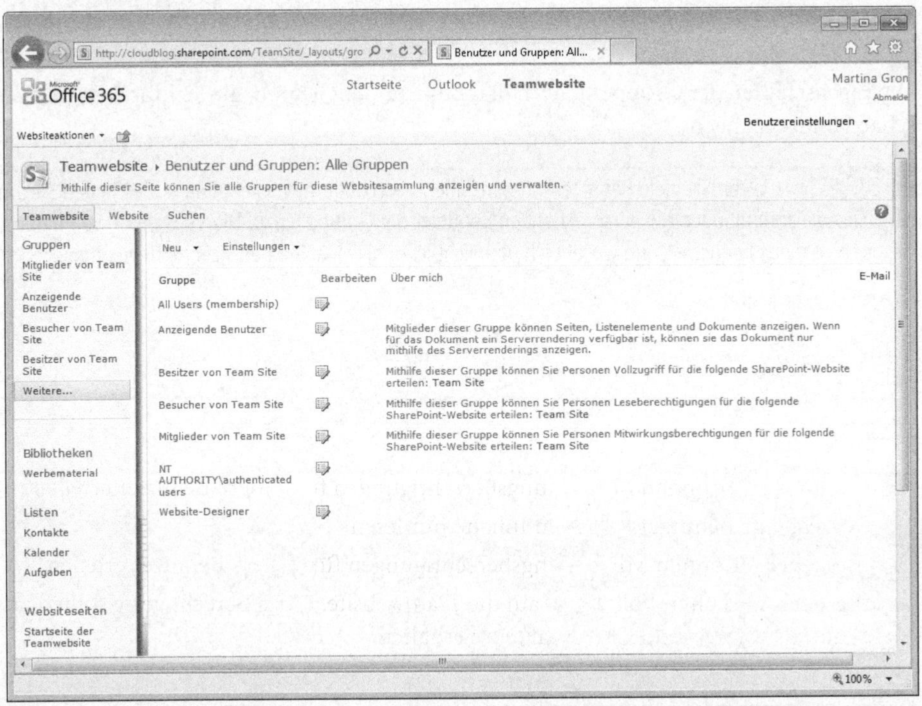

Durch Anklicken des *Bearbeiten*-Symbols können die Eigenschaften einer Gruppe bearbeitet oder die Gruppe gelöscht werden.

Abbildg. 4.94 Gruppeneigenschaften bearbeiten

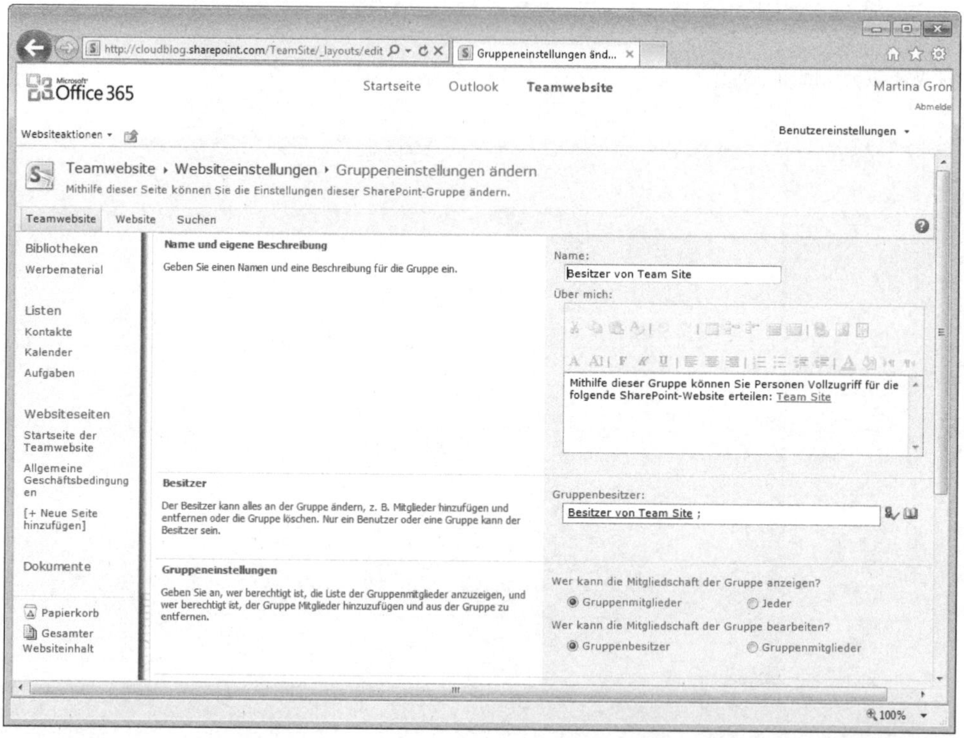

Die Eigenschaften der Gruppe steuern den Besitzer der Gruppe, die Sichtbarkeit und die Mitgliedschaftsanforderungen.

TIPP Wenn Sie viele Benutzer mit denselben Berechtigungen verwalten wollen, legen Sie am besten eine neue Gruppe an und fügen die entsprechenden Benutzer der Gruppe hinzu. Die Verwaltung von Berechtigungen mit Gruppen ist meist bequemer und wesentlich übersichtlicher als einzelne Benutzer zu berechtigen.

Abbildg. 4.95 Anlegen einer neuen Gruppe

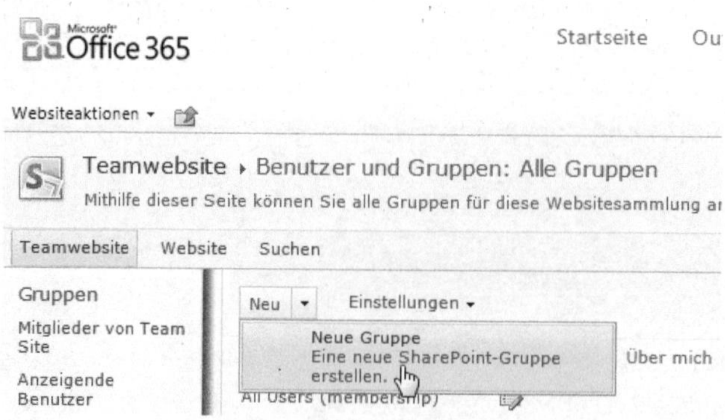

Websiteberechtigungen ändern

In den Websiteberechtigungen werden die grundsätzlichen Berechtigungen von Mitgliedern einer Gruppe definiert (Öffnen wie in Mitglieder der Teamwebsite). Die Liste zeigt die Gruppen und deren Berechtigung in der SharePoint-Website.

Abbildg. 4.96 Websiteberechtigungen

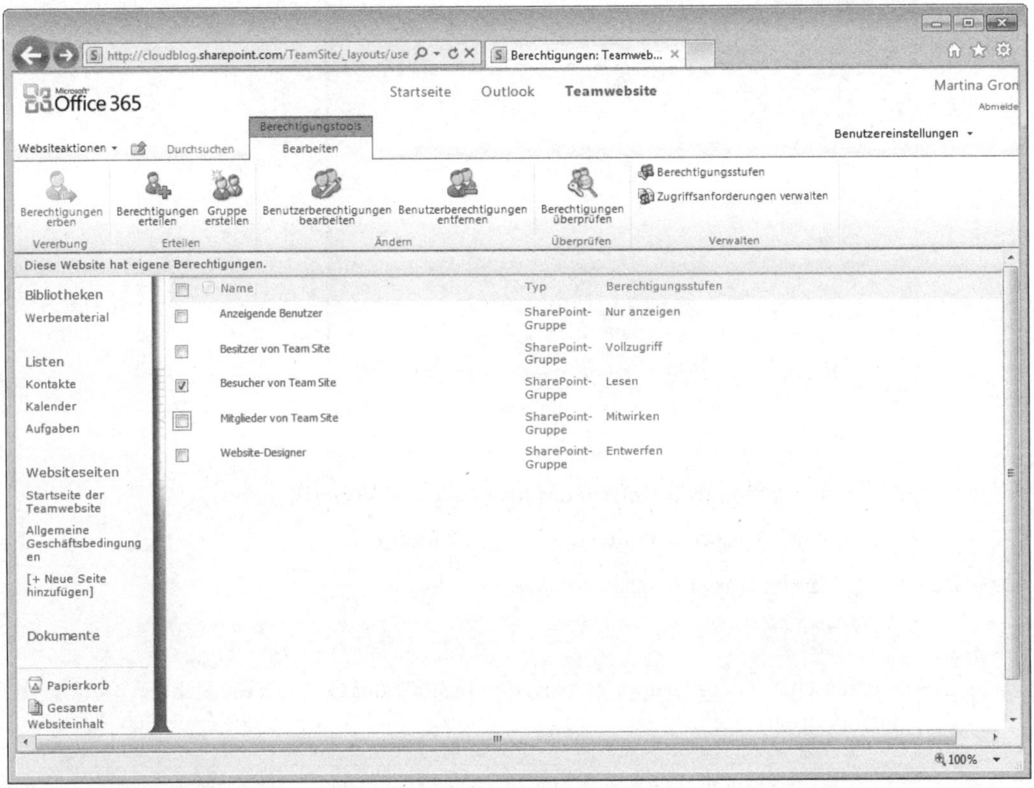

Listelemente können markiert werden. Danach kann eine Aktion aus dem Menüband angewendet werden.

Abbildg. 4.97 Berechtigungen erteilen

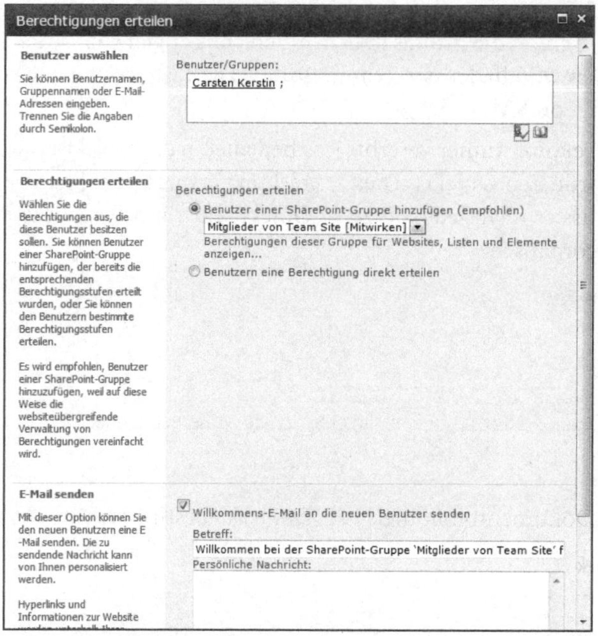

Hier wird dem Benutzer *Carsten* das Recht *Mitwirken* erteilt.

Carsten wurde so zum Mitglied der Gruppe *Mitglieder.*

Abbildg. 4.98 Das neue Mitglied *Carsten* in der Gruppe *Mitglieder*

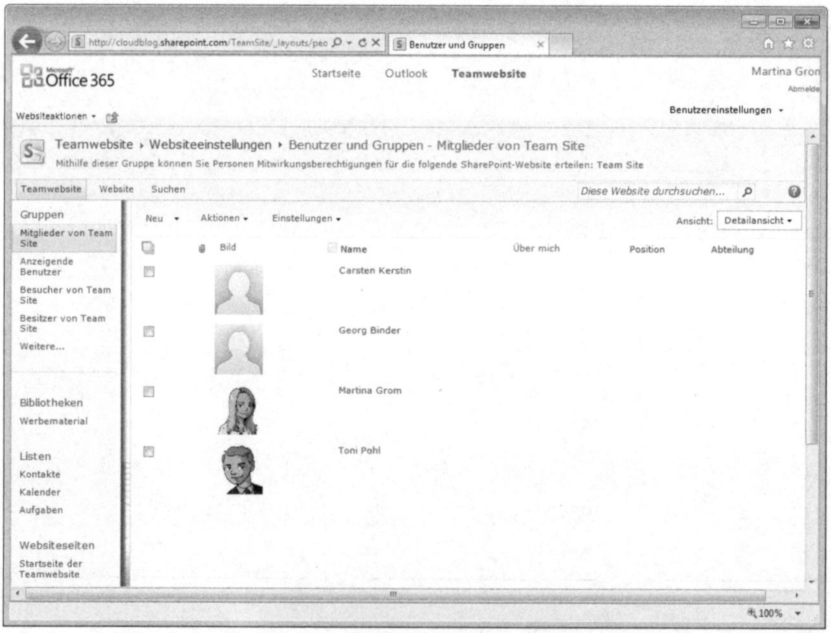

Die Gruppenrechte sind für die gesamte Teamwebsite gültig.

Spezielle Berechtigungen zuweisen

SharePoint regelt die Berechtigungen über Gruppen und deren Berechtigungssystem. Diese sind generell gültig. Unabhängig davon kann allerdings jedes SharePoint-Objekt eigene Berechtigungen besitzen.

Berechtigungen werden in SharePoint immer vererbt. Das bedeutet, jedes Objekt erhält dieselben Berechtigungen seines übergeordneten Objekts. Diese Vererbung erspart dem SharePoint-Administrator Arbeit, schließlich muss er nicht jedes einzelne Objekt selbst mit Berechtigungen versehen, sondern dies geschieht automatisch.

In bestimmten Fällen kann es sinnvoll sein, diese Vererbung zu brechen, um eigene Rechte zu setzen, beispielsweise eine Dokumentbibliothek, auf die nur bestimmte Benutzer Zugriff erhalten sollen.

HINWEIS In SharePoint sieht jeder Benutzer nur jene Objekte, auf die er Berechtigungen besitzt. Alle Objekte ohne Berechtigung werden für diesen Benutzer nicht angezeigt.

In diesem Beispiel werden der Dokumentbibliothek *Werbematerial* bestimmte Rechte zugewiesen.

Abbildg. 4.99 Berechtigungen einer Dokumentbibliothek

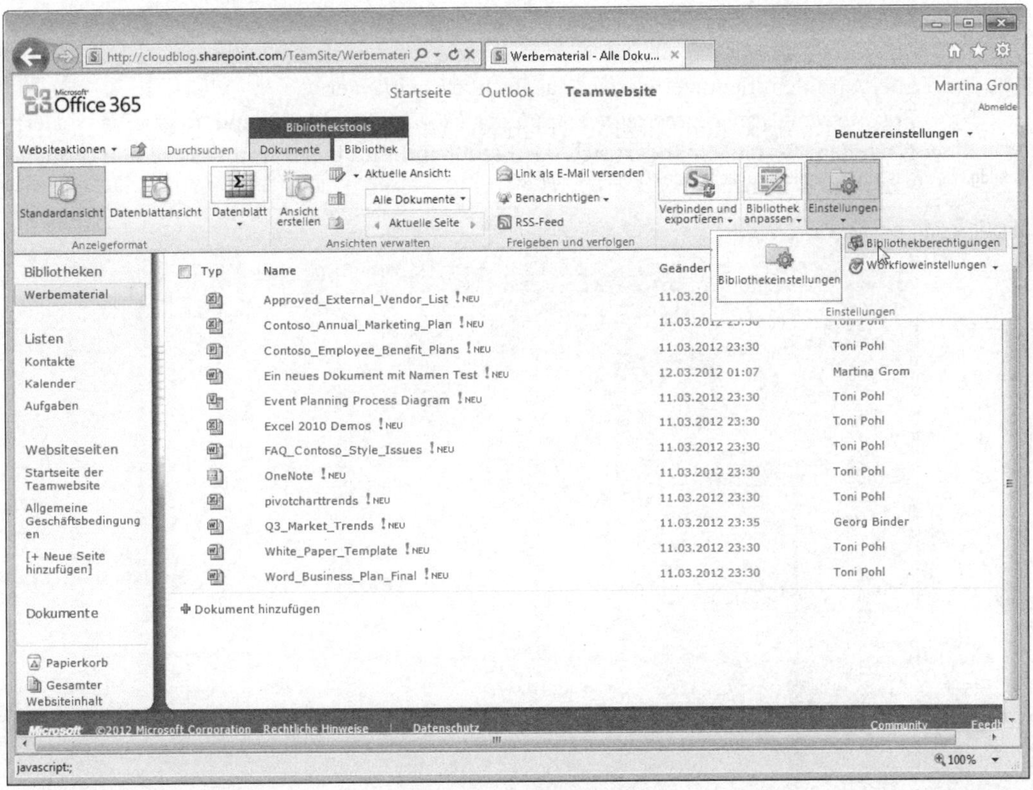

Die Berechtigungen werden in den *Berechtigungstools* verwaltet.

Abbildg. 4.100 Berechtigungstools

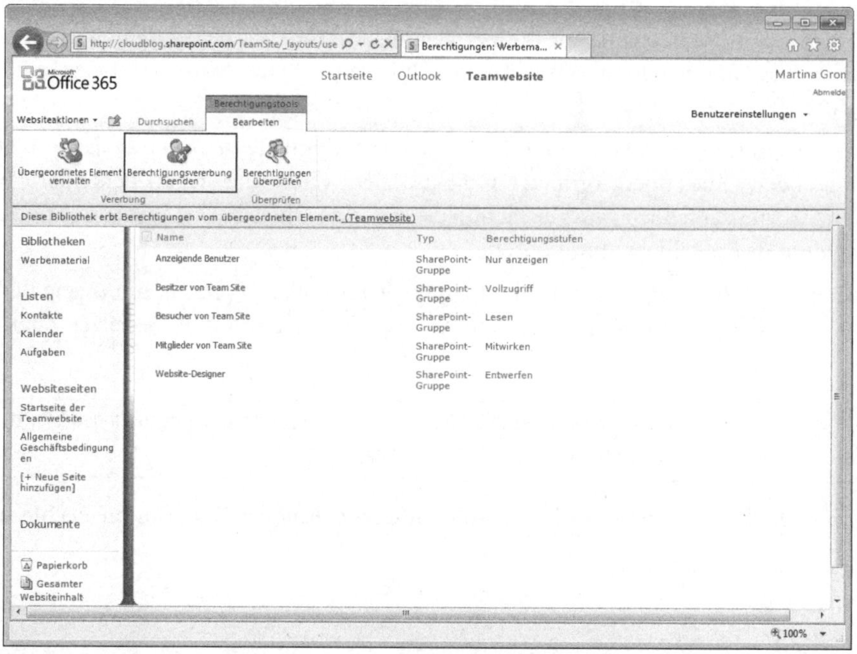

Bei Auswahl von *Berechtigungsvererbung beenden* im Menüband folgt eine Sicherheitsabfrage. Nach dem Bestätigen ändert sich das Menüband und bietet nun weitere Funktionen zum Setzen von Berechtigungen an.

Abbildg. 4.101 Eine gebrochene Vererbung

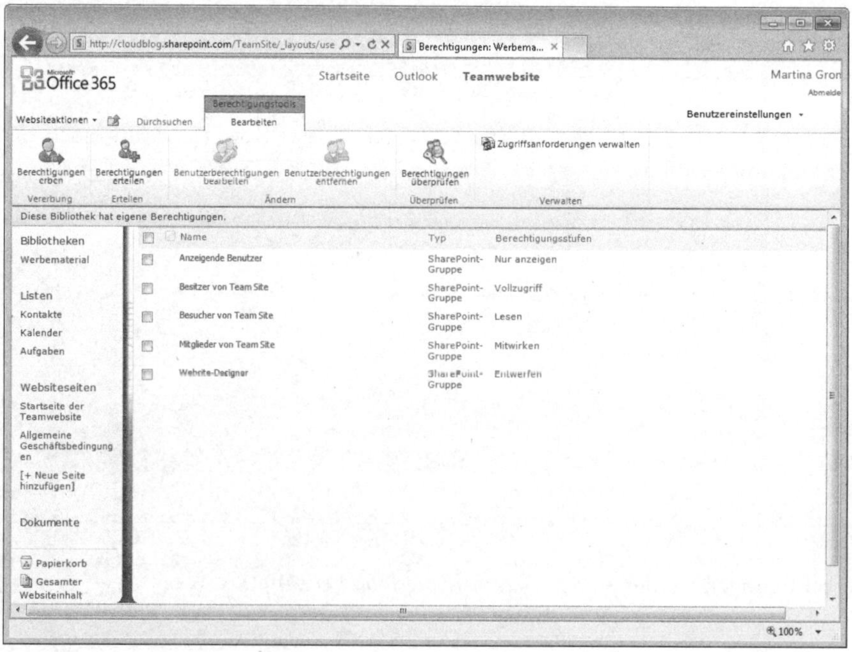

Nun klicken Sie auf *Berechtigungen erteilen*. In dem Formular wird jetzt *Georg* als Mitwirkender angegeben.

Abbildg. 4.102 Georg erhält Zugriff als Mitwirkender

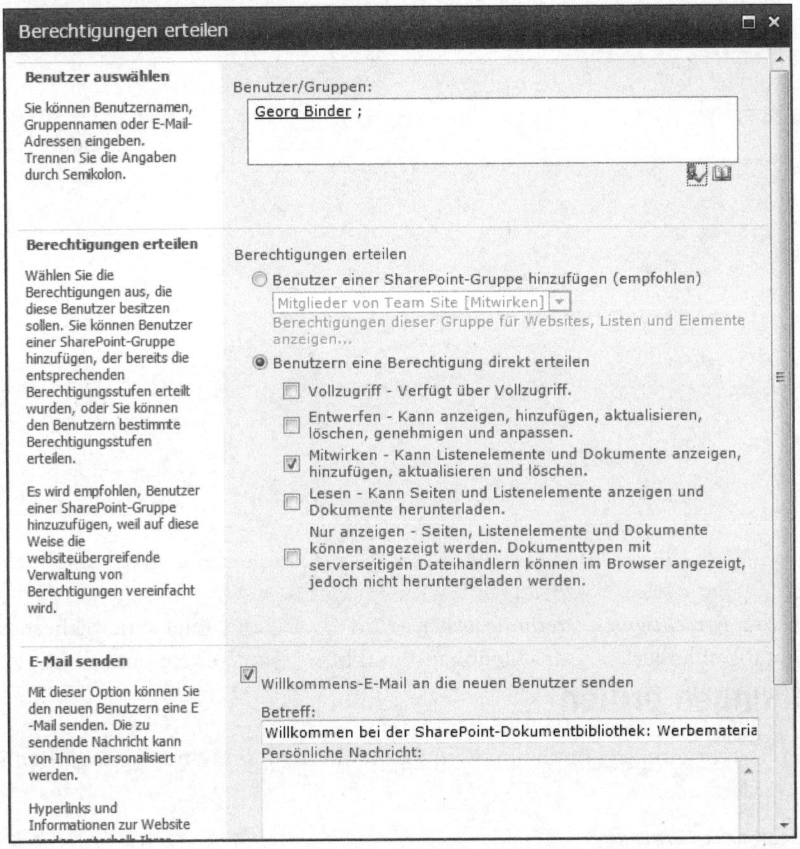

Damit wurden die Berechtigungen erweitert. Neben den Besitzern erhält nur noch *Georg* Zugriff zu dieser Dokumentbibliothek.

Abbildg. 4.103 Die neue Liste der Berechtigungen

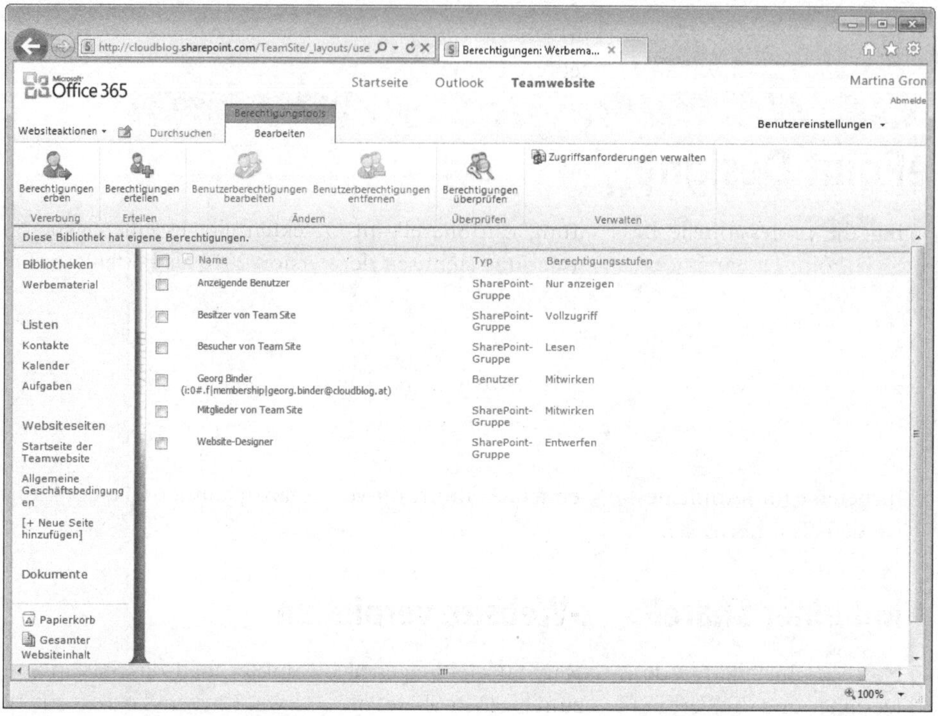

Berechtigungen prüfen

Die gesetzten Berechtigungen können im Menüband mit der Funktion *Berechtigungen überprüfen* kontrolliert werden.

Abbildg. 4.104 Die Funktion *Berechtigungen überprüfen*

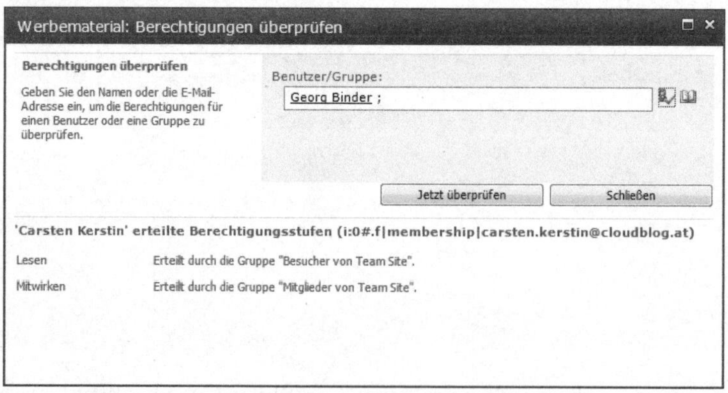

TIPP Mit der Funktion *Berechtigungen überprüfen* kann sehr rasch kontrolliert werden, welcher Benutzer Berechtigungen auf ein bestimmtes Objekt besitzt.

Bei Berechtigungen gilt ebenso: Weniger ist Mehr. Je weniger spezielle Berechtigungen benötigt werden, umso leichter wird es sein, damit umzugehen und diese zu verwalten. Definieren Sie als SharePoint-Administrator am besten zu Beginn, welche speziellen Berechtigungen erforderlich sind, und verwenden Sie bei mehreren Benutzern Gruppen zur Vergabe von Rechten.

SharePoint Designer

Für die professionelle Bearbeitung von SharePoint-Objekten gibt es eine eigene Software, den SharePoint Designer. Diese Anwendung steht seit der Version 2010 als kostenloses Programm zur Verfügung und kann aus dem Microsoft Download Center heruntergeladen werden:

- *http://www.microsoft.com/download/en/details.aspx?id=16573* (32 Bit)
- *http://www.microsoft.com/download/en/details.aspx?id=24309* (64 Bit)

SharePoint Designer ermöglicht das Bearbeiten von SharePoint-Elementen ohne Browser. Dadurch lässt sich die von Microsoft-Programmen gewohnte Bedienung wie Kontextmenü, Tastaturbefehle und Ähnliches verwenden. Administrative Aufgaben können so meist schneller erledigt werden als im Browser.

Mit einer SharePoint-Website verbinden

Nach der Installation der Software auf dem eigenen Computer folgt das Starten von SharePoint Designer und die Verbindung zum eigenen SharePoint-Server. Klicken Sie dazu auf *Website öffnen* und geben Sie die Adresse Ihrer Teamwebsite an. In unserem Beispiel lautet diese *http://cloudblog.sharepoint.com/TeamSite/*.

Abbildg. 4.105 Startfenster von SharePoint Designer

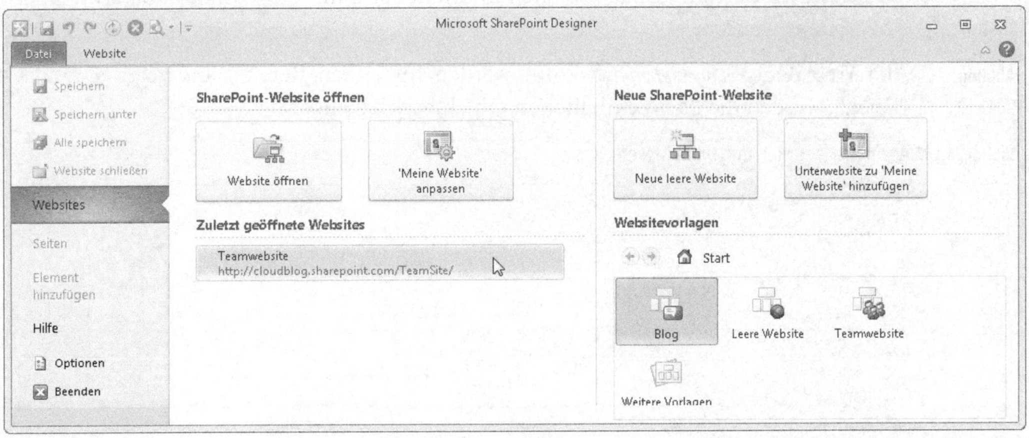

Jede Verbindung wird gespeichert und beim erneuten Öffnen von SharePoint Designer in der Liste *Zuletzt geöffnete Websites* angezeigt.

SharePoint Designer verwenden

Nach dem Verbinden zu einer SharePoint-Website werden deren Inhalte in SharePoint Designer angezeigt und können bearbeitet werden.

Abbildg. 4.106 Nach dem Verbinden zu einer SharePoint-Website

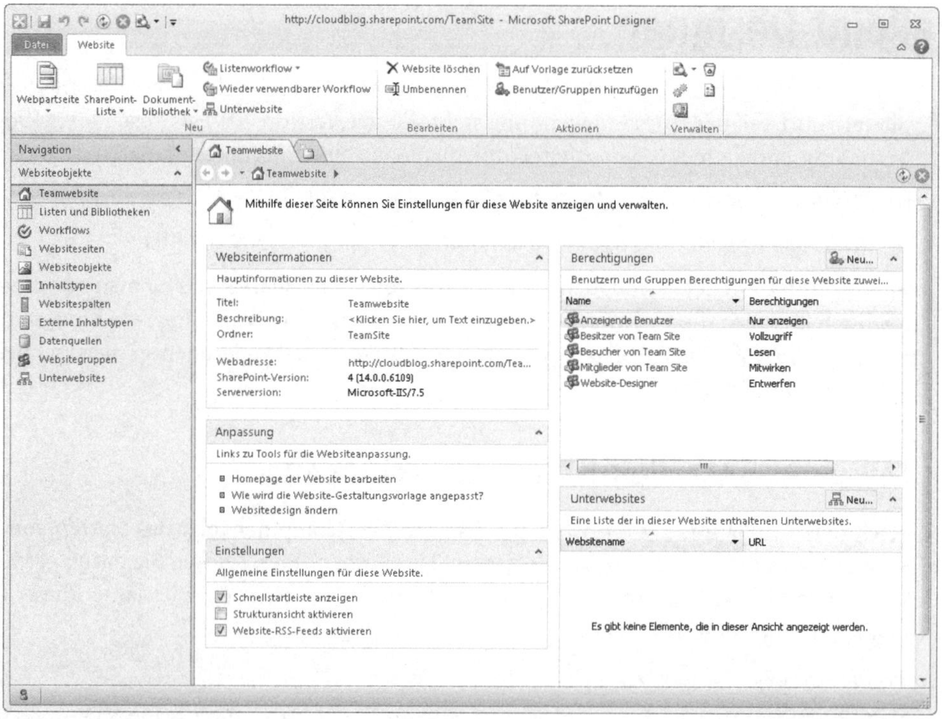

Alle Websiteobjekte von SharePoint werden im linken Bereich angezeigt. Durch Öffnen eines Objekts werden die darin enthaltenen Objekte rechts angezeigt.

Abbildg. 4.107 Anzeige aller Listen und Bibliotheken

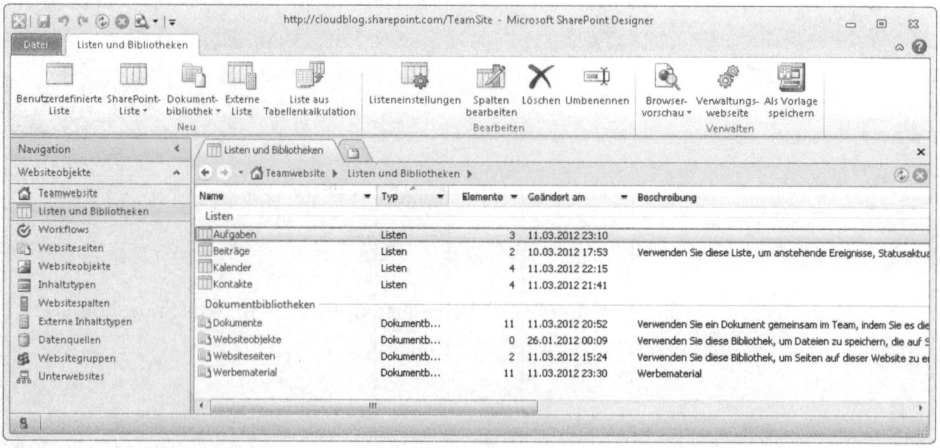

Die Auswahl der Liste *Aufgaben* öffnet dieses SharePoint-Objekt zur Bearbeitung. Im SharePoint Designer werden alle vorhandenen Einstellungen der Liste übersichtlich dargestellt.

Abbildg. 4.108 Die Liste *Aufgaben* in SharePoint Designer

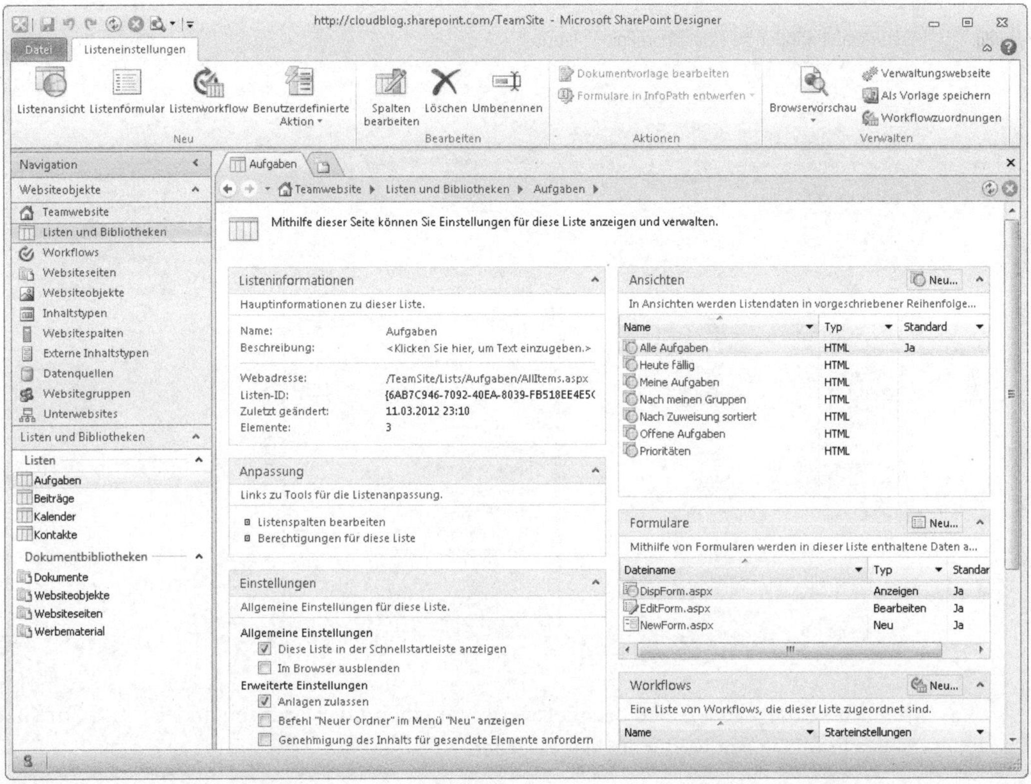

Der Link *Listenspalten bearbeiten* zeigt alle vorhandenen Spalten und bietet die Möglichkeit zur Bearbeitung. Per Doppelklick auf eine Spalte können die Eigenschaften des Felds bearbeitet werden.

Abbildg. 4.109 Alle Spalten der Liste *Aufgaben* und Bearbeitung einer Spalte

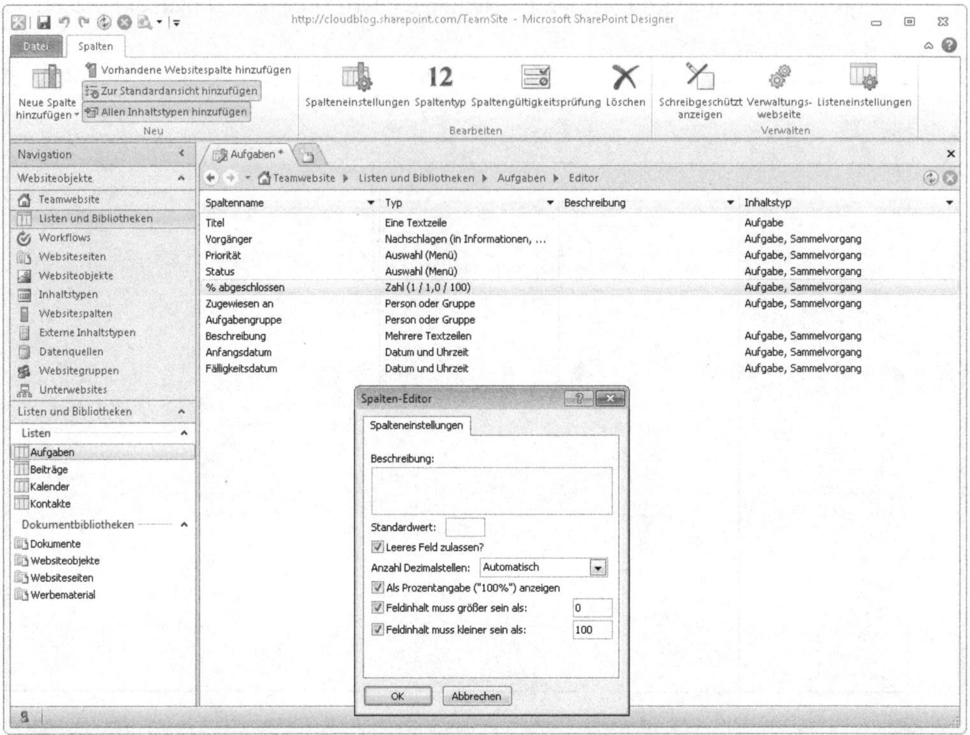

Je nach Feldtyp lassen sich beispielsweise Vorgaben oder Grenzen ändern. Es können auch Felder gelöscht oder neue Felder angelegt werden.

HINWEIS Alle Änderungen in SharePoint Designer müssen mit dem Disketten-Symbol in der Symbolleiste für den Schnellzugriff (ganz links oben) gespeichert werden, damit sie in SharePoint Online zurückgeschrieben werden.

SharePoint Designer stellt eine alternative Bearbeitungsmöglichkeit für eine SharePoint-Website dar und eignet sich insbesondere für umfangreichere Änderungen. Die Möglichkeiten innerhalb von SharePoint Designer sind sehr vielfältig.

TIPP In SharePoint Designer können alle SharePoint-Objekte und deren Eigenschaften bearbeitet werden. Mit dieser Anwendung haben fortgeschrittene Benutzer und Entwickler die Möglichkeit, SharePoint-Lösungen schnell und bedarfsgerecht zu erstellen. Anwender können damit Lösungen ohne Code entwickeln. Wenn Sie hier tiefer einsteigen wollen, nutzen Sie entsprechende Fachliteratur.

Zusammenfassung

In diesem Kapitel konnten Sie die vielfältigen Möglichkeiten von SharePoint Online kennenlernen. Wir haben das Konzept von SharePoint erläutert, neue Listen erstellt, Dokumente mit Office Web App bearbeitet und vieles mehr. Zum Abschluss haben wir noch Berechtigungen vergeben und den SharePoint Designer verwendet.

Kapitel 5

Microsoft Lync Online: Chat, Videotelefonie und Präsenz

In diesem Kapitel:

Als Chat wird jene Kommunikationsform bezeichnet, bei der über eine Software mit anderen Personen in Echtzeit kommuniziert wird. Echtzeit oder »Realtime« deshalb, weil Verzögerungen, die bei indirekter Kommunikation wie beispielsweise über E-Mail entstehen, entfallen, da sowohl Nachrichtenabsender als auch Nachrichtenempfänger zur gleichen Zeit online sind. Jedoch ist diese Form der Kommunikation nicht nur auf zwei Personen beschränkt. Auch mehrere Personen können sich so miteinander unterhalten (eine Gruppenunterhaltung) bzw. ist in unserer modernen Welt natürlich auch (Video-)Telefonie, eine Konferenz über Video und Präsenzinformationen abrufbar. Über die Desktopfreigabe kann jeder live sehen, woran Sie gerade arbeiten, falls Sie dies möchten. Ideen werden ausgetauscht und sicher auch neue Ideen geboren.

Echtzeitkommunikation ist schnell und bequem, hilft Zeit und Kosten zu sparen. Meetings erfolgen online, ohne dass man sich zentral an einem Ort trifft. Reisezeit (und Reisekosten) wird dadurch reduziert, die Produktivität erhöht. Sie haben keine Zeit, bei einem Meeting dabei zu sein? Auch das ist kein Problem, solange jemand das Meeting aufgezeichnet hat. Dadurch können Sie zu einem späteren Zeitpunkt das Meeting »nachhören« bzw. die für Sie relevanten Informationen herausfiltern.

Dies alles können Sie mit Lync Online bewerkstelligen. Über Lync können Sie sich jederzeit austauschen und kommunizieren. Lync Online ist Teil von Office 365 und stellt das Onlinemeeting-Werkzeug und die Instant Messaging-Kommunikationsbasis dar.

Mit Lync Online wird die Zusammenarbeit in Teams um ein vielfaches erleichtert. Stellen Sie sich vor, Ihr Team ist über zwei Kontinente und drei Zeitzonen verteilt. Ein wöchentliches Abstimmungsgespräch wäre kaum koordinierbar, ist sehr zeit- und auch sehr kostenintensiv. Ihr Team soll aus den besten Experten bestehen, egal, wo sich diese gerade befinden. Über die Online Kommunikation mit Lync ist es uns möglich, solche Teams zu bilden und in unsere Kommunikation einzubinden.

In diesem Kapitel erfahren Sie, wie Sie Lync in Ihren Arbeitsalltag integrieren, wie Sie Kontakte hinzufügen, chatten, telefonieren, Gruppenunterhaltungen durchführen, zu einem Onlinemeeting einladen und vieles mehr.

Kann zu viel Präsenz denn schädlich sein?

Immer wieder erzählen mir Kunden und deren Mitarbeiter von ihren Befürchtungen, durch die unterschiedlichsten Tools, die ihnen zur Zusammenarbeit zur Verfügung gestellt werden, immer »verfügbar« sein zu müssen und damit für sie die Trennung zwischen »Beruf« und »Privat« nicht mehr möglich sei. Gerade aus meiner Lync-Erfahrung kann ich genau das Gegenteil berichten. Der Präsenzstatus wird für viele zur indirekten Kommunikationsquelle: Jeder kann sich diesen Status selbst setzen. Durch die Integration in den Kalender erfolgt das Setzen der Verfügbarkeit automatisch.

Darüber hinaus können Sie zu jeder Zeit selbst entscheiden, ob Ihre Präsenz angezeigt wird oder nicht.

Bei Unified Communication, kurz UC genannt, werden alle verfügbaren Kommunikationsmedien in eine einheitliche Anwendungsumgebung integriert. Alle in Office 365 zur Verfügung stehenden Anwendungen helfen die Erreichbarkeit zu steigern.

Zentraler Anknüpfungspunkt von Unified Communication ist das persönliche Postfach von Exchange Online, wo ein Kalender ebenso integriert ist wie eigene Kontakte und Präsenzinformationen über Lync Online. Jede Person trägt alle Termine in den individuellen Kalender ein. Durch die UC-Integration ist über den Präsenzstatus anschließend für jedermann erkennbar, ob eine Person verfügbar ist oder nicht.

Im ersten Teil dieses Kapitels werden wir uns Lync Online aus Anwendersicht ansehen: wir werden chatten, Kontakte hinzufügen, zu einem Onlinemeeting einladen und vieles mehr. Im zweiten Abschnitt werden wir uns ansehen, welche Möglichkeiten einem Administrator mit Lync Online zur Verfügung stehen.

Lync 2010 in der täglichen Kommunikation

Im folgenden Abschnitt zeige ich Ihnen, wie Sie Lync installieren, mit Ihrem Team kommunizieren, wofür Sie den Präsenzstatus einsetzen und welche Möglichkeiten Sie mit Lync haben.

Installation

Bevor wir mit Lync Online beginnen, wird der Client installiert. Dies geschieht über die Office 365-Startseite *https://portal.microsoftonline.com*. Jeder Benutzer installiert den Client über den Link *Downloads* oder über den Link *Lync installieren*.

Abbildg. 5.1 Lync 2010-Clientdownload – beide Links führen auf die Seite *Downloads*

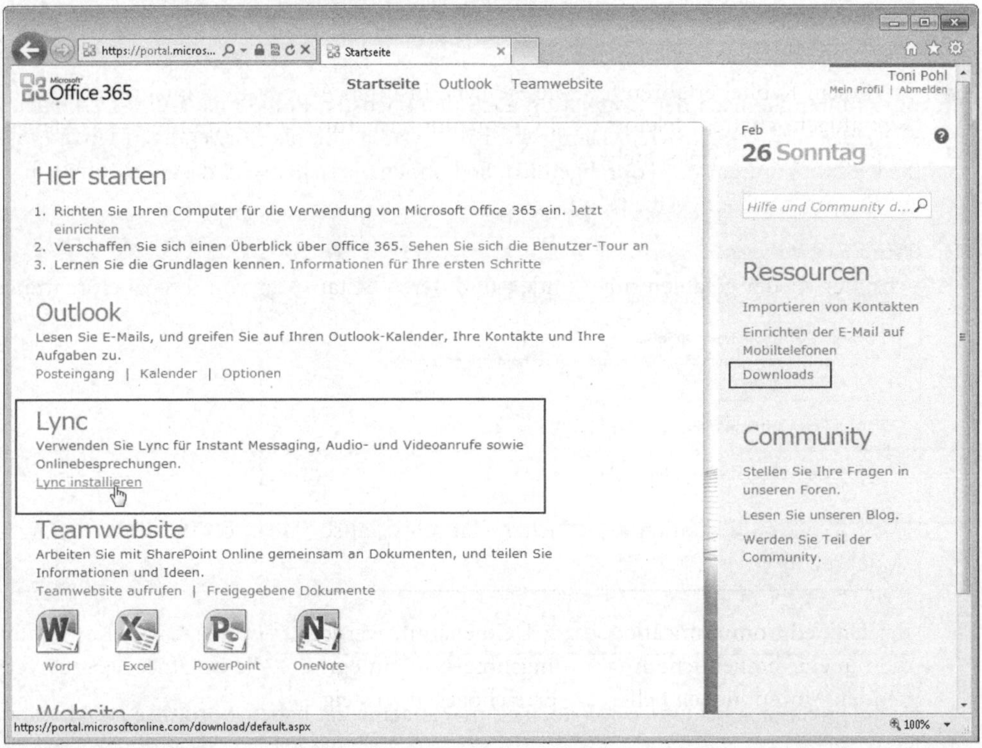

Im folgenden Fenster können Sie entscheiden, ob der Lync-Client in der 32-Bit- oder in der 64-Bit-Version installiert werden soll. Eine Entscheidungshilfe: Wenn Ihr Rechner unter einem 64-Bit-Betriebssystem läuft, installieren Sie den 64-Bit-Client, andernfalls den 32-Bit-Client.

Abbildg. 5.2 Microsoft Lync-Client herunterladen und installieren

Bitte führen Sie nach der Installation auch den nächsten Punkt aus: *Office-Desktopanwendungen einrichten und konfigurieren.* Damit wird Ihr System auf alle notwendigen Updates geprüft und die Desktopkonfiguration durchgeführt. So können Sie sicher sein, dass alle notwendigen Updates auf Ihrem System eingespielt sind.

Abbildg. 5.3 Office 365-Desktopsetup

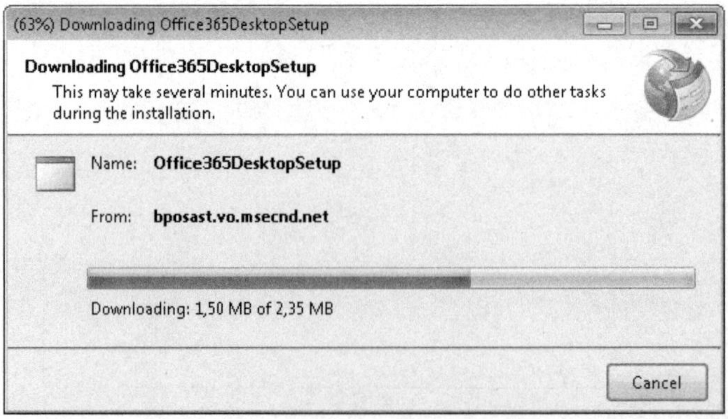

Nachdem Sie sich bei Office 365 noch einmal angemeldet haben, wird Ihre Desktopkonfiguration überprüft.

Abbildg. 5.4 Überprüfen der Systemkonfiguration

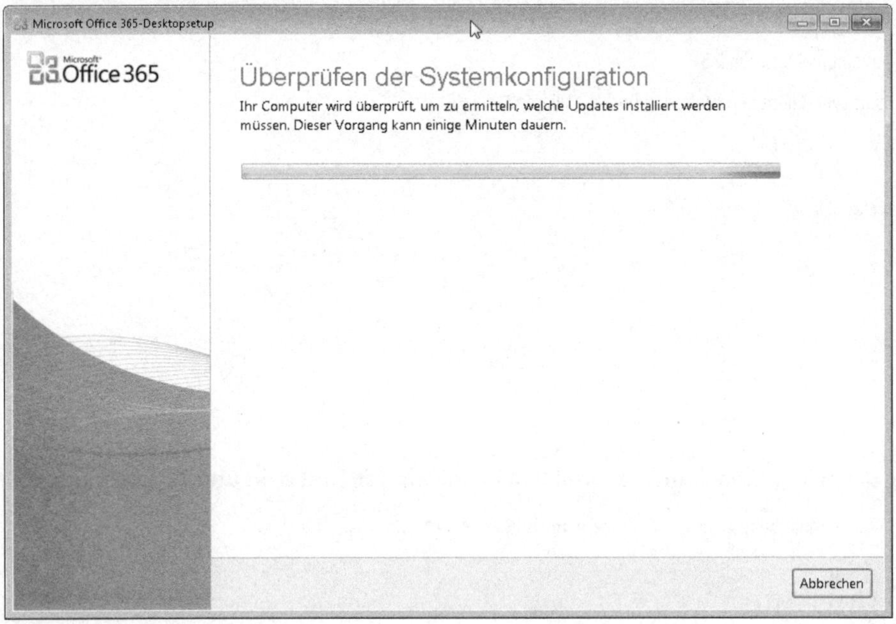

Danach erhalten Sie die für die Konfiguration notwendigen Updates.

Abbildg. 5.5 Updates für Office 365 lassen sich bequem über die Desktopaktualisierung einspielen

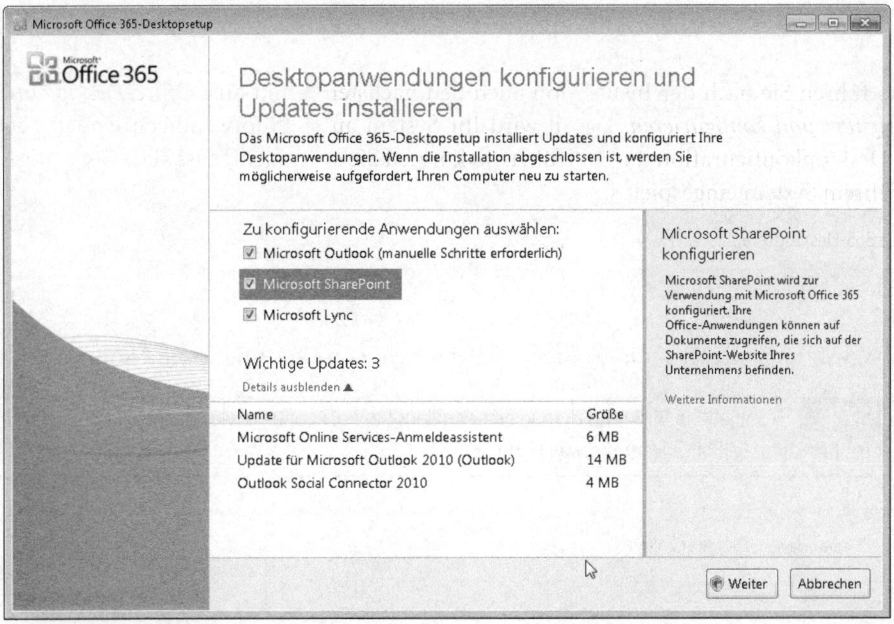

PROFITIPP Es lohnt sich, das Desktopsetup von Zeit zu Zeit aufzurufen und neue Updates einzuspielen.

Sobald Lync und auch das Desktopsetup durchgeführt wurde (und Ihr Computer eventuell neu gestartet wurde) können Sie Lync aufrufen und sich auch gleich anmelden.

Abbildg. 5.6 Anmeldung bei Lync Online

Bei der ersten Anmeldung an Lync Online müssen Sie Ihr Login und Kennwort angeben.

Abbildg. 5.7 Erstmalige Anmeldung erfordert Benutzername und Kennwort

Sobald Sie angemeldet sind, sehen Sie die Übersicht von Lync Online und können sofort loslegen.

HINWEIS Sollten Sie Ihr Konto gerade erst angelegt haben, kann es etwas dauern, bis Lync für Ihr Konto aktiviert ist. In diesem Fall bitte ich um etwas Geduld.

Abbildg. 5.8 Lync Online-Anzeige

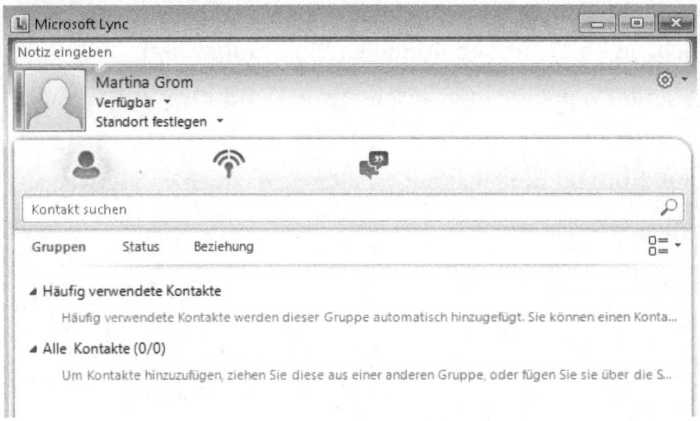

Teammitglieder und Kontakte zu Lync hinzufügen

Zunächst können wir nun unsere Teammitglieder zu Lync Online hinzufügen. Dazu wird die entsprechende Person über das Feld *Kontakt suchen* gesucht und hinzugefügt.

Abbildg. 5.9 Ein Teammitglied zu Lync Online hinzufügen

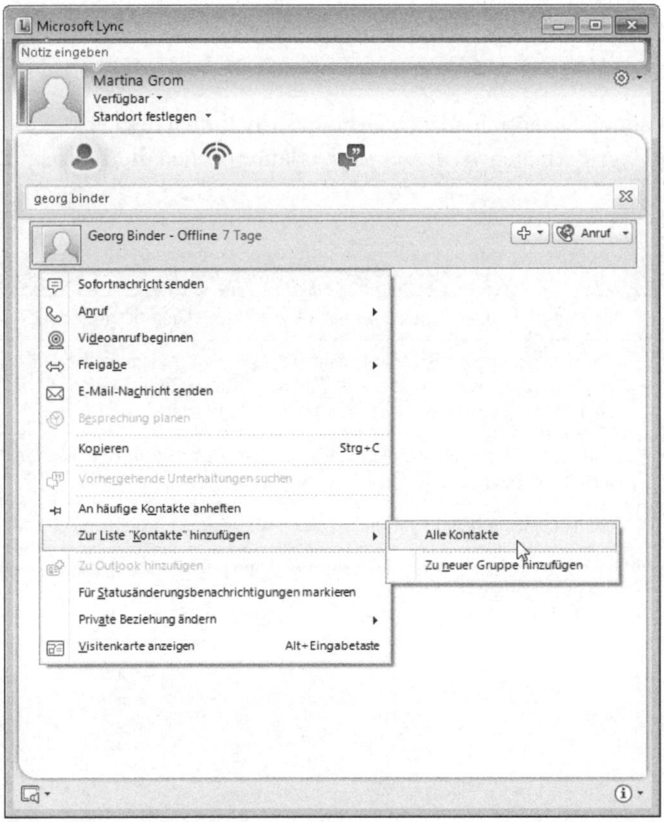

Sie haben auch die Möglichkeit, Kontakte direkt in Gruppen zu organisieren, d.h. Sie können Ihre Kontakte übersichtlich in Kontaktgruppen einteilen und organisieren. Dies ist insbesondere dann sehr praktisch, wenn Sie auch viel mit externen Kontakten kommunizieren.

In unserem Fall erstelle ich eine Kontaktgruppe »Mein Team« und kann dieser meine Teammitglieder hinzufügen.

Werde ich von einem anderen Kontakt hinzugefügt, erhalte ich dazu einen Hinweis in Lync.

Abbildg. 5.10 Ein Kollege möchte Sie in seine Kontaktliste hinzufügen

Über die Zugriffsebene können Sie entscheiden, welche Informationen die Person, die Sie hinzufügt, sehen kann. Welche Zugriffsebenen verfügbar sind, erläutert Ihnen die Tabelle 5.1.

Tabelle 5.1 Zugriffsebenen in Lync

Zugriffsebene	Beschreibung
Freunde und Familie	Alle Kontaktinformationen mit Ausnahme von Besprechungsdetails werden angezeigt
Arbeitsgruppe	Alle Kontaktinformationen mit Ausnahme der privaten Telefonnummer und weitere Telefonnummern werden angezeigt. Kontakte in dieser Gruppe können Sie auch kontaktieren, wenn Ihr Status auf »nicht stören« gesetzt ist.
Kollegen	Kollegen sehen alle Kontaktinformationen außer *Telefon privat*, *Telefon weitere* und *Telefon mobil*. Auch Besprechungsdetails werden nicht angezeigt.
Externe Kontakte	Externe Kontakte sehen nur Namen, Titel, E-Mail-Adresse, Unternehmen und Ihr Bild
Blockierte Kontakte	Blockierte Kontakte sehen Ihren Namen und Ihre E-Mail-Adresse, können Sie aber über Lync nicht kontaktieren

Abbildg. 5.11 Zugriffsebenen festlegen

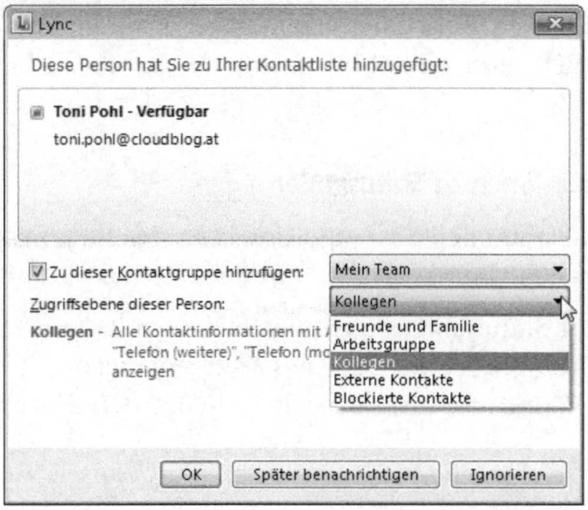

Sie können die Beziehungsebene jederzeit ändern. Dazu klicken Sie mit der rechten Maustaste auf den Kontakt, wählen im Kontextmenü den Eintrag *Private Beziehung ändern* und legen den Status der neuen Zugriffsebene fest.

Abbildg. 5.12 Zugriffsebene neu zuordnen

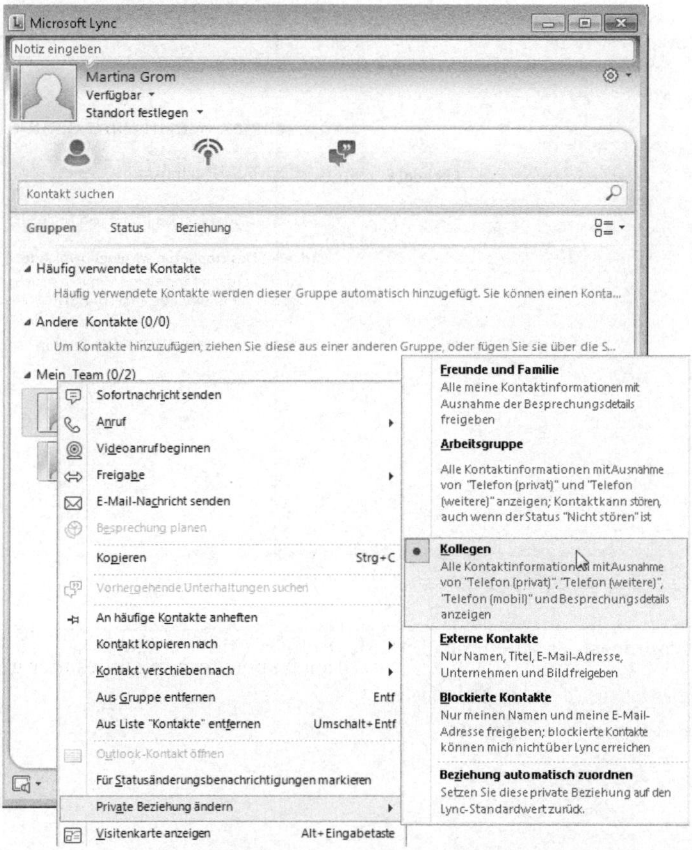

Externe Kontakte hinzufügen

In Office 365-P-Plan können Sie mit externen Kontakten ebenso über Lync in Kontakt treten. Andere Office 365-Benutzer können bereits automatisch hinzugefügt werden, da die Lync-Federation im P-Plan automatisch aktiviert ist.

Häufig verwendete Kontakte und Informationen zu Statusänderungen

In der Gruppe *Häufig verwendete Kontakte* können Sie jene Kontakte verwalten, mit denen Sie besonders oft kommunizieren. Diese sehen Sie immer als Erstes in Ihrer Kontaktliste.

Sie haben auch die Möglichkeit, sich über Statusänderungen informieren zu lassen. Dies ist zum Beispiel dann wichtig, wenn Sie auf eine dringende Antwort eines Kollegen warten. Über das Kontextmenü zum entsprechenden Kontakt können Sie diese Benachrichtigung definieren.

Abbildg. 5.13 Sich über Statusänderungen benachrichtigen lassen

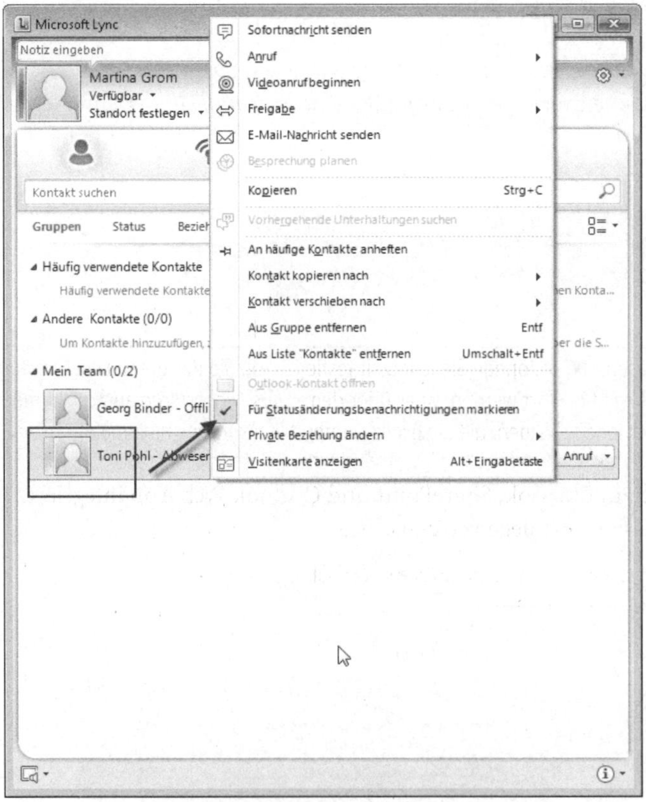

Sobald dieser Kontakt online ist, erhalten Sie eine Information und können so schnell reagieren.

Abbildg. 5.14 Statusänderungen werden angezeigt, sobald ein Kontakt verfügbar ist

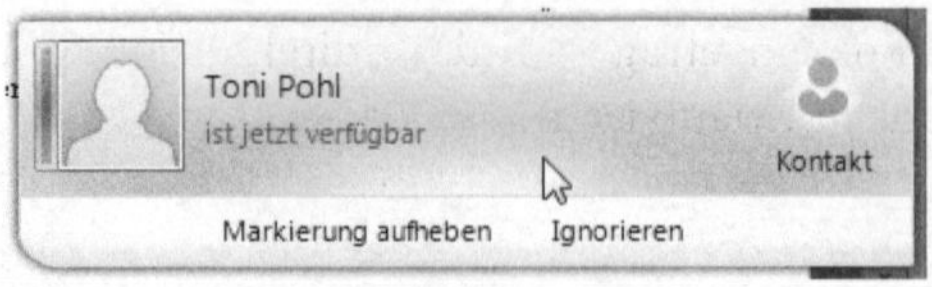

TIPP Genauso können Sie einen Kontakt auch wieder aus der Statusaktualisierung entfernen, indem Sie lediglich die Kennzeichnung bei dem Kontakt aufheben. Am schnellsten geht das über den Menüpunkt *Markierung aufheben* in der Benachrichtigung.

Lync-Präsenzstatus

Anhand des Präsenzstatus ist erkennbar, ob ein Kontakt verfügbar ist oder nicht. Sie können den Präsenzstatus direkt in Lync setzen.

Abbildg. 5.15 Lync-Präsenzstatus

TIPP Über den Präsenzstatus können Sie jederzeit festlegen, ob Sie für Ihre Kollegen verfügbar sind oder nicht. Wollen Sie zum Beispiel nicht gestört werden, ist es über den Status *Nicht stören* auch nicht möglich, Sie trotzdem zu kontaktieren, außer für jene Personen, die Sie explizit unter *Arbeitsgruppe* hinzugefügt haben.

Der Präsenzstatus ist auch in Outlook, SharePoint und Outlook Web App integriert. Sie erkennen somit auf einen Blick, wenn ein Kollege verfügbar ist.

Abbildg. 5.16 Über den Präsenzstatus lässt sich schnell erkennen, ob ein Kontakt verfügbar ist oder nicht

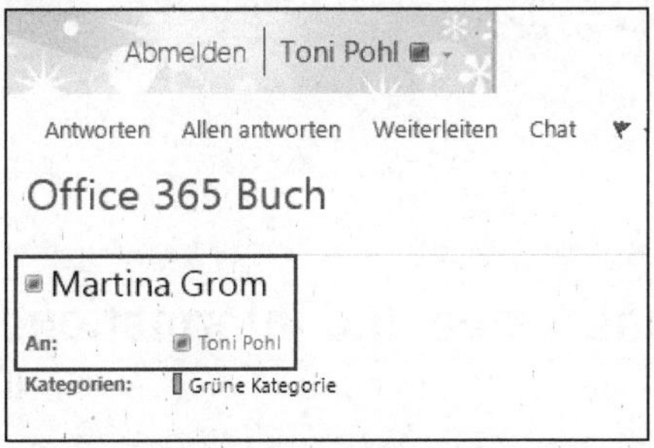

Auch der Abwesenheitsstatus, der in Outlook eingetragen wird, ist direkt beim Kontakt ersichtlich. Gut zu wissen, wenn ein Kollege gerade in Urlaub ist!

Abbildg. 5.17 Über den Abwesenheitsassistenten in Outlook sehen Sie auch in Lync, ob ein Kontakt derzeit verfügbar ist

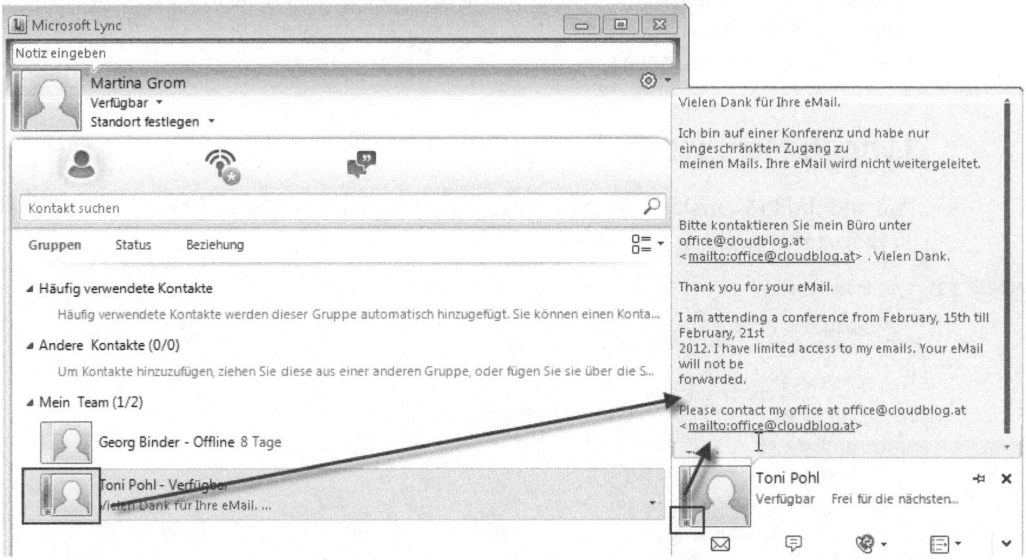

Persönliche Notizen und Standort hinzufügen

Persönliche Notizen in Lync Online dienen dazu, in einem kurzen Satz ein Statusupdate zu geben. Nützlich ist das, wenn man seinen Kollegen bzw. Kontakten etwas mitteilen möchte, z.B. das man außer Haus ist, oder eine Erinnerung für seine Kollegen geben möchte, wie z.B. dass die Reisekostenabrechnungen abzugeben sind.

Der Standort ist hilfreich, wenn man in einem Team arbeitet, welches über unterschiedliche Zeitzonen oder entfernte Orte miteinander kommuniziert. Mit dieser Möglichkeit sehen Ihre Teammitglieder sofort, wo Sie sich gerade befinden und können entsprechend reagieren.

Abbildg. 5.18 Persönliche Notizen und Informationen zum Standort helfen bei der Kommunikation

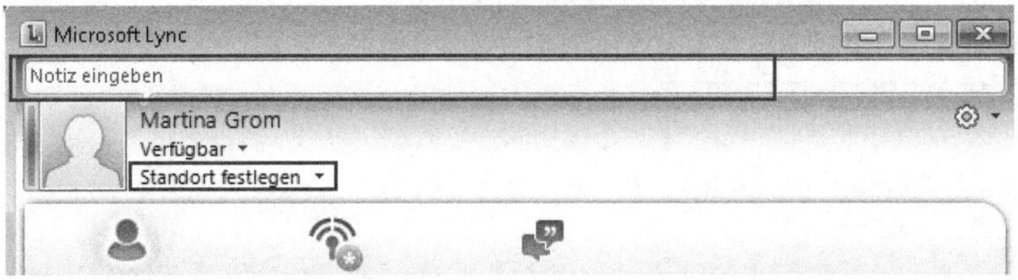

Kommunikation über Lync – Chat, Video und Informationen teilen

Über Lync können Sie sofort mit Instant Messaging (Chat) beginnen. Dazu klicken Sie auf den entsprechenden Kontakt und kontaktieren diesen über die dort angezeigte Sprechblase.

Abbildg. 5.19 Einen Kontakt über Chat ansprechen

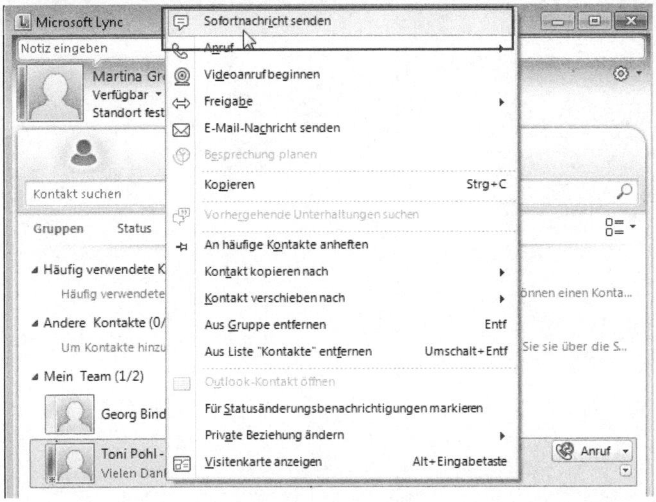

Daraufhin erscheint das Chatfenster, über welches Sie nun mit Ihrem Kontakt kommunizieren können. Hier sehen Sie auch sofort, wenn Ihr Gesprächspartner eine Nachricht eingibt.

Abbildg. 5.20 Kommunikation über Chat

Direkt von hier aus können Sie per Drag & Drop weitere Gesprächspartner aus Ihrer Kontaktliste hinzufügen bzw. sofort eine Gruppenunterhaltung starten.

TIPP Über das Kontextmenü beim Klick auf einen Teilnehmer können Sie diesen auch wieder aus einer Gruppenunterhaltung entfernen.

Abbildg. 5.21 Über Drag & Drop können Sie weitere Kontakte zu einer Unterhaltung hinzufügen

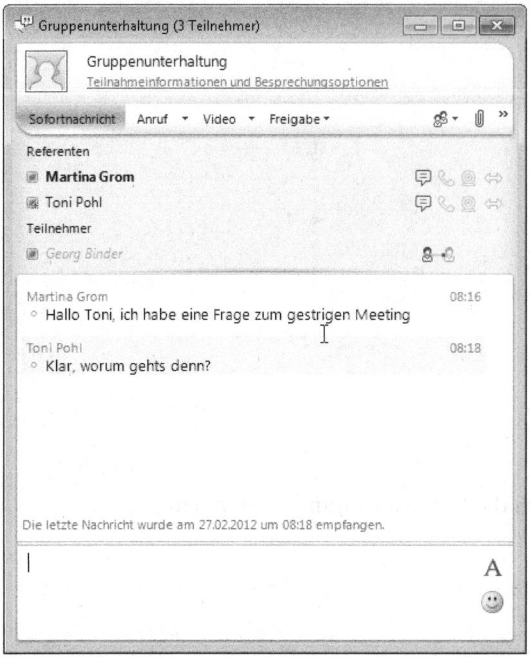

Sollten Sie nun von Chat auf Sprache wechseln wollen, genügt ein Klick auf die Schaltfläche *Anruf*, und Sie können Ihren Gesprächspartner anrufen. Dabei schaltet Lync dann sofort automatisch Ihren Status auf *In einer Telefonkonferenz.*

Abbildg. 5.22 Von Chat auf Telefonie wechseln – schon können sich Teilnehmer unterhalten

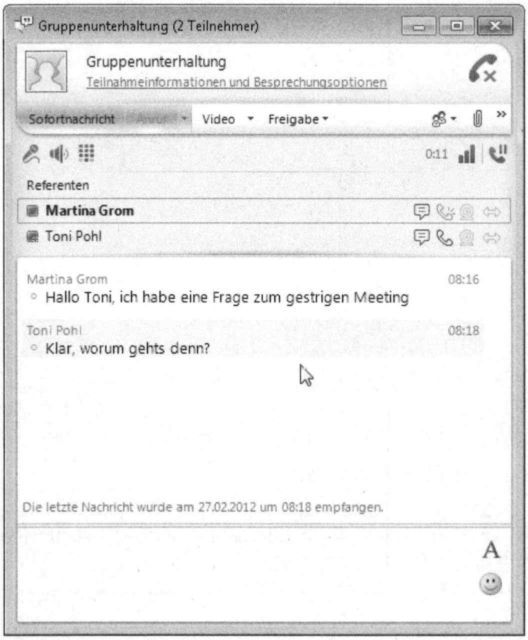

Anhand der Symbole erkennen Sie nun, wenn Sprache hinzugefügt wurde. Der Teilnehmer, der gerade spricht, erhält ein aktualisiertes Telefonsymbol. Auch die Lautstärke Ihres Mikrofons lässt sich hier direkt regulieren.

Abbildg. 5.23 Optionen für Lautstärke, Mikrofon, Verbindungseinstellungen einstellen

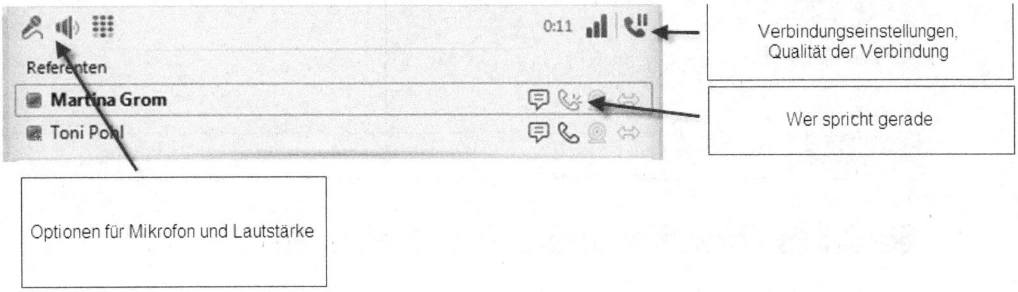

Falls Sie Ihren Gesprächspartner nicht nur hören, sondern auch sehen wollen, nehmen Sie einfach über die Schaltfläche *Video* zusätzlich die Videokommunikation hinzu.

Abbildg. 5.24 Videotelefonie mit einem Klick

Den Anruf verlassen können Sie dann über das entsprechende Symbol.

Abbildg. 5.25 Anruf beenden

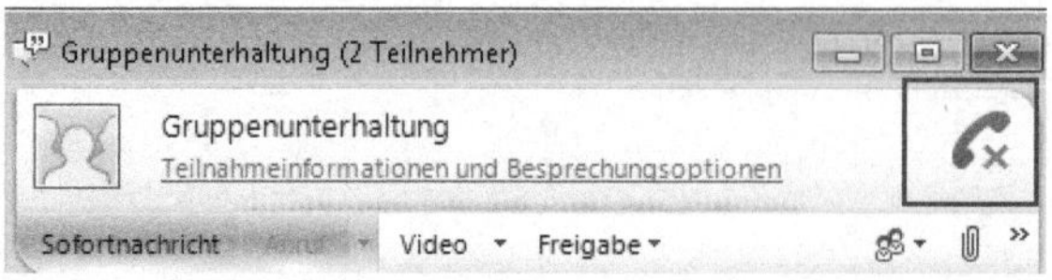

TIPP Diese Funktionen stehen auch in einer Gruppenunterhaltung zur Verfügung.

Gespräche bzw. Konferenzen aufzeichnen

Gespräche und Konferenzen können in Lync Online auch aufgezeichnet werden. Dies ist praktisch, wenn manche Personen nicht teilnehmen konnten, das Gespräch oder die Konferenz jedoch zu einem späteren Zeitpunkt »nachhören« wollen. Diese Option steht Ihnen in Lync Online über die weiteren Optionen zur Verfügung. Sie können die Aufzeichnung jederzeit starten – und auch wieder beenden.

Abbildg. 5.26 Aufzeichnungen in Lync Online

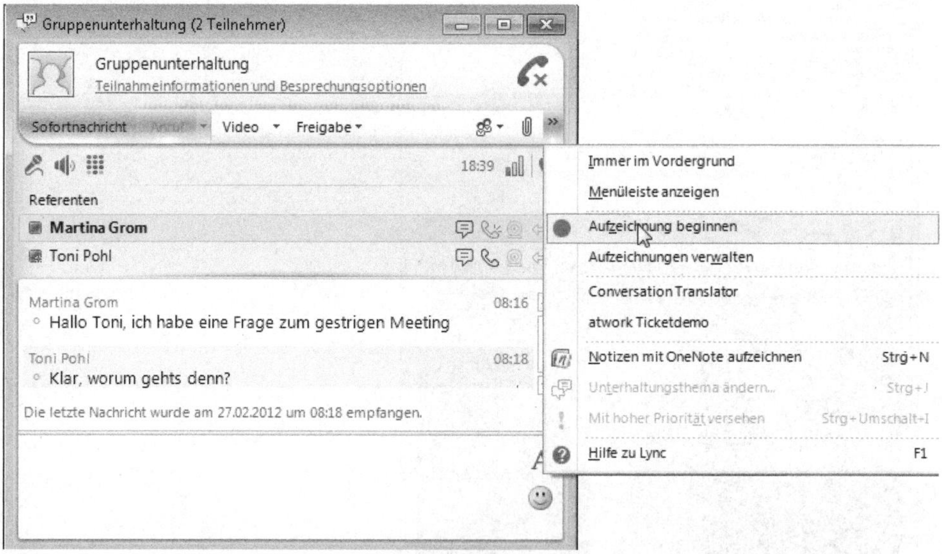

HINWEIS Keine Sorge, niemand kann unbemerkt in Lync Online das Gespräch aufzeichnen – als Teilnehmer sehen Sie immer, wenn eine Aufzeichnung durchgeführt wird.

Abbildg. 5.27 Aufzeichnung wird durchgeführt und angezeigt

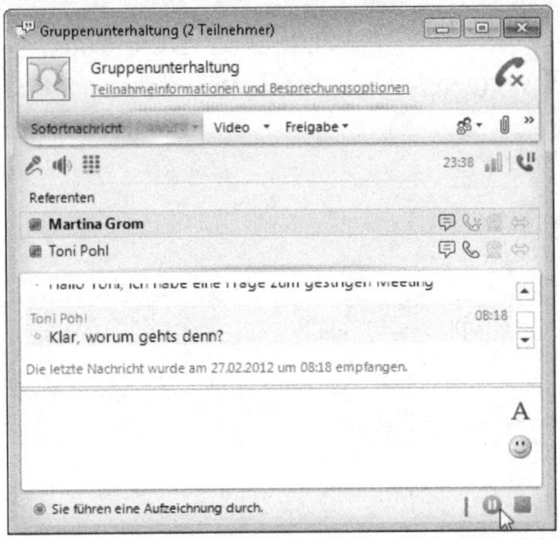

Nach dem Beenden der Aufzeichnung können Sie diese speichern und im Aufzeichnungs-Manager verwalten.

Abbildg. 5.28 Aufzeichnung beenden und danach im Aufzeichnungs-Manager verwalten

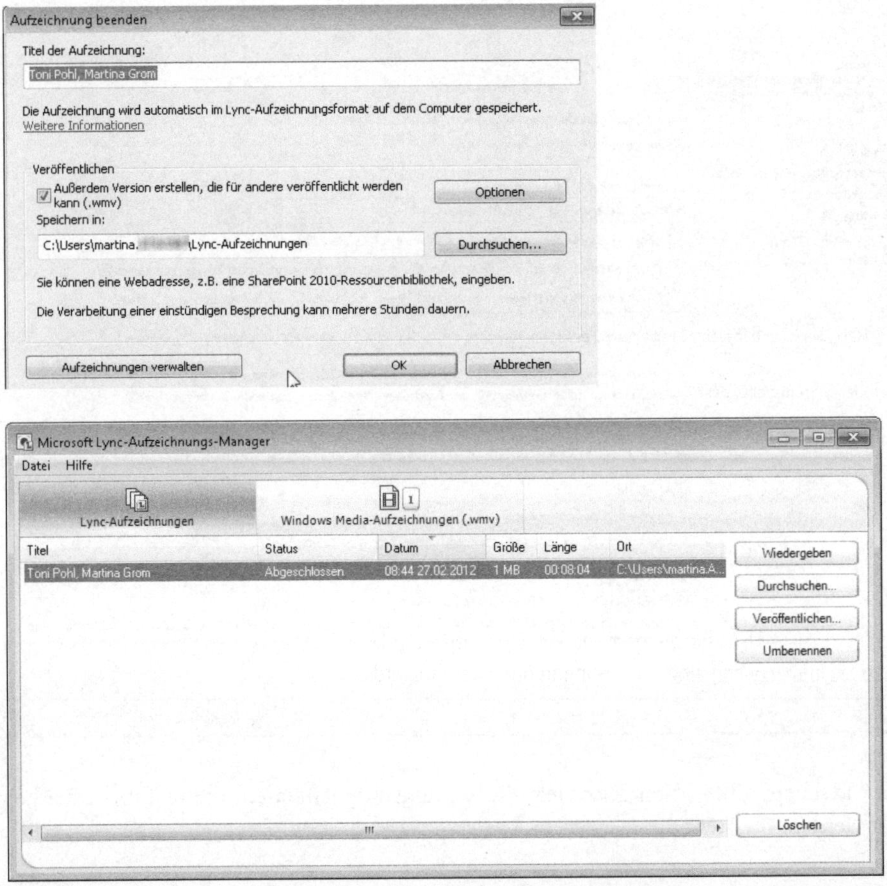

Lync-Optionen einstellen

In den Lync-Optionen gibt es weitere, sehr nützliche Einstellungen. Diese rufen Sie über das Menü zur Symbolschaltfläche *Optionen* auf. Wählen Sie hier den Untermenübefehl *Extras/Optionen.*

Abbildg. 5.29 Optionen in Lync aufrufen

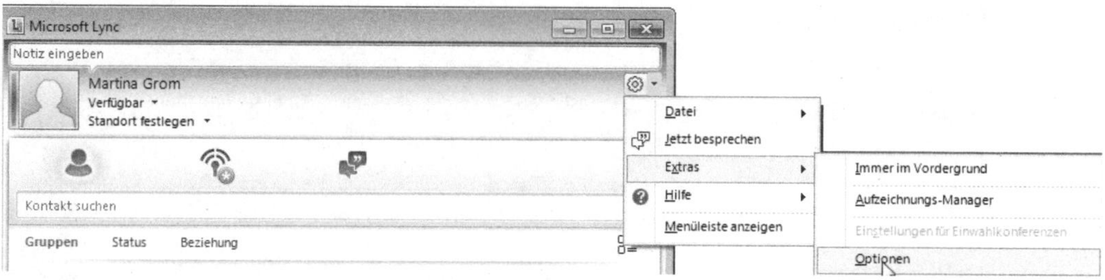

Sobald das Fenster mit den Optionen geöffnet wird, finden Sie hier alle Einstellungsmöglichkeiten, die Ihnen der Client bietet.

Abbildg. 5.30 Die vielen Lync-Optionen, die zur Verfügung stehen

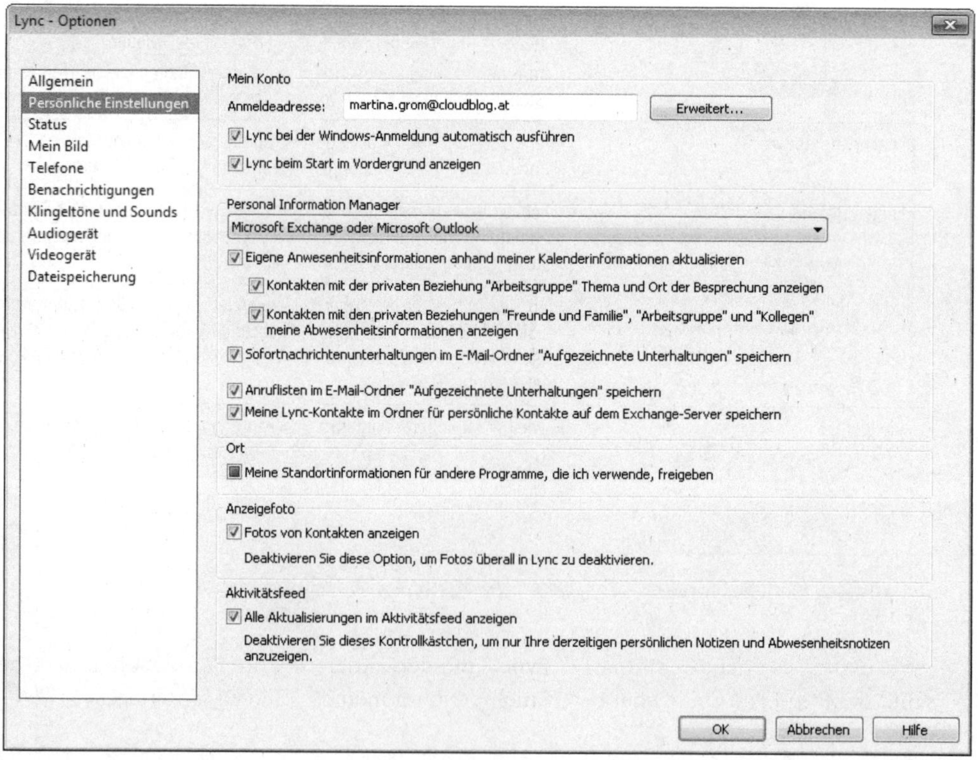

Wie Sie sehen, gibt es hier sehr viele Einstellungsmöglichkeiten, die in Tabelle 5.2 zusammengefasst werden.

Tabelle 5.2 Lync-Optionen, kurz und knapp erklärt

Kategorie	Inhalt
Allgemein	Hier finden Sie Einstellungen zur verwendeten Schriftart, welche Sprache Sie verwenden, ob Emoticons angezeigt werden. Zusätzlich können Sie hier die Protokollierung aktivieren und einstellen, ob Lync im Infobereich der Taskleiste oder im Benachrichtigungsbereich minimiert wird.
Persönliche Einstellungen	Hier finden Sie die Einstellungen zu Ihrer Anmeldeadresse und können festlegen, ob Lync beim Windows-Start automatisch gestartet wird. Außerdem finden Sie hier die Einstellungen zum »Personal Information Manager«, über die Sie festlegen können, ob Ihre Anwesenheitsinformationen mit Ihrem Kalender aus Outlook abgeglichen wurden, welche Daten Ihre Kontakte in unterschiedlichen Beziehungsebenen sehen und ob Sie Sofortnachrichten im E-Mail-Ordner *Aufgezeichnete Unterhaltungen* speichern wollen. Zusätzlich können Sie hier Standortinformationen festlegen und bestimmen, ob Fotos von Kontakten angezeigt werden.
Status	Hier legen Sie fest, wie sich Ihr Status verändert: nach welcher Zeit werden Sie auf *Inaktiv* gesetzt bzw. ab wann werden Sie als *Abwesend* angezeigt.
Mein Bild	Über diese Kategorie haben Sie die Möglichkeit, festzulegen, welches Bild von Ihnen in Lync angezeigt wird. Näheres dazu erfahren Sie im folgenden Abschnitt.
Telefone	Nach Aufruf dieser Kategorie können Sie Ihre Telefoninformationen hinterlegen. Diese Informationen übernimmt Lync aus Ihren Benutzereinstellungen. Sollten also hier die entsprechenden Felder befüllt sein, finden Sie diese hier wieder. Außerdem sehen Sie hier, über welche Quelle Sie an Telefonkonferenzen teilnehmen können, standardmäßig wird Lync vorgeschlagen.
Benachrichtigungen	In den Benachrichtigungen stellen Sie ein, ob und wie Sie benachrichtigt werden wollen. Interessant sind hier die Einstellungen, wie Lync mit *Nicht stören* umgeht.
Klingeltöne und Sounds	Hier stellen Sie Ihren bevorzugten Klingelton ein, wenn Sie über Lync angerufen werden. Darüber hinaus können Sie hier bestimmen, ob Sounds wiedergegeben werden, wenn Ihre Einstellungen auf *Beschäftigt* oder *Nicht stören* gesetzt sind.
Audiogerät	Hier legen Sie fest, welche Audiogeräte verwendet werden, falls es mehrere davon gibt. Nehmen Sie an, Sie haben eine externe Webcam, Headphones und in Ihr Notebook eingebaute Mikrofone und Lautsprecher. Dann stellen Sie hier ein, welches dieser Geräte verwendet werden soll.
Videogerät	Ähnlich wie bei Audiogerät können Sie hier Ihre Videokamera konfigurieren, also beispielsweise die Helligkeit, die Schärfe, den Weißabgleich und vieles mehr einstellen.
Dateispeicherung	In diesem Bereich finden Sie die Einstellungen, an welchem Ort Aufzeichnungen und Dateien, die ausgetauscht werden, gespeichert werden sollen.

Eigenes Profilbild ändern

Wie nett ist es doch, wenn man in Lync (und den anderen Office 365-Anwendungen) gleich sein Bild sieht! In Lync Online haben Sie mehrere Optionen, Ihr Bild zu hinterlegen.

Abbildg. 5.31 Das eigene Bild in Lync hinterlegen

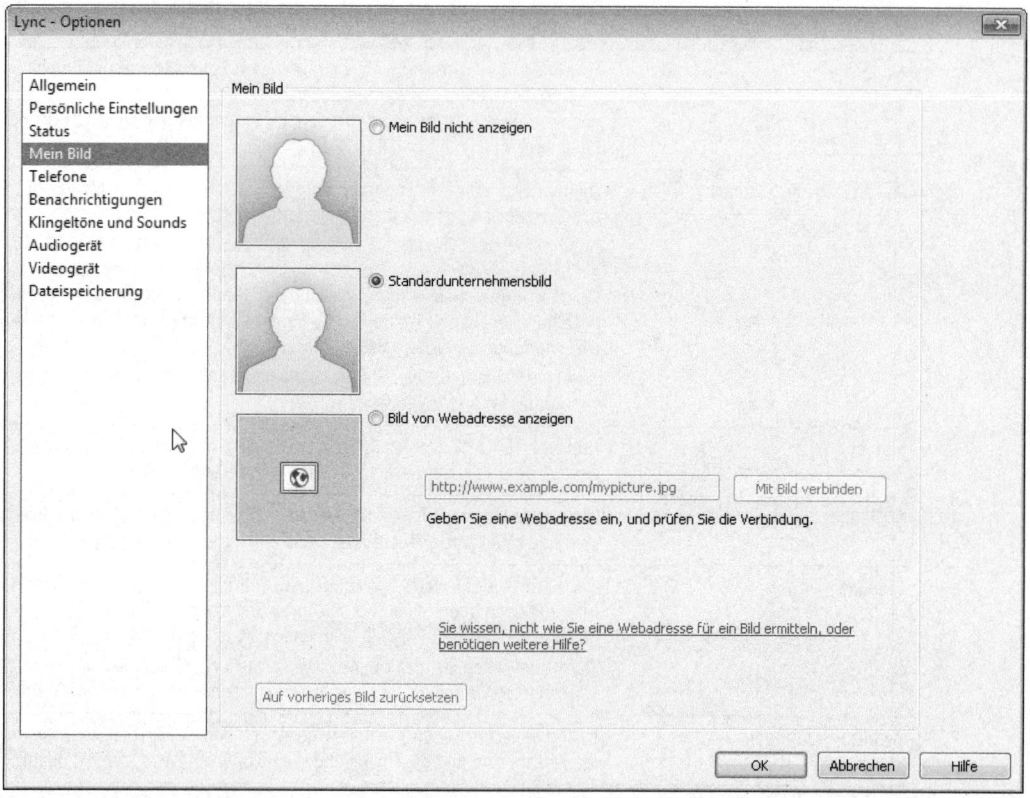

Drei Optionen stehen zur Verfügung. Entweder Sie legen fest, dass kein Bild angezeigt werden soll (dann bleibt es bei der Schablone) oder Sie verwenden das Standardunternehmensbild oder Sie verwenden ein Bild von einer Websiteadresse.

Um das Bild von einer Webadresse zu verwenden, geben Sie einfach in den Optionen den Link zu Ihrem Bild an. Damit wird dieses Bild immer in Lync Online angezeigt.

Abbildg. 5.32 Bild von Webadresse einfügen

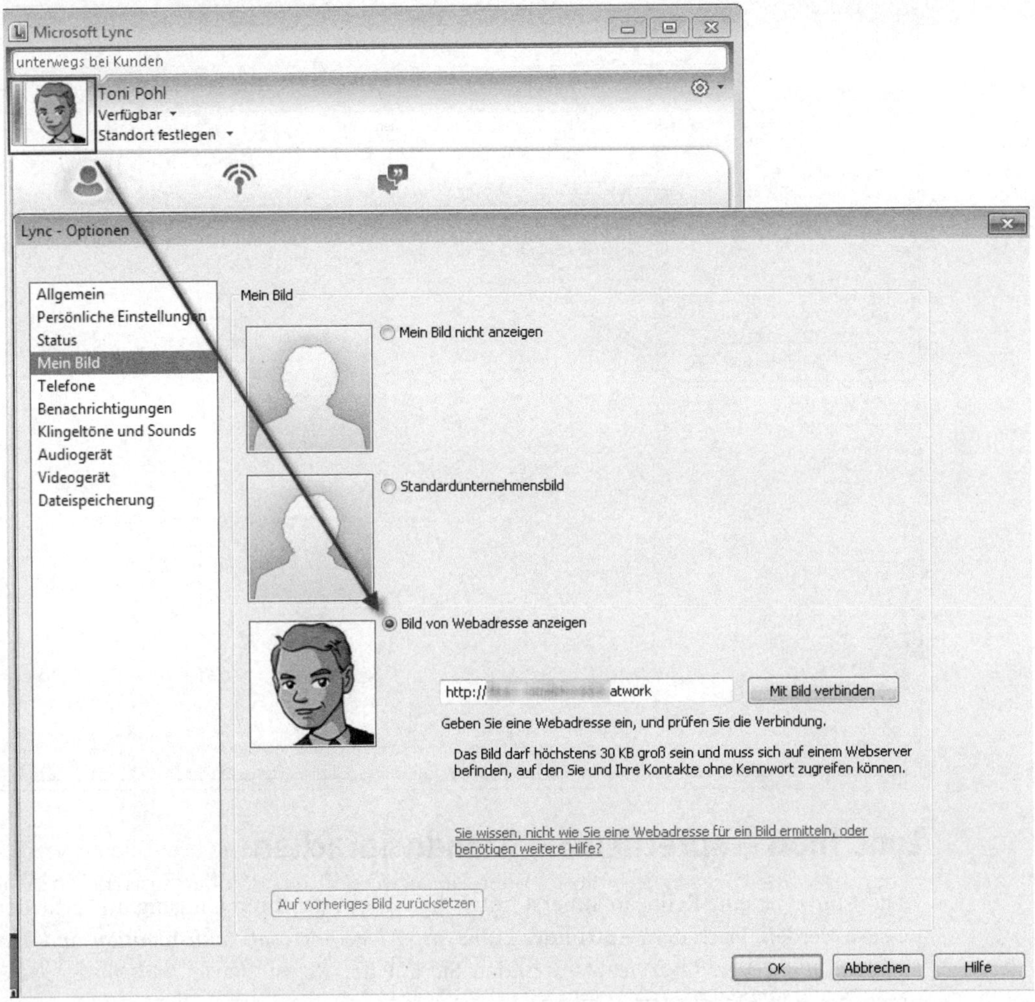

HINWEIS Die Option *Standardunternehmensbild* steht Ihnen im E-Plan zur Verfügung. Hier haben Sie die Möglichkeit, in SharePoint Online unter *MySites* Ihr Bild zentral zu hinterlegen.

Lync-Chataufzeichnung in Outlook

Lync Online zeichnet Ihre Chats in Outlook auf. Diese Möglichkeit können Sie in den Optionen umstellen. Sie finden in Outlook Web App einen Ordner *Aufgezeichnete Unterhaltungen*.

Abbildg. 5.33 Lync-Aufzeichnungen von Chats in Outlook Web App

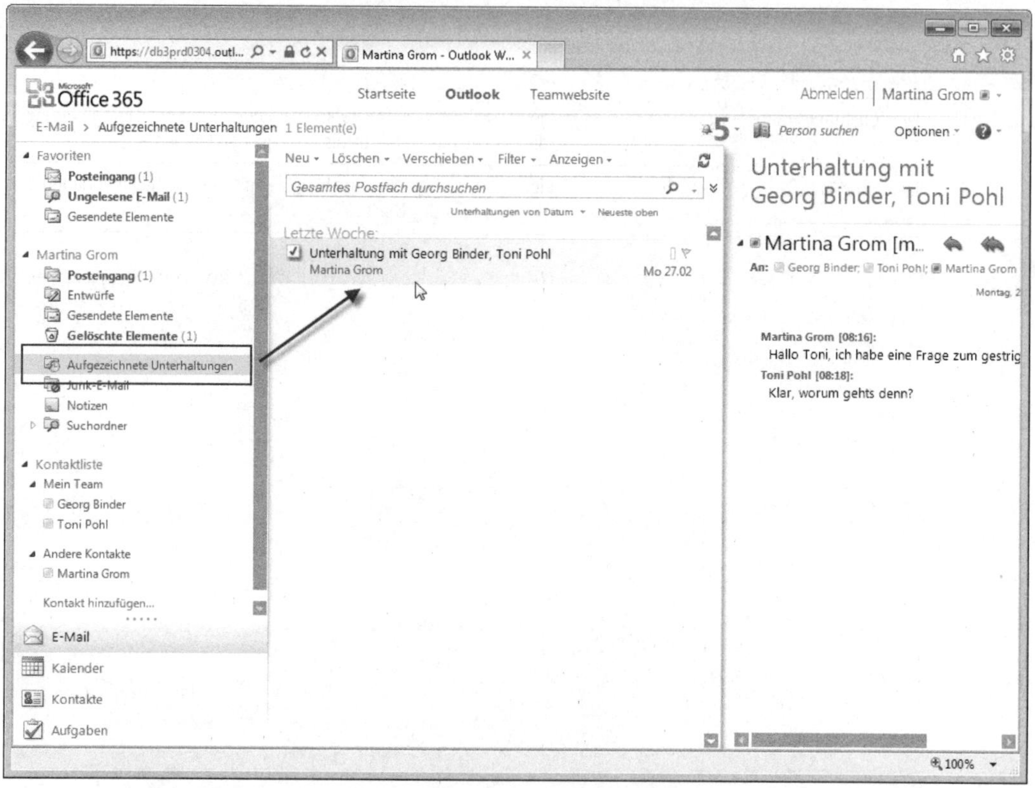

Lync Tools – sprechen Sie fremde Sprachen

Es gibt für Lync eine Reihe an äußerst nützlichen Tools, die Ihren Umgang mit Lync deutlich verbessern werden. Nach dem Aufruf des Links *http://lync.microsoft.com/Adoption-and-Training-Kit/tools-and-apps/Pages/Overview.aspx* finden Sie auf der Registerkarte *Tools und Apps* eine Reihe nützlicher Add-Ons für Lync Online.

Tabelle 5.3 Lync Tools im Überblick

Tool	Funktion
IM an Expert	Automatisch einen Experten über Lync finden. Lync findet dabei automatisch Experten zu einer bestimmten Fragestellung innerhalb des Unternehmens.
Conversations Analyzer	Der Analyzer identifiziert das Vorkommen von Wörtern, die einen positiven oder negativen Effekt auf Vertrauensbildung haben. So erhalten Sie Ihren eigenen Vertrauensscore.
Conversation Translator	Echtzeitübersetzung in viele angebotene Sprachen. Verwendet wird hier der Microsoft Translator Webservice.
Information Dashboard	Zeigt Informationen zum Standort des Gesprächspartners an, wie z.B. das aktuelle Wetter. Damit kann der Smalltalk über das Wetter beginnen!

Tabelle 5.3 Lync Tools im Überblick *(Fortsetzung)*

Tool	Funktion
Tabbed Conversations	Tabs für Lync, damit werden mehrere Chatfenster in übersichtlicher Tabansicht dargestellt
Lync Custom Intranet Site	Seine eigene Lync-Onlinehilfe bauen. Hier finden Sie bereits fertige Vorlagen, Links und Videos, die Sie nach Ihren Bedürfnissen anpassen können.
Lync How-to	Seinen eigenen Lync-Trainingskurs bauen – mit einer Reihe an Vorlagen und Kategorien. Damit erleichtern Sie den Start.

Der Conversation Translator hat es mir besonders angetan. Damit können Sie Gespräche in unterschiedliche Sprachen übersetzen lassen. Ist vielleicht nicht perfekt, kann aber ungemein helfen.

Sobald dieses Add-On installiert wurde, haben Sie die Möglichkeit, dies über Lync hinzuzuschalten.

Abbildg. 5.34 Der Conversation Translator

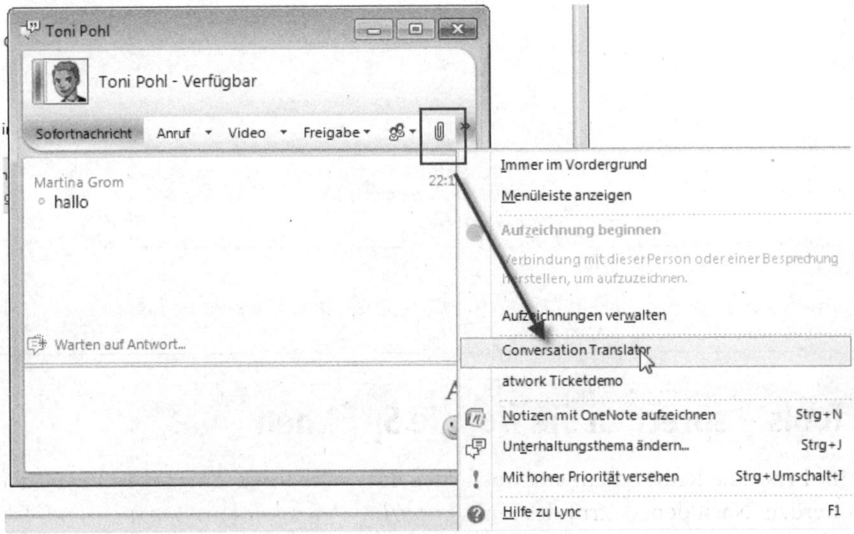

Hier können Sie die Sprachen einstellen.

Abbildg. 5.35 Sprachoptionen im Conversation Translator einstellen

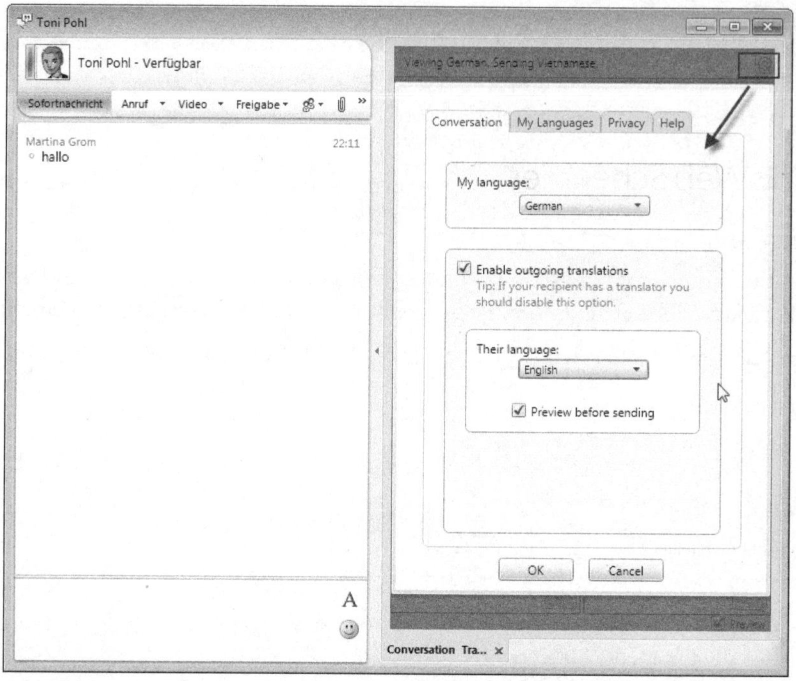

Nun können Sie im linken Bereich Ihren Text eingeben und übersetzen lassen.

Abbildg. 5.36 Übersetzungen mit dem Conversation Translator machen Spaß!

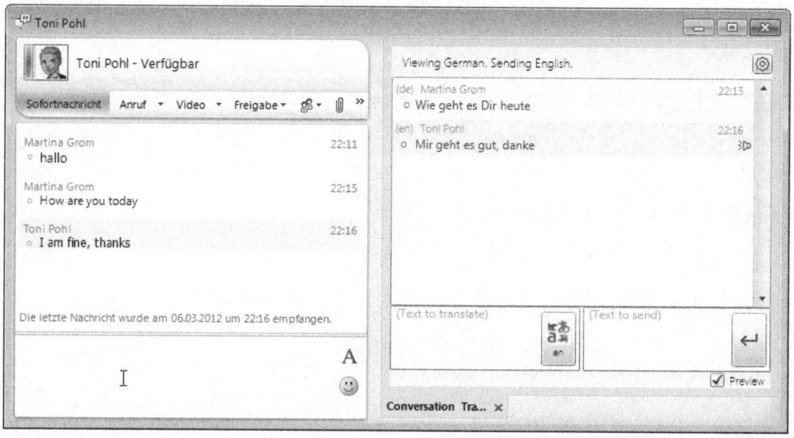

Lync Online Web Scheduler

Ein besonderer Vorteil von Lync Online ist, dass Sie sofort mit Personen innerhalb, aber auch außerhalb Ihres Unternehmens kommunizieren können. Über dieses praktische Onlinetool können Sie Besprechungen online stellen und dort verwalten. Dies hilft Ihnen enorm bei der Kommunikation mit anderen Teilnehmern.

Der Lync Online Web Scheduler lässt sich über *https://sched.lync.com/* aufrufen.

Abbildg. 5.37 Der Lync Online Web Scheduler

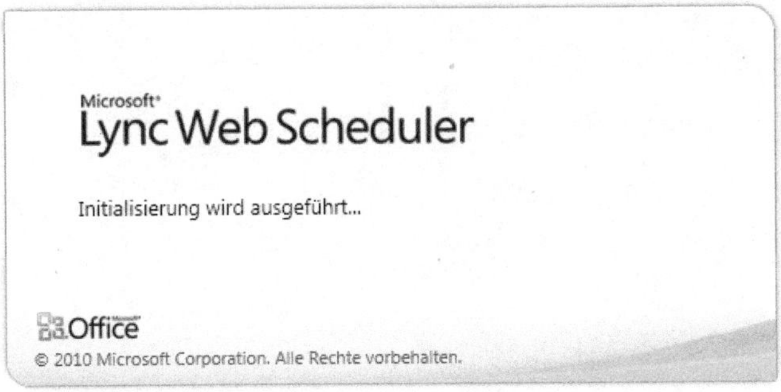

In dem praktischen Onlinetool können Sie Besprechungen erstellen und unterschiedliche Optionen einstellen.

Abbildg. 5.38 Eine neue Besprechung erstellen

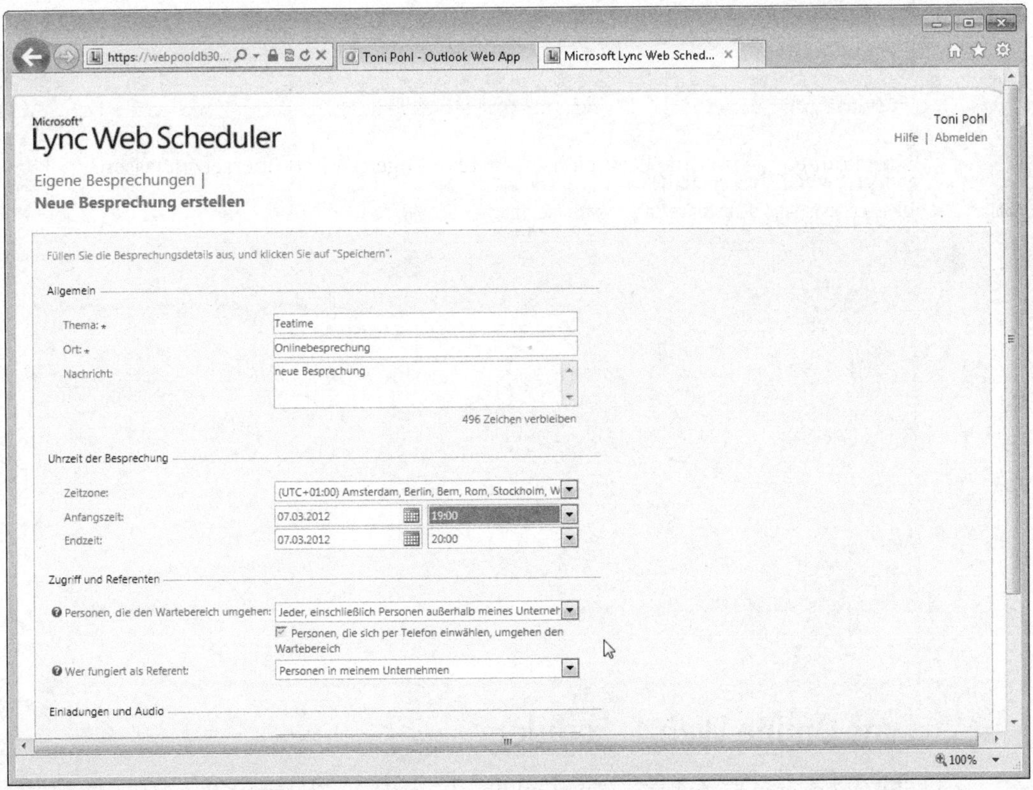

Sobald die Besprechung erstellt wurde, können Sie den generierten Link per E-Mail versenden.

Abbildg. 5.39 Lync Online-Besprechungen

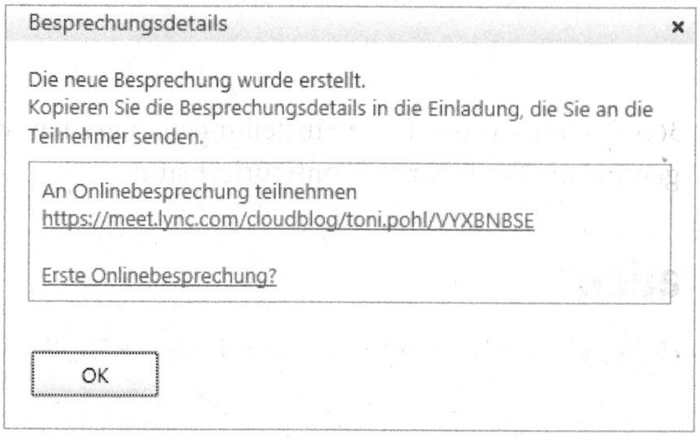

Die dann erstellten Besprechungen werden übersichtlich dargestellt und können als iCal geöffnet, verändert oder gelöscht werden.

HINWEIS iCal ist ein Standardkalenderformat, welches von den meisten elektronischen Kalendern interpretiert werden kann.

Abbildg. 5.40 Der Lync Web Scheduler zeigt alle Besprechungen übersichtlich an

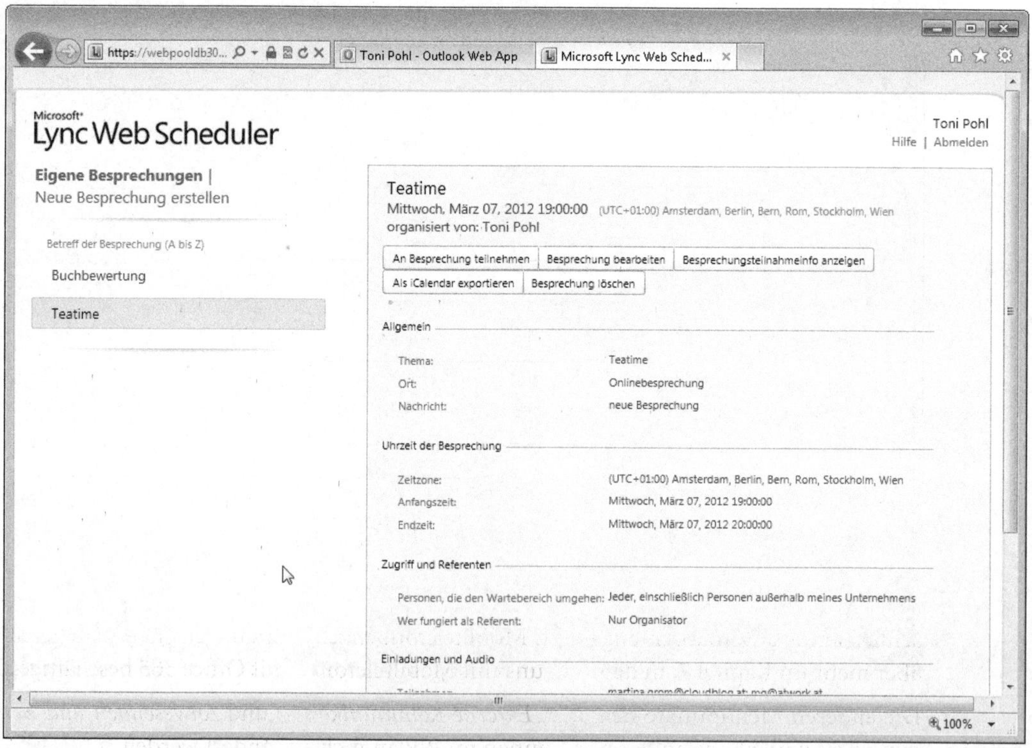

Konfigurationsmöglichkeiten für Lync Online im P-Plan für Administratoren

Administratoren können im Office 365-P-Plan auf die Lync-Einstellungen zugreifen, obwohl in diesem Plan bereits einige Einstellungen für die Benutzer vorkonfiguriert sind.

Einstieg in die Administration

Der Einstieg in die Administration erfolgt wie bisher über *https://portal.microsoftonline.com.*

Abbildg. 5.41 Einstieg in die Administrationsoberfläche

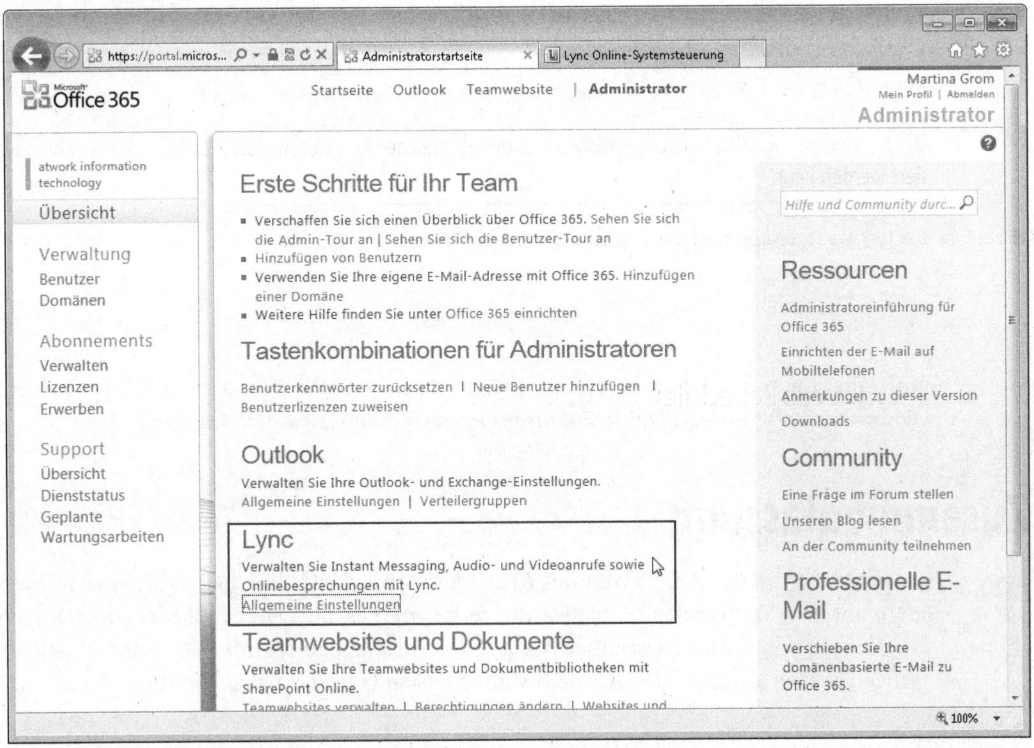

Sie sehen hier sofort, welche der Einstellungen bereits für alle Benutzer gesetzt sind. Die externe Kommunikation bezeichnet hierbei eine sogenannte Federation mit anderen Lync- und Instant Messaging-Systemen. Diese ist im P-Plan standardmäßig bereits aktiviert. Ebenso werden Anwesenheitsinfos automatisch angezeigt. Mobiltelefonbenachrichtigungen sieht man genauso – dazu aber mehr im Kapitel 7, in dem wir uns mit Mobiltelefonen mit Office 365 beschäftigen.

Die anderen Menüpunkte *Benutzer, Externe Kommunikation* und *Anwesenheit und Benachrichtigungen* sind nicht anwählbar und können im P-Plan nicht verändert werden.

Lizenzbeschränkungen bei Lync Online

In manchen Ländern gelten Lizenzbeschränkungen bei Lync Online. Diese sind abhängig vom Benutzerstandort und gelten z.B. für Deutschland und die Schweiz, jedoch nicht für Österreich. Konkret bedeutet dies, dass Sie, bei einem Benutzerstandort in der Schweiz oder in Deutschland nur 1:1-Audio in Lync zur Verfügung haben. 1:1 Audio bedeutet, dass nur zwei Personen direkt kommunizieren können. Diese Beschränkungen gelten aufgrund rechtlicher Rahmenbedingungen in diesen Ländern.

Abbildg. 5.42 Lizenzbeschränkungen

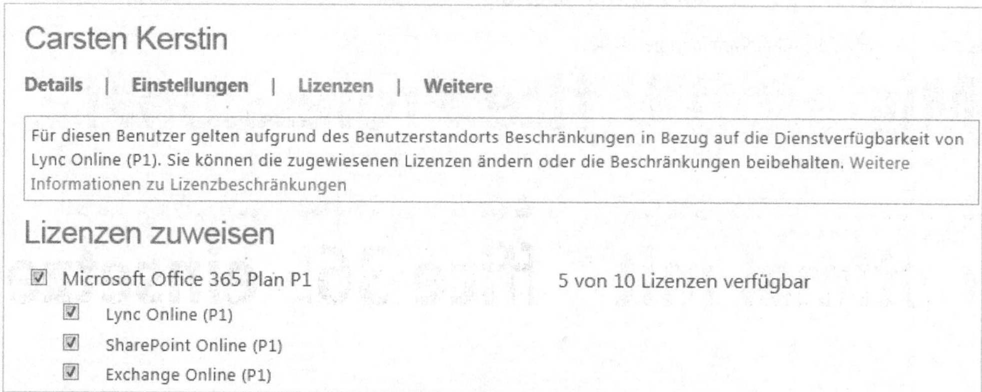

Informationen zu Lizenzbeschränkungen können Sie unter diesem Link nachlesen: *http://www.microsoft.com/de-de/office365/licensing-restrictions.aspx#fbid=xbJuBrgZMzb.*

Zusammenfassung

Willkommen in der neuen Welt des Arbeitens! Mit Lync Online haben Sie ein Werkzeug in Händen, mit dem Sie täglich arbeiten werden, erleichtert es die Kommunikation doch ungemein. Egal, wie Sie zugreifen, es stehen Ihnen Werkzeuge zur Verfügung, mit denen Sie schnell Videokonferenzen starten können, ebenso wie Instant Messaging und VoIP-Telefonie.

Kapitel 6

Microsoft Office Professional Plus: Mieten statt kaufen und optimal mit Office 365 einsetzen

In diesem Kapitel:

Anzug oder Jeans? Krawatte oder Schal? Dunkel oder Hell? Auf solche Fragen gibt es immer eine passende Antwort: Es kommt darauf an. Je nach Situation und Verfügbarkeit empfiehlt sich mal die eine und mal die andere Variante. Mit Software ist es heutzutage genauso.

Das waren noch Zeiten, als man einen Computer sowie die dazugehörige Software gekauft und diese von Diskette oder CD installiert hat. Heute läuft dieser Prozess viel dynamischer ab. Moderne Apps für Smartphones und Desktopcomputer aus dem Internet oder einem App-Store sind per Klick installiert und können direkt verwendet und auch rasch wieder entfernt werden. Alles ist flexibler und schneller geworden. Ein riesiges Softwareangebot und Cloud-Dienste machen dies möglich.

Wussten Sie, dass im Unternehmensumfeld etwa 50 % aller gekauften Software niemals genutzt werden? Nicht nur, weil die Funktionsvielfalt in moderner Software oft enorm ist – wer kennt schon alle Funktionen beispielsweise von Microsoft Excel? – sondern schlichtweg, weil häufig Software-Pakete gekauft, aber niemals eingesetzt oder installiert wurden. Ich kenne Unternehmen, die überlizenziert sind, und andere, die unterlizenziert sind. Manchmal beschließen Firmen, eine Software-Version zu überspringen oder es gibt eine Entscheidung, eine andere Software als die bereits vorhandene einzusetzen. Auch schaffen Fachabteilungen manchmal eigene Software an, obwohl sie die Funktionalität mit bestehender Software umsetzen könnten, oder einfach weil sie nicht wissen, dass sie bestimmte Software haben oder anfordern können. Es gibt viele solche Beispiele. Der Bedarf an Software ist also ebenso dynamisch.

Mit den Microsoft Cloud Services ist es möglich, Microsoft Office Professional Plus zu mieten. Ja, Sie haben richtig gelesen. Mit dieser neuen Lizenzform können Sie Microsoft Office Professional Plus mieten: Dies umfasst die Microsoft-Produkte Word, Excel, PowerPoint, Access, OneNote, Outlook, Publisher, InfoPath, SharePoint Workspace und Lync. Monatlich zu einem Fixpreis. Auf den ersten Blick mag es sein, dass es sich nicht auszahlt, Office zu »mieten«. Bei näherer Betrachtung und Kalkulation ist es jedoch durchaus lohnenswert. Das angebotene Office-Paket entspricht der Volumenlizenz bzw. dem Paket, welches Sie im Handel als Office Professional Plus erwerben können. Preislich sind bei einer Miete die Kosten gleichmäßig über die Nutzungsdauer verteilt. Zudem erhalten Sie für neue Versionen automatisch das Recht, diese ebenso zu verwenden. Ich kann Ihnen an dieser Stelle nur empfehlen, sich hier bei einer Kaufentscheidung von einem Online-Services-Partner beraten zu lassen.

»Pay as you need«: Office Professional Plus können Sie als gemietete Software auf bis zu fünf Computern einsetzen. Ein weiterer Vorteil ist die Berechtigung, automatisch neue Softwareversionen zu beziehen, also ein Upgrade auf die letzte Produktversion vorzunehmen.

In diesem Kapitel erfahren Sie, wie Sie Office Professional Plus einsetzen können, wofür die einzelnen Programmpakete nützlich sind, wie Sie Outlook optimal in die Zusammenarbeit einbinden und wie Sie mit SharePoint Workspace Ihre SharePoint-Daten auch offline immer dabei haben. Ich werde kurz auf die einzelnen Programme eingehen, jedoch keine vollständige Beschreibung des Office-Pakets liefern.

Natürlich können Sie Office 365 auch mit einer im Handel erworbenen Version von Office 2010 verwenden. Office 365 unterstützt auch Office 2007. In diesem Fall überspringen Sie einfach den Installationsteil und fahren mit dem Office 365-Desktopsetup fort.

Office Professional Plus dem Abonnement hinzufügen

Office Professional Plus ist entweder als Teil des Enterprise-Plans bereits in einem Office 365-Abonnement enthalten (es ist bei E3 und E4 inkludiert) oder das Office-Paket kann als Einzelprodukt dem bestehenden Abonnement hinzugefügt werden – sowohl beim E-Plan als auch beim P-Plan. Es ist sogar möglich, Office Professional Plus alleine zu mieten, ganz ohne ein anderes Produkt aus der Office 365-Familie.

Um das Produkt dem Abonnement hinzuzufügen, steigt zunächst der Administrator unter *http://portal.microsoftonline.com* ein und klickt in der Navigationsleiste unter der Überschrift *Abonnements* auf den Link *Erwerben*. Daraufhin wird die Office Professional Plus-Version mit dem – je nach Lizenzmodell – derzeit gültigen Preis angezeigt.

Abbildg. 6.1 Office Professional Plus dem Abonnement hinzufügen

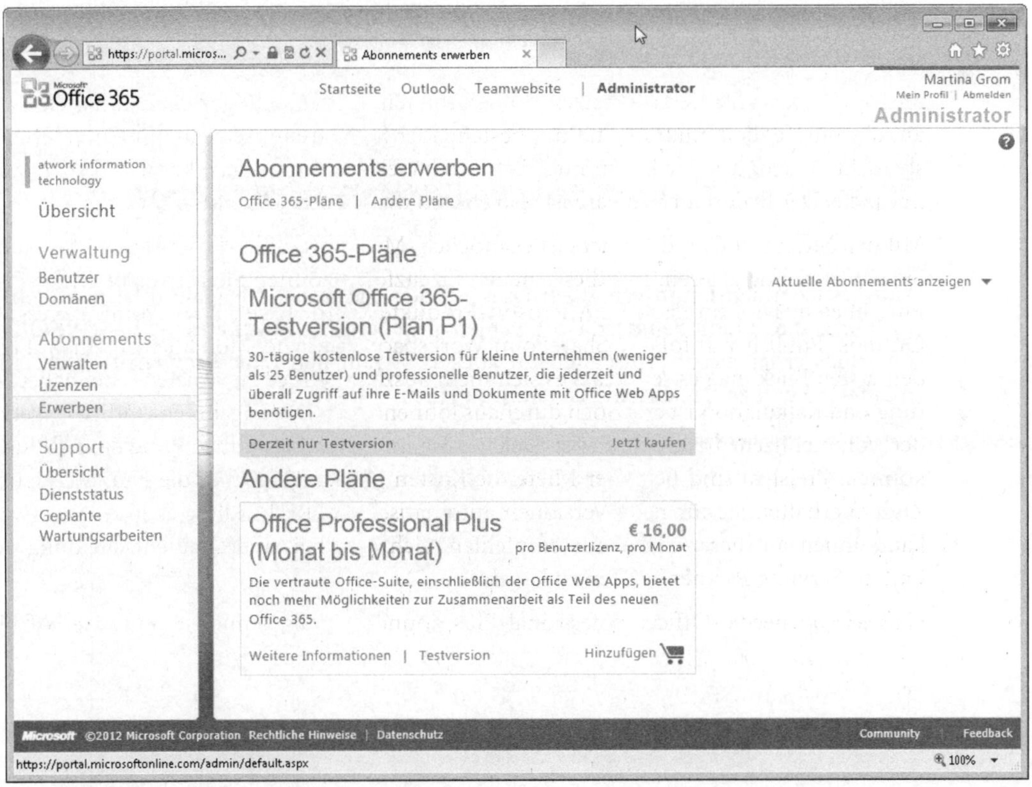

In unserem Fall füge ich die Testversion hinzu, nach 30 Tagen Testphase können wir das dann in ein kostenpflichtiges Abonnement umwandeln.

Die Lizenzen stehen sofort zur Verfügung. Damit diese von den Benutzern verwendet werden können, müssen sie zunächst zugeordnet werden.

Abbildg. 6.2 Lizenzen zuweisen

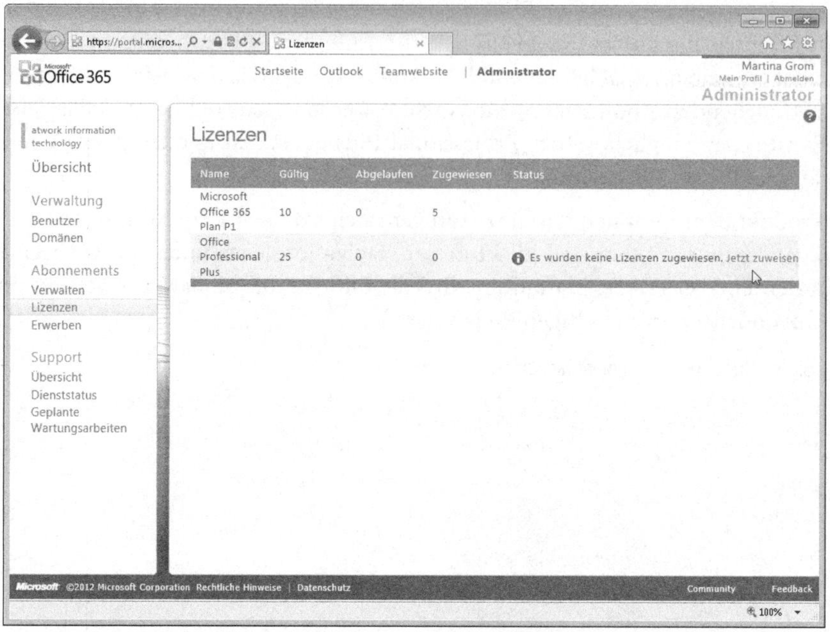

Um Lizenzen den Benutzern zuzuweisen, klicken Sie in der Navigationsleiste im Abschnitt *Verwaltung* auf den Link *Benutzer*. Dort wählen Sie jene(n) Benutzer aus, der bzw. die Office Professional Plus erhalten soll. Anschließend klicken Sie auf den Link *Bearbeiten*. Auch eine Auswahl mehrerer Benutzer gleichzeitig ist damit möglich.

Abbildg. 6.3 Mehrere Benutzer auswählen und dann auf *Bearbeiten* klicken

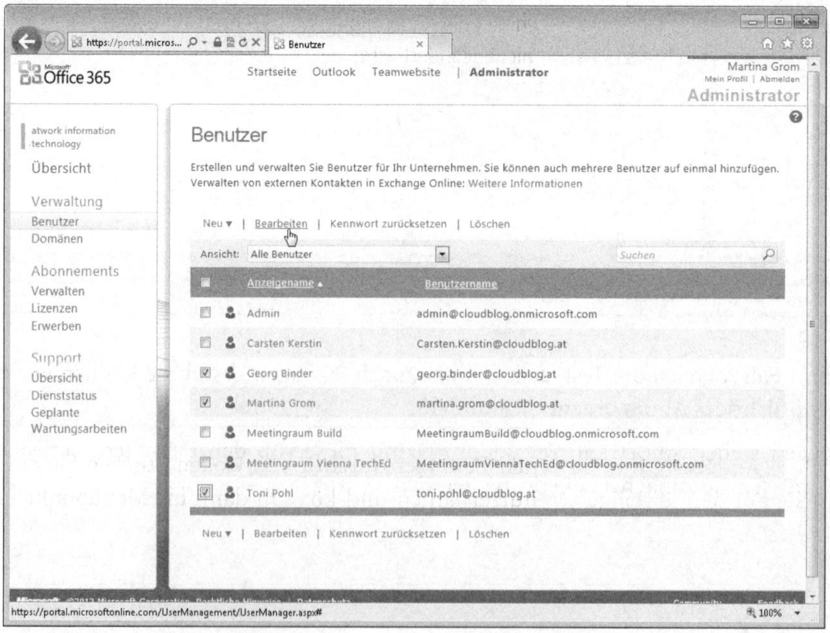

Im darauf folgenden Dialogfeld klicken Sie so lange auf weiter, bis Sie zum Fenster *Lizenzen zuweisen* gelangen. Dort wählen Sie die Option *Zu vorhandenen Lizenzzuweisungen hinzufügen* aus und aktivieren zusätzlich das Kontrollkästchen *Office Professional Plus.*

Abbildg. 6.4 Lizenz einem vorhandenen Abo hinzufügen

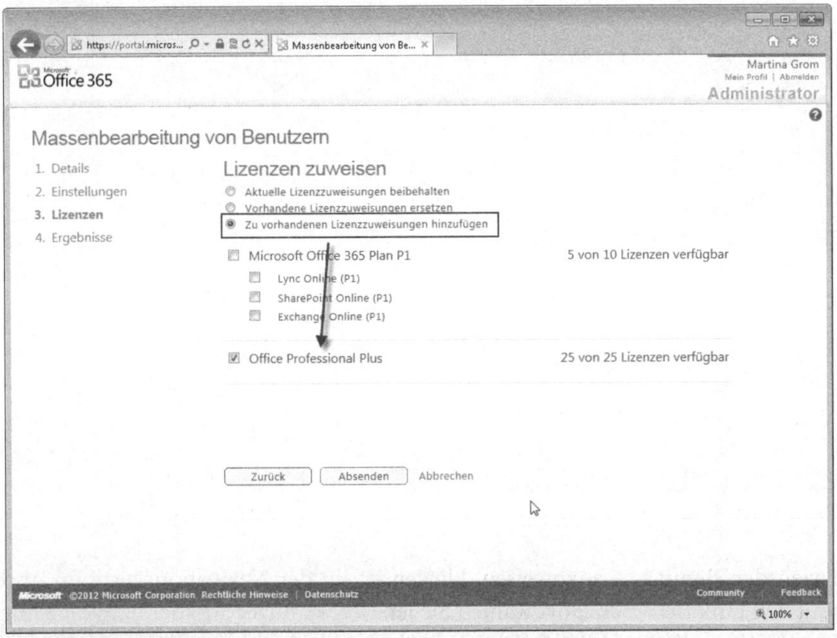

ACHTUNG Wenn Sie einen Benutzer bearbeiten möchten, mit dem Sie gerade angemeldet sind, erhalten Sie möglicherweise eine Fehlermeldung, da bei diesem Benutzer keine Änderungen vorgenommen werden können. In diesem Fall melden Sie sich bitte ab und nehmen die Änderung an den Lizenzen mit einem Benutzer vor, der ebenfalls Administrationsrechte besitzt und der nicht geändert wird.

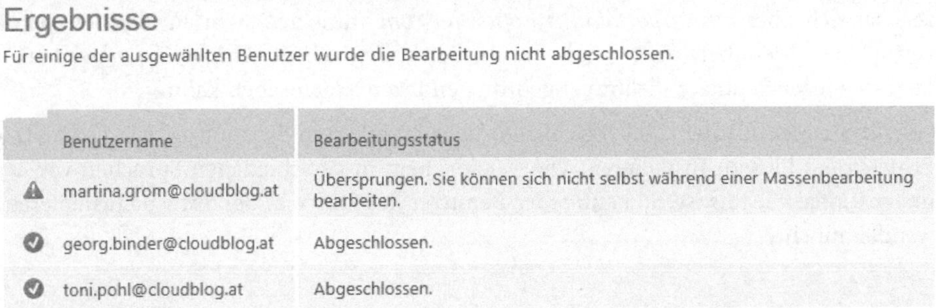

Ergebnisse

Für einige der ausgewählten Benutzer wurde die Bearbeitung nicht abgeschlossen.

Benutzername	Bearbeitungsstatus
martina.grom@cloudblog.at	Übersprungen. Sie können sich nicht selbst während einer Massenbearbeitung bearbeiten.
georg.binder@cloudblog.at	Abgeschlossen.
toni.pohl@cloudblog.at	Abgeschlossen.

Wenn Sie die Änderung nur für einen Benutzer durchführen wollen, klicken Sie einfach in der Benutzerliste auf den jeweiligen Benutzernamen und können dann im Menüpunkt *Lizenzen* die Lizenz zuweisen.

Abbildg. 6.5 Die Office Professional Plus-Lizenz einem Benutzer zuweisen

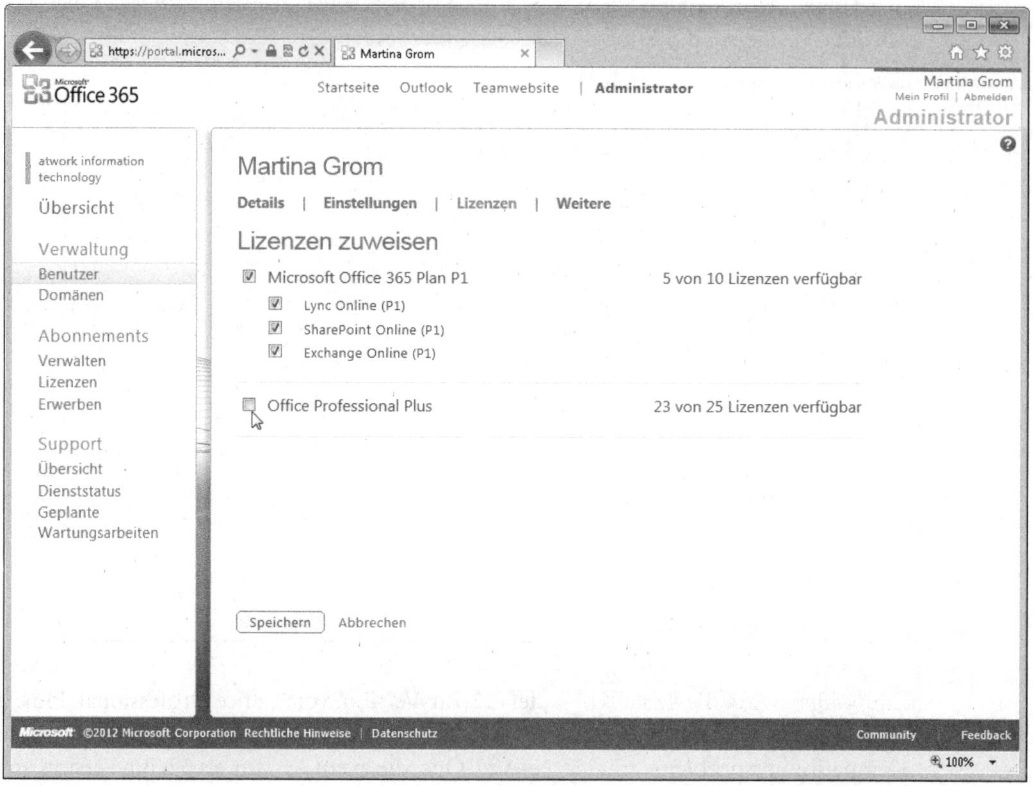

Office Professional Plus installieren und einrichten

Office 365 ist so konzipiert, dass die Benutzer ein Maximum an Flexibilität erhalten. Jeder Benutzer, der sich über *https://portal.microsoftonline.com* anmeldet, sieht auf der Startseite die für ihn verfügbaren Menübefehle. So steht jedem Benutzer auch der Punkt *Downloads* zur Verfügung, über den jeder Benutzer die ihm zugeordneten Lizenzen einsehen kann.

Sobald Sie hier auf den Link *Downloads* klicken, erhalten Sie nun die Möglichkeit, auch Office Professional Plus zu installieren. Die Version liegt in verschiedenen Sprachen vor, was ideal für internationale Teams ist. So kann jeder Benutzer das Office in der Sprache installieren, die er verwenden möchte.

Abbildg. 6.6 Der Link *Downloads* führt zu einem Self-Service-Portal für die Installation

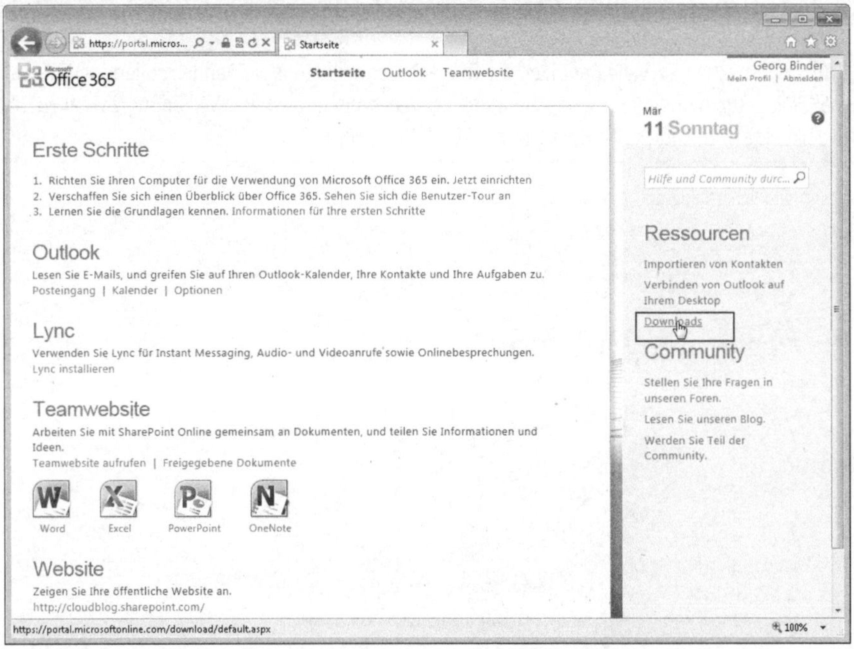

Empfohlen wird die Installation der 32-Bit-Version von Office Professional Plus. Bleiben Sie dabei, auch wenn Sie über ein 64-Bit-Betriebssystem verfügen. Damit vermeiden Sie eventuelle Kompatibilitätsprobleme mit Office-Add-Ons, die eventuell nur als 32-Bit-Version vorliegen.

Abbildg. 6.7 Office Professional Plus auswählen

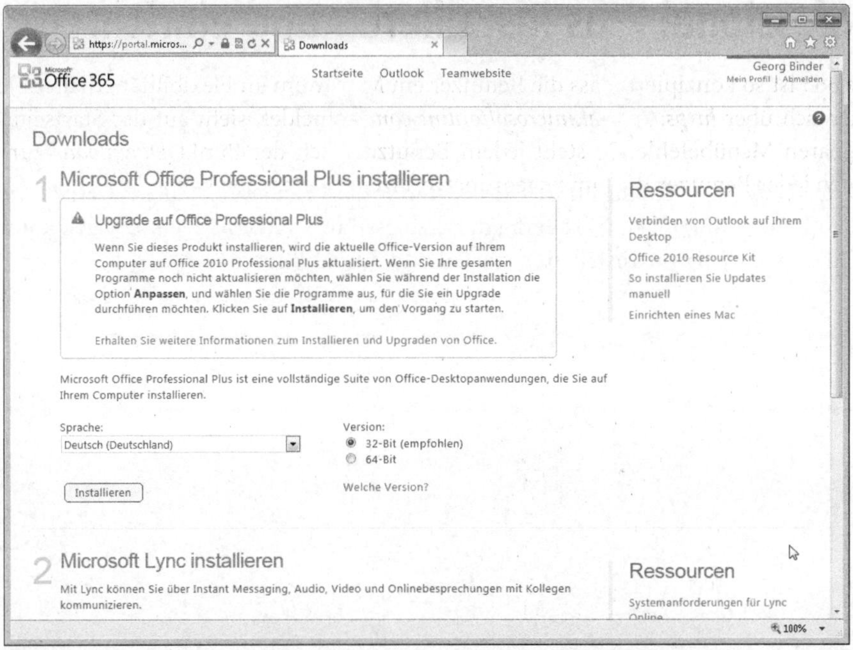

Sobald Sie die Schaltfläche *Installieren* ausgewählt haben, wird das Setup von Office aufgerufen. Dazu wird zuerst die Installationsdatei auf den lokalen PC geladen und von dort aus aufgerufen.

HINWEIS Verwalten Sie viele Benutzer, die Office Professional Plus verwenden sollen, ist es ratsam, das Office Professional Plus-Setup einmal herunterzuladen und dann allen Benutzern zur Verfügung zu stellen, da die Installationsdatei doch eine beträchtliche Größe von rund 700 MB aufweist.

Abbildg. 6.8 Office Professional Plus installieren

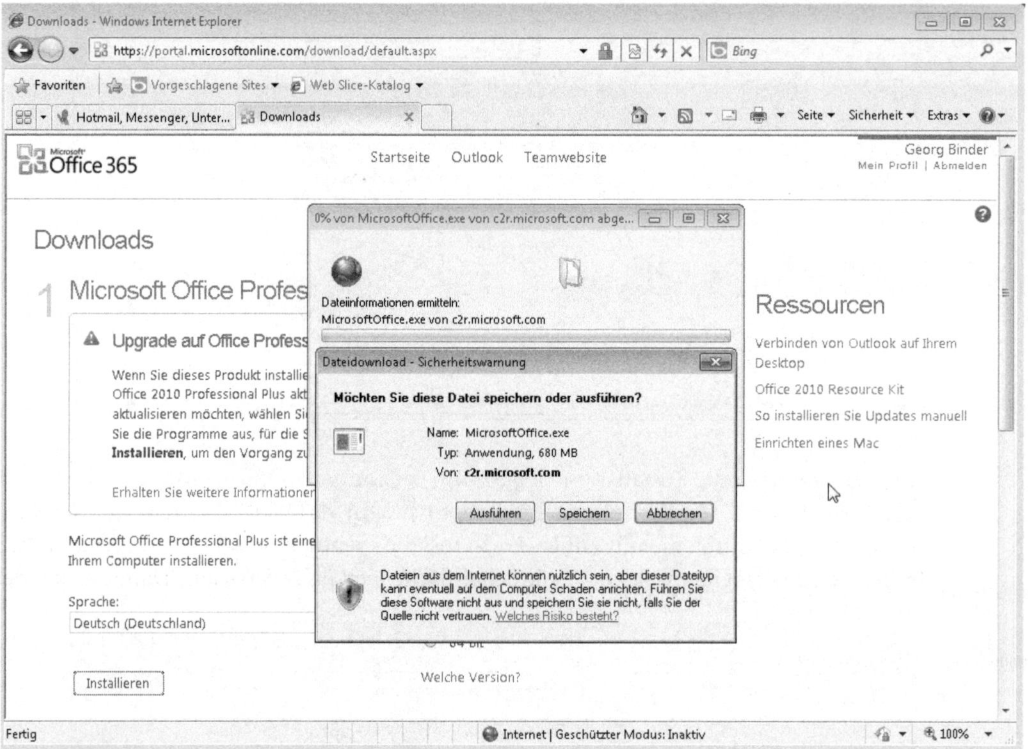

Sobald der Download durchgeführt wurde, startet die Installation. Zuerst werden Sie aufgefordert, die Lizenzbedingungen vollständig durchzulesen und zu bestätigen. Danach können Sie mit einem Klick auf *Weiter* die Installation starten und durchführen lassen.

Abbildg. 6.9 Installation von Office Professional Plus beginnen

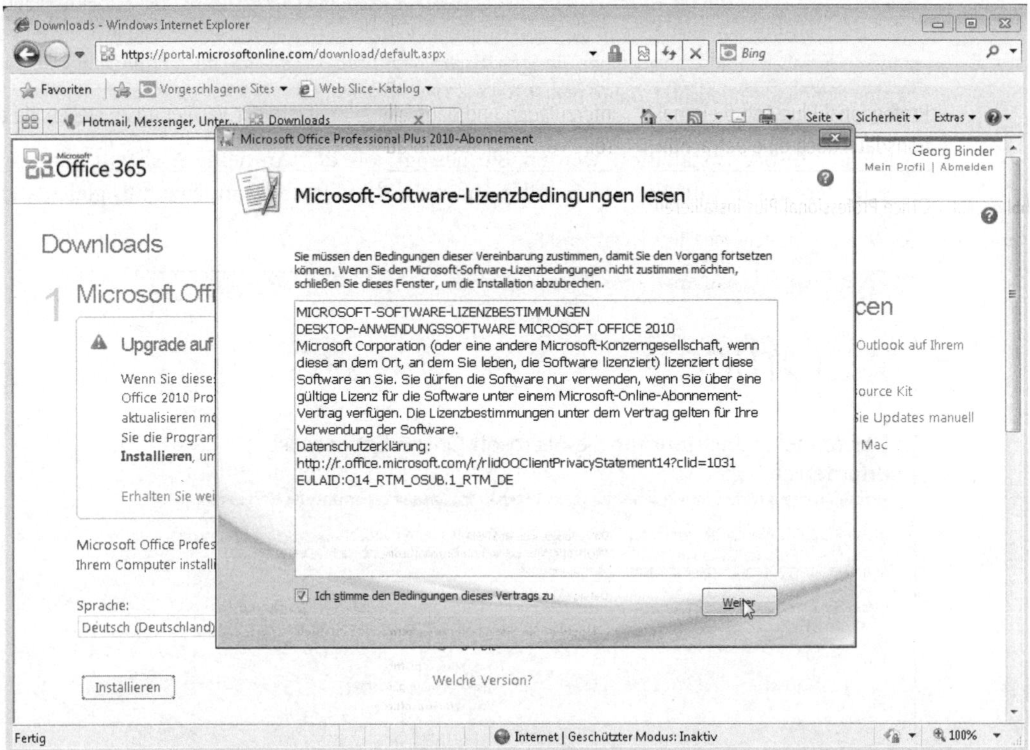

Im nächsten Dialogfeld wählen Sie die Schaltfläche *Jetzt installieren* aus. Damit startet der Installationsvorgang.

Abbildg. 6.10 Installation starten

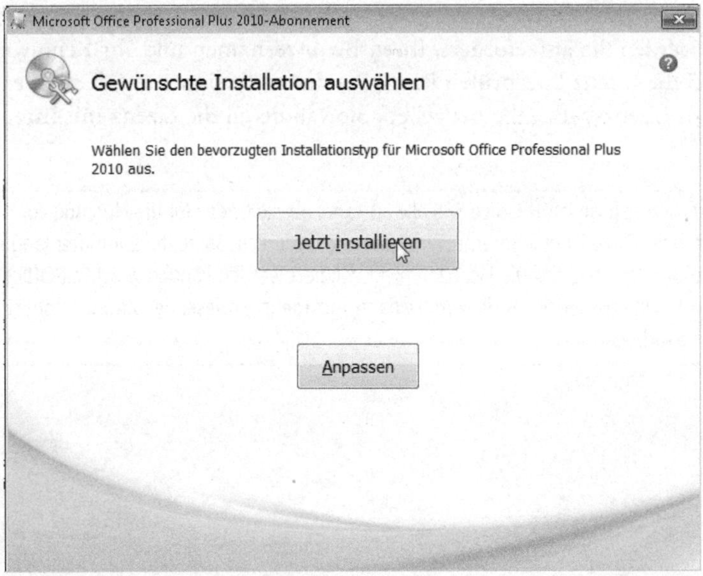

HINWEIS Die Option *Anpassen* gibt Ihnen die Möglichkeit, die Office Professional Plus-Installation nach Ihren Wünschen anzupassen. Hier können Sie dann festlegen, einzelne Programmteile nicht zu installieren oder eine vollständige Installation auswählen. Über die Schaltfläche *Jetzt installieren* wird Office Professional Plus mit den gängigsten Optionen eingerichtet. Daher habe ich diese Option gewählt.

Nach der Office-Installation werden Sie gefragt, ob der Anmelde-Assistent für die Microsoft Online Services installiert werden soll. Führen Sie diese Installation ebenfalls gleich aus.

Abbildg. 6.11 Der Anmelde-Assistent von Office Professional Plus

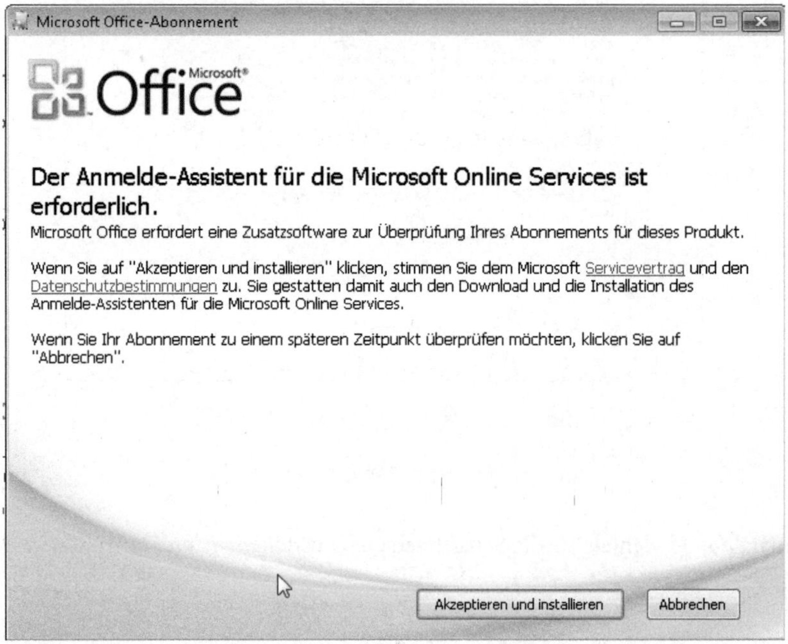

Im nächsten Schritt werden Sie aufgefordert, Ihren Benutzernamen und Ihr Kennwort einzugeben, damit Office 365 die Lizenz überprüfen kann. Bei dieser Version von Office ist es nicht notwendig, einen eigenen Lizenzschlüssel einzugeben, Sie validieren die Lizenz mit Ihren Benutzerdaten.

HINWEIS Bei dieser Lizenzform prüft Office 365 alle 30 Tage, ob die Lizenz für die Nutzung von Office Professional Plus noch vorhanden ist. Dazu ist eine Internetverbindung erforderlich. Sollte Ihr Computer länger als 60 Tage nicht mit dem Internet verbunden sein und die Lizenzen nicht validiert werden können, wechselt Office Professional Plus in einen reduzierten Funktionsmodus. In diesem ist dann nur mehr ein lesender Zugriff möglich, Sie können jedoch keine Daten mehr bearbeiten.

Abbildg. 6.12 Das Abonnement wird überprüft

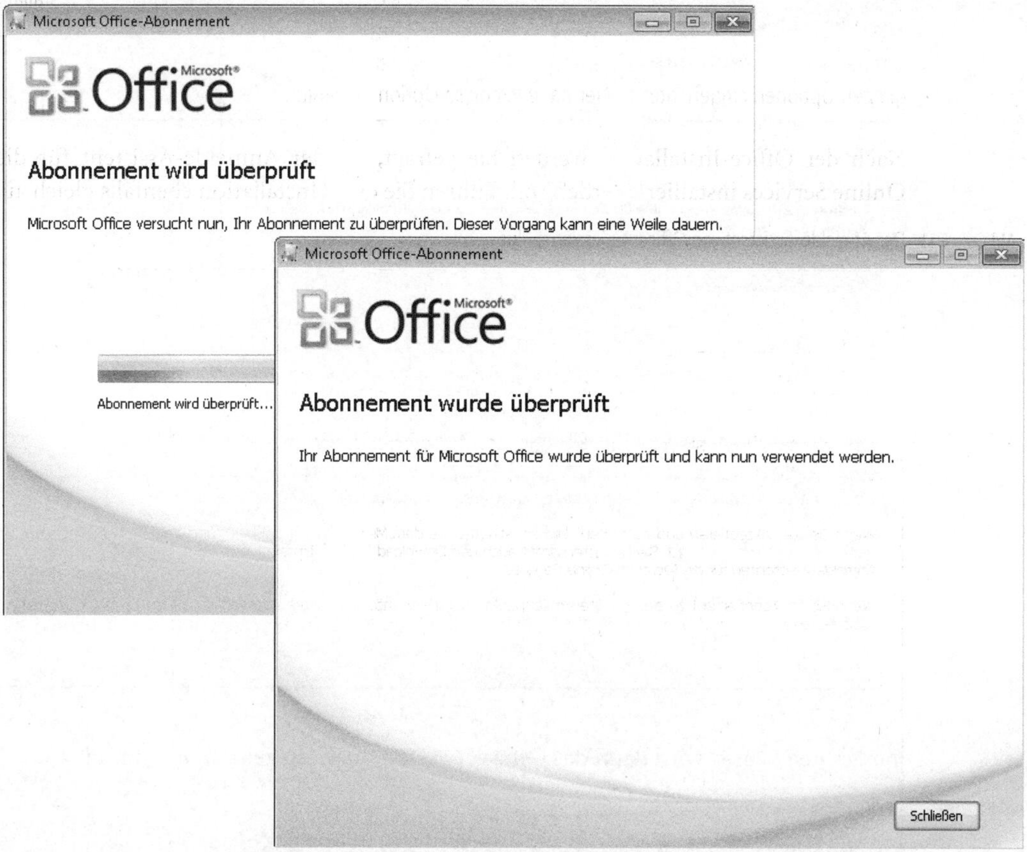

Office 365-Desktopsetup durchführen

Da wir nun den ersten Teil des Installationsvorgangs abgeschlossen haben, können Sie auch direkt mit Punkt 2 und danach mit Punkt 3 fortfahren, wenn Sie Ihren Computer gleich vollständig konfigurieren wollen. Die Lync-Installation wurde bereits in Kapitel 5 beschrieben, weshalb auf diese hier nicht weiter eingegangen wird. Auch bei Lync können Sie zwischen einer 32-Bit- und einer 64-Bit-Version und verschiedenen Sprachen wählen.

ACHTUNG Den Punkt 3 *Office-Desktopanwendungen einrichten und konfigurieren* müssen Sie auf jeden Fall durchführen!

Abbildg. 6.13 Office-Desktopanwendungen einrichten und konfigurieren

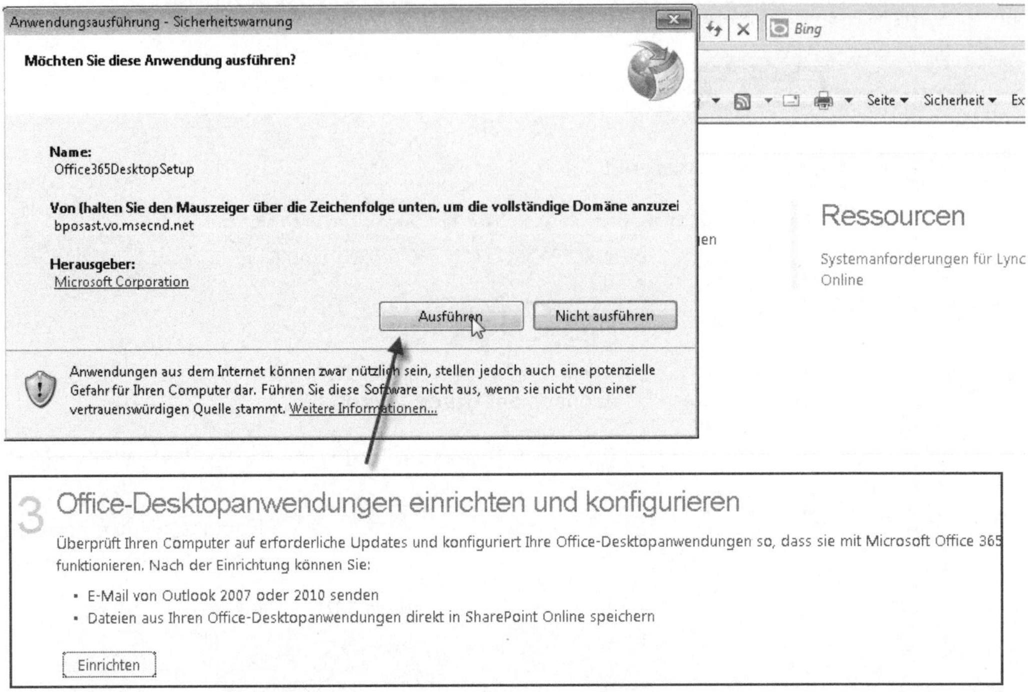

Im nächsten Schritt wird dann das Office 365-Desktopsetup geladen und installiert.

Abbildg. 6.14 Das Office 365-Desktopsetup

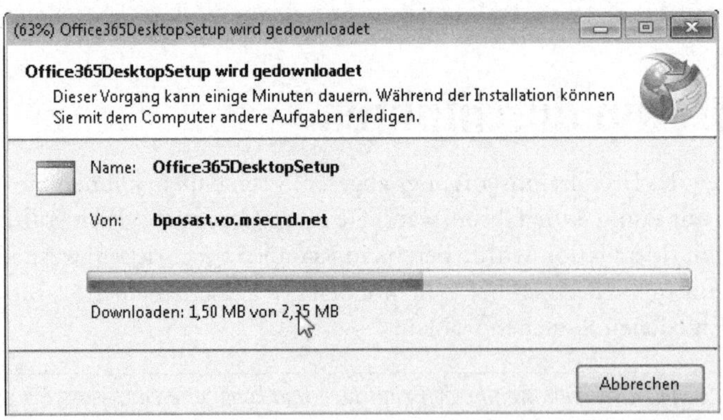

Im nächsten Schritt melden Sie sich mit Ihrem Benutzernamen und Kennwort an. Wenn Sie diese gleich speichern, bleibt es hier gesichert und Sie müssen die Daten nicht noch einmal angeben.

Abbildg. 6.15 Anmeldung für die Installation des Desktopsetups

Danach wird Ihre Systemkonfiguration überprüft und jene Software zum Download angeboten, die Sie für die Konfiguration und Einrichtung von Office 365 benötigen.

Abbildg. 6.16 Die Installationskonfiguration schlägt die erforderlichen Updates vor

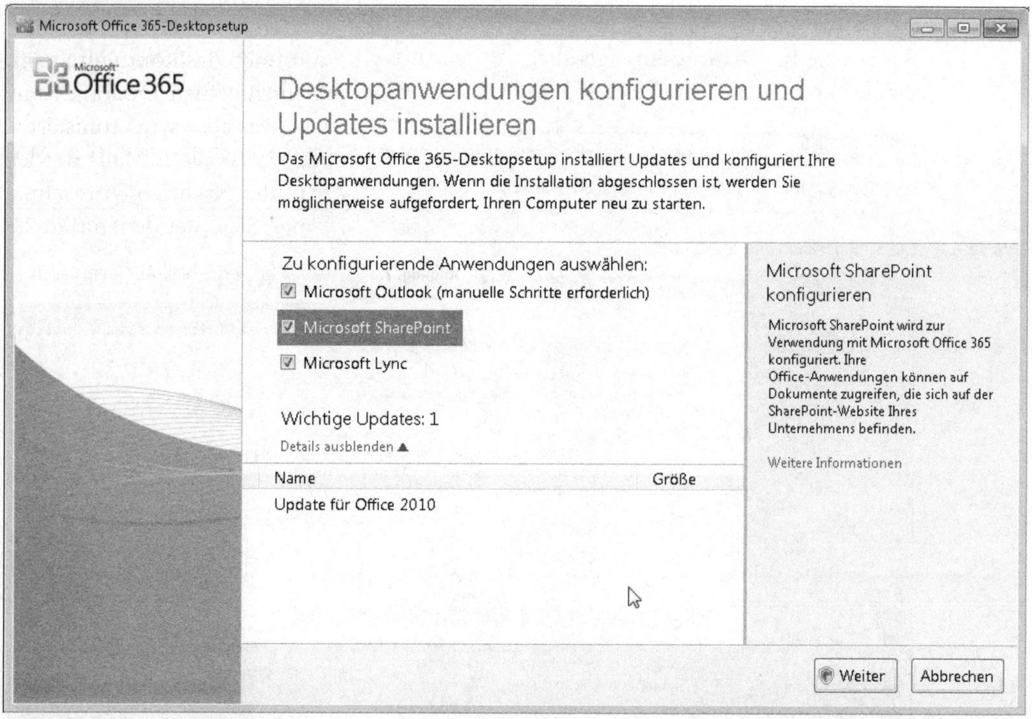

Das Desktopsetup installiert und konfiguriert dabei die für den reibungslosen Betrieb von Office 365 nötigen Updates.

Abbildg. 6.17 Office 365-Updates werden installiert und die Anwendungen konfiguriert

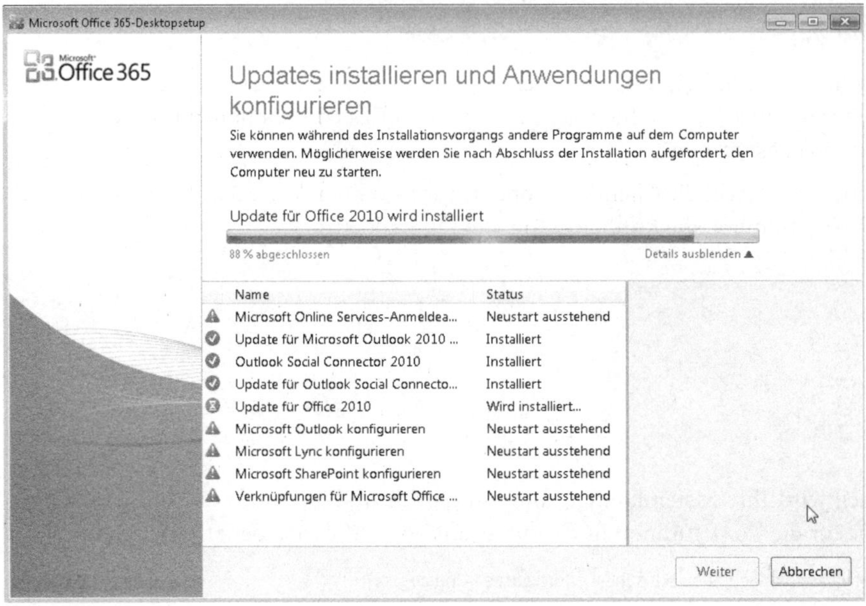

Sobald die Installation durchgeführt wurde, muss Ihr Computer einmalig neu gestartet werden, danach können Sie mit Office 365 und Outlook zu arbeiten beginnen.

TIPP Bitte führen Sie das Desktopsetup in jedem Fall aus, da Sie damit sicherstellen, dass die neuesten Updates auf Ihrem Computer installiert werden.

Abbildg. 6.18 Die Konfiguration wurde beendet

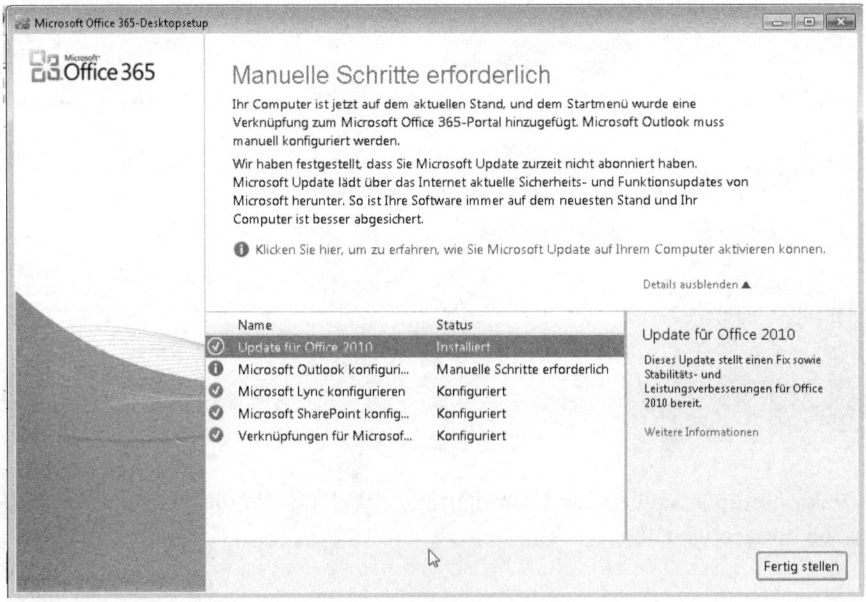

Arbeiten mit Outlook 2010

Die Outlook Web App mit ihren umfangreichen Funktionen haben Sie bereits in Kapitel 3 sehr ausführlich kennengelernt. In diesem Abschnitt werden wir Outlook 2010 für die Zusammenarbeit mit Office 365 konfigurieren und die wichtigsten Funktionen für die Zusammenarbeit mit Office 365 besprechen.

Outlook 2010 stellt die Clientkomponente für E-Mail in Office 365 dar. Beim ersten Start führt Sie ein Assistent durch die Konfiguration von Outlook 2010.

Abbildg. 6.19 Erster Aufruf von Outlook 2010

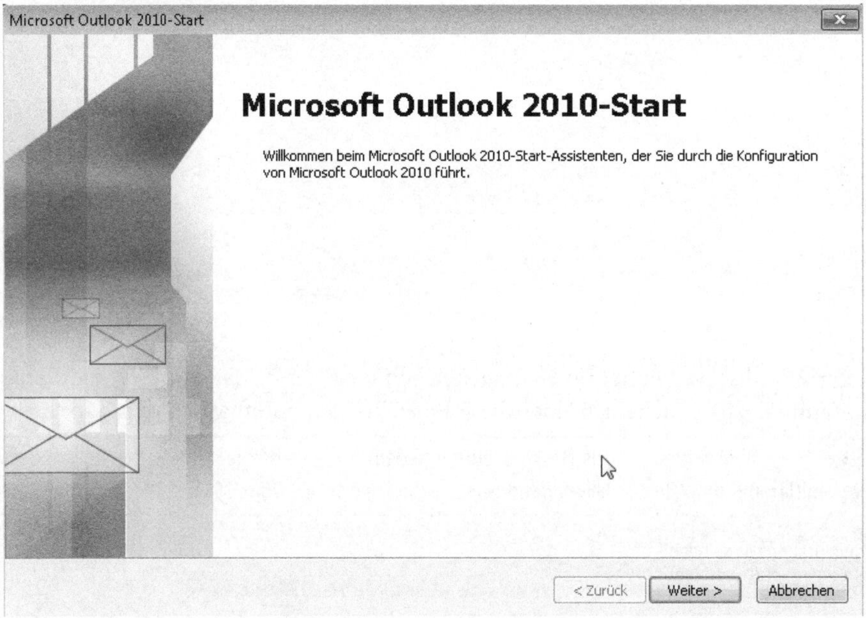

Im nächsten Schritt bestätigen Sie, dass Sie ein E-Mail-Konto konfigurieren möchten.

Abbildg. 6.20 Die Konfiguration der E-Mail-Konten

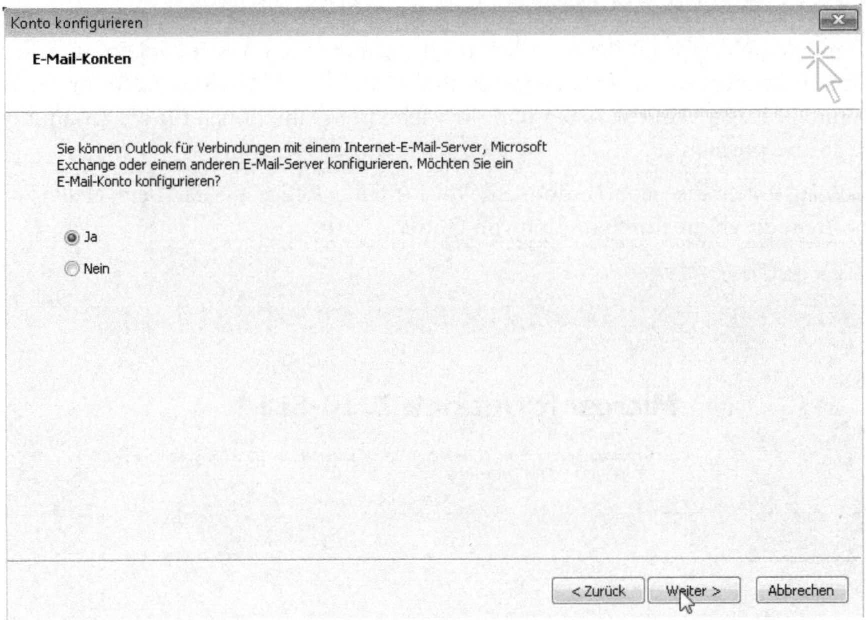

Dank der Autodiscover-Funktion ist es ausreichend, Name, E-Mail-Adresse und Kennwort anzugeben. Outlook 2010 sucht sich über diese Einstellungen automatisch den korrekten Mailserver aus.

Abbildg. 6.21 Eintragen von Name, E-Mail-Adresse und Kennwort genügt, schon sind Sie mit Office 365 verbunden

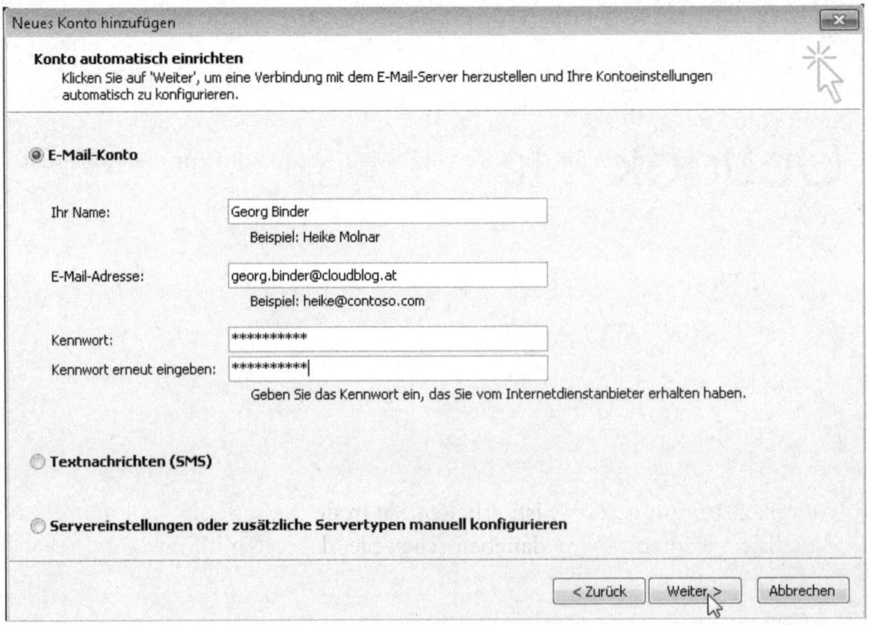

Sobald die Einstellungen gefunden und überprüft wurden, erhalten Sie eine Bestätigung.

Abbildg. 6.22 Das E-Mail-Konto wurde erfolgreich eingerichtet

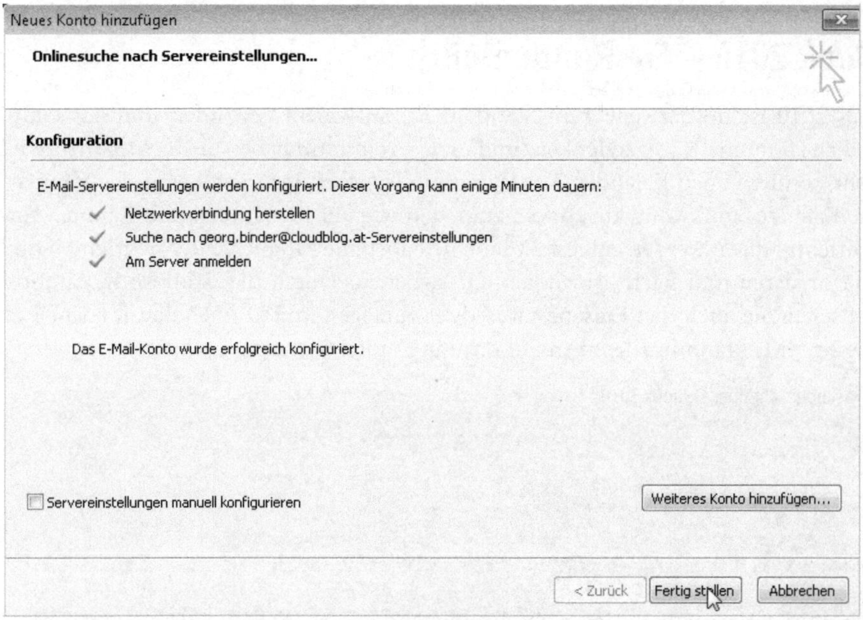

Mit der Schaltfläche *Fertig stellen* wird Outlook für den ersten Start vorbereitet und gleich gestartet.

Abbildg. 6.23 Der erste Start von Outlook 2010 wird vorbereitet

Sobald Outlook 2010 nun gestartet ist, erhalten Sie in der Statusleiste die Info, dass die E-Mail-Ordner aktualisiert werden. Gleich daneben sehen Sie, dass Sie mit Microsoft Exchange verbunden sind.

Abbildg. 6.24 Die Verbindung mit Microsoft Exchange war erfolgreich

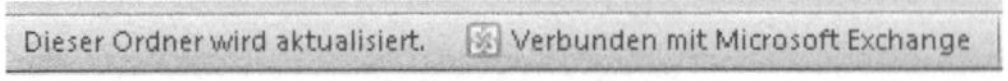

Outlook 2010 – Ein Rundumblick

Outlook 2010 ist mittlerweile zum Standard-E-Mail-Client geworden und aus dem modernen Büroalltag kaum mehr wegzudenken. In diesem Programm haben Sie nicht nur Ihre E-Mails stets im Griff, sondern auch Kalender, Kontakte und Aufgaben stets griffbereit. Sie können auf freigegebene Kalender und Kontakte ebenso zugreifen wie auf Ressourcen und Räume. Abwesenheitsbenachrichtigungen werden eingestellt und Sie haben die Möglichkeit, Nachrichten und Aufgaben zu kategorisieren und nach Prioritäten abzuarbeiten. Durch die nahtlose Integration von Lync Online sehen Sie auch den Präsenzstatus Ihrer Kollegen und können damit schnell über Instant Messaging (IM) kommunizieren (mehr dazu in Kapitel 5).

Abbildg. 6.25 Eine Schnellübersicht über Outlook 2010

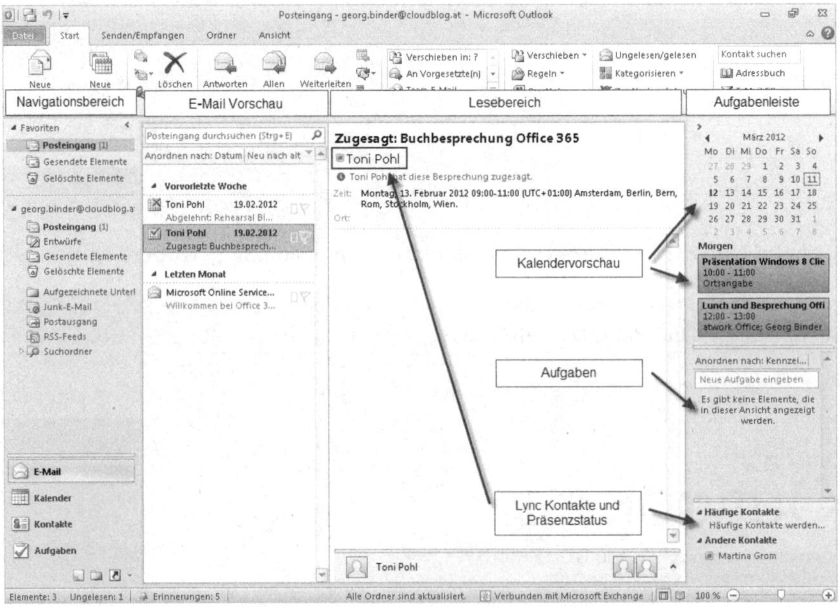

In Outlook 2010 ist das Menüband (Ribbon) vollständig enthalten. Je nachdem, welche Registerkarte aktuell aktiviert ist, stehen Ihnen jeweils andere Befehle zur Verfügung.

Im Team zusammenarbeiten – Auf Kalender von Kollegen und Räume zugreifen

Bereits in Kapitel 3 zu Exchange Online haben Sie gesehen, dass es in Outlook Web App möglich ist, auf freigegebene Kalender von Kollegen zuzugreifen bzw. auch Räume und Ressourcen direkt zu buchen. Diese Möglichkeit steht Ihnen in Outlook 2010 ebenfalls zur Verfügung.

Um mehrere Kalender anzuzeigen, klicken Sie zunächst im Navigationsbereich auf den Eintrag *Kalender*. Über die Schaltfläche *Kalender öffnen* in der Gruppe *Kalender verwalten* können Sie anschließend die freigegebenen Kalender öffnen.

Abbildg. 6.26 Einen freigegebenen Kalender öffnen

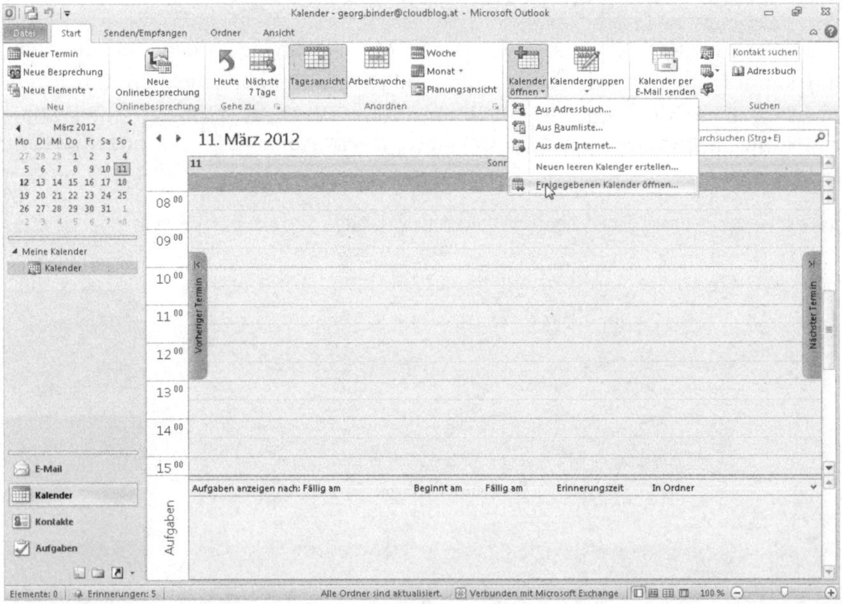

Im nächsten Schritt geben Sie den Namen des Kalenders an, den Sie öffnen möchten. Über die Schaltfläche *Name* erhalten Sie Zugriff auf das Adressbuch und wählen dort einen Kontakt aus.

Abbildg. 6.27 Einen Kontakt aus dem Adressbuch auswählen

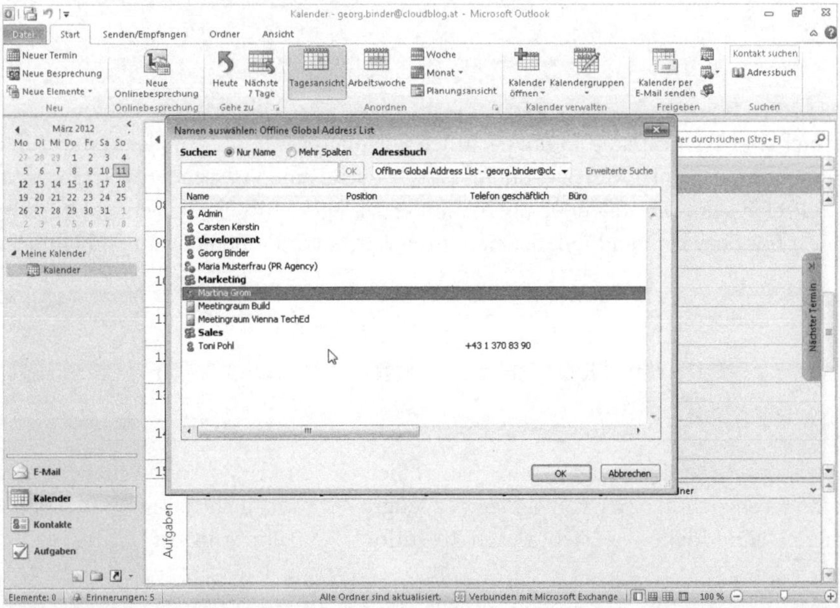

Mit *OK* fügen Sie den Namen hinzu und bestätigen noch einmal mit *OK*, um den freigegebenen Kalender zu öffnen.

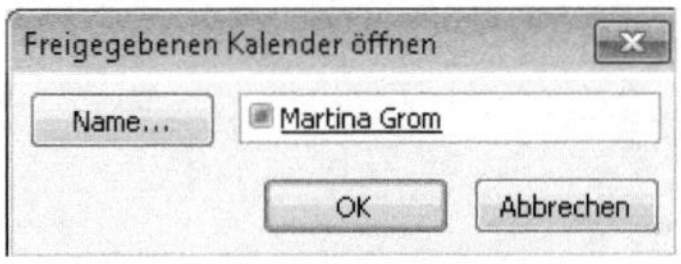

Sofort ist der freigegebene Kalender sichtbar. Dies können Sie so oft wiederholen, bis Sie alle Kalender geöffnet haben, in die Sie Einsicht benötigen. Auch Raumkalender werden über diese Funktion geöffnet.

Abbildg. 6.28 Mehrere Kalender werden nebeneinander angezeigt: drei Personenkalender und ein Raumkalender

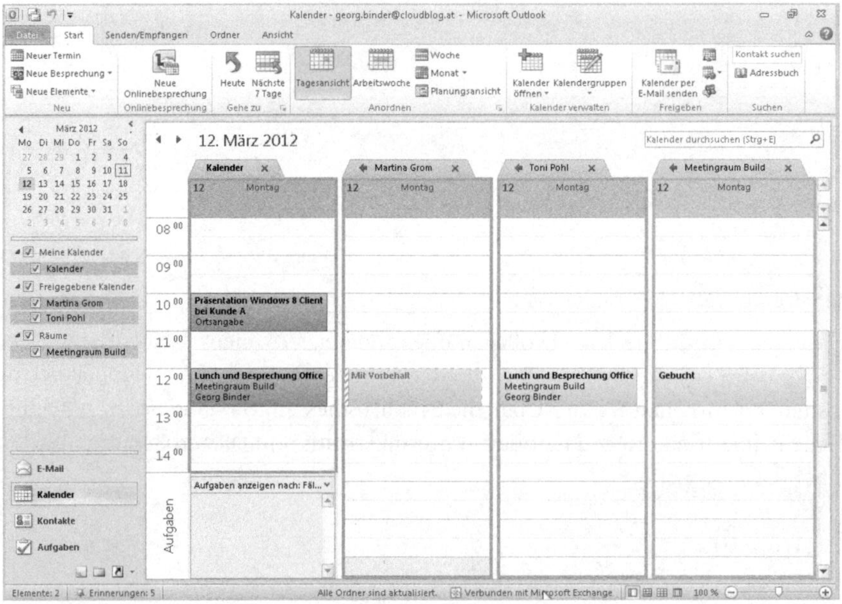

Nicht immer sind Terminpläne so übersichtlich wie oben gezeigt. Oftmals erinnern Kalender von Kollegen mehr an das Spiel »Tetris«, und es ist schwierig, einen passenden Termin zu finden. Hier kann es hilfreich sein, die Kalender übereinander zu legen, um eine Übersicht zu erhalten. Dies funktioniert mit dem kleinen Pfeil, der sich immer links vom Kalendernamen befindet.

Abbildg. 6.29 Erinnert ein bisschen an Tetris: Durch die Überlagerung von Kalendern erhält man eine bessere Übersicht, wer wann verfügbar ist

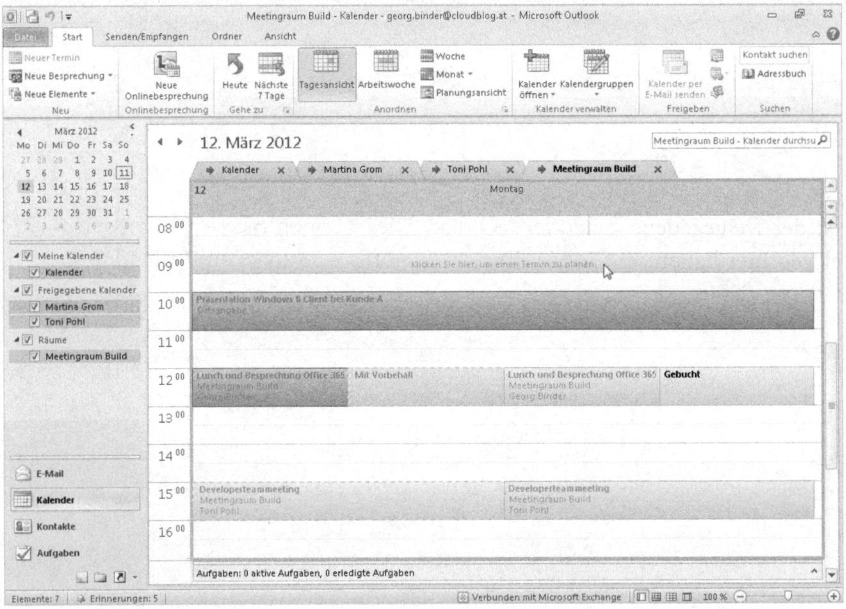

Termine vereinbaren

Wenn Sie einen Termin mit Ihren Kollegen oder anderen Personen vereinbaren wollen, genügt es, im Kalender beim entsprechenden Tag und der richtigen Uhrzeit einen Doppelklick durchzuführen und den Termin einzutragen. Über die Schaltfläche *Teilnehmer einladen* wird Ihr Termin zu einer Termineinladung und Sie können weitere Personen hinzufügen. Räume buchen Sie dann gleich über das Feld *Ort* hinzu.

Abbildg. 6.30 Terminplanung in Outlook

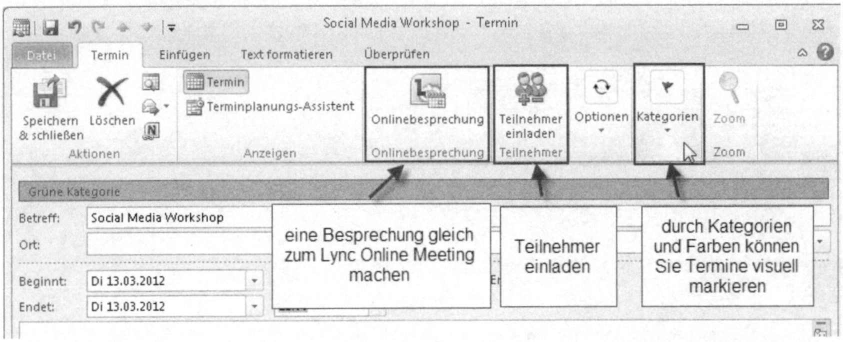

Sobald Sie auf die Schaltfläche *Teilnehmer einladen* geklickt haben, erhalten Sie eine neue Zeile in Ihrem Termineintrag. Hier können Sie dann die Personen einladen. Wenn Sie nur Personen aus Ihrem Unternehmen einladen, unterstützt Sie der Kalender-Concierge dabei, indem er Ihnen farblich anzeigt, welche Termine günstig wären. Dies ist vor allem bei sehr großen Gruppen günstig, da sich hier eine Terminvereinbarung häufig etwas schwierig gestaltet.

Abbildg. 6.31 Die Termineinladung

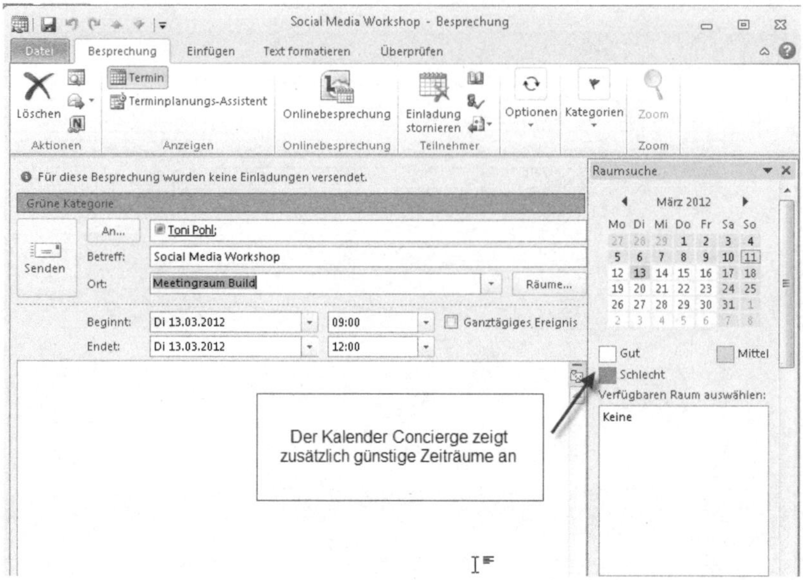

PROFITIPP Verwenden Sie in Ihrer Kalenderplanung die in den Kategorien zur Verfügung stehenden Farben. Das hilft Ihnen, die Übersicht in Ihrem Kalender zu behalten, und Sie erkennen auf einen Blick, um welche Termine es sich handelt. So können beispielsweise grüne Termine immer private Termine sein, blaue solche, bei denen eine Anreise einzuplanen ist, und rote solche für VIP-Kunden. Durch die Kategorisierung erkennen Sie das auf einen Blick.

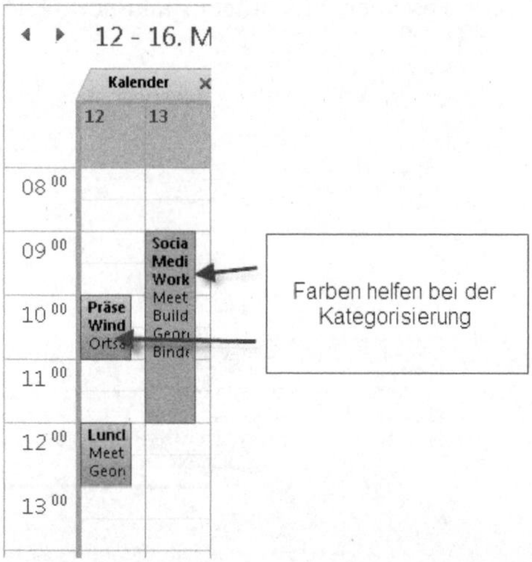

Wenn Sie selbst eine Termineinladung erhalten, erscheint diese in Ihrem Posteingang. Hier haben Sie dann die Möglichkeit, direkt im Vorschaubereich zuzusagen, mit Vorbehalt zuzusagen, abzusagen oder eine andere Zeit vorzuschlagen. Praktischerweise zeigt Outlook in der Vorschau gleich an, ob der Termin möglich ist und würde Ihnen auch etwaige Terminkollisionen gleich zeigen.

Abbildg. 6.32 Termine gleich im Posteingang zu- oder absagen

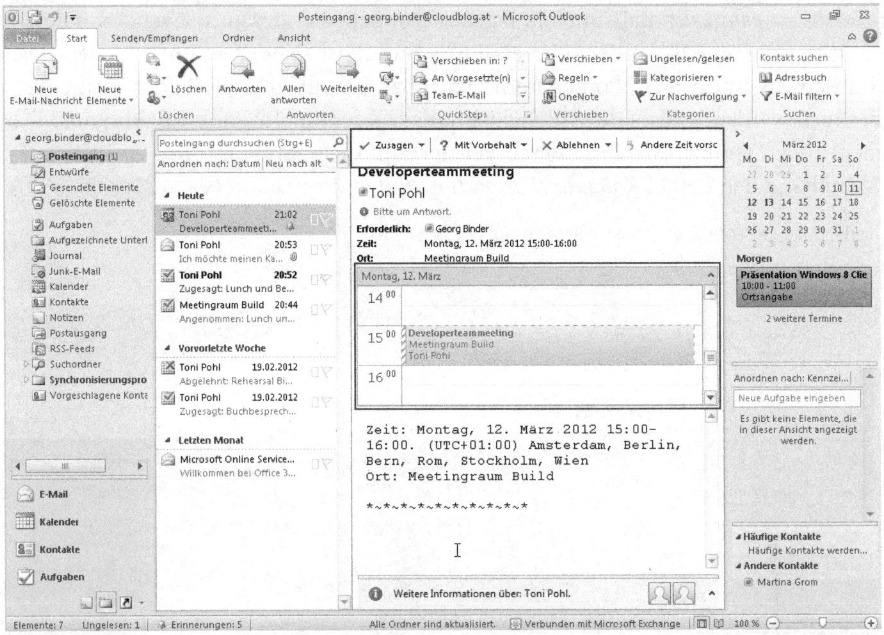

PROFITIPP Wenn sich Ihre Teammitglieder in verschiedenen Zeitzonen befinden und Sie diese auf ein Meeting in deren Zeitzone einladen möchten, können Sie sich in Outlook gleich die entsprechende Zeitzone anzeigen lassen. Damit ersparen Sie sich das Umrechnen in die Zeitzone des anderen Teilnehmers.

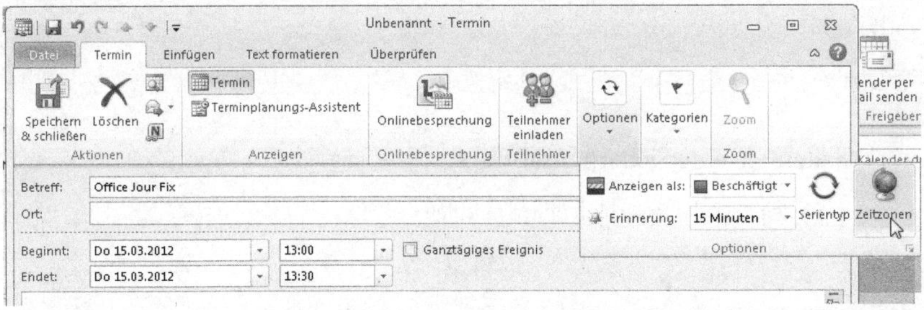

Der Termin erhält dann ein zusätzliches Zeitzonenregister, über das Sie die Zeitzone einstellen können.

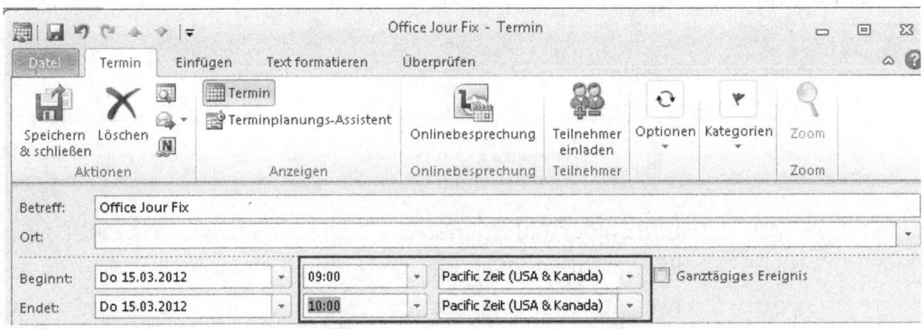

Der Termin wird dann in Ihrem Kalender entsprechend Ihrer derzeitigen Zeitzone eingetragen.

Gruppenkalender aus der SharePoint-Teamwebsite in Outlook integrieren

Für Teams ist es manchmal sinnvoll, eigene Gruppenkalender zu verwenden. Diese können beispielsweise als Projektkalender oder als Firmenurlaubskalender geführt werden. Diese Kalender sind anschließend in SharePoint Online abrufbar. Damit diese Kalender in die Terminplanung einbezogen werden, gibt es die Möglichkeit, diese direkt in Outlook einzubinden. Dazu rufen Sie zunächst über *Teamwebsite* am oberen Fensterrand die SharePoint-Teamwebsite auf und wählen im Menüband den Befehl *Kalender/Verbindung mit Outlook herstellen* aus.

Abbildg. 6.33 Eine Verbindung zwischen SharePoint Online und Outlook herstellen

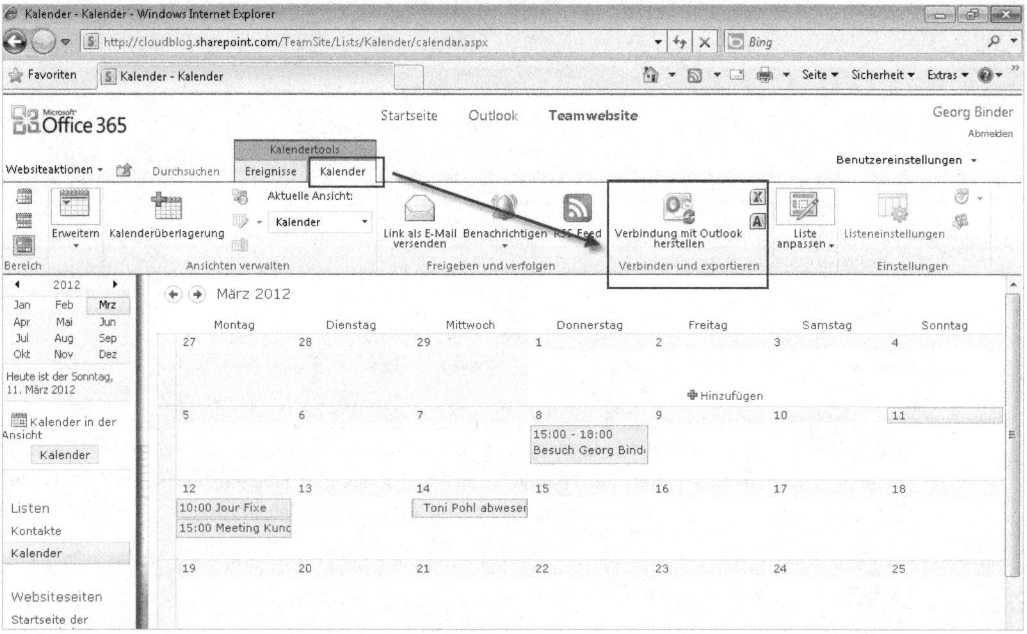

Als Nächstes erhalten Sie eine Sicherheitsabfrage.

Abbildg. 6.34 Sicherheitsabfrage, ob Sie den Kalender tatsächlich öffnen möchten

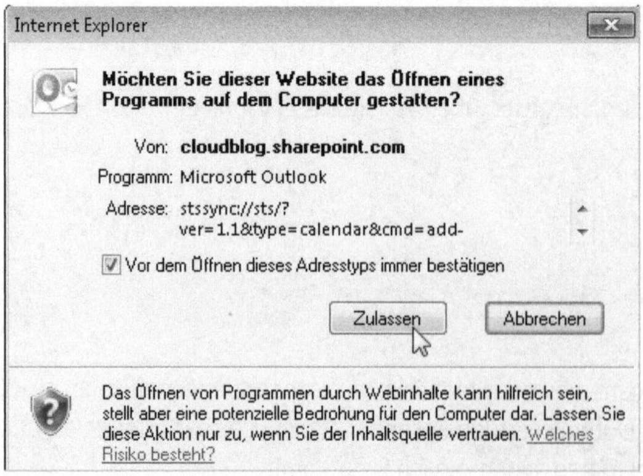

Auch Outlook möchte noch einmal sicherstellen, ob Sie wirklich den Kalender in Outlook integrieren wollen.

Abbildg. 6.35 Sicherheitsabfrage in Outlook

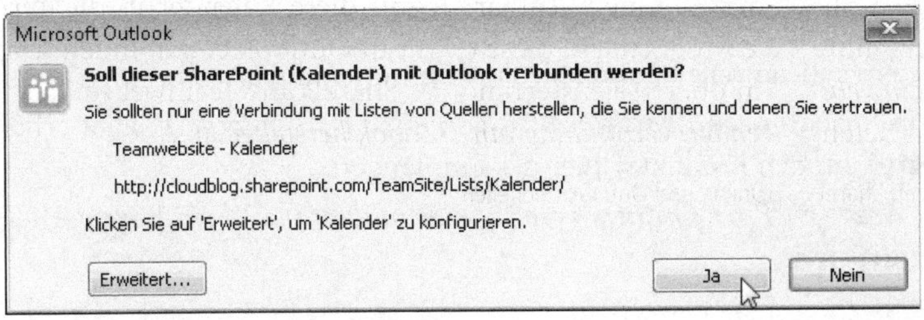

Geschafft! Der Kalender ist nun in Ihrem Outlook sichtbar und kann wie jeder andere freigegebene Kalender verwendet werden. Einträge in den Kalender werden sofort mit Ihrer SharePoint-Teamwebsite synchronisiert.

Abbildg. 6.36 Der eingebundene Gruppenkalender aus der SharePoint-Teamwebsite direkt in Outlook

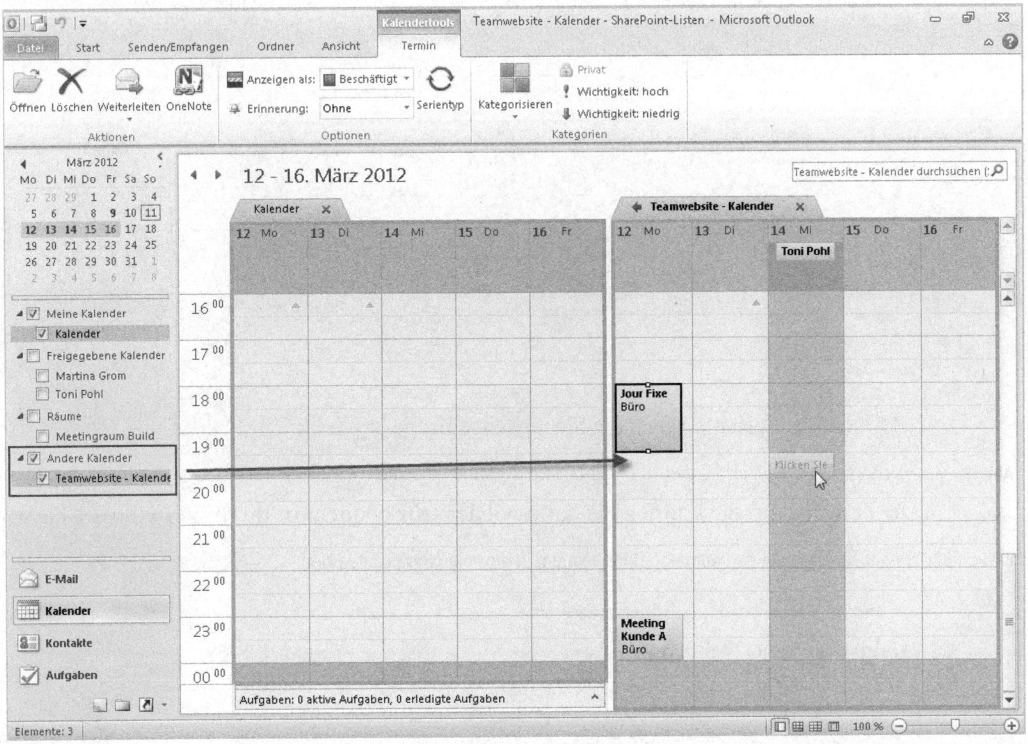

TIPP Aus meiner Sicht gibt es keine bessere Möglichkeit, Gruppenkalender zu teilen als über SharePoint Online. So sind diese Kalender nicht nur in Outlook verfügbar, sondern auch über das Internet abrufbar. Ein Projektkalender gehört dorthin, wo auch die Projektdaten liegen – nach SharePoint.

Kontakte in Outlook 2010 freigeben

Jeder besitzt sein eigenes Adressbuch und seinen eigenen Kalender. Das ist auch gut so, werden diese Daten ja auch mit dem eigenen Smartphone synchronisiert und sollen immer mit dabei sein. So wie bei einem Kalender gibt es auch bei Kontakten die Anforderung, diese für Kollegen freizugeben. In Ihre Freigabeanfrage können Sie zwei Optionen integrieren:

1. *Berechtigung zum Anzeigen von Kontaktordner des Empfängers anfordern*: Hier erhalten Sie bei Bestätigung Zugriff auf den Kontaktordner des Empfängers.
2. *Empfänger zum Anzeigen Ihres Ordners vom Typ 'Kontaktordner' berechtigen*: Hier geben Sie Ihren Kontaktordner frei.

Abbildg. 6.37 Kontaktordner freigeben

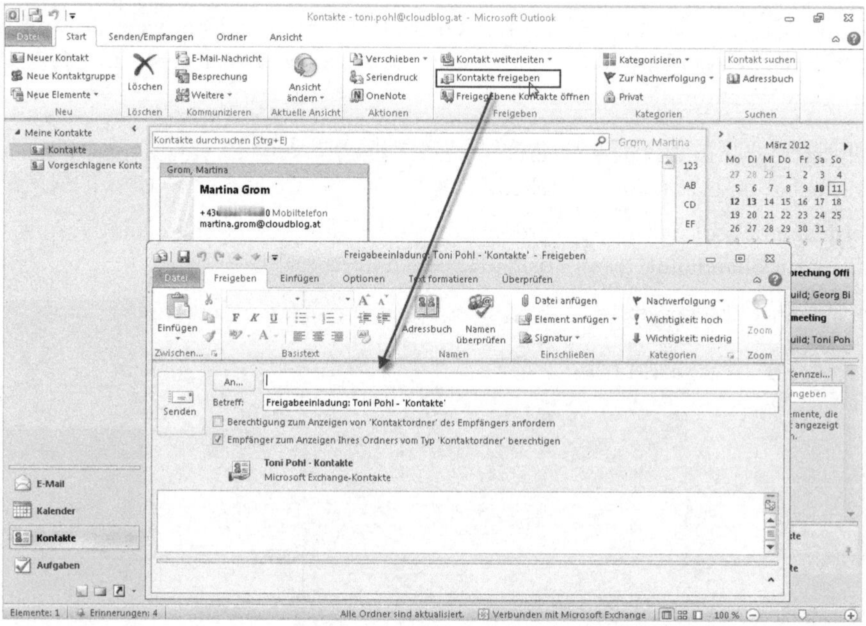

Die Freigabeanfrage können Sie dann wieder sehr bequem in Ihrem Posteingang beantworten.

Abbildg. 6.38 Freigabeanfrage auf den Kontaktordner bequem im Posteingang beantworten

Sobald der Kontaktordner freigegeben wurde, können Sie darauf in der Navigationsansicht zugreifen. Das ist praktisch, wenn Sie Kontakte konsolidieren wollen.

Abbildg. 6.39 Freigegebene Kontakte sind direkt verfügbar

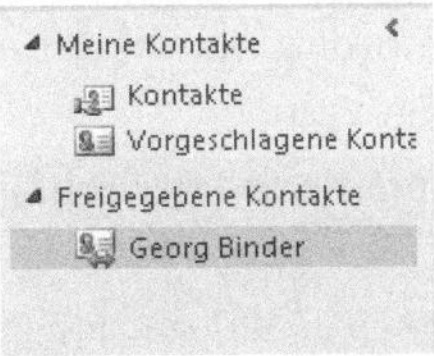

Kontakte aus der SharePoint-Teamwebsite in Outlook anzeigen

SharePoint ist bei Office 365 jenes Werkzeug, welches uns die Zusammenarbeit extrem erleichtert. Hier können wir Dokumente austauschen, gemeinsam an Dateien arbeiten, einfache Workflows bearbeiten und vieles mehr.

Sehr oft erhalte ich die Anfrage nach Gruppenkontakten: ein Adressbuch, welches an einer zentralen Stelle verfügbar ist und dort abgerufen werden kann. Damit hat man immer die gleichen Kontakte verfügbar und kann diese einsehen.

Ein Beispiel eines solchen Kontaktordners finden Sie auf unserer SharePoint-Teamwebsite. Den Zugriff auf die SharePoint-Teamwebsite erkläre ich in Kapitel 4.

Abbildg. 6.40 Kontakte in der SharePoint-Teamwebsite

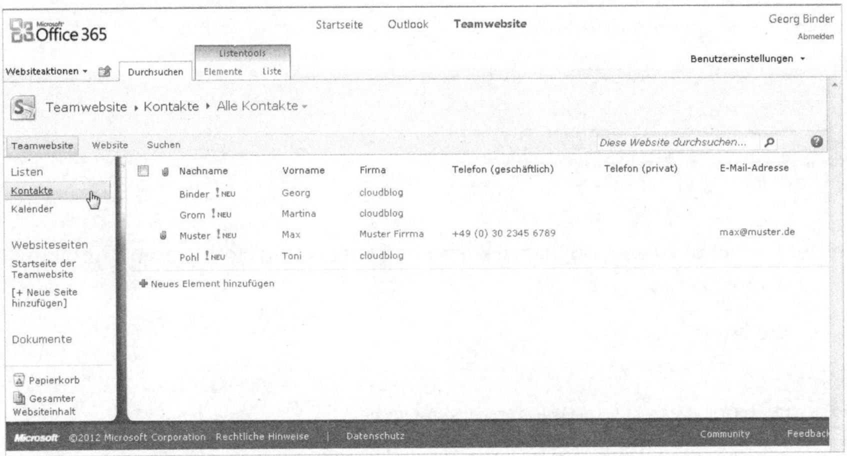

Diesen Kontaktordner können Sie auch in Outlook integrieren. Dazu wählen Sie zunächst im Menüband der SharePoint-Seite den Eintrag *Liste* aus, klicken dann auf den Menüpunkt *Verbinden und exportieren* und anschließend auf *Verbindung mit Outlook herstellen.*

HINWEIS Die Anzeige des Menübands ist unterschiedlich nach jeweiliger Bildschirmauflösung, d.h. wenn Sie einen großen Monitor mit hoher Auflösung verwenden, werden mehrere Symbole im Menüband sofort angezeigt. Bei kleineren Monitoren mit geringerer Auflösung gruppiert das Menüband zusammengehörende Menübefehle.

Abbildg. 6.41 Eine SharePoint-Kontaktliste in Outlook integrieren

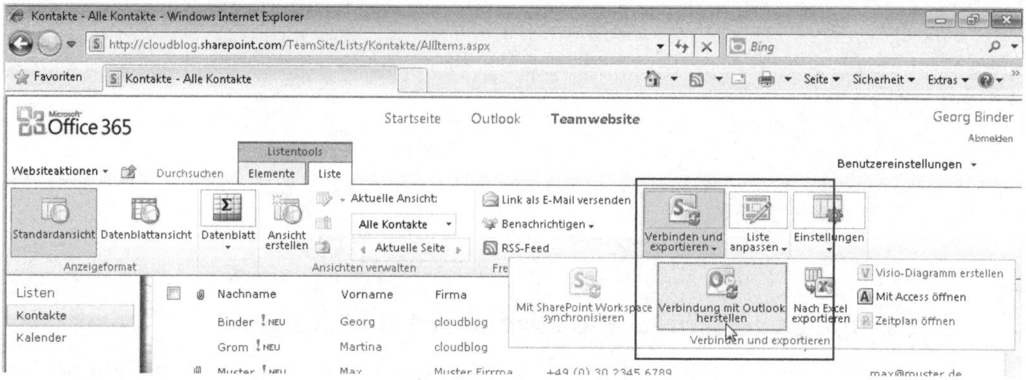

Im nächsten Schritt erhalten Sie eine Sicherheitsabfrage, ob Sie dies gestatten möchten.

Abbildg. 6.42 Sicherheitsabfrage beim Öffnen des Kontaktordners

Auch Outlook möchte wissen, ob Sie wirklich überzeugt davon sind, diesen Kontaktordner hinzuzufügen.

Abbildg. 6.43 Sicherheitsabfrage bei Kontaktordner

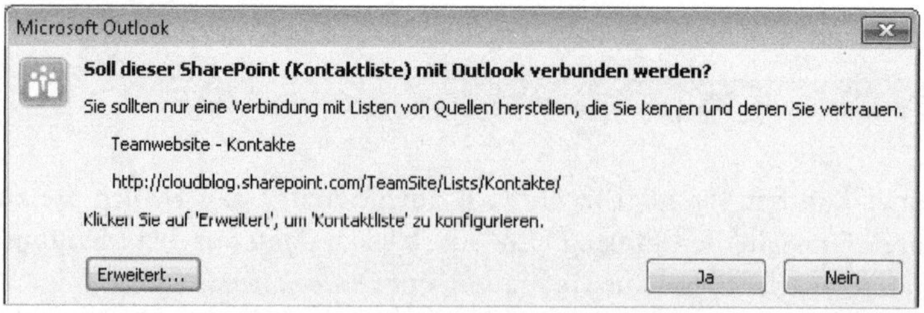

Nach dieser Bestätigung wird der Kontaktordner Ihrer SharePoint-Teamwebsite mit Ihrem Outlook verbunden. Das Tolle daran ist: Sobald Sie nun einen Kontakt hier in Outlook aktualisieren, ist er auch gleich in SharePoint Online auf dem aktuellen Stand. So macht Zusammenarbeit Spaß!

Abbildg. 6.44 Der SharePoint-Kontaktordner ist in Outlook integriert

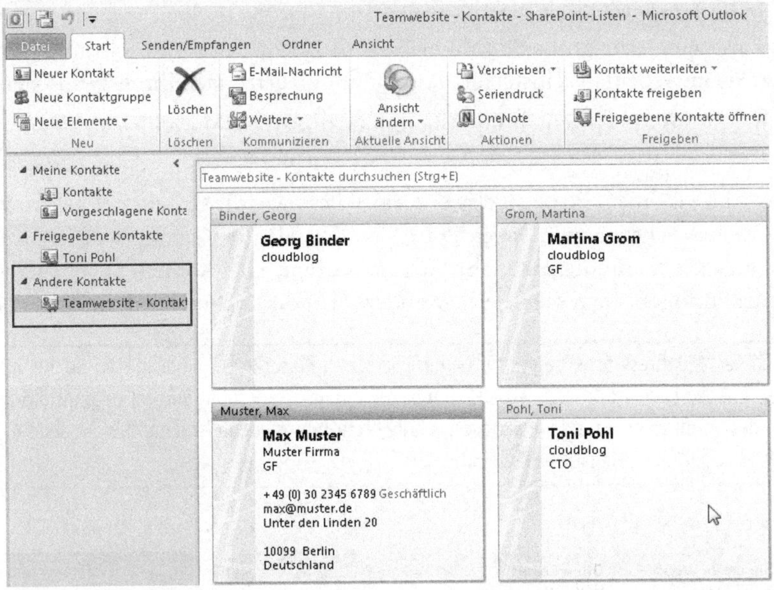

Weitere Outlook-Einstellungen

Bereits in Kapitel 3 haben wir uns die Optionen angesehen, die über Outlook Web App einstellbar sind. Gleiches gilt natürlich auch für Outlook 2010. Viele der Einstellungen finden Sie unter dem Menüpunkt *Datei*.

Abbildg. 6.45 Optionen zur Anpassung von Outlook

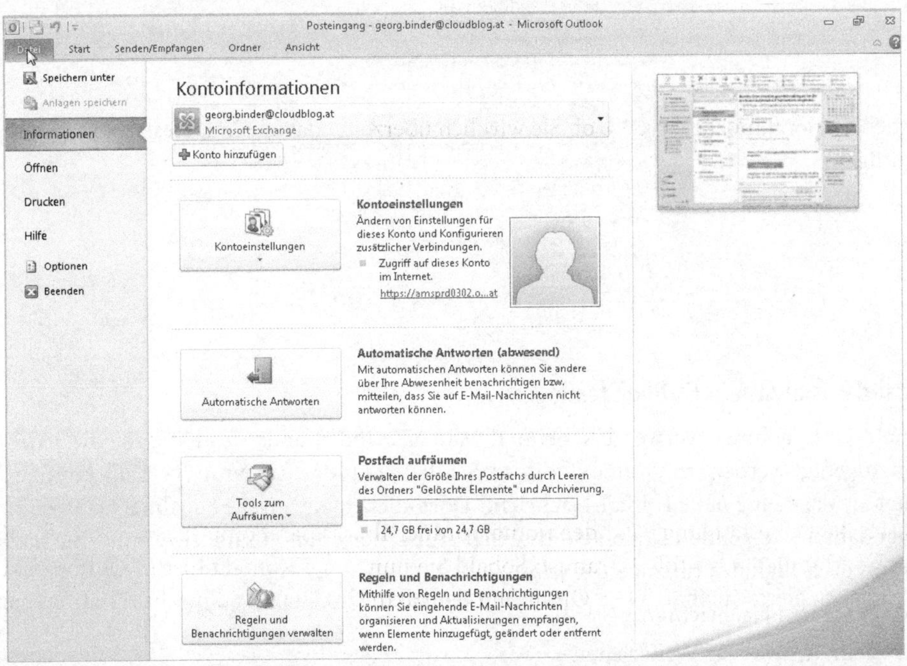

Hier können Sie Abwesenheitsbenachrichtigungen einstellen, den Speicherplatz Ihres Postfachs kontrollieren (in Exchange Online haben Sie standardmäßig 25 GB Speicherplatz für Ihr Postfach zur Verfügung, also eine sehr große Anzahl an E-Mail-Nachrichten). Regeln und Benachrichtigungen können Sie hier ebenfalls einstellen, damit Outlook ganz nach Ihren Wünschen reagiert.

Klicken Sie ruhig durch die einzelnen Optionen, hier finden Sie unzählige Konfigurationsmöglichkeiten.

In *Optionen/Kalender* können Sie beispielsweise einstellen, wie die Arbeitszeit gekennzeichnet ist und wie Ihre Arbeitswoche aussieht. Wichtig ist hier, falls Sie die Kalenderwochenanzeige anzeigen wollen, festzulegen, wann die erste Jahreswoche beginnt. Hier können Sie ebenfalls Feiertage in Ihren Kalender einfügen, auch die Feiertage anderer Länder, sollten Sie diese benötigen.

HINWEIS Die erste Jahreswoche beginnt im amerikanischen Kulturkreis immer in der Woche, in der sich der 1. Januar befindet. Ebenso beginnt dort die Woche immer mit einem Sonntag. In Europa beginnt die Woche immer mit dem Montag, der Sonntag beendet eine Woche und die erste Jahreswoche ist jene, die die erste 4-Tage-Woche enthält. Dazu gibt es sogar eine ISO-Norm (ISO 8601).

Abbildg. 6.46 Die Optionen der Kalenderwochen einstellen

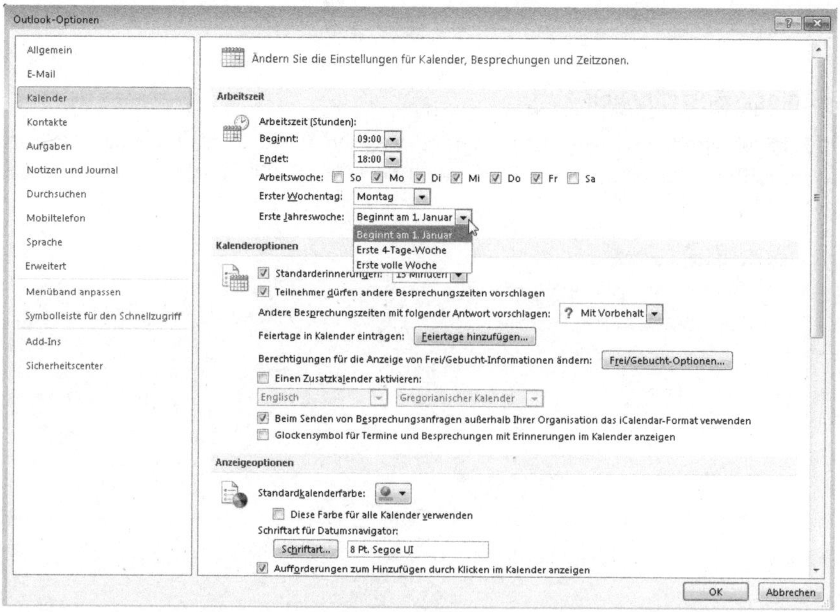

Standardsignatur in Outlook festlegen

Viele Unternehmen verwenden beim E-Mail-Versand Standardsignaturen, die jeder Nachricht hinzugefügt werden. In Outlook können Sie diese Standardsignatur ebenfalls konfigurieren. Öffnen Sie dazu eine neue E-Mail-Nachricht. Dort klicken Sie auf die Schaltfläche *Signatur* und können dann im folgenden Dialogfeld Ihre Signatur generieren. Zusätzlich können Sie noch festlegen, wann diese Signatur hinzugefügt wird:

- Bei neuen Nachrichten
- Beim Antworten/Weiterleiten

Die Signatur können Sie auch grafisch mit Bildern aufwerten. Bitte achten Sie aber darauf, dass Ihre Signatur nicht zu »blumig« wirkt. Vielleicht sprechen Sie sich auch mit Kollegen ab und erstellen eine gemeinsame Signatur, die bei jedem gleich aussieht. Alternativ können Sie Signaturen über *Datei/Optionen/E-Mail* aufrufen.

TIPP Es gibt auch die Möglichkeit, Signaturen für unterschiedliche Anwendungsfälle zu vergeben. Dazu legen Sie mehr als eine Signatur an und wählen beim Versand immer die jeweils passende aus.

Abbildg. 6.47 Eine Signatur in Outlook hinterlegen

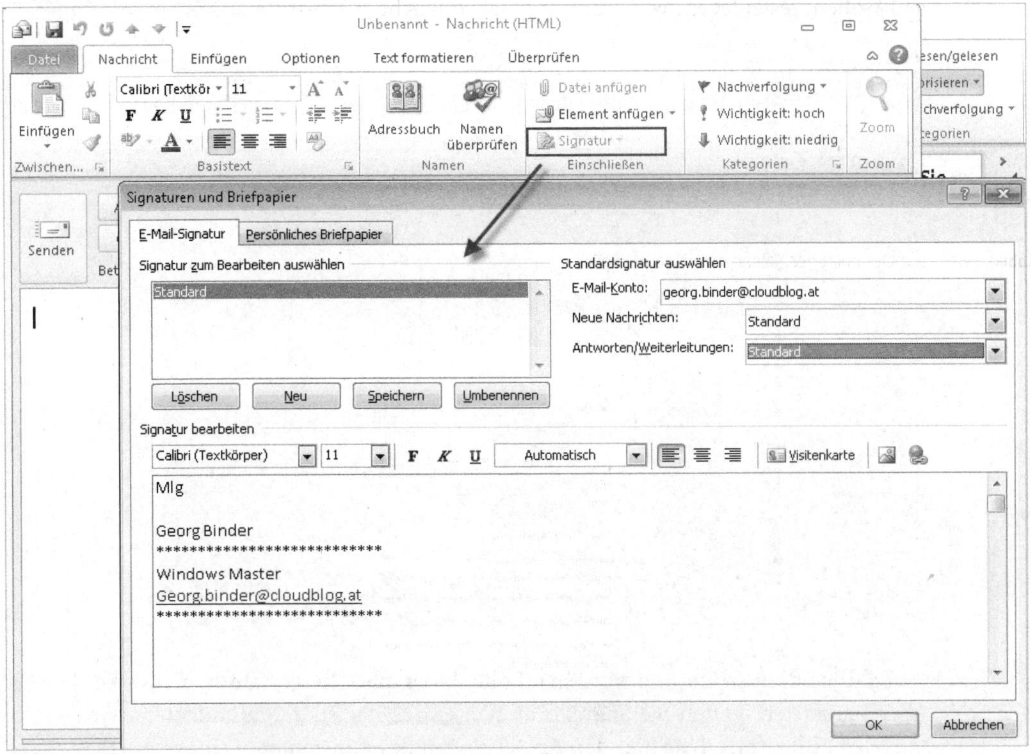

Ihre Daten auch offline immer dabei – mit SharePoint Workspace

SharePoint Workspace ist ein Programm der Office Professional Plus Suite, mit dem Sie SharePoint-Teamwebsites synchronisieren und offline zur Verfügung haben können. Durch die Synchronisierung erhalten Sie Zugriff auf die Daten und können diese offline bearbeiten. Sobald Sie wieder online sind, werden die Daten mit SharePoint synchronisiert. SharePoint Workspace synchronisiert nur die Änderungen an den Dokumenten und nicht das vollständige Dokument. Wenn Dateien in SharePoint Online geändert werden, werden sie ebenfalls mit SharePoint Workspace synchronisiert und Sie sehen automatisch die aktuellste Version.

SharePoint Workspace im Überblick

SharePoint Workspace gibt Ihnen auch die Flexibilität, ganze Teamwebsites oder nur Teile davon, wie z.B. eine Dokumentbibliothek, mit Ihrem Client zu verbinden.

Abbildg. 6.48 SharePoint Workspace – eine gesamte Teamwebsite verbinden

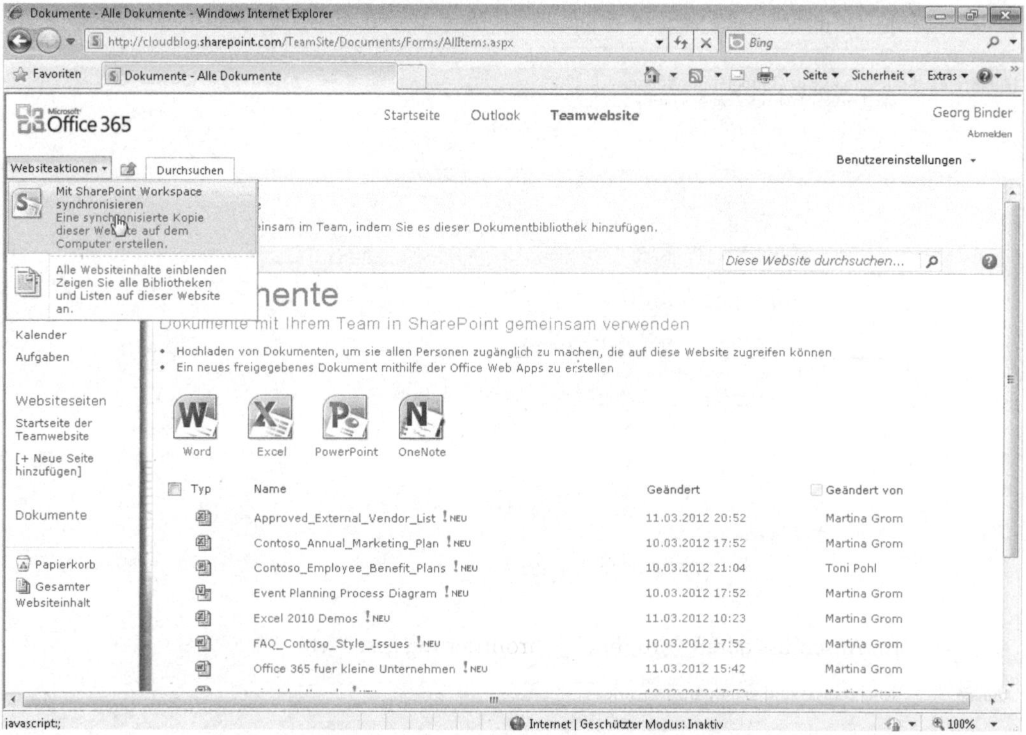

Sobald Sie die Verbindung mit SharePoint Workspace hergestellt haben, wird SharePoint Workspace gestartet. Sollten Sie SharePoint Workspace das erste Mal aufrufen, wird ein neues Konto angelegt. Bitte folgen Sie hier den Anweisungen des Assistenten. Danach erhalten Sie eine Zusammenfassung angezeigt, was synchronisiert werden soll.

Abbildg. 6.49 Synchronisierung überprüfen

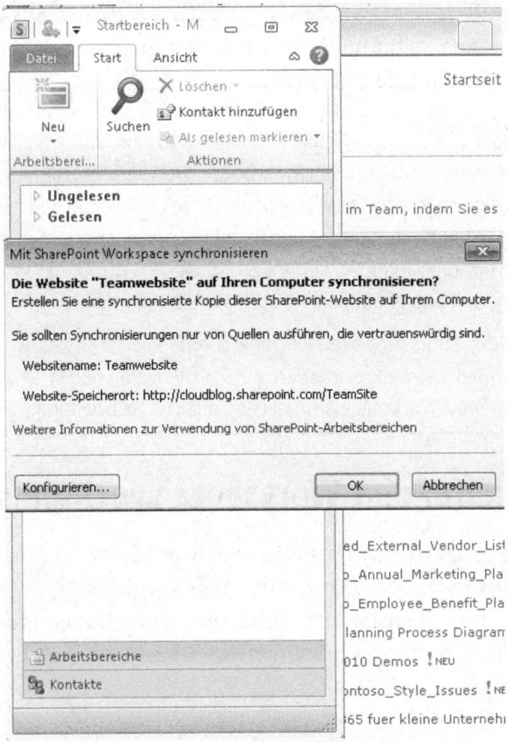

Im Anschluss daran wird die Synchronisierung gestartet.

Abbildg. 6.50 Synchronisierung einer ganzen Teamwebsite

Der Vorteil von SharePoint Workspace liegt darin, dass alle Daten auch lokal auf Ihrem Computer zur Verfügung stehen. Sobald etwas geändert wird, werden diese mit Ihrer Teamwebsite synchronisiert. Sie haben demnach quasi immer eine Sicherheitskopie Ihrer Onlinedaten dabei.

TIPP Ein sehr häufiges Anwendungsszenario für SharePoint Workspace ist die Zugriffsmöglichkeit auf Daten, auch wenn man sehr häufig offline ist oder z.B. in einem Gebiet arbeitet, wo es eine sehr schlechte Netzabdeckung gibt. Ein typisches Beispiel wären Bauleiter, die in Baucontainern arbeiten. Dort gibt es nicht immer eine stabile Internetverbindung. Daten für das Bauprojekt liegen auf einem Projektportal in SharePoint Online. Der Bauleiter synchronisiert diese mittels SharePoint Workspace und hat damit – unabhängig von seiner Internetleitung – seine Projektdaten immer zur Verfügung. Sobald er mit dem Internet verbunden ist, werden die Daten synchronisiert – alle Änderungen werden dann leitungsschonend mit SharePoint Online abgeglichen.

In diesem Szenario entfällt für das Bauprojekt der normalerweise hier angeschaffte Projektserver, der lokal vor Ort stehen und nach Abschluss des Projekts nicht mehr verwendet werden würde. Die Daten liegen sicher auf SharePoint Online, die Synchronisierung mittels SharePoint Workspace ermöglicht die lokale Bearbeitung.

Dokumentbibliothek mit SharePoint Workspace synchronisieren

Manchmal ist es nicht notwendig, eine ganze Teamwebsite zu synchronisieren, sondern es reicht aus, einzelne Dokumentbibliotheken zu verwenden. Dazu wählen Sie zunächst die entsprechende Bibliothek aus und öffnen im Menüband die Registerkarte *Bibliothek*. Dort finden Sie die Schaltfläche *Verbinden und exportieren/Mit SharePoint Workspace synchronisieren.*

Abbildg. 6.51 Eine einzelne Dokumentbibliothek verbinden

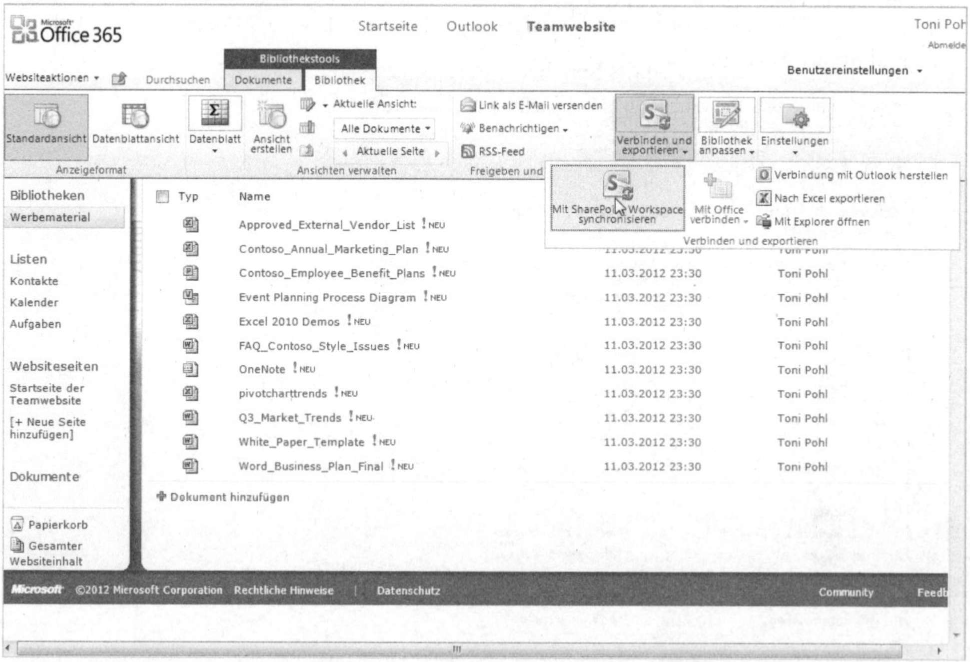

Nach einer Sicherheitsabfrage beginnt SharePoint Workspace mit der Synchronisierung.

Abbildg. 6.52 In der Übersicht sehen Sie, was synchronisiert wurde

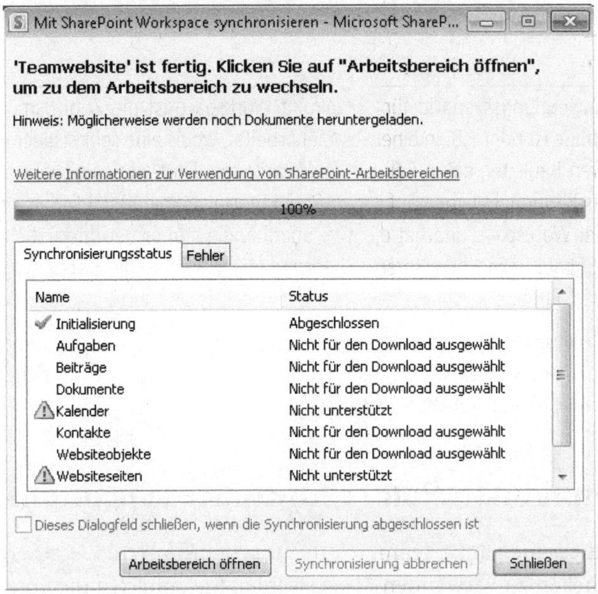

Danach stehen Ihnen die Daten in SharePoint Workspace zur Verfügung und Sie können diese wie gewohnt bearbeiten. Geänderte Dokumente sind über eine kleine grüne Markierung direkt erkennbar. Sobald Sie Änderungen vornehmen, werden diese auch direkt in SharePoint Online angezeigt. Die Dauer der Synchronisierung hält sich dabei in Grenzen, da lediglich die Änderungen kopiert werden.

Abbildg. 6.53 Die synchronisierte Dokumentbibliothek in SharePoint Workspace

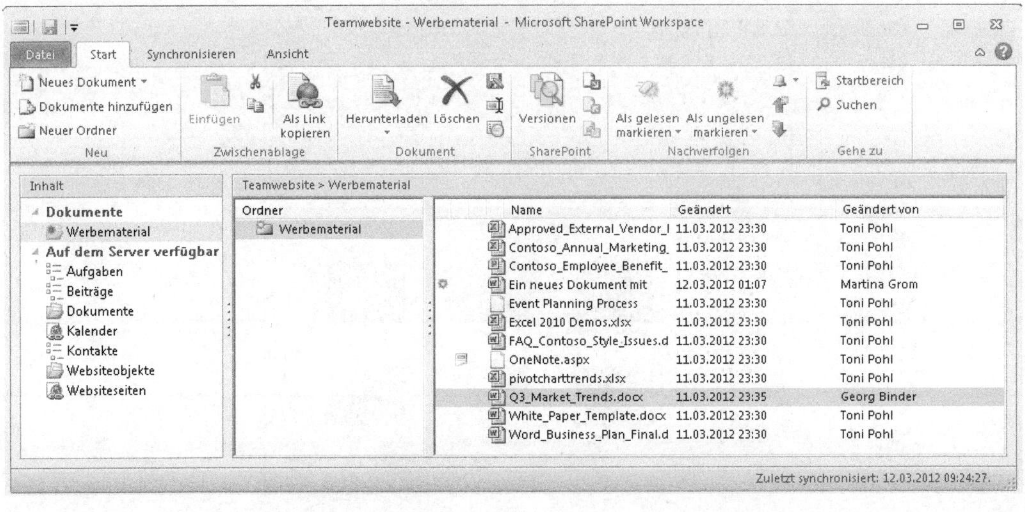

Sobald Sie ein Dokument öffnen und bearbeiten, wird es mit SharePoint Online aktualisiert. Die Speicherung erfolgt automatisch in die jeweilige verknüpfte Dokumentbibliothek.

Abbildg. 6.54 Den Speicherort von SharePoint Workspace ansehen

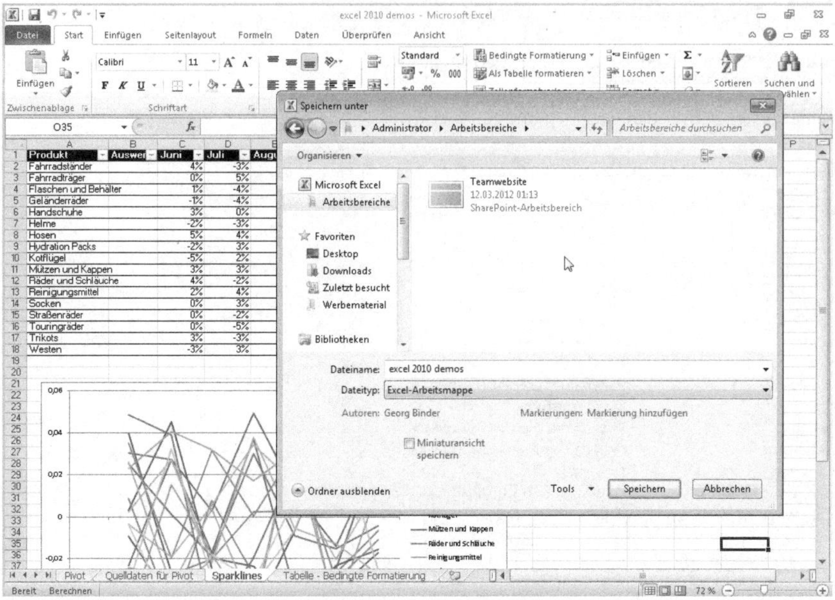

Auch neue Dokumente können Sie so sehr schnell in die Dokumentbibliothek laden. Öffnen Sie dazu im Menüband die Registerkarte *Start* und klicken Sie in der Gruppe *Neu* auf den Befehl *Dokumente hinzufügen*, um die Dokumente anschließend zu übernehmen. Sobald das Dokument hinzugefügt wird, ist es in SharePoint Online genauso sichtbar wie in SharePoint Workspace.

Abbildg. 6.55 Dokumente direkt über SharePoint Workspace hinzufügen

Im linken Inhaltsbereich sehen Sie, welche Elemente auf der SharePoint Online-Teamwebsite zur Verfügung stehen. Alle Elemente, die unter *Auf dem Server verfügbar* eingeordnet sind, können Sie direkt online ansehen oder nach Bedarf mit dem Befehl *Verbindung zwischen XXXXX und dem Server herstellen* ebenfalls synchronisieren.

Abbildg. 6.56 Serverelemente können nach Bedarf ebenfalls synchronisiert werden

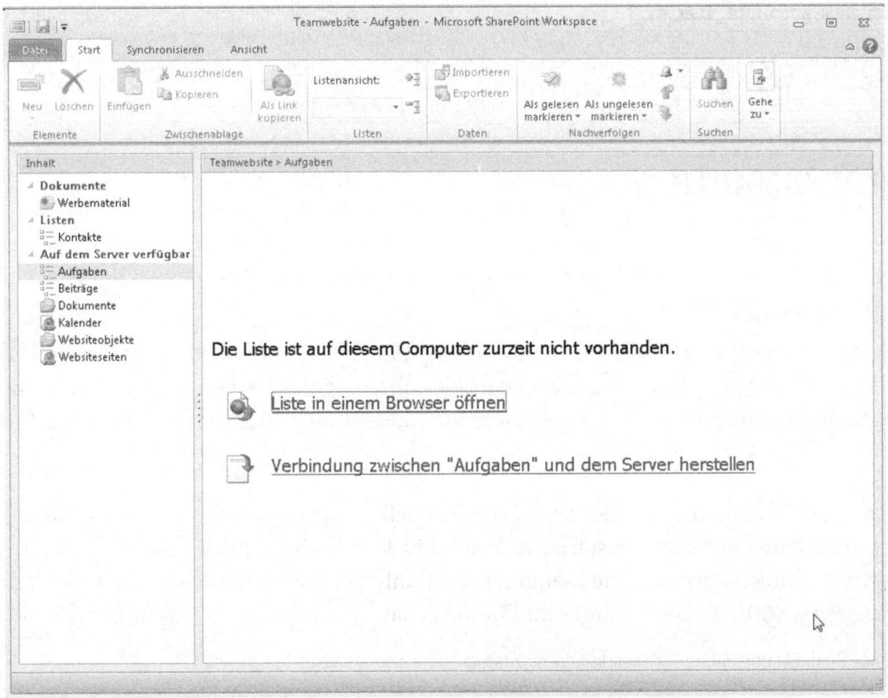

Programme von Office Professional Plus im Überblick

Jedes Programm von Office Professional Plus hier im Detail zu beschreiben, würde den Rahmen dieses Buchs sprengen. Trotzdem möchte ich Ihnen einen kurzen Überblick über die einzelnen Produkte geben. Detailliertere Infos erhalten Sie unter *http://office.microsoft.com.*

Tabelle 6.1 Die Produkte von Office Professional Plus

Produkt	Funktion
Microsoft Access 2010	Datenbanken und Webdatenbanken erstellen
Microsoft InfoPath 2010	Schnelles Entwerfen von Formularen
Microsoft Outlook 2010	E-Mail-Client zur Zusammenarbeit
Microsoft Publisher 2010	Erstellen von Druckvorlagen, Publikationen
Microsoft Word 2010	Dokumente erstellen und bearbeiten
Microsoft Excel 2010	Tabellenkalkulationsprogramm

Tabelle 6.1 Die Produkte von Office Professional Plus *(Fortsetzung)*

Produkt	Funktion
Microsoft OneNote 2010	Elektronischer Notizblock
Microsoft PowerPoint 2010	Präsentationen erstellen
Microsoft SharePoint Workspace 2010	Synchronisierung von SharePoint-Teamwebsites. Damit haben Sie Ihre SharePoint-Daten auch offline zur Verfügung.
Microsoft Lync 2010	Instant Messaging-Tool

Zusammenfassung

In diesem Kapitel haben wir uns Office Professional Plus genauer angesehen. Diese Version kann zu Ihrem Office 365-Abonnement hinzugemietet werden – was eine durchaus lohnenswerte Alternative zum Kauf darstellt.

Sie haben das Office 365-Desktopsetup durchgeführt und Outlook 2010 konfiguriert sowie einige wichtige Funktionen für die Zusammenarbeit näher angesehen. Um die eigenen Daten auch offline zur Verfügung zu haben, wurden diese mit SharePoint Workspace synchronisiert.

Kapitel 7

Mit dem Smartphone immer dabei: Ihr Office 365

In diesem Kapitel:

Mein erstes Handy habe ich 1997 gekauft. Was für eine Innovation! Immer und überall erreichbar zu sein und telefonieren zu können! Jedes Gespräch beginnt seitdem nicht mehr mit »Wie geht es Dir?« sondern mit »Wo bist Du?«. Heute besitzt jeder Europäer schon durchschnittlich drei SIM-Karten, und die Nutzung mobiler Geräte ist aus unserem Alltag nicht mehr wegzudenken.

Unter einem Smartphone versteht man im Allgemeinen ein Gerät, welches über zusätzliche Computerfunktionalitäten verfügt. Diese Geräte sind nicht alleine zum Telefonieren da, sondern unterstützen uns in der täglichen Arbeit, indem Dienste wie E-Mail, Kalender, Kontakte und allerlei nützliche oder eventuell auch weniger nützliche Apps auf dem Gerät installiert werden können. Natürlich müssen es nicht nur Smartphones sein, auch Tablet-PCs erobern immer mehr den Markt – kleine tragbare Geräte, die man typischerweise ebenfalls mit den Fingern bedient. Diese Geräte dienen nicht nur dem Business, durch integrierte Kameras, MP3-Player und Navigationssoftware sind sie für fast jeden Zweck einsetzbar.

Es gibt unterschiedliche Betriebssysteme, die auf einem Smartphone verwendet werden können. Die derzeit am häufigsten verwendeten Systeme sind Windows Phone, Android, Apple iOS und BlackBerry OS. Der Boom zu diesen Geräten hat ab 2007 so richtig begonnen, seitdem sind sie aus unserem Alltag nicht mehr wegzudenken.

Der Vorteil bei der Nutzung eines solchen Geräts liegt vor allem darin, dass Sie immer und überall E-Mails empfangen sowie Ihren Terminkalender einsehen können und alle Ihre Kontakte dabei haben. Dank Push-E-Mail-Technologie werden neue E-Mails automatisch sofort bei Eintreffen der Nachricht an das mobile Gerät weitergesendet. Alle diese Daten bleiben immer synchron – egal, ob ein Termin auf dem Handy, dem Tablet-PC oder dem Notebook vereinbart wird. Alle mit Office 365 verbundenen Geräte aktualisieren sich automatisch, und der Termin steht auf allen Geräten zur Verfügung.

Gemeinsam mit Office 365 haben Sie in einem Smartphone den idealen Begleiter gefunden, über den Sie auch mobil immer auf dem letzten Stand sind. Ihr Office ist, wo Sie sind – bzw. wo Ihr Smartphone ist.

Ich zeige Ihnen hier anhand von drei verschiedenen Modellen die Einrichtung mit Office 365. Einmal mit einem Windows Phone, dann ein iPhone und auch ein iPad. Wir sehen uns dabei die Konfiguration von E-Mail, Kalender und Kontakte ebenso an wie Lync Mobile, das für mobile Geräte ebenfalls zur Verfügung steht.

TIPP Ein Tipp noch vorab: Jeder Benutzer von Office 365 findet unter *http://help.outlook.com/de-de/140/dd936215.aspx* einen Einrichtungs-Assistenten für sein Mobiltelefon.

Office 365 und Windows Phone

Sobald das Windows Phone mit Office 365 verbunden wird, ist klar, dass beides aus dem gleichen Haus stammt. Eine perfektere Abstimmung zwischen Office 365 und einem Smartphone gibt es fast nicht. Die Konfiguration ist extrem einfach, in nur ganz wenigen Klicks sind Sie und Ihr Gerät online.

Office 365-Konto auf Windows Phone einrichten

Öffnen Sie auf Ihrem Windows Phone den Startbildschirm.

Abbildg. 7.1 Der Startbildschirm auf dem Windows Phone

Im nächsten Schritt wechseln Sie zum Menü *Einstellungen*. Dorthin gelangen Sie, indem Sie einfach auf den Pfeil nach rechts tippen.

Abbildg. 7.2 Das Menü *Einstellungen*

Im Menüpunkt *Einstellungen* finden Sie den Eintrag *E-Mail-Konten* & *andere*. Nach dessen Auswahl können Sie verschiedene Konten anlegen.

Abbildg. 7.3 Menüpunkt *E-Mail-Konten & andere*

Durch Antippen von *Konto hinzufügen* können Sie im nächsten Bildschirm das Konto direkt hinzufügen. Dazu erhalten Sie eine Auswahl angezeigt, aus der Sie den für Sie passenden Kontotyp übernehmen können.

Abbildg. 7.4 E-Mail-Konto hinzufügen

Tippen Sie hier auf *Outlook (Exchange und Office 365)*.

Abbildg. 7.5 Kontotyp auswählen

Um Ihr E-Mail-Konto einzurichten, benötigen Sie lediglich Ihren Benutzernamen und Ihr Kennwort. Aufgrund der Autodiscover-Funktion von Exchange Online erledigt Office 365 den Rest automatisch.

Abbildg. 7.6 E-Mail-Adresse und Kennwort angeben – schon ist Ihr Konto eingerichtet

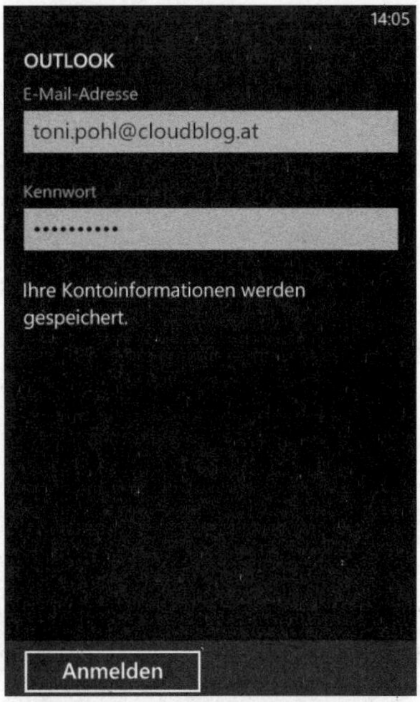

Sobald Sie auf die Schaltfläche *Anmelden* tippen, werden Ihre Einstellungen gesucht und konfiguriert. Da Ihr Telefon erkennt, dass es sich um ein Office 365-Konto handelt, sucht es auch gleich die passenden Office 365-Einstellungen, mit denen Sie auf Ihre Teamwebsite in SharePoint Online zugreifen können.

Nach kurzer Zeit erhalten Sie auf Ihrem Bildschirm die Bestätigung, dass das Konto eingerichtet wurde. In dieser Zusammenfassung sehen Sie auch, dass Ihre Teamwebsite erreichbar ist.

TIPP Anders als beim Enterprise-Plan von Office 365 steht die Teamwebsite derzeit hier mit HTTP statt mit HTTPS zur Verfügung.

Abbildg. 7.7 Das fertig konfigurierte Windows Phone

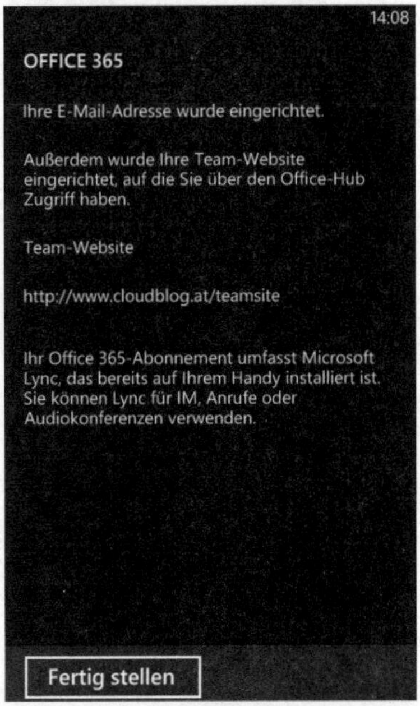

Sie können das Konto nun ganz nach Ihren Vorstellungen konfigurieren. Dazu tippen Sie auf das neu hinzugefügte Outlook-Konto und gelangen damit zu den Einstellungen. Hier können Sie festlegen, was alles synchronisiert werden soll, wie lange die E-Mails, die abgerufen werden, zurückgehen (z.B. alle E-Mails der letzten drei Tage) und ob Push-E-Mail aktiviert wird oder ob der Abruf der Nachrichten regelmäßig nach einem bestimmten Zeitraum erfolgen soll. Als Intervall können Sie unter den in Bild 7.8 gezeigten Möglichkeiten wählen.

Abbildg. 7.8 Intervall für den E-Mail-Abruf einstellen

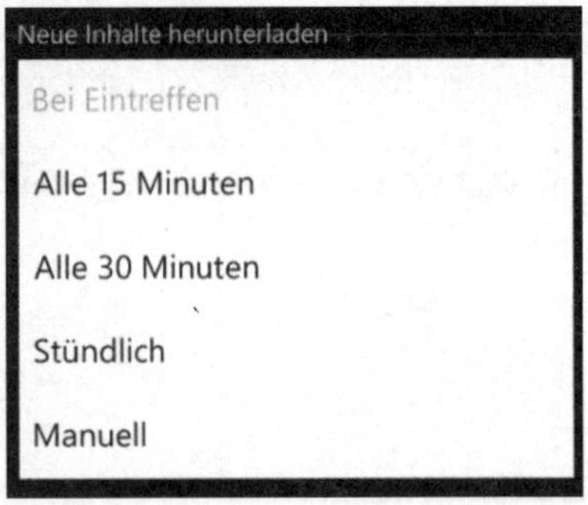

PROFITIPP Wenn Sie den Akku Ihres mobilen Geräts schonen und so die Laufzeit verlängern möchten, stellen Sie hier einen längeren Zeitraum als Intervall oder sogar den manuellen Abruf von Nachrichten ein. Ich habe auf meinem mobilen Gerät einen stündlichen Abruf eingestellt, denn sobald ich innerhalb einer Stunde zweimal den Posteingang öffne, kann ich sofort manuell synchronisieren und auf neue Nachrichten prüfen.

Abbildg. 7.9 Kontoeinstellungen

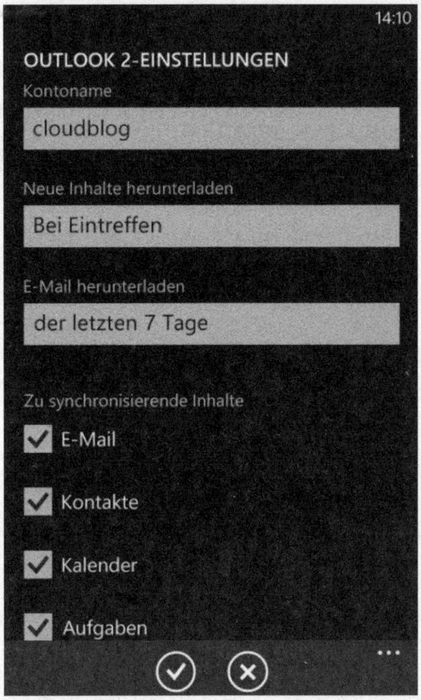

Sobald Sie das Konto eingerichtet haben, können Sie auf Ihre E-Mails zugreifen und auch neue Nachrichten verfassen.

Abbildg. 7.10 Der Posteingang

Durch Antippen der Schaltfläche *Aktualisieren* können Sie auch jederzeit zwischendurch Ihre E-Mail-Nachrichten abrufen.

Kalender auf Windows Phone

Auch der Kalender auf dem Windows Phone zeigt Ihnen sofort alle eingetragenen Termine an. Das Besondere hierbei ist, dass Sie auf dem Windows Phone mehrere verknüpfte Kalender anzeigen können, die dann farblich gekennzeichnet sind.

Abbildg. 7.11 Die Kalenderanzeige auf dem Windows Phone

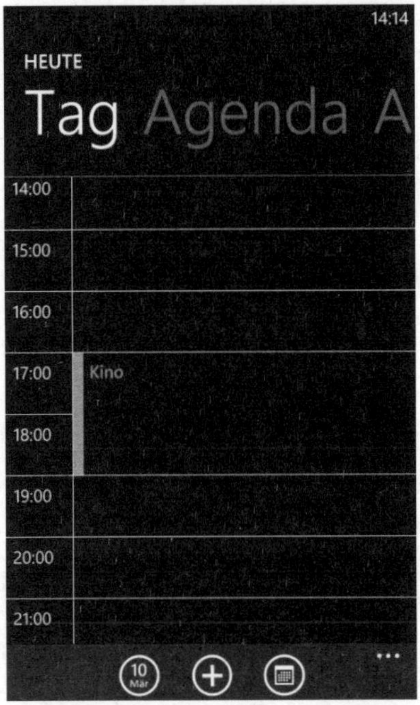

Mit der Schaltfläche [+] wird ein neuer Eintrag erzeugt. Dieser synchronisiert sich dann selbstverständlich auch gleich mit Office 365.

Mobil auch alle Daten immer aktuell

Sie sehen also, wie wichtig es ist, auch mobil immer seine Daten aktuell zur Verfügung zu haben. Wenn Sie zu jenen Menschen gehören, die viel außer Haus sind, werden Sie den Kalender auf Ihrem mobilen Gerät immer sehr zu schätzen wissen, können Sie doch aktuell Termine vereinbaren und nachsehen, wann Sie Zeit haben. Ihr Team, welches im Büro ist, sieht durch die Synchronisierung auch aktuelle Termine sofort. So sind nicht nur Sie – sondern auch all jene, die Zugriff auf Ihren freigegebenen Kalender haben, immer aktuell informiert.

Sollten Sie unterschiedliche Konten mit mehreren Kalendern in Ihrem Windows Phone eingerichtet haben, können Sie diese direkt im Telefon unter den Einstellungen an- und ausschalten. Dabei werden Ihnen auf Wunsch alle Kalender in einer Ansicht zusammengefasst dargestellt.

Abbildg. 7.12 Die Kalenderansicht mit Umschaltern, ob die Kalenderelemente angezeigt werden sollen oder nicht

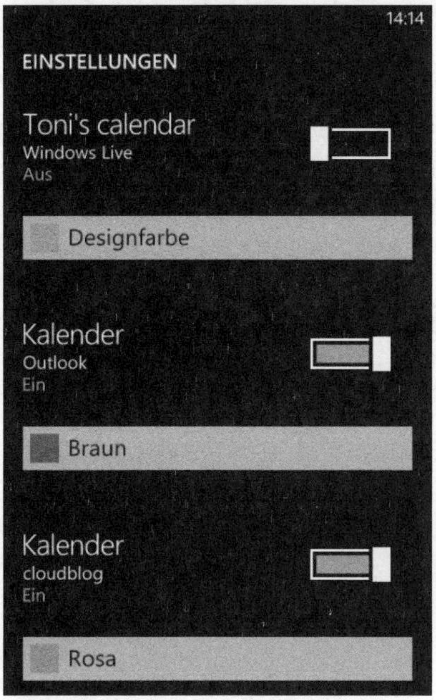

Lync Mobile auf Windows Phone

Das Smartphone wird zur mobilen Zentrale der Kommunikation. Lync Mobile darf da natürlich nicht fehlen. Über den mobilen Lync-Client, den Sie über Windows Phone Marketplace auf Ihrem Windows Phone installieren können, können Sie dann ebenfalls direkt mit der Kommunikation starten.

Abbildg. 7.13 Der installierte Lync-Client auf dem Windows Phone

Sobald Sie den mobilen Lync-Client starten, werden Sie – ähnlich wie vorher bei der Office 365-Konfiguration – nach Ihrem Benutzernamen (E-Mail-Adresse) und dem zugehörigen Kennwort gefragt. Nach der Dateneingabe erfolgt die Anmeldung aufgrund der DNS-Konfiguration innerhalb kürzester Zeit.

Abbildg. 7.14 Der Lync Mobile-Anmeldebildschirm

Ist die Anmeldung erfolgreich, gelangen Sie zum Startbildschirm von Lync Mobile.

Abbildg. 7.15 Der Startbildschirm von Lync Mobile auf dem Windows Phone

Im folgenden Bildschirm werden Sie gefragt, ob die Pushbenachrichtigungen von Lync auf Ihrem mobilen Gerät eingeschaltet werden sollen. Im P-Plan von Office 365 ist dieser Dienst aktiviert und kann auch nicht in Office 365 geändert werden. Allerdings können Sie hier auf Ihrem mobilen Gerät einstellen, ob Sie das möchten oder nicht. Sie erhalten dann auf dem Gerät einen Hinweis (ähnlich wie bei einer SMS-Nachricht), wenn Sie jemand erreichen möchte.

Abbildg. 7.16 Lync-Pushbenachrichtigungen konfigurieren

In den Einstellungen können Sie Ihre Mobiltelefonnummer angeben und festlegen, ob Sie Pushbenachrichtigungen erhalten wollen und ob Fotos angezeigt werden sollen oder nicht.

Abbildg. 7.17 Lync Mobile-Einstellungen

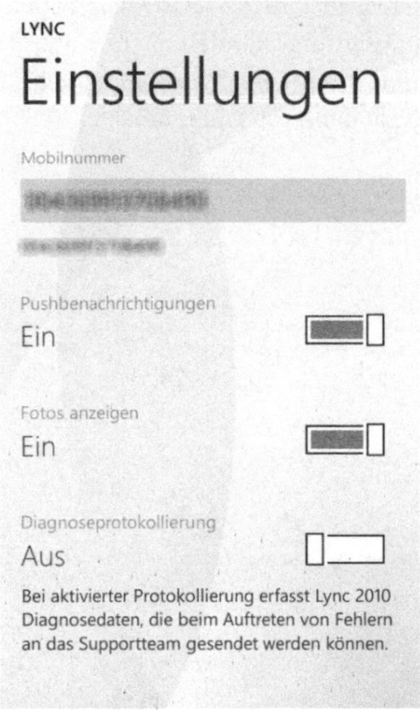

Kontakt über Lync Mobile herstellen

Nachdem Ihre Kontakte sofort in Lync Mobile sichtbar sind, sehen Sie auch gleich den Anwesenheitsstatus Ihrer Kontakte. Damit können Sie auch von unterwegs eine Kurznachricht über Lync senden.

Abbildg. 7.18 Ihre Lync-Kontakte sind auch mobil immer dabei

Sobald Sie den Kontakt angeklickt haben, sehen Sie die dazu passenden Details. Sie haben hier die Möglichkeit, den Kontakt, sofern eine Telefonnummer hinterlegt ist, direkt über das Mobiltelefonnetz anzurufen oder diesem eine E-Mail, eine Chatnachricht bzw. eine SMS zuzusenden. Wie Sie erkennen können, ist das Telefonsymbol hellgrau hinterlegt, was bedeutet, dass ein Anruf über Lync bei diesem Kontakt nicht möglich ist.

Abbildg. 7.19 Die Kontaktübersicht in Lync Mobile

Sobald Sie nun auf *Chatnachricht senden* tippen, können Sie auch schon losschreiben.

Abbildg. 7.20 Chat mit dem Windows Phone

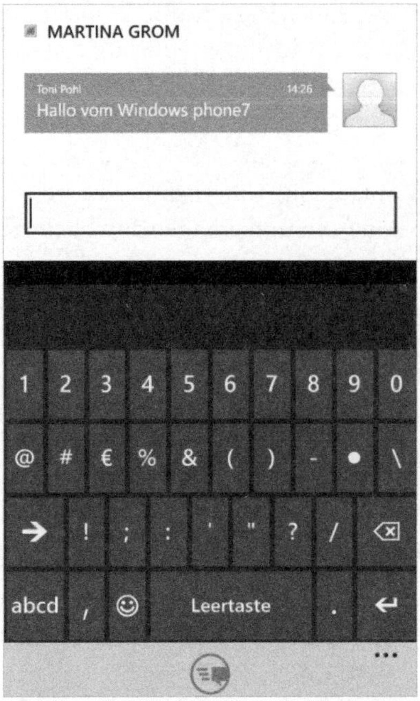

Der Nachrichtenverlauf ist dann sofort einsehbar.

Abbildg. 7.21 Der Chat in Lync Mobile auf dem Windows Phone

HINWEIS Der Lync Mobile-Client läuft auf Ihrem Mobiltelefon für 36 Stunden im Hintergrund. Erfolgt in diesem Zeitraum keine Aktivität, wird der Lync-Task auf dem Mobiltelefon automatisch beendet, um den Geräteakku nicht zu stark zu belasten. Sobald Sie Lync Mobile wieder starten, läuft auch die Anwendung wieder.

Lync-Kontakt im Firmenverzeichnis suchen

Über die Kontaktsuche können Sie andere Lync-Kontakte im Unternehmensverzeichnis suchen. Dazu geben Sie im Suchfeld den entsprechenden Namen ein und erhalten anschließend das Suchergebnis angezeigt.

Abbildg. 7.22 Einen Lync-Kontakt suchen

Sobald jemand gefunden wurde, können Sie diese Person zu Ihren Kontakten hinzufügen.

Abbildg. 7.23 Den gefundenen Kontakt mit einem Fingertipp hinzufügen

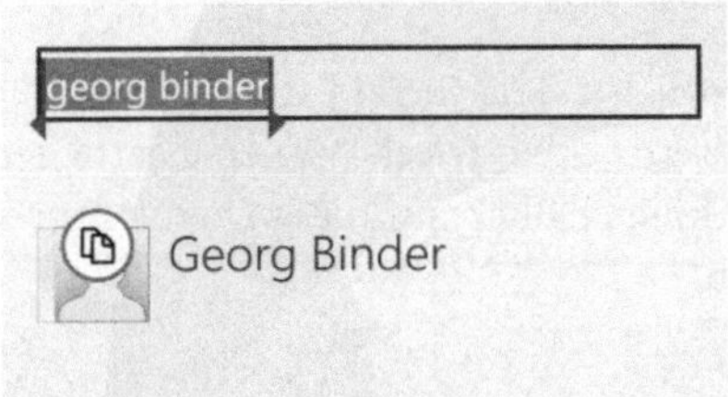

Windows Phone und SharePoint Online-Teamwebsite

Bereits weiter vorne in diesem Kapitel haben wir gezeigt, dass das Windows Phone bei der Konfiguration erkennt, dass das einzurichtende Konto ein Office 365-Konto ist. Damit konfiguriert das Gerät auch gleich die SharePoint Online-Teamwebsite, auf die anschließend über den Office-Hub zugegriffen werden kann.

Abbildg. 7.24 Die fertiggestellte Konfiguration über Office 365 auf dem Windows Phone

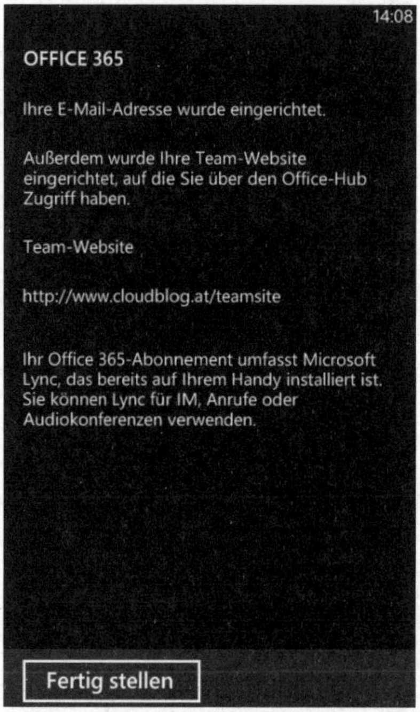

Der Office-Hub auf dem Windows Phone stellt Ihnen mobile Versionen der Office-Produkte zur Verfügung. Sobald hier das Office 365-Konto eingerichtet wurde, ist dieses als zusätzlicher Speicherort nutzbar.

Office Mobile stellt Ihnen Microsoft Word Mobile, Microsoft OneNote Mobile, Microsoft PowerPoint Mobile, Microsoft Excel Mobile und Microsoft SharePoint Workspace Mobile zur Verfügung.

Auch wenn die Wahrscheinlichkeit nicht sehr hoch ist, dass Sie auf dem kleinen Display Ihres Mobiltelefons komplexe Word-Dokumente verfassen oder Excel-Dateien bearbeiten, so ist es doch eine gute Hilfe, auch von unterwegs einen kurzen Blick auf diese Dokumente werfen und sofort kleine Änderungen durchführen zu können.

Abbildg. 7.25 Der Office-Hub auf dem Windows Phone

Sobald Sie die Teamwebsite anklicken, öffnet sich der Anmeldedialog von Office 365, über den Sie sich als legitimer Nutzer ausweisen und mit der SharePoint-Teamwebsite verbinden können.

Abbildg. 7.26 Die Anmeldung erfolgt, bevor Sie auf Ihre Dokumente zugreifen können

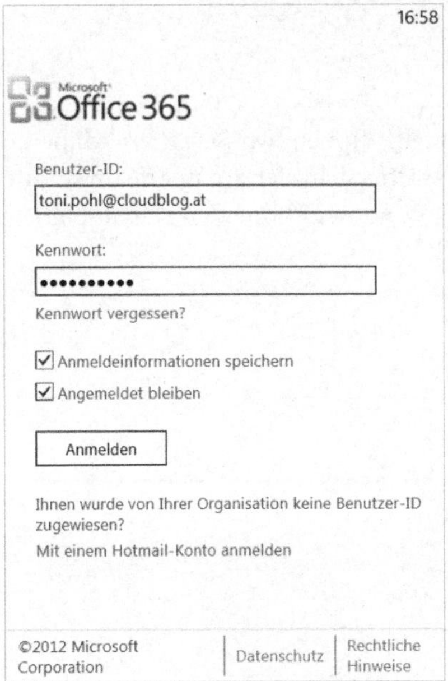

TIPP Wenn Sie den SharePoint-Speicher häufiger benötigen, merken Sie sich hier gleich das Kennwort, indem Sie das Kontrollkästchen *Angemeldet bleiben* aktivieren. Damit erscheint der Loginbildschirm beim nächsten Zugriff nicht mehr.

Gleich nach der Anmeldung gelangen Sie zu einer Übersichtsseite, über die Sie die Inhalte der aktuellen SharePoint-Teamwebsite einsehen können.

Abbildg. 7.27 Die Teamwebsite im Office-Hub

Wenn Sie nun beispielsweise auf den Link *Dokumente* tippen, wo Sie sehen können, dass bereits zehn Dokumente enthalten sind, erhalten Sie eine Übersicht der auf der Teamwebsite vorhandenen Dokumente. Jene Dokumente, bei denen das Windows Phone den Dateityp erkennt, werden direkt mit dem entsprechenden Symbol dargestellt.

Abbildg. 7.28 Die verfügbaren Dokumente der Teamwebsite

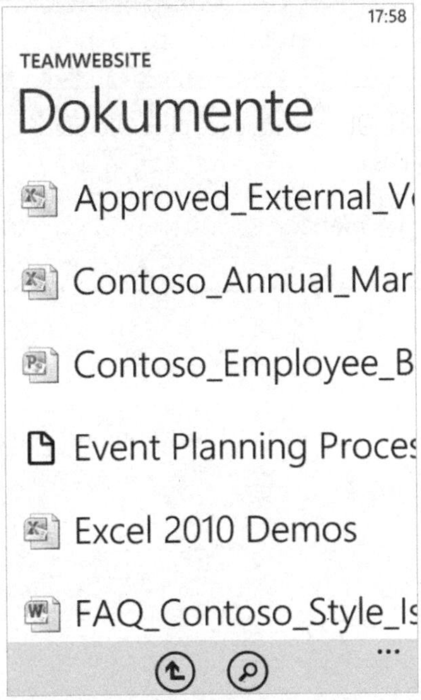

Hier können Sie nun die einzelnen Dokumente öffnen, bearbeiten und wieder auf SharePoint zurückspeichern. So sehen auch Ihre Teammitglieder die Änderungen sofort!

Hier einige Beispiele von geöffneten Dokumenten.

Abbildg. 7.29 Die Microsoft Office mobilen Apps in Aktion

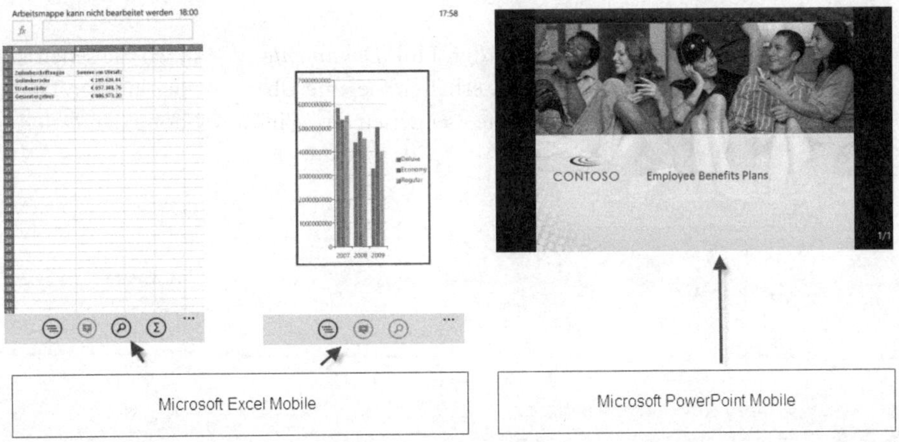

Windows Phone und Office 365

Windows Phone hat bei der Integration von Office 365 eindeutig die Nase vorn. Die Einrichtung ist schnell und einfach. Der Office-Hub mit der Integration von SharePoint Online ist genial, wenn man häufig unterwegs ist und »kurz mal« etwas ändern muss oder ein Dokument überarbeiten bzw. durchlesen soll.

Bei den anderen mobilen Betriebssystemen ist der Zugriff auf SharePoint Online über den Browser natürlich ebenfalls möglich, jedoch ist das mobile Office schon ein ganz besonderes Werkzeug für unterwegs.

Office 365 und iPhone

Ein iPhone mit Office 365 zu verbinden, ist ebenfalls sehr einfach. Beim iPhone finden sich alle Menübefehle im Menüpunkt *Einstellungen*.

Abbildg. 7.30 Die Einstellungen beim iPhone

Exchange Online auf dem iPhone einrichten

Der nächste Schritt ist der Aufruf des Menüpunkts *Mail, Kontakte, Kalender*. In diesem Menüfeld können Sie ebenfalls die unterschiedlichsten Mailkonten hinzufügen und eintragen. Über den Befehl *Account hinzufügen* können Sie nun ein neues Mailkonto eintragen.

Abbildg. 7.31 Ein Mailkonto im iPhone hinzufügen

Anders als beim Windows Phone werden beim iPhone im folgenden Dialog wirklich nur E-Mail-Konten angeboten, die hinzugefügt werden können. Um das Office 365-Konto hinzuzufügen, wählen Sie hier den Eintrag *Microsoft Exchange* aus.

Abbildg. 7.32 Das Office 365-Konto wird über den Eintrag *Microsoft Exchange* hinzugefügt

Das iPhone benötigt danach ebenfalls lediglich noch die E-Mail-Adresse, den Benutzernamen und das Kennwort. Um das Konto eindeutig zu identifizieren, weisen Sie diesem einen eindeutigen Namen zu. Anschließend können Sie die Kontoeinstellungen überprüfen lassen.

Abbildg. 7.33 Das E-Mail-Konto am iPhone einrichten

HINWEIS Über die Autodiscover-Funktion von Exchange Online findet jedes Smartphone den für dieses Postfach »richtigen« Exchange-Server. Sollten Sie den Servernamen einmal ändern müssen, genügt es, in das Feld *Servername* den Text *m.outlook.com* einzutragen. Anschließend »sucht« Ihr Gerät die richtige Serverfarm und verbindet sich.

Nach der Überprüfung der Zugangsdaten können Sie entscheiden, was Sie synchronisieren wollen. Normalerweise sind immer alle Elemente aktiviert. Sollten Sie jedoch auf eine der vier Optionen *Mail*, *Kontakte*, *Kalender* oder *Erinnerungen* verzichten wollen, können Sie das hier einstellen.

Abbildg. 7.34 Auswahl, was synchronisiert werden soll

Sobald diese Einstellungen durchgeführt sind, können Sie über die Schaltflächen *Mail*, *Kontakte*, *Kalender* und *Erinnerungen* Ihr Office 365-Konto abfragen.

Abbildg. 7.35 Abrufen von relevanten Informationen in der jeweils gewünschten Applikation auf dem iPhone

TIPP Auch das iPhone unterstützt Push-E-Mail-Benachrichtigungen. Hier gilt der gleiche Tipp: Um den Akku zu schonen und dessen Laufzeit zu verlängern, lohnt es sich für Vieltelefonierer oder solche, die ihr iPhone ständig nutzen, den Push-E-Mail-Dienst zu ändern und stattdessen in bestimmten Intervallen abzufragen. Auch in diesem Fall können Sie natürlich trotzdem jederzeit einen manuellen Sync starten.

Lync mobile für iPhone konfigurieren und verwenden

Der mobile Client von Lync steht auch für das iPhone zur Verfügung. Zunächst wird er aus dem iTunes Store geladen und auf Ihrem iPhone installiert. Danach findet sich sofort das Lync-Symbol auf Ihrem Gerät.

Abbildg. 7.36 Lync Mobile auf dem iPhone

Sobald Sie die Applikation starten, erhalten Sie die Möglichkeit, sich mit Ihrem Benutzernamen und dem zugehörigen Kennwort zu authentifizieren.

Abbildg. 7.37 Mit dem iPhone bei Lync Mobile anmelden

ACHTUNG Sollten Sie Probleme beim Anmelden haben, liegt dies sehr häufig an einer falschen bzw. fehlenden Konfiguration der DNS-Einträge. Wir verwenden in diesem Buch den Office 365-P-Plan, wobei wir von einer vollständigen Redelegation der DNS-Einträge für unsere Domäne ausgehen.

Sollten Sie den E-Plan verwenden, sind Sie selbst für das korrekte Setzen der Namenservereinträge verantwortlich. Bitte überprüfen Sie diese Einträge besonders genau. Aus meiner Erfahrung führt meist eine falsche oder fehlende Konfiguration an dieser Stelle zu Anmeldeproblemen.

Lync Mobile meldet Sie nun an und zeigt Ihnen die erfolgreiche Anmeldung mit dem gleichen Bildschirm, den Sie schon weiter oben beim Windows Phone gesehen haben.

Abbildg. 7.38 Die Lync Mobile-Anmeldung war erfolgreich

Beim Lync Mobile-Bildschirm für das iPhone finden Sie die Navigationselemente im unteren Bereich der Applikation vor. Sie können direkt innerhalb der Anwendung auch auf Ihre Telefonkontakte zugreifen. Im unteren Bereich sehen Sie Ihren Anwesenheitsstatus, die Kontakte (erfreulicherweise übernimmt der mobile Client die durchgeführten Gruppierungen Ihrer Kontakte), den Chatbereich und die Onlinebesprechungen.

Abbildg. 7.39 Die Übersichtsseite des mobilen Lync-Clients für das iPhone

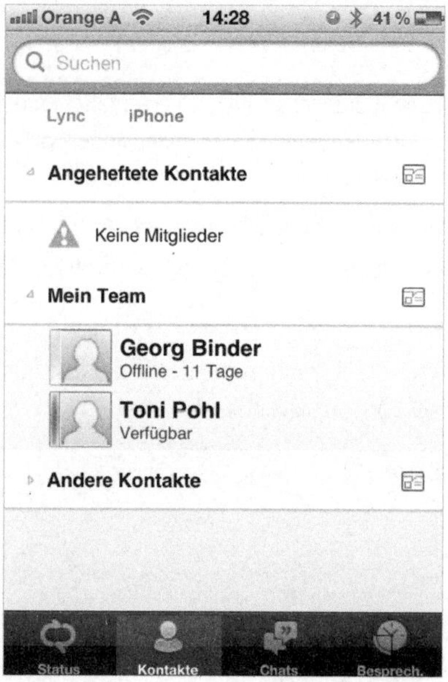

Sobald Sie eine Nachricht von einem Kollegen erhalten, wird diese über die Pushbenachrichtigung an das iPhone gesendet und erscheint auf Ihrem Bildschirm.

Abbildg. 7.40 Pushbenachrichtigungen helfen dabei, immer auf dem aktuellen Stand zu sein

HINWEIS Auch die mobile App für das iPhone bleibt 36 Stunden lang aktiv, bevor sie sich beendet.

Der Chat funktioniert wie gewohnt: tippen, versenden, fertig.

Abbildg. 7.41 Das Chatfenster

Im Menüpunkt *Besprechungen* würden Sie eine Übersicht aller Onlinebesprechungen sehen, die in Ihren Kalender eingetragen sind. Sie könnten damit direkt vom iPhone aus teilnehmen. Dass die beiden Sätze im Konjunktiv stehen, liegt daran, dass diese Funktion in Office 365 derzeit leider nicht vorhanden ist.

TIPP Office 365 gehört zu jenen Produkten, die sich sehr häufig verändern bzw. erweitert werden. Damit wird auch der Funktionsumfang angepasst und erweitert. Freuen Sie sich gemeinsam mit mir auf neue Funktionen auch in den mobilen Apps!

Office 365 und iPad

Ich werde hier die Konfiguration von Office 365 nicht mehr erläutern, sondern möchte Sie auf die Anleitung für das iPhone verweisen, da sich die beiden Geräte hier nicht unterscheiden.

Der mobile Lync-Client für das iPad unterscheidet sich vor allem durch seine Größe vom mobilen Client für das iPhone. Ansonsten läuft bei diesem Client die Konfiguration genauso ab wie beim iPhone.

Abbildg. 7.42 Der mobile Lync-Client für das iPad

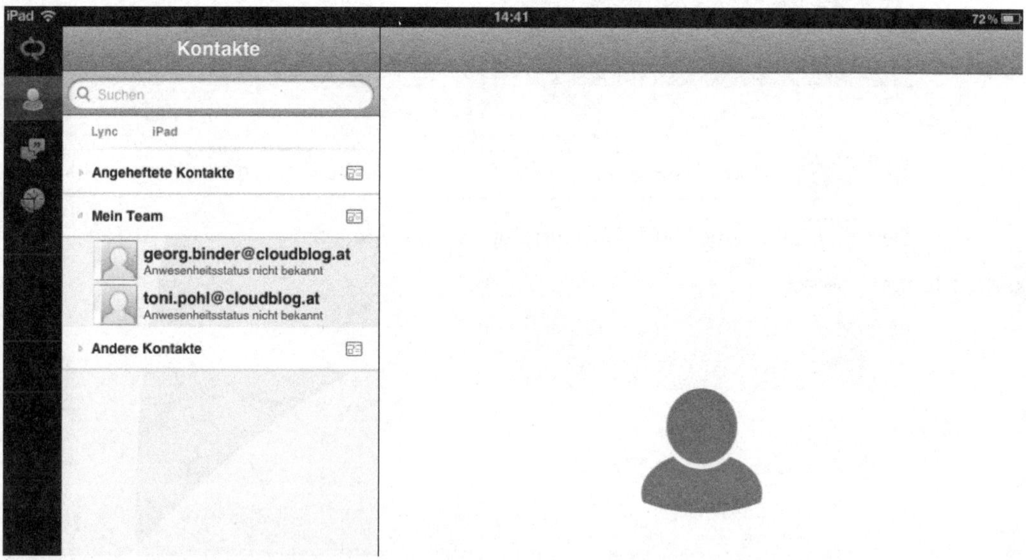

iPad und Office 365-Teamwebsite

Es gibt ein paar Apps, die den Zugriff auf SharePoint zulassen sollen. Getestet habe ich insgesamt vier Apps, nur zwei davon konnten mich wirklich überzeugen. Diese Apps gibt es sowohl für das iPhone als auch für das iPad. Deshalb stelle ich Ihnen die jeweils kostenlose Version hier kurz vor.

Beide Apps eignen sich ganz gut, wenn Sie von unterwegs mit Ihrem iPad Zugriff auf die SharePoint-Dokumente benötigen oder etwas ansehen möchten.

Abbildg. 7.43 Die beiden Apps für den Zugriff auf die SharePoint-Teamwebsite: SharePlus Lite und Filamente Light

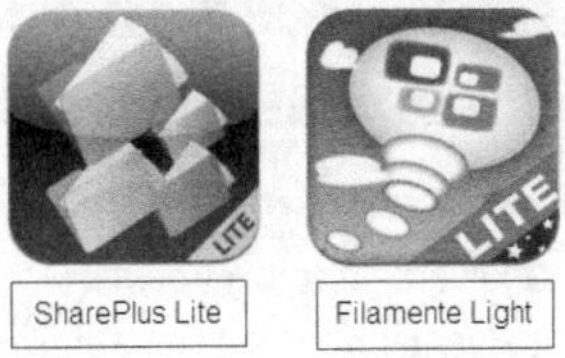

SharePlus Lite

Die Konfiguration von SharePlus Lite ist schnell erklärt. Die App wird geladen und danach fügen Sie die Teamwebsite von SharePoint Online hinzu. Sobald Sie Ihre Anmeldedaten eingegeben haben, verbindet sich die Applikation mit der SharePoint-Teamwebsite.

Abbildg. 7.44 Anmelden, und schon sind Sie in Ihrer App mit der SharePoint-Teamwebsite verbunden

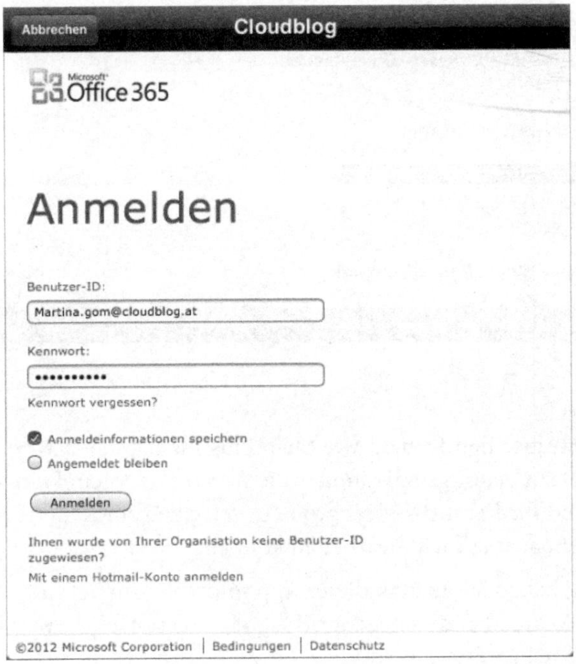

Sobald Sie Zugriff auf die Teamwebsite haben, können Sie Ihre Dokumente öffnen und diese durchsehen.

Abbildg. 7.45 Zugriff auf Dokumente über SharePlus Lite

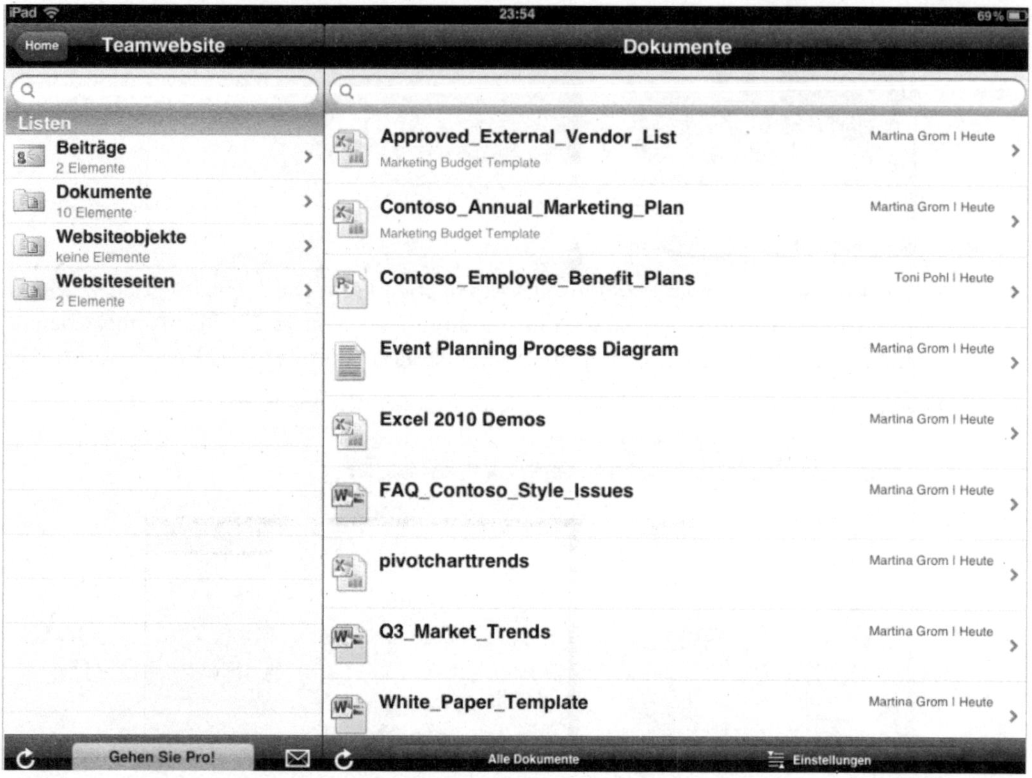

Filamente Lite for SharePoint

Diese App funktioniert nach dem gleichen Prinzip wie SharePlus Light: Zuerst wird die SharePoint-Teamwebsite verbunden. Dazu benötigen Sie immer die Adresse der SharePoint-Teamwebsite und Ihren Benutzernamen und Ihr Kennwort. Der große Unterschied zur Kaufversion ist hier, dass Sie die Dokumente nur ansehen, aber nicht bearbeiten können.

Sobald die Anmeldung erfolgt ist, haben Sie auch in dieser App sofort Zugriff auf Ihre Dokumente und können diese ansehen. Der Vorteil bei diesem Zugriff ist, dass diese Dokumente in der App auf Wunsch auch mit dem iPad synchronisiert werden.

Abbildg. 7.46 Filamente Lite-Setup

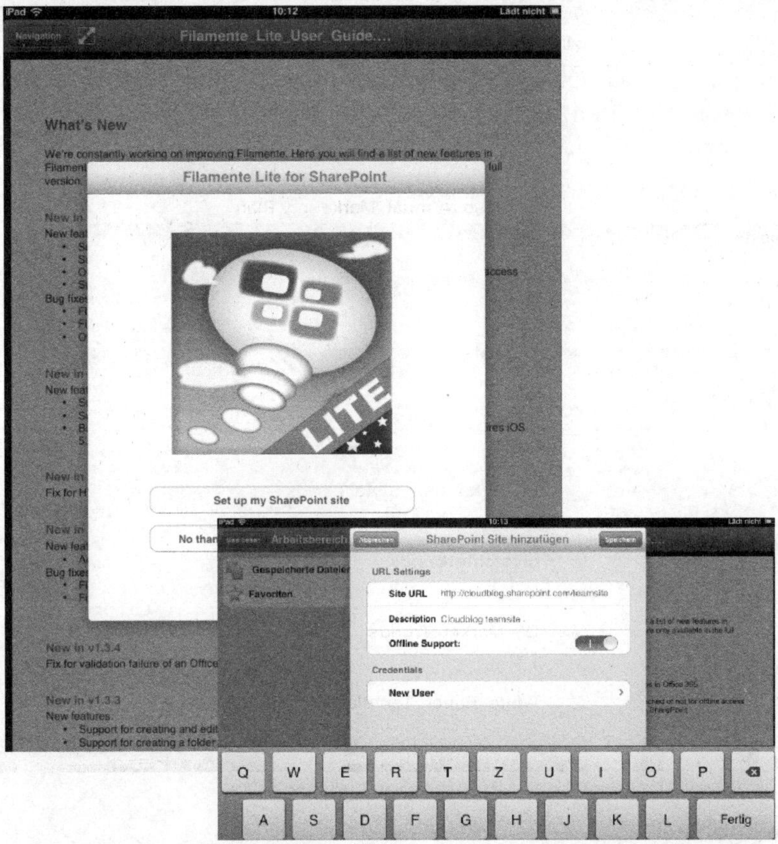

Abbildg. 7.47 Dokumente in der App direkt betrachten

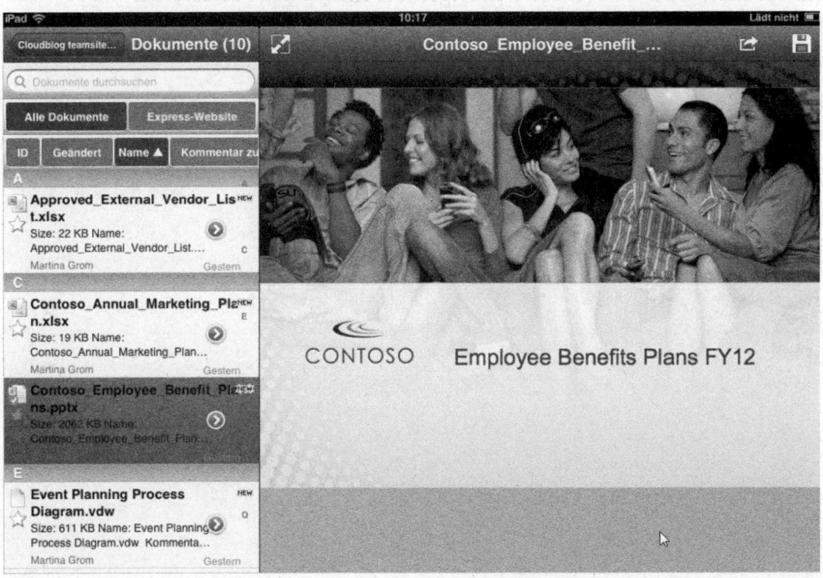

Auf Office 365-Daten über iPad und Safari zugreifen

Mit dem iPad können Sie über den dort integrierten Safari-Browser ebenfalls auf Ihre Teamwebsites zugreifen, wie auch auf Outlook Web App. Wie schon früher erwähnt, öffnet sich Outlook Web App auf dem iPad im Light-Modus, d.h. nicht in der vollen Funktionalität. Das iPad wird im Regelfall über den integrierten E-Mail-Client konfiguriert sein.

Abbildg. 7.48 Outlook Web App im Light-Modus auf dem iPad

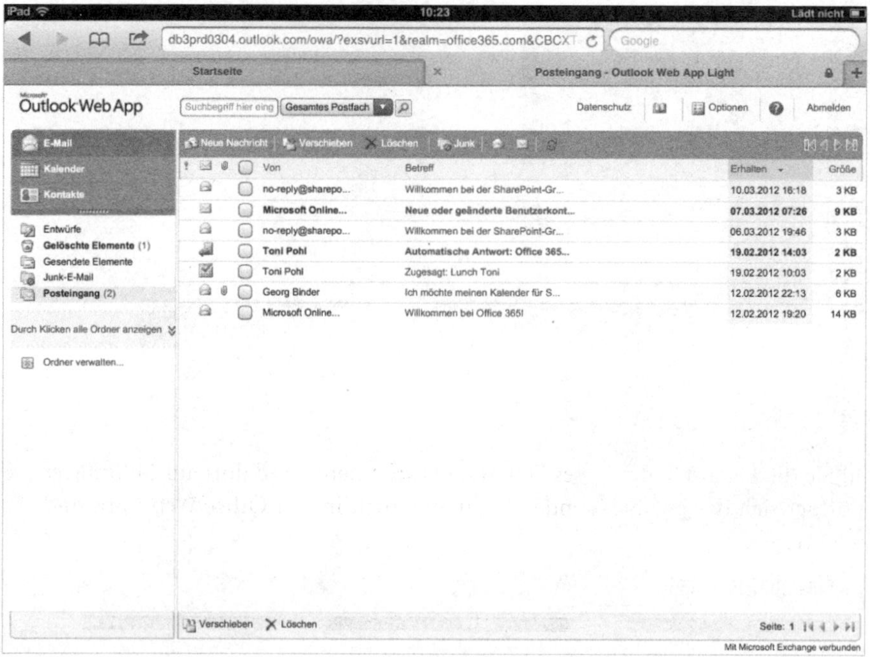

Wenn Sie die Teamwebsite über den Safari-Browser aufrufen, erhalten Sie sofort einen voll funktionsfähigen Zugriff auf Ihre SharePoint-Daten. Die Navigation funktioniert einwandfrei und auch der Zugriff auf Dokumente ist problemlos möglich.

Abbildg. 7.49 Zugriff auf die SharePoint-Teamwebsite

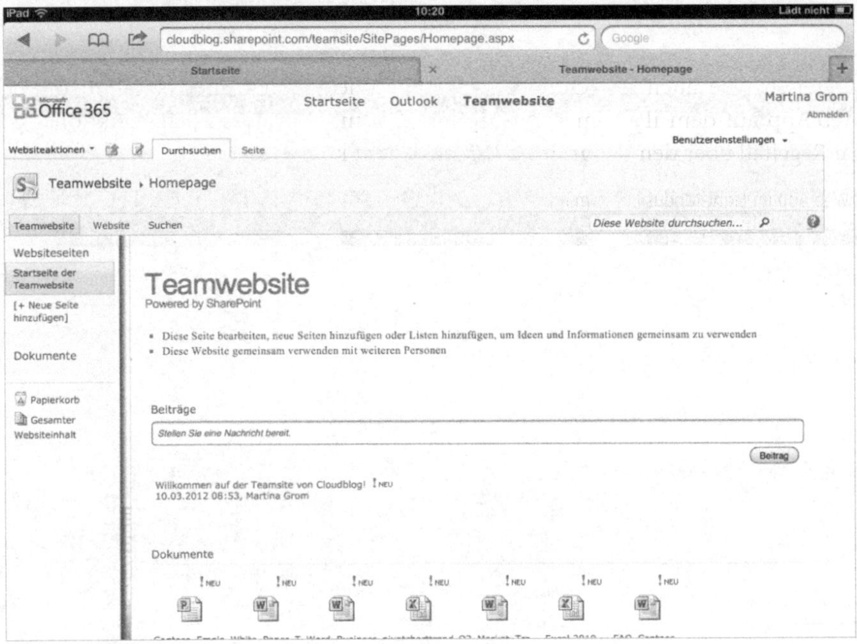

Sobald Sie die Eigenschaften eines Dokuments selektieren und dort auf *Im Browser bearbeiten* klicken, öffnet sich das entsprechende Dokument auch in den Office Web Apps und Sie können es direkt editieren.

Abbildg. 7.50 Zugriff auf die Office Web Apps

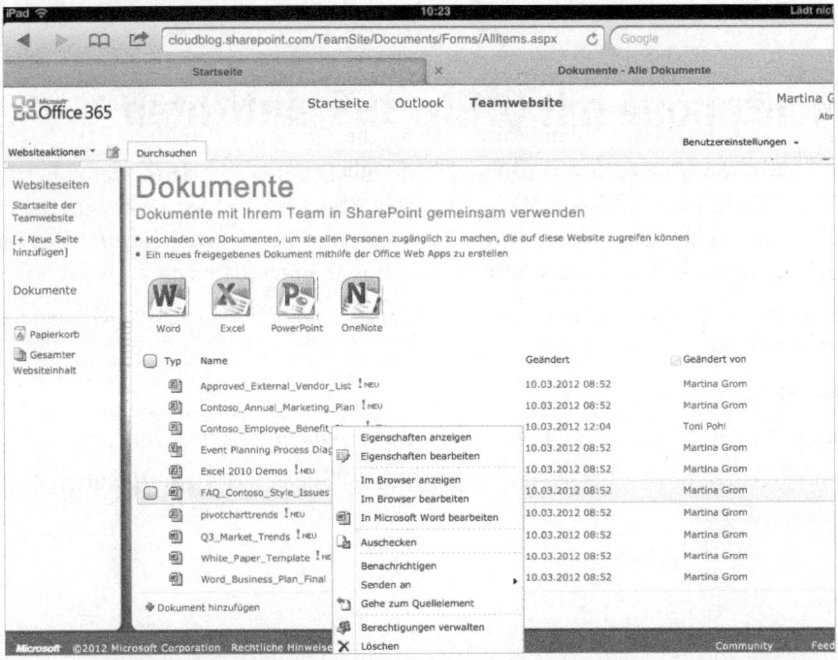

Sie können damit über das iPad und den Browser Änderungen direkt online vornehmen. Damit sind Sie auch mit dem iPad unterwegs produktiv.

Abbildg. 7.51 Bearbeiten einer Kalkulationstabelle per Excel Web App direkt auf dem iPad

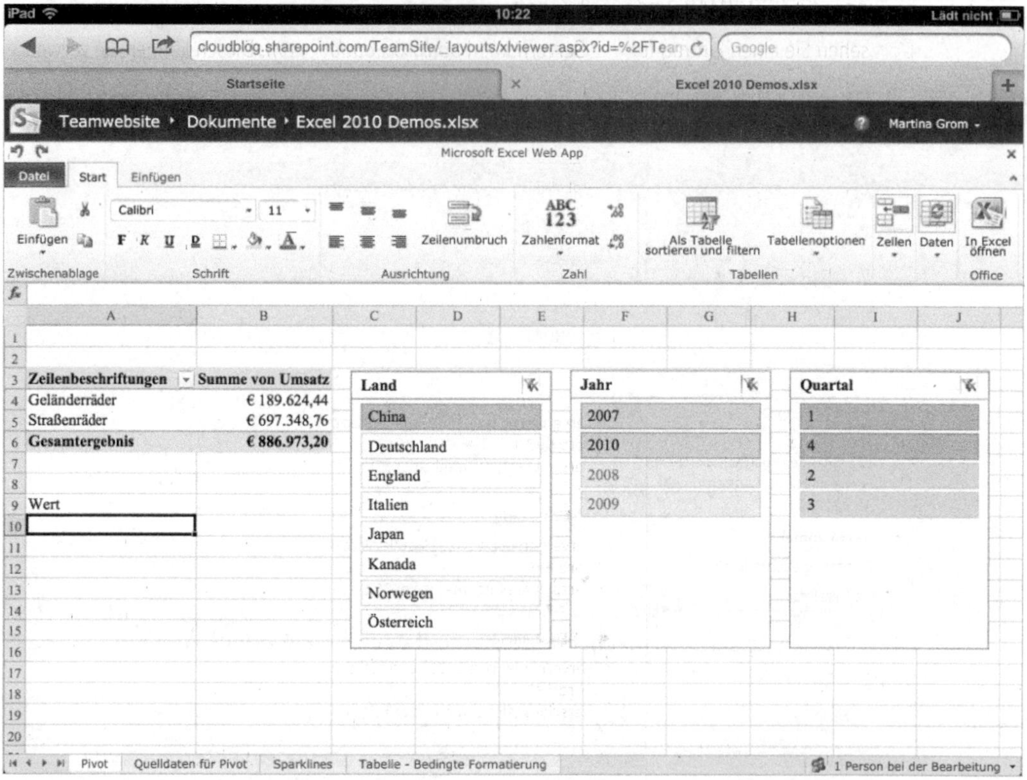

Android-Smartphone mit Office 365 einrichten

Android-Smartphones lassen sich genauso einrichten wie bereits bei den anderen Betriebssystemversionen in diesem Kapitel beschrieben. Zunächst wählen Sie im Menü *Anwendungen* den Punkt *E-Mail* aus. Anschließend geben Sie Ihren Benutzernamen und Ihr Kennwort ein. Im nächsten Schritt wählen Sie *Exchange-Konto* aus und geben Ihre Benutzerdaten ein:

- **Domäne\Benutzername:** *ihre-domäne.com\benutzername* (zum Beispiel *cloudblog.at\toni.pohl@cloudblog.at*)
- **Kennwort:** Ihr Kennwort
- **Exchange Server:** Geben Sie hier wieder den *Servernamen m.outlook.com* ein

Validieren Sie das Konto und legen Sie weitere Einstellungen fest, beispielsweise wie häufig synchronisiert werden soll.

PROFITIPP Sollten Sie bei der Feststellung des Servernamens auf Android Probleme haben, hilft folgender Trick: Öffnen Sie Outlook Web App (*https://portal.microsoftonline.com*). Klicken Sie auf *Outlook* und im anschließend geöffneten Fenster auf *Optionen/Alle Optionen anzeigen*. Im folgenden Fenster klicken Sie auf den Link *Einstellungen für POP-, IMAP- und SMTP-Zugriff*.

Dort sehen Sie einen Eintrag für den Servernamen *podxxxxx.outlook.com*. Diesen können Sie verwenden.

Abbildg. 7.52 Servername in Outlook Web App finden

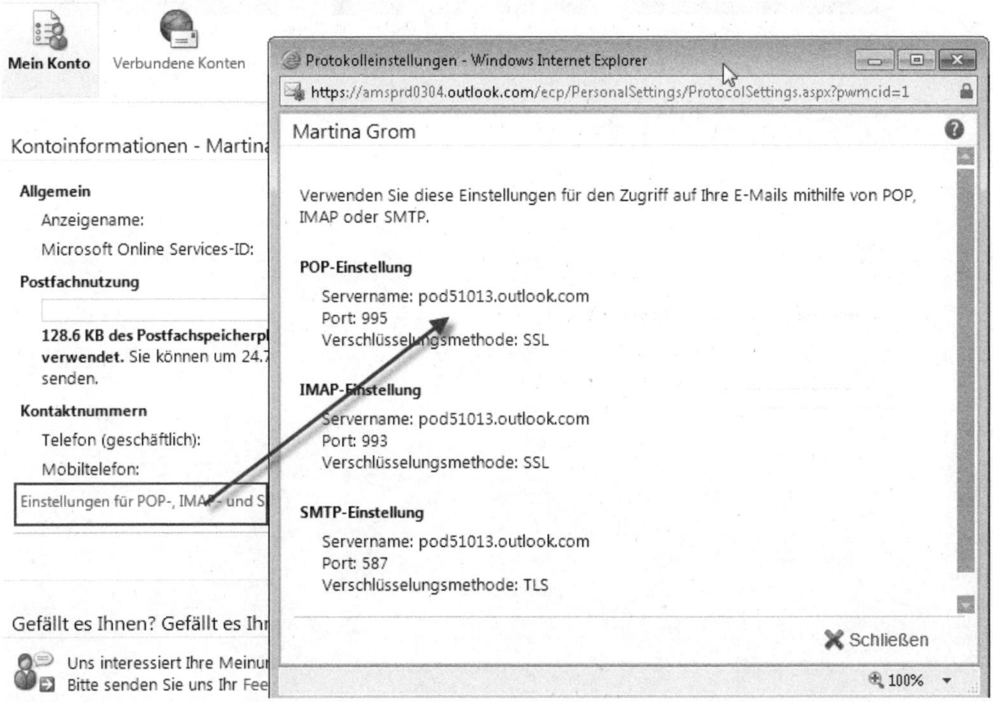

Zusammenfassung

Office 365 – der mobile Begleiter. Dieses Kapitel hat gezeigt, wie Sie auch mobil immer mit Office 365 verbunden sein und von überall auf Ihre Daten, E-Mails, Kontakte und Kalender zugreifen können. Dabei sind Sie nicht nur auf Microsoft-Technologie beschränkt, auch der Zugriff über iPhone, iPad, Android & Co. ist problemlos möglich.

Kapitel 8

In wenigen Schritten zur eigenen Website mit Office 365

In diesem Kapitel:

Früher war ja alles besser. Hat man eine Firma gesucht, wurde das Telefonbuch aufgeschlagen oder die Gelben Seiten, und schon fand man das, wonach man suchte. Ein Anruf vom Festnetztelefon genügte, eventuell noch ein Preisvergleich, schon wurde einem geholfen. Der Friseur ums Eck und der Laden für den täglichen Bedarf, schon waren alle glücklich.

Heute ist ja alles anders: In einer globalisierten Welt konsumieren wir Dienstleistungen dort, wo es uns am einfachsten erscheint. Dank Social Media lassen wir uns Unternehmen über Facebook, Twitter & Co. von »Freunden« empfehlen und sind nicht mehr nur von lokalen Anbietern abhängig. Dies vergrößert die Auswahl und macht auch das Angebot besser vergleichbar. Wir sind mobile Konsumenten geworden.

Eine Webpräsenz und eine eigene Website gehört mittlerweile zu einem Unternehmen dazu wie das Firmenbriefpapier. So wie jedes Unternehmen eine eigene Domäne besitzt, eine eigene Firmentelefonnummer, so sollte es auch eine Präsenz des Unternehmens im Internet geben. Potentielle Kunden, die nach uns oder unseren Dienstleistungen suchen, sollen auf unsere Unternehmenswebsite geleitet werden.

Wichtig für jedes Unternehmen ist, dass dieser Webauftritt professionell aussieht und gut strukturiert und informativ ist.

Über Office 365 können Sie nun Ihr Unternehmen mit einer öffentlichen Website ausstatten – diese Funktion ist in Ihrem P-Plan enthalten! Ganz ohne Codierung oder großen Aufwand lässt sich so ein ansprechender kleiner Unternehmensauftritt basteln. Dies alles mit wenigen Klicks und Anpassungsmöglichkeiten, die jeder Anwender selbst durchführen kann.

Natürlich kann dies keine von einer Agentur durchgestaltete Lösung ersetzen. Jedoch richten wir uns hier ja an kleine Unternehmer und Freiberufler, die einmal einen schnellen Unternehmensauftritt wollen.

Bitte nehmen Sie Ihren Webauftritt genauso ernst wie Ihre eigenen Visitenkarten und Ihr Firmenlogo! Bedenken Sie, dass jeder Websitebesucher einen ersten Eindruck von Ihrer Website in wenigen Sekunden erhält. Eine interessante Website wird Besucher zum Verweilen und Nachlesen einladen – lassen Sie diese Chance nicht ungenutzt!

Website in Office 365 designen

Eine öffentliche Website (Public Facing Website) ist normalerweise immer inhaltsbasierend, d.h. viele statische Inhalte werden zur Verfügung gestellt. Meist enthält eine typische Website noch ein Kontaktformular, über das ein Besucher der Website eine Anfrage stellen kann.

Bevor Sie mit der Arbeit an der eigenen Website loslegen, ist es immer empfehlenswert, sich eine Struktur und vor allem Inhalte zu überlegen. Was ist der Zweck der Website? Welche Zielgruppe wollen Sie ansprechen? Welche Inhalte sollen präsentiert werden? Ich empfehle unseren Kunden immer einen »Blick von außen«: Was erwartet ein Fremder von der Website? Wenn es um das eigene Unternehmen geht, wird man manchmal etwas betriebsblind und geht davon aus, dass sowieso jedermann weiß, dass man der Beste ist. Gehen Sie bitte bei der Gestaltung Ihrer Websiteinhalte davon aus, dass Ihre Besucher ganz neu und neugierig auf Sie treffen und einfach gut informiert werden wollen. Wechseln Sie die Blickrichtung und erzählen Sie Ihre Geschichte aus Kundensicht!

Benötigen Sie ein Kontaktformular oder eine interaktive Anfahrtskarte? Welche Produkte oder Services wollen Sie beschreiben? Wie sieht Ihre Unternehmensphilosophie aus? Woher kommen Sie? Gibt es Pressemitteilungen oder andere Informationen?

HINWEIS Die in Office 365 integrierte Website ist eine Basiswebsite. Benötigen Sie zusätzliche Funktionen wie beispielsweise einen Webshop, sollten Sie mit einer Onlineagentur zusammenarbeiten, die Ihnen bei der Implementierung hilft.

Eine komplette Anpassung der Seite ist auch innerhalb von SharePoint Online möglich. Dies würde aber den Rahmen dieses Buchs sprengen, daher wird in diesem Kapitel lediglich der Umgang mit den vorgegebenen Layouts erläutert.

Unsere Website wird vorerst aus fünf Seiten bestehen:

- **Home** Die Startseite, also jene Seite, auf der man quasi »landet«
- **Über uns** Hier beschreiben wir das eigene Unternehmen, dessen Philosophie etc.
- **Produkte** Hier werden wir unsere Produkte beschreiben. Alternativ könnte diese Seite auch *Leistungen* o.Ä. heißen
- **Sitemap** Eine Übersichtseite unserer Website (für fünf Seiten zwar nicht unbedingt notwendig, aber wir belassen diese trotzdem)
- **Kontakt** Über ein Kontaktformular sind wir direkt erreichbar

Möchten Sie mehr als diese Seiten einfügen, sollten Sie sich überlegen, wie die Seiten angeordnet werden. Lohnt eine Gruppierung in Haupt- und Untermenüpunkte? Möchten Sie die Navigation nur auf der linken Seite haben?

Um Ihre Website zu gestalten, steigen Sie zunächst über *https://portal.microsoftonline.com* ein. Ganz unten finden Sie den Link zur Websitebearbeitung.

Abbildg. 8.1 Einstieg in die Websitebearbeitung

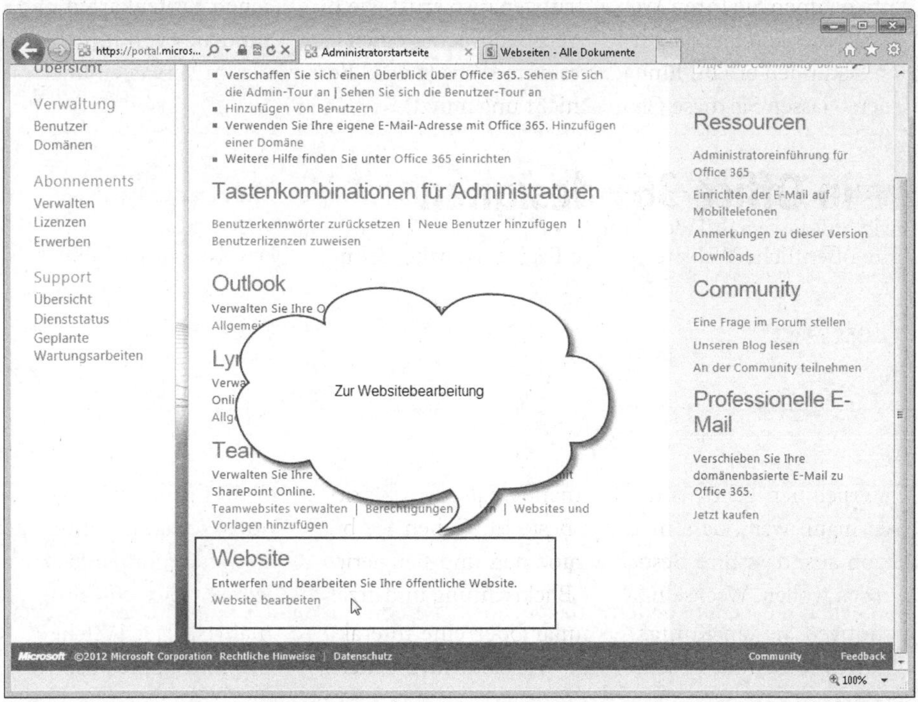

Auf der folgenden Seite sehen Sie dann schon die Übersicht unserer Seiten. Vier der fünf Seiten, die unsere Website haben wird, sind bereits fertig angelegt.

HINWEIS Im Office 365-E-Plan ist ebenfalls eine öffentliche Website (*Public Facing Website)* dabei. Allerdings wird diese nicht automatisch generiert, sondern über die SharePoint-Konfiguration von einem Administrator separat angelegt.

Abbildg. 8.2 Die Websiteübersicht

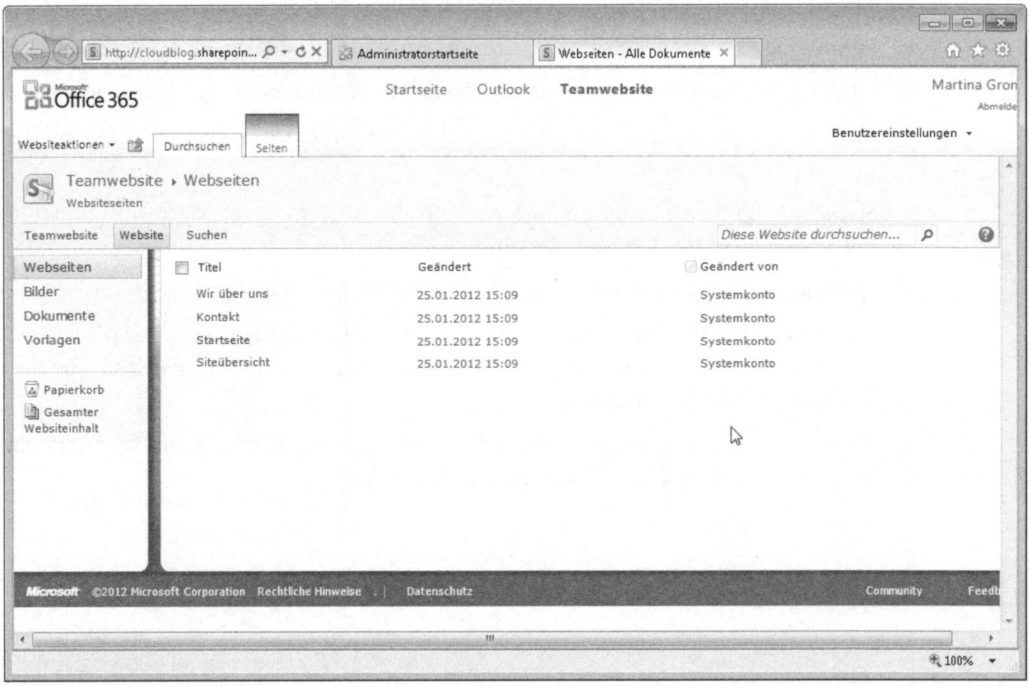

Um die Seite *Produkte* zu erstellen, öffnen Sie im Menüband die Registerkarte *Seiten* und klicken darin auf die Schaltfläche *Neue Seite.*

Abbildg. 8.3 Eine neue Seite in der Websitestruktur anlegen

Hier sehen Sie weitere Seitenvorlagen, aus denen Sie auswählen können. Wir entscheiden uns für die Vorlage *Produkt oder Dienstleistung*, da wir noch eine Produktseite erstellen wollen.

Abbildg. 8.4 Neues Seitenlayout aus Vorlagen auswählen

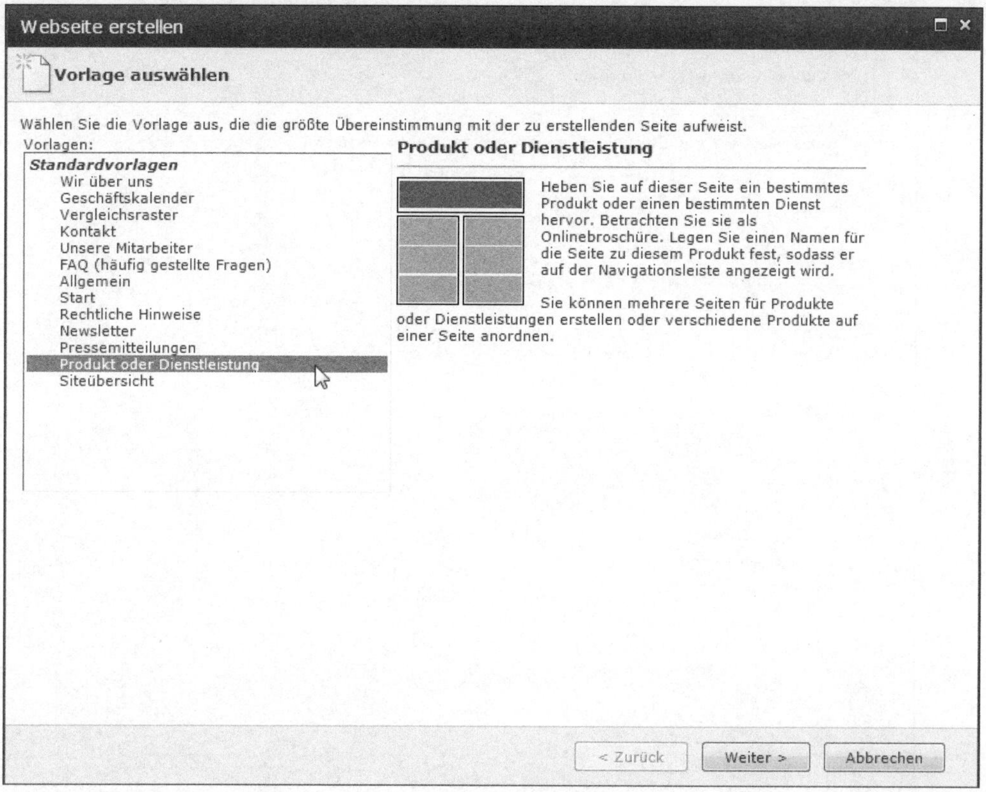

Nach einem Klick auf die Schaltfläche *Weiter* wird die Seite benannt und die Webadresse zugewiesen. Darüber hinaus können Sie hier entscheiden, ob diese Seite eine Kopf- oder Fußzeile und eine Navigationsleiste aufweisen soll. Sind die Angaben eingefügt, klicken Sie auf die Schaltfläche *Fertig stellen*.

Abbildg. 8.5 Seite *Produkte* erstellen

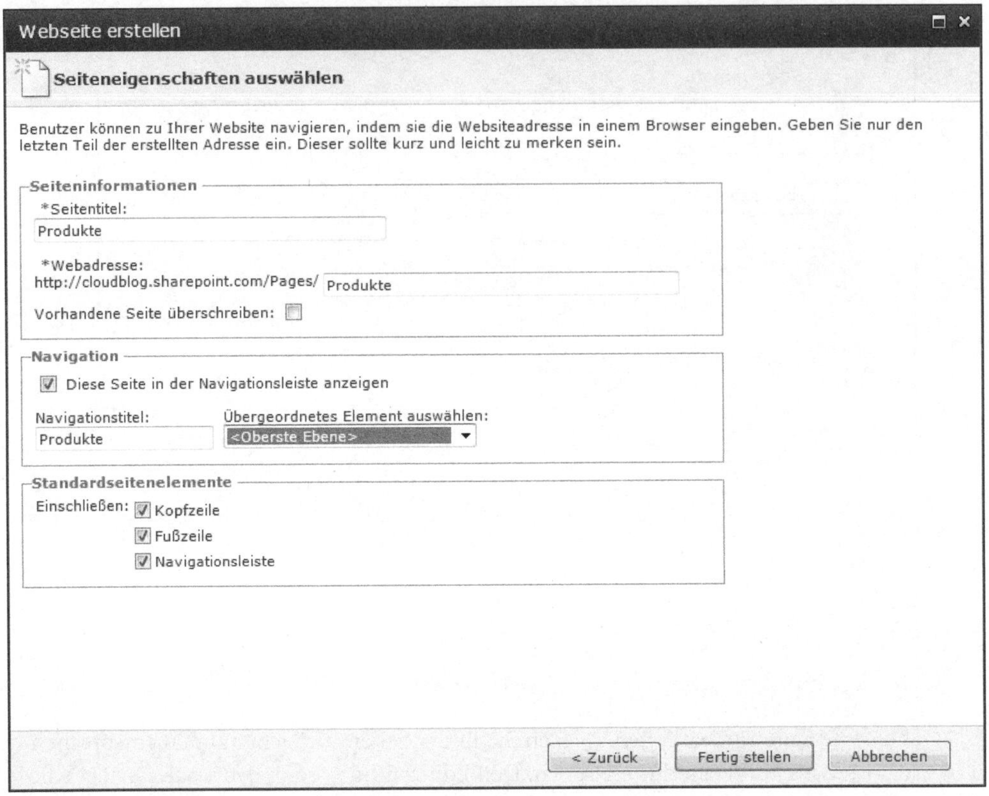

TIPP Achten Sie darauf, dass der Name in der Webadresse »merkbar« ist und keine Leerzeichen und/ oder Sonderzeichen enthält. Ein merkbarer und internetkonformer Name hilft Ihnen bei der Verlinkung und Suchmaschinen bei der Indizierung.

Im Menüband finden Sie auf der Registerkarte *Seiten* auch die Möglichkeit, gleich eine Vorschau Ihrer Seite anzuzeigen.

Abbildg. 8.6 Seitenvorschau für die Anzeige des Layouts

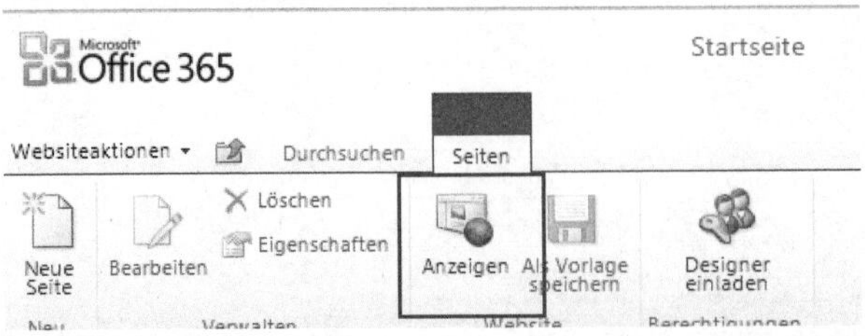

Sobald Sie diese Schaltfläche auswählen, wird eine Vorschau Ihrer Website angezeigt.

Abbildg. 8.7 Die Vorschau auf unsere neu zu erstellende Website mit einem Standardlayout

Websiteeigenschaften festlegen

Um eine Seite zu bearbeiten, klicken Sie in der Seitenübersicht auf den entsprechenden Link, um die Seite im Editiermodus zu öffnen. Den Editiermodus erkennen Sie daran, dass die Website über ein Menüband verfügt und die Inhalte zum Editieren gekennzeichnet sind.

Abbildg. 8.8 Die Startseite im Editiermodus

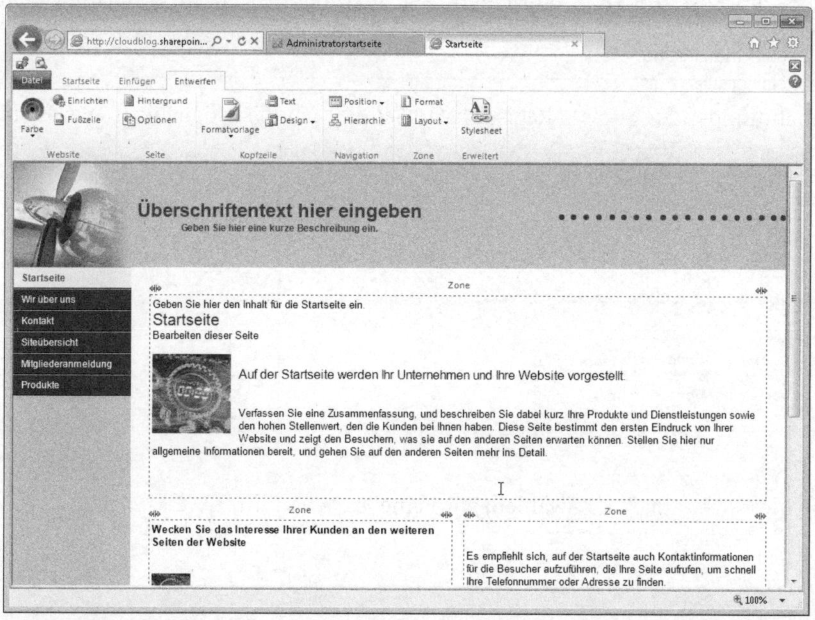

Die Registerkarte *Entwerfen* ist in sechs Gruppen eingeteilt.

- **Website** Die Schaltflächen in dieser Gruppe bewirken Änderungen an allen Seiten dieser Website
- **Seite** Hier betreffen die Änderungen nur die aktuelle Seite
- **Kopfzeile** Diese Schaltflächen betreffen die Kopfzeile der Website
- **Navigation** Dieser Bereich bestimmt die Navigationselemente der Website und ebenfalls die Navigationselemente der aktuellen Seite
- **Zone** Die hier enthaltenen Schaltflächen ändern den aktuellen Bereich
- **Erweitert** Mit der hier vorhandenen Schaltfläche können Sie das Stylesheet der gesamten Website beeinflussen

Webseite, Homepage oder Seite, das ist hier die Frage

Hier eine kurze begriffliche Erklärung, um die beiden Begriffe, die in diesem Kapitel verwendet werden, zu definieren:

- **Website** Unter einer Website versteht man den gesamten Auftritt, der im Internet abrufbar ist. Eine Website besteht im Regelfall aus mehreren Einzelseiten. Sehr oft wird dafür auch der Begriff Homepage verwendet. Ich persönlich bevorzuge aber den Begriff Website.
- **Seite** Eine Seite bezeichnet eine einzelne Seite innerhalb einer Website (also z.B. die Seite *Produkte*).

Websiteeigenschaften konfigurieren

Um die Websiteeigenschaften zu konfigurieren, stehen Ihnen im Menüband auf der Registerkarte *Entwerfen* in der Gruppe *Website* drei Schaltflächen zur Verfügung: *Einrichten*, *Fußzeile* und *Farbe*. Wir werden zunächst die Seite einrichten. Die hier definierten Eigenschaften gelten für die gesamte Website.

Abbildg. 8.9 Die Websiteeinstellungen festlegen

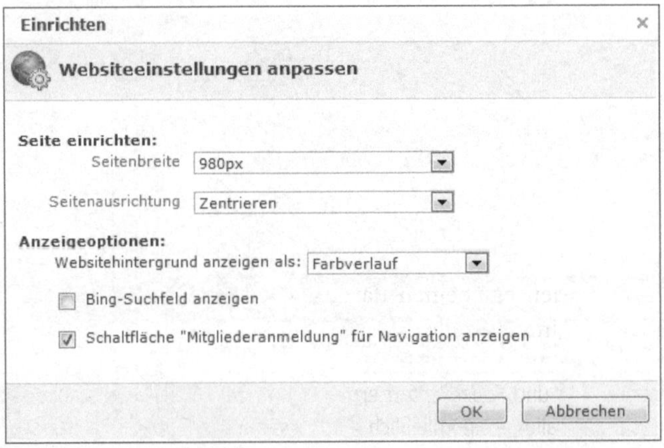

Tabelle 8.1 Die Optionen der Websiteeinstellungen

Option	Erläuterung
Seitenbreite	Hier haben Sie die Möglichkeit, die Seitenbreite Ihrer Website einzustellen. Zwei Breiten stehen Ihnen hierbei zur Verfügung: ■ 780px: Dadurch wird die Seitenbreite auf Monitore mit einer maximalen Auflösung von 800 x 600 px optimiert. ■ 980px – Legt die optimale Seitenbreite bei einer Bildschirmauflösung von 1024 x 768 px fest. Die dritte Option ist 100 % – in diesem Fall wird die Seite immer in der Breite des Monitors angezeigt.
Seitenausrichtung	Eine Seite kann *zentriert*, *rechts* oder *links* ausgerichtet sein – damit legen Sie fest, wie ihre Website auf größeren Monitoren dargestellt wird. Die Ausrichtung links oder zentriert ist dabei die populärste, derzeit geht der Trend eher zu zentriert ausgerichteten Websites.
Websitehintergrund	Hier können Sie festlegen, wie der Hintergrund dargestellt wird: mit einem Farbverlauf, leer (ohne) oder mit einer kontrastarmen Farbe
Bing-Suchfeld	Das Bing-Suchfeld fügt eine Suche zu Ihrer Website hinzu. Allerdings keine Suche über Ihre Website, sondern eine Bing-Suche. Damit führen Sie den Websitebesucher möglicherweise wieder von Ihrer Website weg.
Mitgliederanmeldung anzeigen	Über dieses Kontrollkästchen legen Sie fest, ob das Login zur Websitewartung auf der Seite angezeigt werden soll oder nicht. Ich bevorzuge, es nicht anzuzeigen da ich sowieso über *portal.microsoftonline.com* jederzeit bequem in die Websiteverwaltung einsteigen kann.

PROFITIPP Die Seitenbreite und Seitenausrichtung ist wichtig! Bitte gehen Sie beim Festlegen dieser Optionen nicht von sich und Ihrer Monitorauflösung aus, sondern vom am häufigsten auftretenden Anwendungsfall. Glaubt man aktuellen Statistiken zur Bildschirmauflösung, verwenden noch rund 15 % aller Benutzer die Auflösung 1024 x 768. Sollten Sie eine höhere Auflösung einstellen, erhalten Benutzer mit dieser Auflösung eine horizontale Bildlaufleiste zum Blättern angezeigt, was nicht zur Benutzerfreundlichkeit beiträgt.

Auch die Seitenbreite 100 % ist natürlich verlockend. Bedenken Sie aber, dass es bereits Großbildschirme gibt, die Websites ebenfalls darstellen können. Eine 100 %-Seitenbreite könnte auf einem 60"-Fernseher eventuell nicht sonderlich ansprechend aussehen.

Um Benutzer vom PC-Anwender bis hin zum Großbildschirm mit einer lesbaren und ansehnlichen Website zu bedienen, empfehle ich im Regelfall eine Seitenbreite von 980px.

Fußzeile konfigurieren

In der Fußzeile lassen sich allgemeine Informationen, wie z.B. die Kontaktadresse, AGBs oder ein Impressum verlinken und darstellen. Sie haben hier die Möglichkeit, Links oder auch statischen Text einzugeben. Diese Informationen erscheinen dann auf jeder Seite der Website. Wird dies nicht konfiguriert, erscheint auch keine Fußzeile.

HINWEIS Die beiden Elemente *Links* und *Fußzeilentext* erscheinen in der Fußzeile dann auch untereinander. Wenn Sie dies nicht möchten, ist es besser, alles – einschließlich der Links – in den Fußzeilentext zu schreiben.

Abbildg. 8.10 Informationen für die Fußzeile konfigurieren

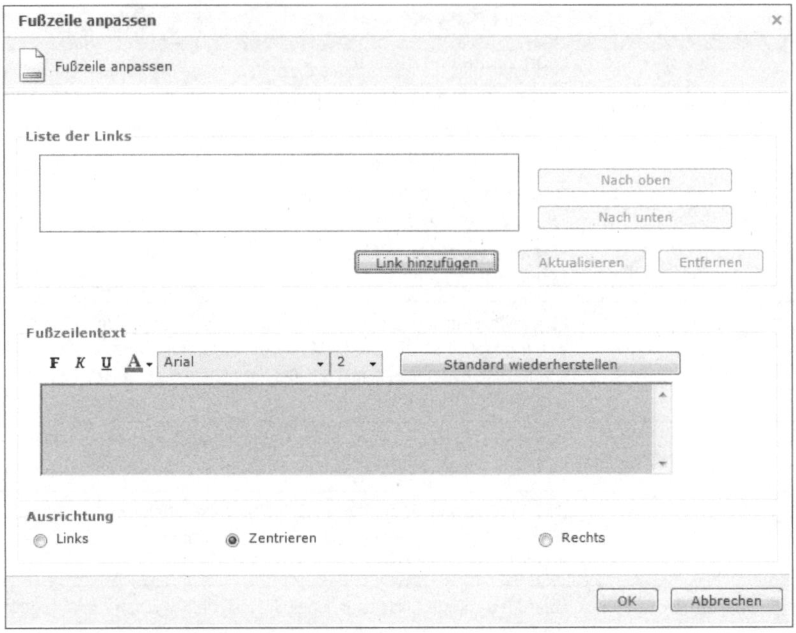

Farbschema auswählen

In der Public Facing Website von Office 365 stehen Ihnen bereits einige Farbschemata zur Verfügung, mit denen Sie die Farben für Ihre Website einstellen können.

Abbildg. 8.11 Farbschema für Ihre Website festlegen

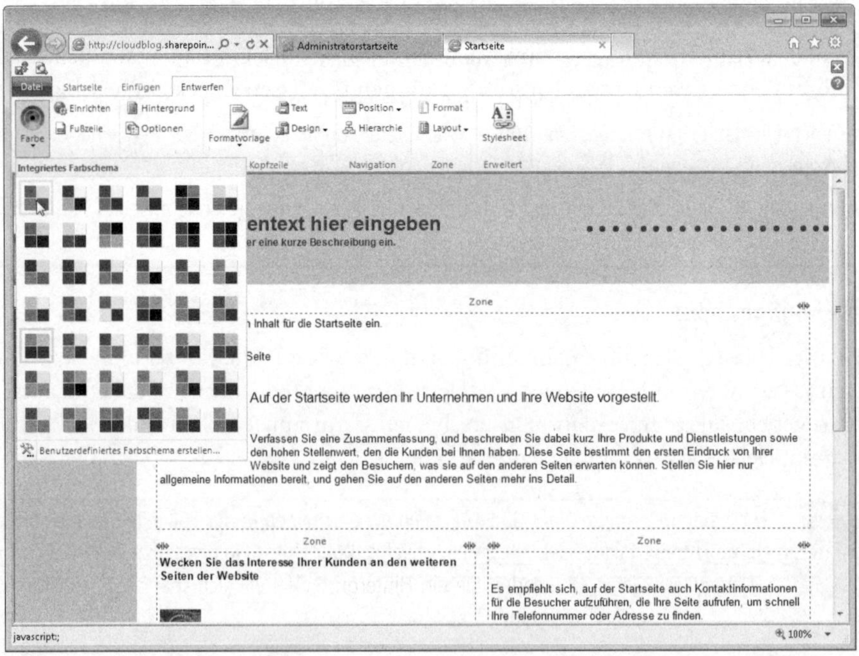

TIPP Sie können hier auch ein benutzerdefiniertes Farbschema angeben. Dies ist insbesondere dann nützlich, wenn Sie eigene Unternehmensfarben verwenden. Damit können Sie die Teilbereiche Ihrer zukünftigen Website nach Ihren Wünschen und Farbkombinationen gestalten.

Abbildg. 8.12 Benutzerdefiniertes Farbschema bearbeiten

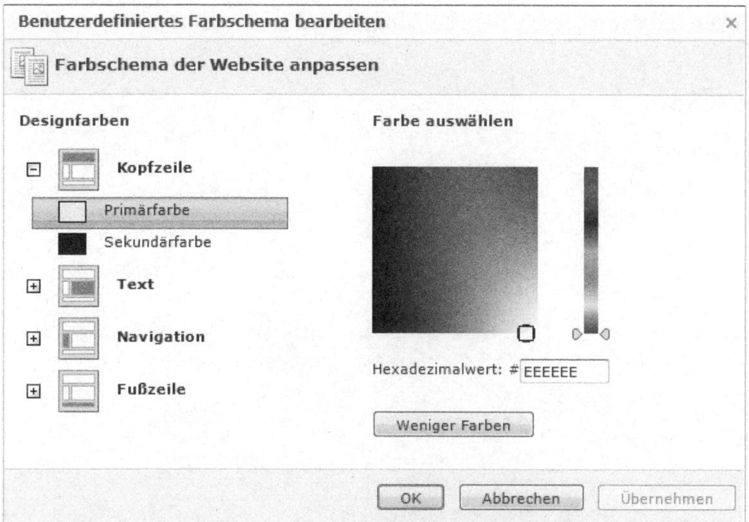

Seiteneigenschaften konfigurieren

In der Gruppe *Seite* können Sie den *Hintergrund* und die *Optionen* für Ihre jeweilige Seite bestimmen.

Nach einem Klick auf *Hintergrund* im Menüband können Sie ein Bild auswählen, das als Hintergrund Ihrer Seite verwendet werden soll. Sie können für diesen Zweck ein beliebiges Bild auswählen und dieses hochladen.

Abbildg. 8.13 Hintergrundbild verwenden

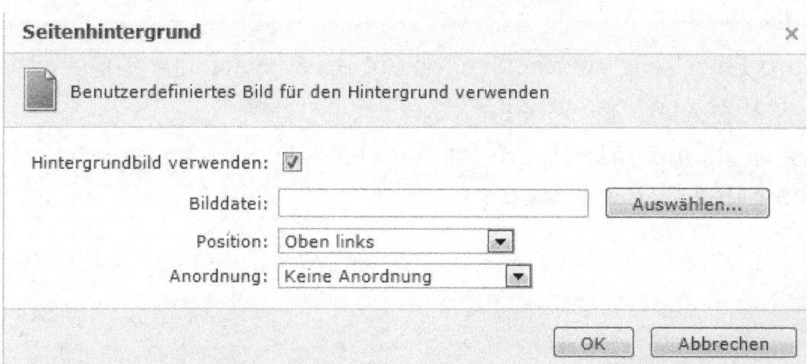

TIPP Weniger ist mehr: Verwenden Sie ein Hintergrundbild wirklich sparsam – sonst lenkt der Hintergrund zu stark vom eigentlichen Inhalt ab und Ihre Seite wird schwerer lesbar.

Sie können in den Optionen des Hintergrunds einstellen, ob Sie das Bild »kacheln« wollen (das Bild wird also wiederholt eingefügt) oder es nur einmal abgebildet wird.

Seitenoptionen festlegen

In den Seiteneigenschaften, die über die Schaltfläche *Optionen* auf der Registerkarte *Entwerfen* aufrufbar sind, stellen Sie dann verschiedenste Dinge ein, die nur auf die jeweilige Seite zutreffen, z.B. den Seitentitel.

Abbildg. 8.14 Seiteneigenschaften bearbeiten

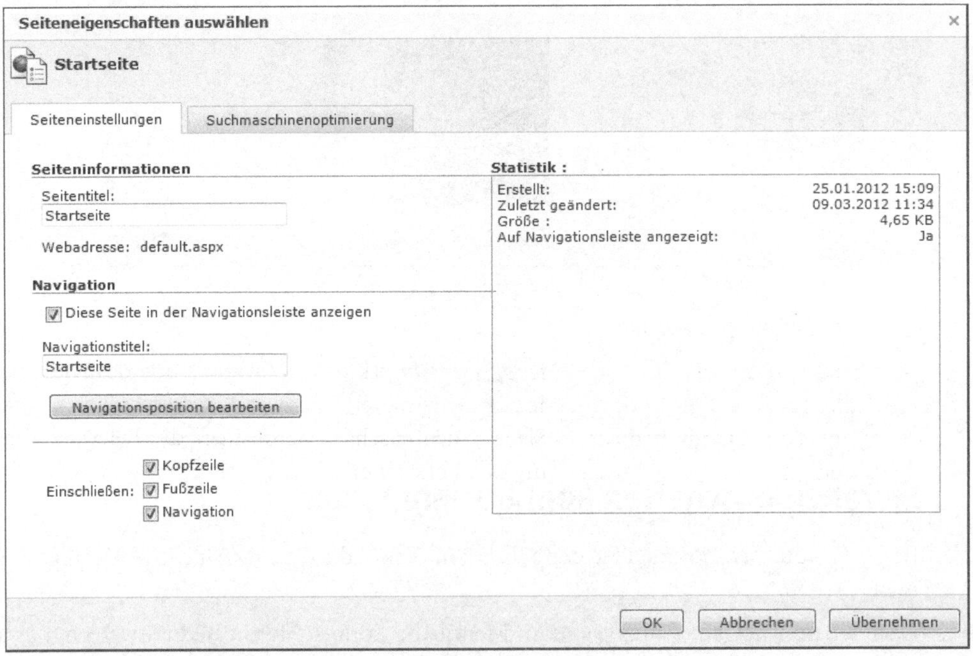

Standardmäßig wird die Seite in die Navigation eingefügt. Dies können Sie hier ausschalten, wenn Sie z.B. ein Impressum haben oder Allgemeine Geschäftsbedingungen, die Sie nur in der Fußzeile Ihrer Website angezeigt bekommen wollen.

Hier können Sie auch pro Einzelseite entscheiden, ob auf dieser Seite eine Kopf- und/oder Fußzeile und eine Navigation angezeigt werden soll.

Über die Schaltfläche *Navigationsposition bearbeiten* im Dialogfeld *Seiteneigenschaften auswählen* können Sie die Anordnung Ihrer Seiten verändern.

Abbildg. 8.15 Die Navigationsposition einer Seite bestimmen

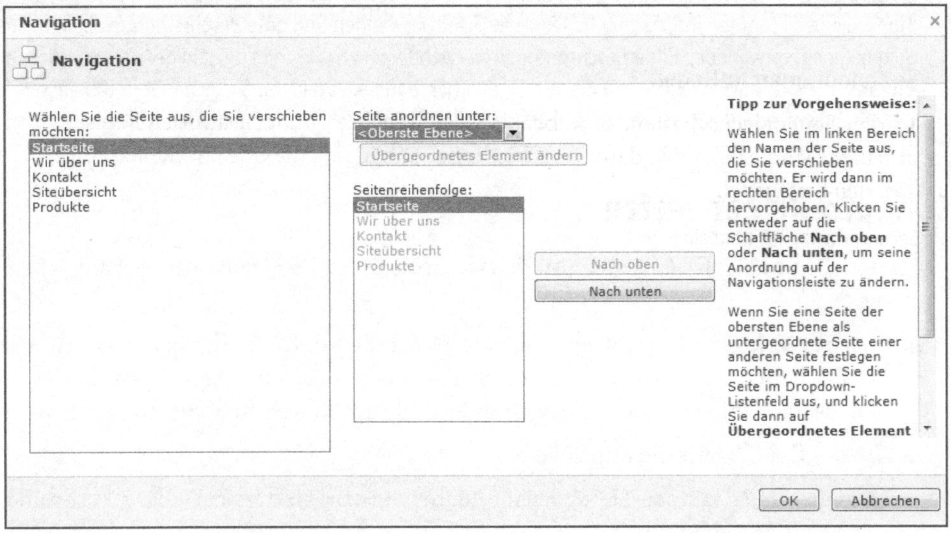

Suchmaschinenoptimierung

Auf der Registerkarte *Suchmaschinenoptimierung* (kurz »SEO« genannt) des Dialogfelds *Seiteneigenschaften auswählen* können Sie Schlüsselwörter und eine Kurzbeschreibung zur jeweiligen Seite angeben. Dadurch machen Sie es Suchmaschinen einfacher, die Relevanz Ihrer Seite zu bewerten und eine bessere Indizierung der Seite zu erreichen.

Abbildg. 8.16 Metatags in den Seiteneigenschaften eingeben

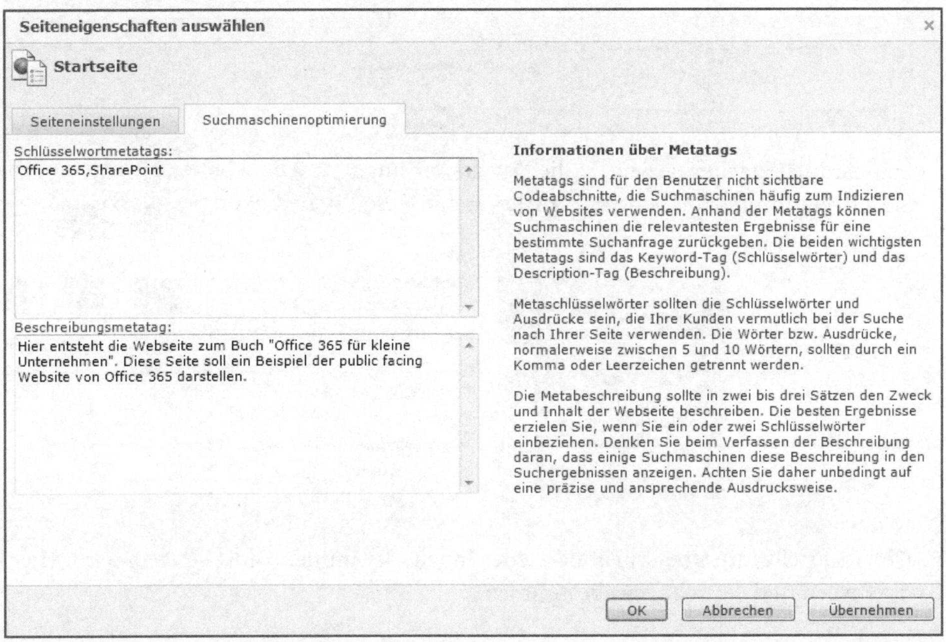

HINWEIS Die Suchmaschinenoptimierung ist viel mehr als die reine Angabe von Metatags, das ist schon klar. Tipps, die bei der guten Indizierung helfen, sind: Texte verwenden und gute Beschreibungen liefern, aussagekräftige Seitennamen verwenden, Bilderbeschriftungen verwenden u.v.m. Es gibt unzählige Literatur und auch Infos im Internet, die sich ausschließlich mit diesem Thema beschäftigen. Nehmen Sie sich Zeit und befassen Sie sich näher mit der Suchmaschinenoptimierung. Schließlich wollen Sie im Web ja auch gefunden werden!

Kopfzeile entwerfen

In der Gruppe *Kopfzeile* der Registerkarte *Entwerfen* stehen Ihnen drei Schaltflächen zur Verfügung:

- **Formatvorlage** Auswahl eines Stockfotos für die Kopfzeile. Hier gibt es nicht, wie der Name vielleicht vermuten ließe, verschiedene Layouts, sondern nur Stockfotos für das Bild, welches im Header erscheinen soll. Sie können hier aus unzähligen Branchenfotos auswählen.
- **Text** Der Text für die Kopfzeile
- **Design** Hier können Sie über eine Reihe von vorgefertigten Designs bestimmen, wie Ihre Kopfzeile aussehen soll

Abbildg. 8.17 Die Designauswahl

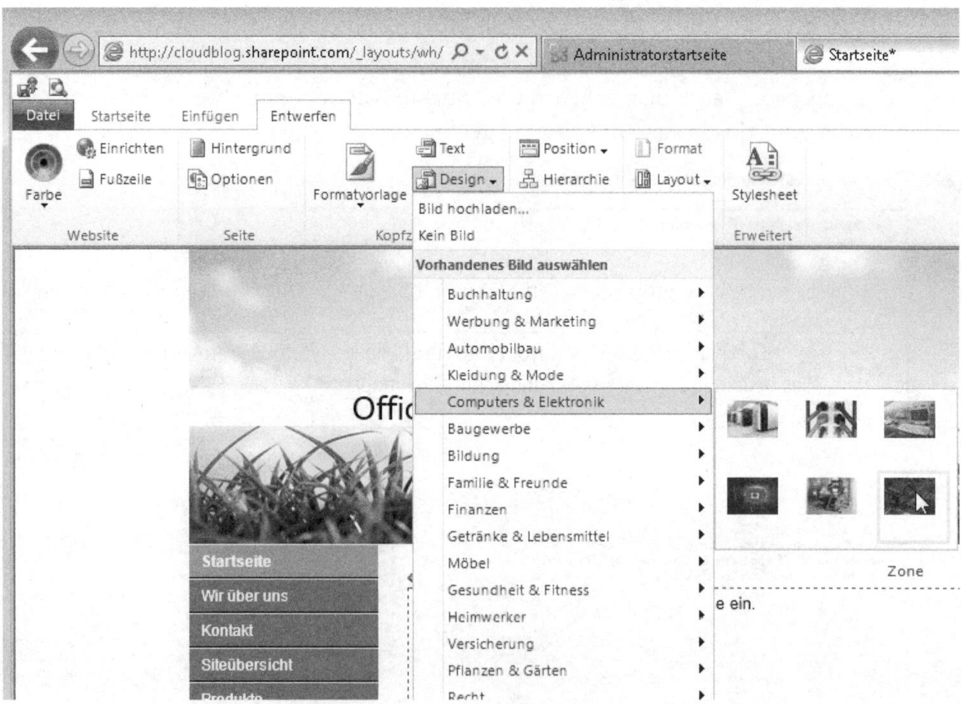

Der Text stellt Ihre Überschrift dar, jener Inhalt, der immer sofort gesehen wird. Hier können Sie die Farben und die Schriftart bestimmen.

Abbildg. 8.18 Seitentext

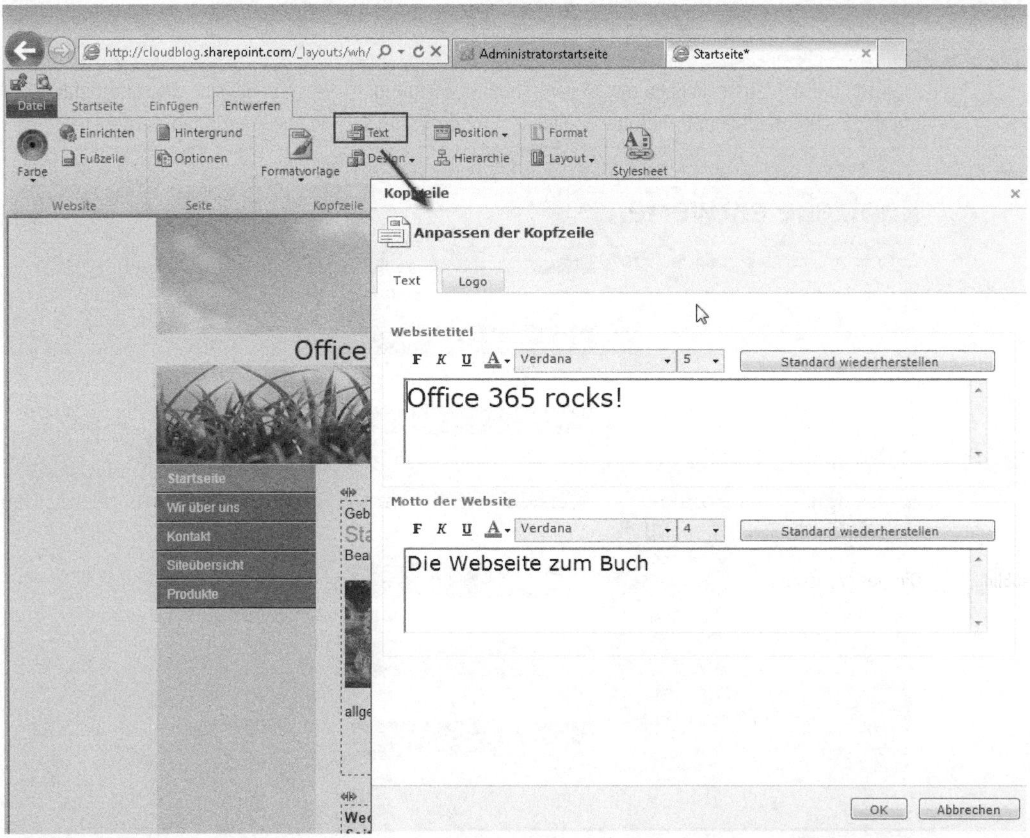

Über die Formatvorlagen bestimmen Sie, wie Ihr Kopfzeilentext angeordnet werden soll.

TIPP Die hier eingestellten Layouts für Textfarbe und -größe werden nicht über die Websitevorlage gesteuert. Dies bedeutet, falls Sie Farben und Schriftarten anpassen, müssen Sie das hier noch einmal separat erledigen.

Abbildg. 8.19 Formatvorlagen zeigen, wie die Kopfzeile formatiert werden soll

TIPP Hier können Sie ruhig einmal auf die einzelnen Vorlagen klicken. Sie sehen immer sofort entsprechend Ihrer Auswahl das aktuelle Ergebnis.

Navigation bearbeiten

Die Position Ihrer Menüebene können Sie über die Gruppe *Navigation* der Registerkarte *Entwerfen* steuern. Hier können Sie festlegen, ob die Navigationsleiste links (vertikal), oben (horizontal) oder oben und links (horizontal und vertikal) dargestellt werden soll.

TIPP Die Position Ihrer Navigationsleiste ist ganz von den Menüpunkten der Seite abhängig. Je mehr Menüpunkte Sie haben, desto eher bietet sich die Navigation *Oben und links* an. Bei nur wenigen Menüpunkten können Sie die Navigation auch ganz oben belassen.

Abbildg. 8.20 Position der Menüleiste festlegen

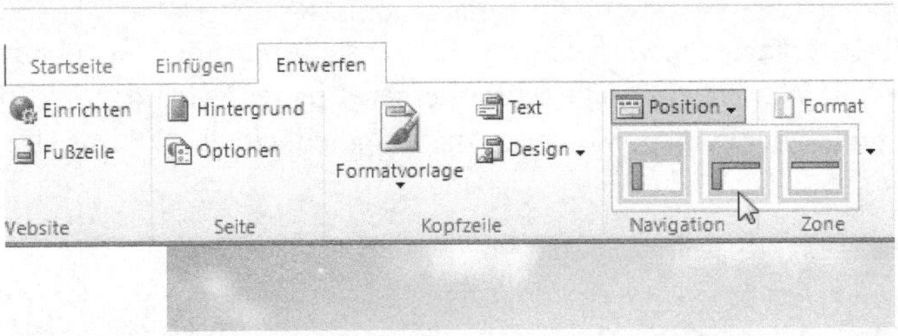

Wenn Sie Untermenüs verwenden wollen, ändert sich – je nach Navigationselement – natürlich auch die Untermenüebene.

Bei einer horizontalen Menüebene wird das Untermenü in einer Zeile unter der Hauptmenüebene ausgegeben.

Abbildg. 8.21 Untermenü bei horizontaler Darstellung

Ist die Navigation links vertikal ausgerichtet, erscheint das Untermenü jeweils links unter dem jeweiligen Hauptmenübereich.

Abbildg. 8.22 Navigation und Untermenü bei vertikaler Ausrichtung der Menüebene

Ist das Menü oben und links angeordnet, befindet sich die Hauptmenüebene oben und die jeweiligen Untermenüpunkte links. Diese Ausrichtung ist sehr gängig und eignet sich vor allem für Seiten mit sehr vielen Untermenüpunkten.

Abbildg. 8.23 Menüebene oben und links

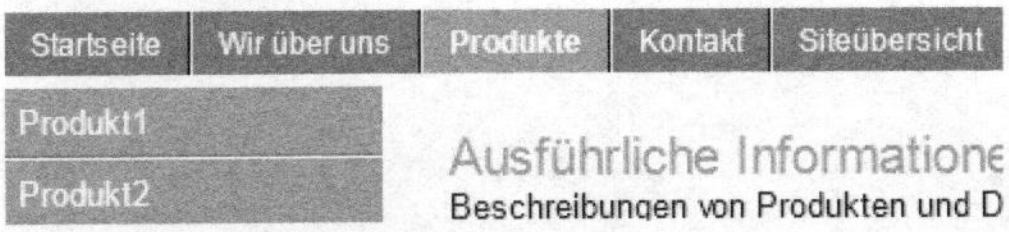

Der zweite Punkt in dieser Gruppe bezeichnet die Hierarchie und zeigt genau das gleiche Dialogfeld wie bereits weiter vorne in diesem Kapitel bei den Seiteneigenschaften beschrieben.

Zonen bearbeiten

In der Gruppe *Zone* der Registerkarte *Entwerfen* finden Sie Einstellungsmöglichkeiten für das *Layout* der Seite und das *Format*. Wie Sie vielleicht schon bemerkt haben, wird der Text der Seite in sogenannte Zonen eingeteilt. Hier haben Sie sogar die Möglichkeit, direkt mit der Maus die Anordnung zu verschieben.

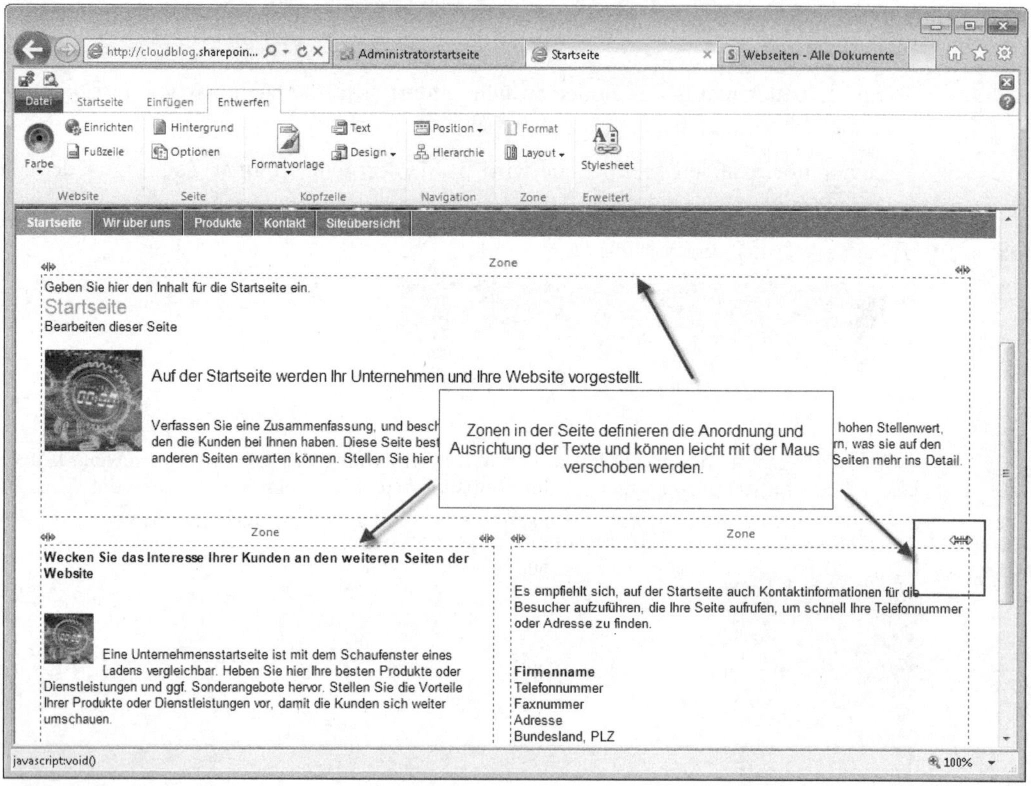

Abbildg. 8.24 Zonen können einfach per Mausklick bearbeitet werden

Über die Schaltfläche *Format* können Sie bestimmen, ob die jeweils gerade editierte Zone eine Füllung erhält oder ob es einen Rahmen geben wird. Bei den Füllungen können Sie zwischen einfarbigen Füllungen bis hin zu Bildhintergründen wählen.

TIPP Auch hier wieder: weniger ist mehr. Setzen Sie Akzente sparsam ein und nach Möglichkeit nur dort, wo diese wirklich nötig sind.

Abbildg. 8.25 Mit den Zonenformatierungen können Sie bei bestimmten Seitenbereichen zusätzliche Akzente setzen

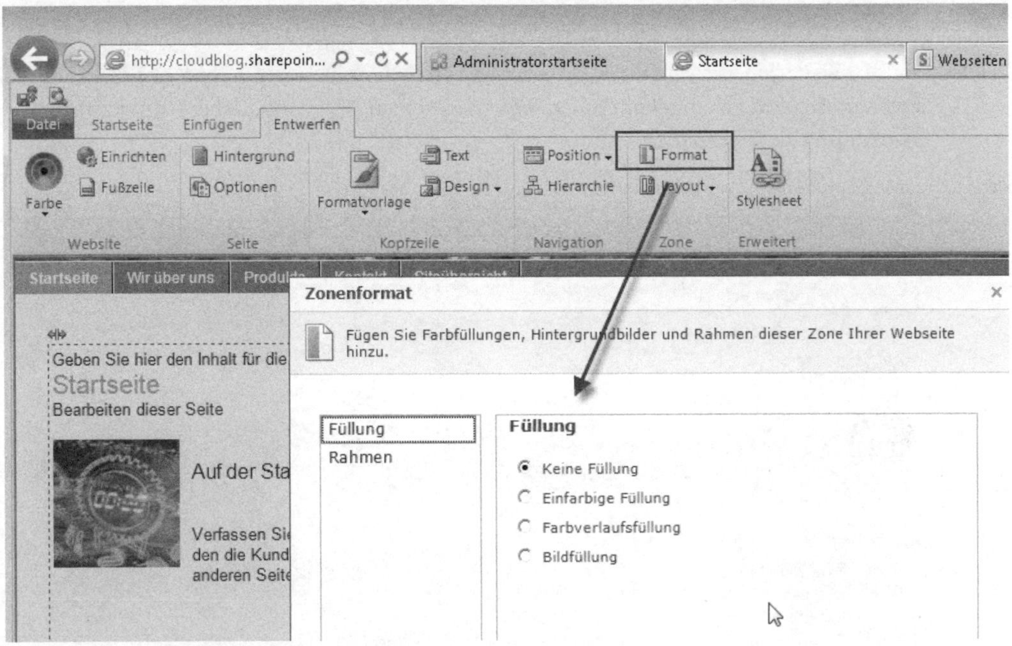

Über die Schaltfläche *Layout* auf der Registerkarte *Entwerfen* können Sie die Anordnung Ihrer Zonen bestimmen und so jede Seite sehr individuell gestalten und ausrichten.

Abbildg. 8.26 Die Schaltfläche *Layout* hilft bei der Anordnung unterschiedlicher Zonen

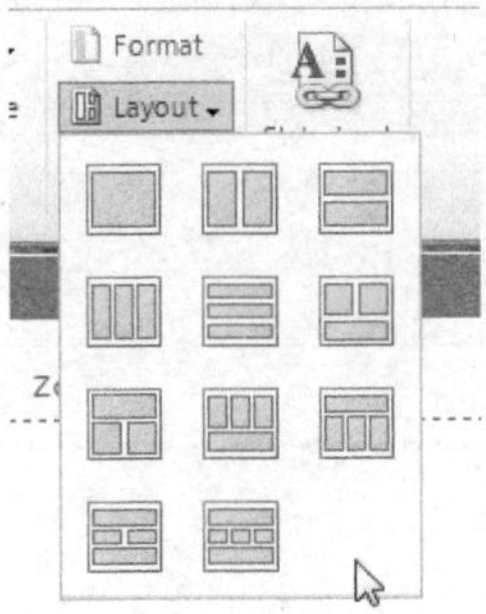

Benutzerdefiniertes CSS (Cascading Style Sheet) verwenden

Mit Stylesheets können Sie Ihre Seite noch besser an Ihre individuellen Anforderungen anpassen. Sie haben damit die Möglichkeit, die in Office 365 vorhandenen Vorlagen zu »übergehen«. Viele Änderungen können Sie hier mit benutzerdefiniertem CSS einstellen, wie z.B. die Kopfzeile vollständig ausblenden und durch ein anderes Element ersetzen. Dies erfordert gute CSS-Kenntnisse. Arbeiten Sie dabei am besten mit einem Webdesigner zusammen, der CSS beherrscht.

Abbildg. 8.27 Mit benutzerdefiniertem CSS können Sie die Website weiter verändern

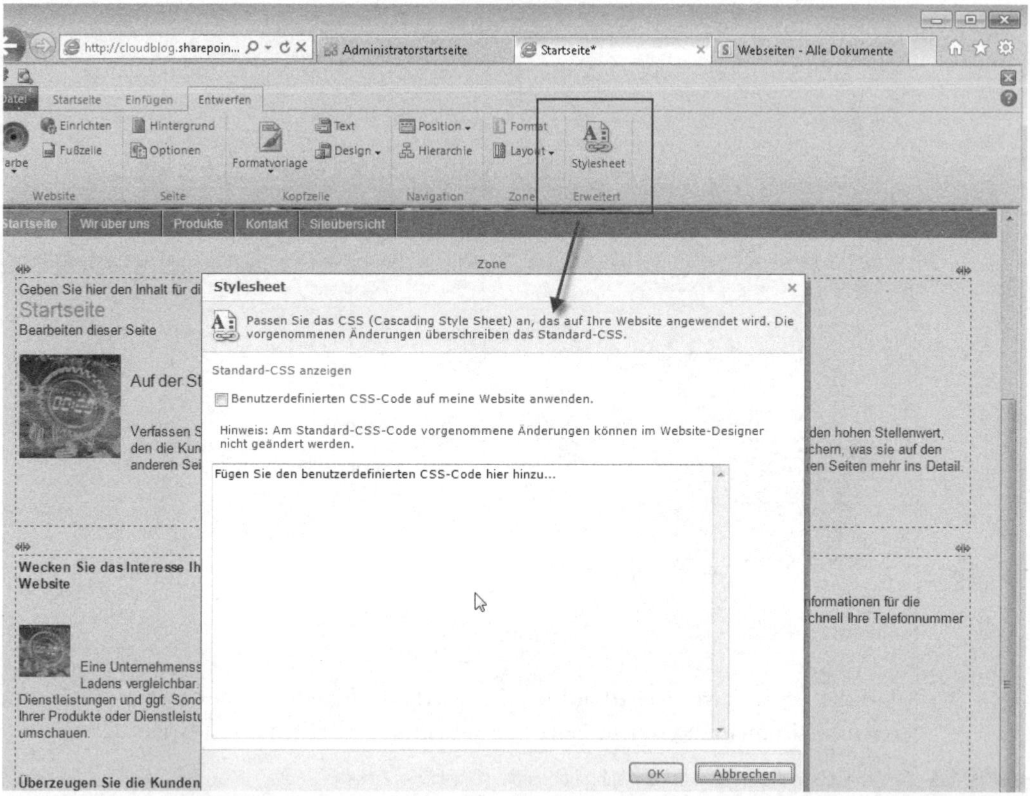

CSS kurz erklärt

CSS (Cascading Style Sheets) stellen die Formatvorlage für ein HTML-Dokument dar. In einer CSS-Datei wird damit die grundlegende Formatierung einer Website beschrieben. Der Vorteil liegt darin, dass Sie das Format für Ihre Website einmal in CSS definieren und es dann immer wieder nutzen können.

Bilder hinzufügen

Die Website wurde mit einer Bildbibliothek kreiert, die für den Upload und die Verwendung von Bildern verfügbar ist. In diese Bibliothek werden Bilder geladen und dann innerhalb der Seite verwendet.

PROFITIPP Verwenden Sie die Bildbibliothek für Ihre Bilder und laden Sie zuerst alle zu verwendenden Bilder dorthin. Damit stellen Sie sicher, dass alle Bilder an einem zentralen Ort verfügbar sind. Wenn Sie ein Bild zu einem späteren Zeitpunkt ändern wollen, ersetzen Sie es einfach in der entsprechenden Bibliothek. Alle bis dahin vorhandenen Bildreferenzen werden damit automatisch aktualisiert.

Um ein Bild in die Bibliothek hinzuzufügen, klicken Sie in der Websiteverwaltung auf den Link *Bilder.*

Abbildg. 8.28 Bilder hinzufügen

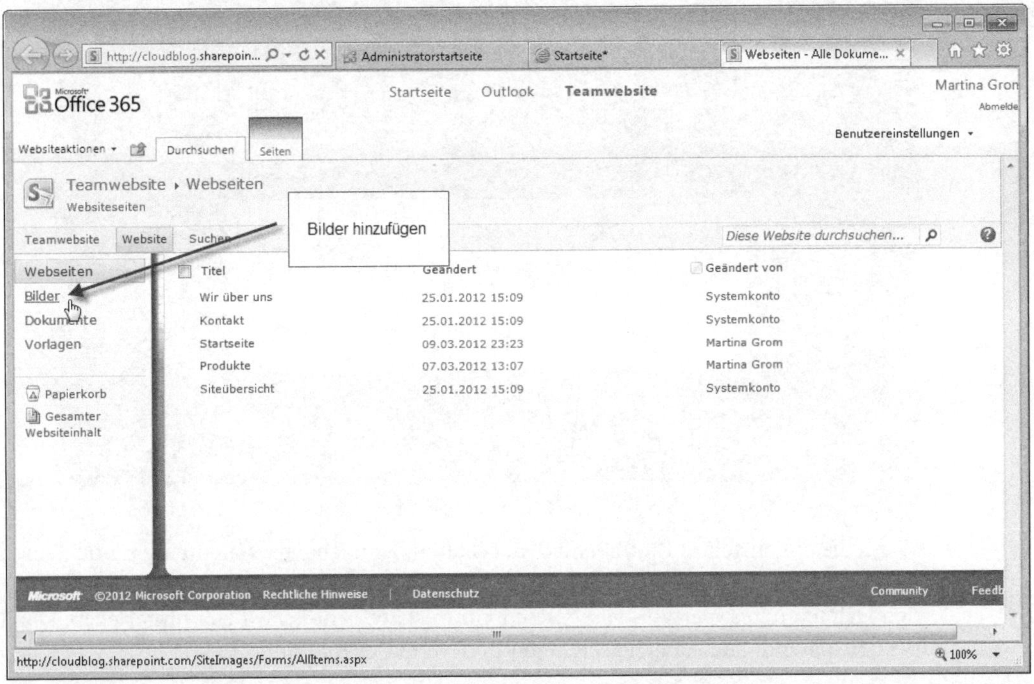

Über den Link *Hochladen* können Sie Bilder in Ihre Dokumentbibliothek laden. Hier steht Ihnen auch der Link *Mehrfachdateiupload* zur Verfügung, über den Sie mehrere Bilder gleichzeitig in Ihr Web laden können.

HINWEIS Sollte bei Ihnen der Mehrfachdateiupload nicht angezeigt werden, kann das möglicherweise an Ihrem verwendeten Browser liegen. Ich verwende Internet Explorer in der aktuellsten Version.

Der *Mehrfachdateiupload* kann auch genutzt werden, um nur ein Bild hochzuladen. Durch Drag & Drop des Bilds in das Dialogfeld geht dies meist schneller vonstatten, als über die *Durchsuchen*-Schaltfläche beim *Hochladen.*

Abbildg. 8.29 Bilder in die Bildbibliothek laden

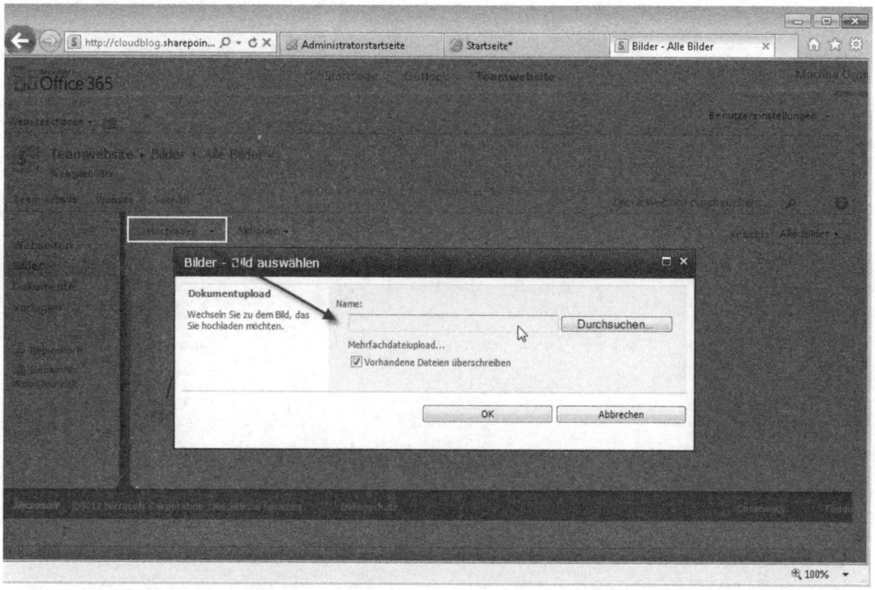

Wenn Sie ein einzelnes Bild hochladen, erhalten Sie nach dem Hinaufladen noch ein zusätzliches Dialogfeld für die Bildeigenschaften angezeigt. Hier können Sie dem Bild einen Titel zuweisen, den Dateinamen ändern und eine Beschreibung bzw. Schlüsselwörter hinterlegen. Dies hilft Ihnen bei der späteren Suche nach geeigneten Bildern in der Bildbibliothek.

Abbildg. 8.30 Bildeigenschaften nach dem Upload eintragen

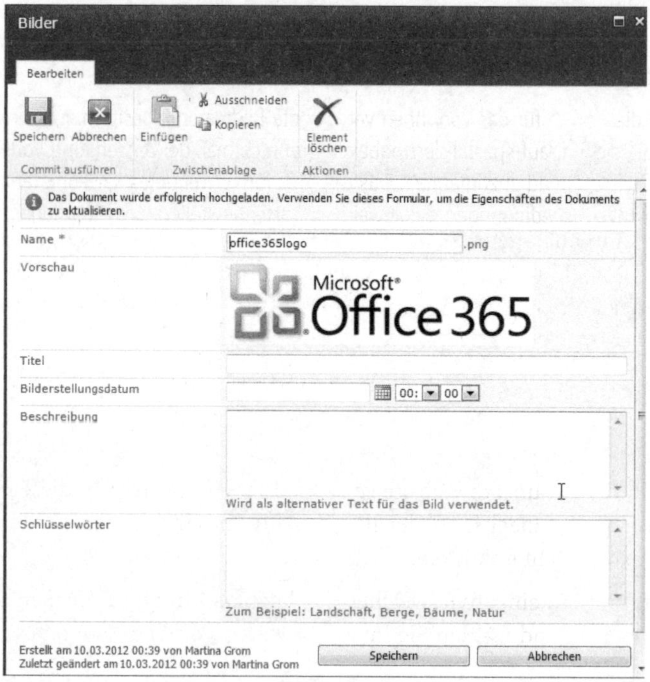

Sobald das Bild geladen und benannt wurde, sehen Sie eine Übersicht Ihrer Bilder in der Bildbibliothek.

Abbildg. 8.31 Die Vorschau in der Bildbibliothek

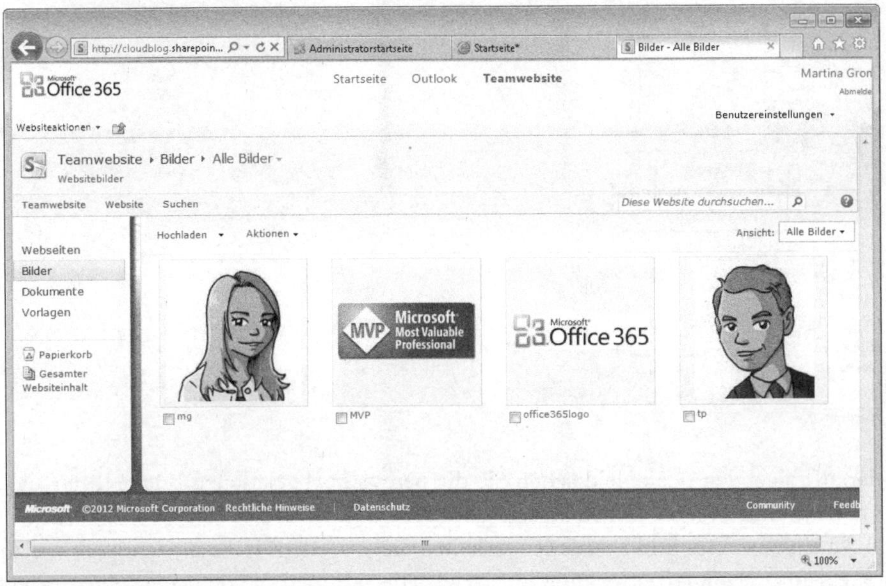

PROFITIPP Bitte verwenden Sie immer nur Bilder, die bereits in der passenden Größe vorliegen und weboptimiert sind. Zu große Bilder verzögern die Ladezeit und senken damit die Benutzerfreundlichkeit Ihrer Website! Gute Bilder sind das A & O Ihrer Website.

Bei allen verwendeten Bildern, Texten und Kartenmaterial gilt das Urheberrecht des ursprünglichen Autors. Nur weil ein Text auf einer Website steht, bedeutet das nicht, dass er frei kopiert werden darf.

Beachten Sie deshalb, dass Sie die Rechte für das von Ihnen verwendete Bildmaterial besitzen. Mittlerweile gibt es viele Rechtsanwaltskanzleien, die sich darauf spezialisiert haben, die unrechtmäßige Verwendung von Bildmaterial oder Produktlogos im Web zu verfolgen und abzumahnen. Das gilt auch für verwendetes Kartenmaterial. Sehen Sie sich auf jeden Fall vorher die Nutzungsbedingungen des jeweiligen Kartenherstellers an. Die unerlaubte Verwendung von Kartenmaterial kann zu sehr hohen Kosten führen. Bei den hier im Beispiel verwendeten Bing Maps ist im Regelfall die Verwendung von Karten auf der eigenen Website kostenfrei erlaubt.

Viele Fotoagenturen verkaufen speziell für Web oder Printmedien nutzbares Bildmaterial. Hier ist es ratsam, wenn Sie sich am besten vor der Verwendung informieren. Investieren Sie ruhig etwas Zeit und auch Geld in gute Stockfotos bzw. in einen eigenen Fotografen.

Die bereits in SharePoint Online enthaltenen Bilder aus den Vorlagen dürfen Sie natürlich beliebig verwenden.

Nachdem wir nun bereits Bilder für unsere Website verfügbar haben, werden wir diese jetzt in den Text einfügen. Dazu wechseln Sie zunächst wieder in den Editiermodus der Startseite, indem Sie diese in der Administrationsübersicht anklicken.

Auf der Startseite ist bereits ein Bild eingefügt, welches als Platzhalter fungiert. Klicken Sie mit der rechten Maustaste auf dieses Bild und wählen Sie im zugehörigen Kontextmenü den Eintrag *Bild ersetzen* aus.

Abbildg. 8.32 Ein Bild ersetzen

Im darauf folgenden Dialogfeld sehen Sie die bereits hochgeladenen Bilder Ihrer Bildbibliothek. Alternativ könnten Sie hier noch Bilder von Ihrem Computer hochladen.

Abbildg. 8.33 Bildauswahl

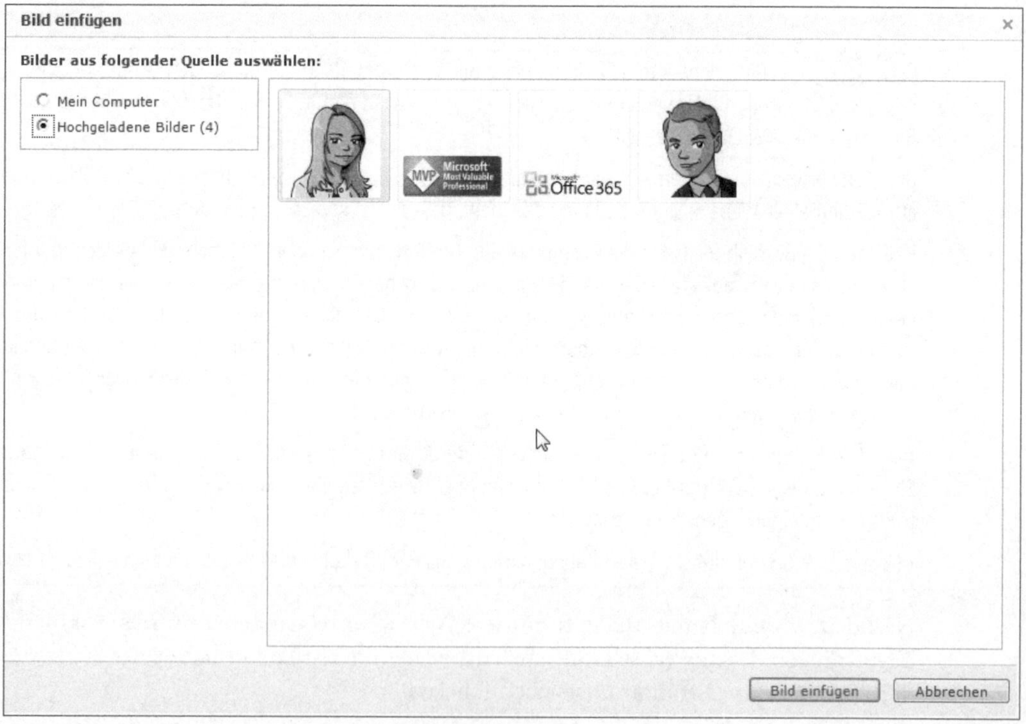

Nach einem Klick auf die Schaltfläche *Bild einfügen* ist das Bild dann auch sofort auf der Website sichtbar.

Gadgets verwenden

Office 365 bietet zusätzlich eine Reihe von Gadgets an, die Sie in Ihre Website integrieren können. Wir werden eine Karte und ein Kontaktformular zu unserer Startseite hinzufügen. Damit wissen neue Kunden sofort, wo unser Büro ist.

Zu den Gadgets gelangen Sie, indem Sie im Menüband die Registerkarte *Einfügen* öffnen.

Abbildg. 8.34 Mit Gadgets können Sie Ihre Website aufwerten

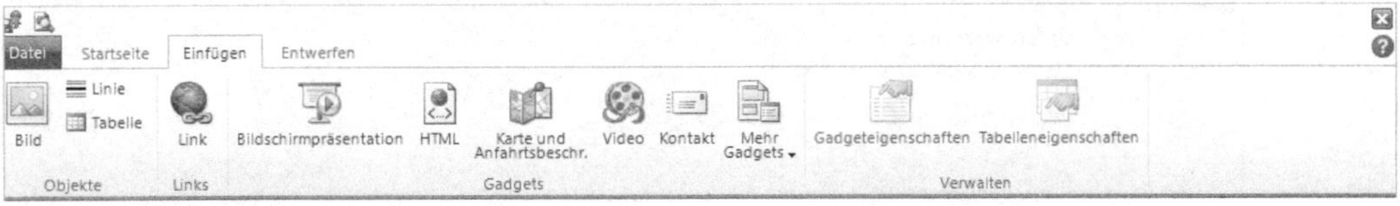

Karte hinzufügen

Sobald Sie die Schaltfläche *Karte und Anfahrtsbeschr.* auswählen, können Sie im darauf folgenden Dialogfeld Ihre Adresse eingeben.

Abbildg. 8.35 Karte und Anfahrtsbeschreibung einfügen

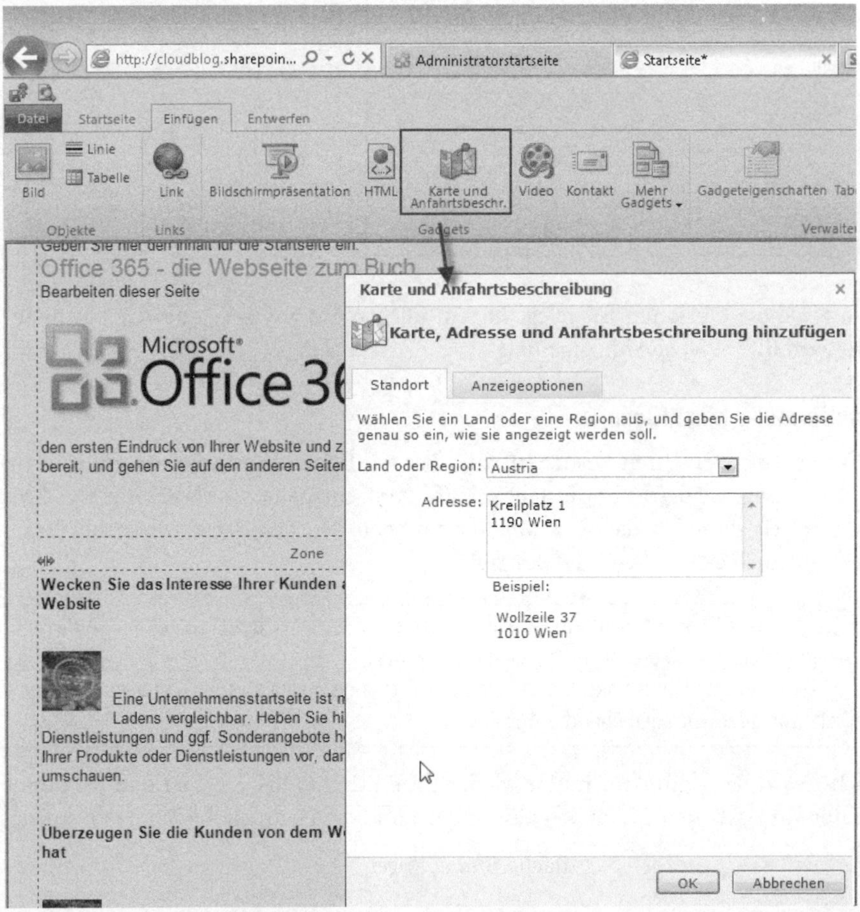

Auf der Registerkarte *Anzeigeoptionen* des Dialogfelds *Karte und Anfahrtsbeschreibung* können Sie anschließend die Größe Ihrer Karte bestimmen sowie festlegen, ob diese anklickbar ist oder nicht und ob eine Anfahrtsbeschreibung angezeigt werden soll. Ebenso geben Sie hier an, ob die Adresse angezeigt wird oder nicht.

Abbildg. 8.36 Optionen der Karte festlegen

Sobald Sie diese Optionen festgelegt haben, klicken Sie auf *OK*, und der passende Kartenausschnitt wird Ihrer Website hinzugefügt.

Kontaktformular hinzufügen

Viele Websites bieten Ihren Besuchern an, über ein Kontaktformular weitere Informationen per E-Mail anzufragen. Diese Option steht in Office 365 ebenfalls zur Verfügung. Das Kontaktformular werden wir direkt in die Seite *Kontakt* einfügen. Dort findet ein Besucher unsere Kontaktadresse und auch gleich das Onlineformular.

PROFITIPP Das Onlinekontaktformular wird direkt an eine vorher bestimmte E-Mail-Adresse unseres Unternehmens gesendet. Dazu bietet sich eine allgemeine E-Mail-Adresse an, wie z.B. *office@cloudblog.at* oder etwas Ähnliches. Diese Adresse können Sie als Verteilerliste in Exchange Online anlegen und damit erhalten alle Mitglieder der Verteilerliste diese Anfragen über die Website.

Zunächst wird das Kontaktformular wieder im Editiermodus geöffnet und Sie können gleich in den dafür vorgesehenen Zeilen den Text ändern und die Firmenkontaktadresse eintragen.

Abbildg. 8.37 Die Seite *Kontakt* bearbeiten

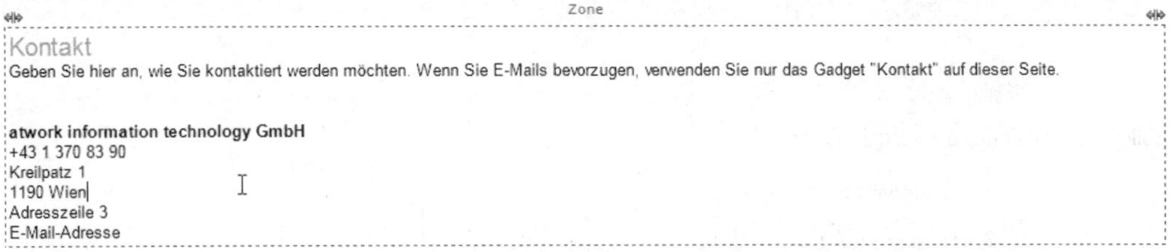

Das Kontaktformular soll sich unterhalb der Adresse befinden. Positionieren Sie daher die Einfügemarke an der dafür vorgesehenen Stelle. Über die Schaltfläche *Kontakt* auf der Registerkarte *Einfügen* des Menübands öffnet sich ein Dialogfeld, in das Sie die Empfängeradresse Ihres Kontaktformulars eingeben können.

Abbildg. 8.38 Ein Kontaktformular einfügen

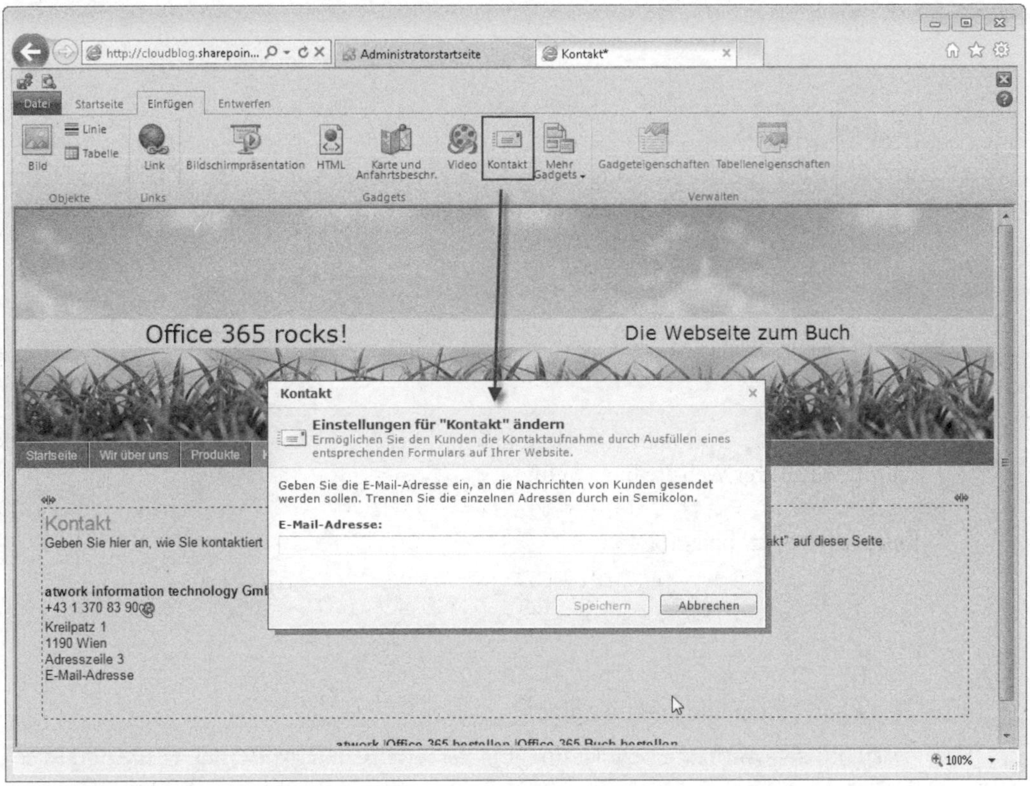

Nach einem Klick auf die Schaltfläche *Speichern* wird das Kontaktformular in die Seite *Kontakt* eingefügt.

Abbildg. 8.39 Das eingefügte Kontaktformular

Weitere Gadgets

Es gibt unzählige weitere Gadgets, die Sie hier einfügen können. Auch Tabellen, Bilder, Links und Linien finden Sie im Menüband auf der Registerkarte *Einfügen*. Probieren Sie es ruhig ein wenig aus und lassen Sie Ihrer Kreativität freien Lauf.

Abbildg. 8.40 Weitere Gadgets, die sich auf Ihrer Website verwenden lassen

Texte bearbeiten und Links einfügen

Das Editieren von Texten erfolgt direkt in der jeweils zu bearbeitenden Seite und ist so einfach wie bei Microsoft Word. Sie positionieren einfach die Einfügemarke dort, wo Sie etwas schreiben möchten, und schreiben drauf los.

Einen Link können Sie über das integrierte Kontextmenü einfügen. Dazu markieren Sie zuerst das Wort, dem Sie einen Link hinterlegen wollen, klicken mit der rechten Maustaste darauf und wählen anschließend im Kontextmenü den Eintrag *Link erstellen/bearbeiten* aus.

Abbildg. 8.41 Einen Link über das Kontextmenü hinzufügen

Im darauf folgenden Dialogfeld haben Sie mehrere Optionen, welche Art von Link Sie einfügen möchten:

- **Website** Ein Link auf eine externe Website
- **Seite auf meiner Website** Ein Link innerhalb Ihrer Website, z.B. verlinken Sie von der Seite Produkte direkt auf die Kontaktseite. Das hilft Ihrem Besucher, schnell durch Ihre Website zu navigieren.
- **Meine Dokumente** Ein Link auf ein Dokument, z.B. eine Produktbeschreibung
- **E-Mail-Adresse** Ein Link auf eine E-Mail-Adresse, an die man dann gleich eine E-Mail-Nachricht senden kann

PROFITIPP Wenn Sie einen Link zu einer externen Website setzen, empfehle ich Ihnen, das Kontrollkästchen *Link in neuem Fenster öffnen* zu aktivieren. Damit öffnet sich der externe Link in einem neuen Browserfenster und Ihr Besucher »verliert« Ihre Website nicht.

Website mit eigener Domäne im Internet veröffentlichen

Unsere Website ist damit fast fertig. Wir haben Bilder eingefügt, einen Anfahrtsplan generiert, ein Kontaktformular eingebaut, Texte und Layout geändert und vieles mehr. Die Website ist derzeit aber noch unter dem Office 365-Link *http://cloudblog.sharepoint.com/* erreichbar. Dies wollen wir ändern, damit diese Website über unsere Domäne unter *http://www.cloudblog.at* erreichbar ist.

Den Link der offiziellen Websiteadresse können Sie über die Administration im Menüpunkt *Domänen* einstellen. Hier finden Sie den Eintrag *Ihre SharePoint-Websiteadresse lautet.*

Abbildg. 8.42 Den Link der offiziellen Website ändern

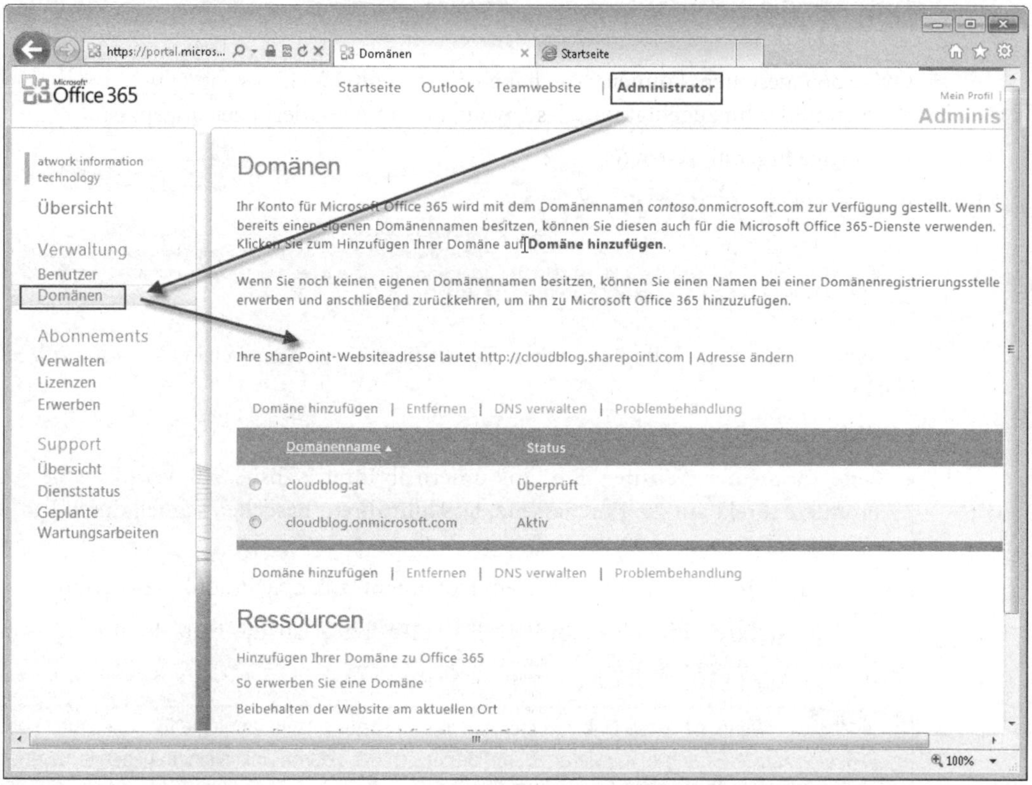

Sobald Sie auf den Link *Adresse ändern* klicken, können Sie im folgenden Dialogfeld die Websiteadresse direkt ändern.

Abbildg. 8.43 Die Websiteadresse ändern

Da wir ja, wie in Kapitel 2 beschrieben, die Namenserververwaltung durch Office 365 durchführen lassen, sind keine weiteren Änderungen mehr erforderlich und die Website ist unter dieser Adresse dann auch erreichbar.

HINWEIS Änderungen am DNS für Ihre eigene Domäne können eine gewisse Zeit dauern. Oftmals ist eine Änderung sofort sichtbar, manchmal dauert es aber bis zu 24 Stunden (oder noch länger), bis die Änderung durchgeführt wurde.

Zusammenfassung

In diesem Kapitel haben Sie – in aller gebotenen Kürze – erfahren, wie Sie eine eigene Website mit Office 365 gestalten können. Sie haben Texte editiert, Links eingefügt, ein Kontaktformular erzeugt, Bilder hinzugefügt und das Layout an Ihre Anforderungen angepasst.

Das fertige Ergebnis sehen Sie hier:

Abbildg. 8.44 Die fertige Website

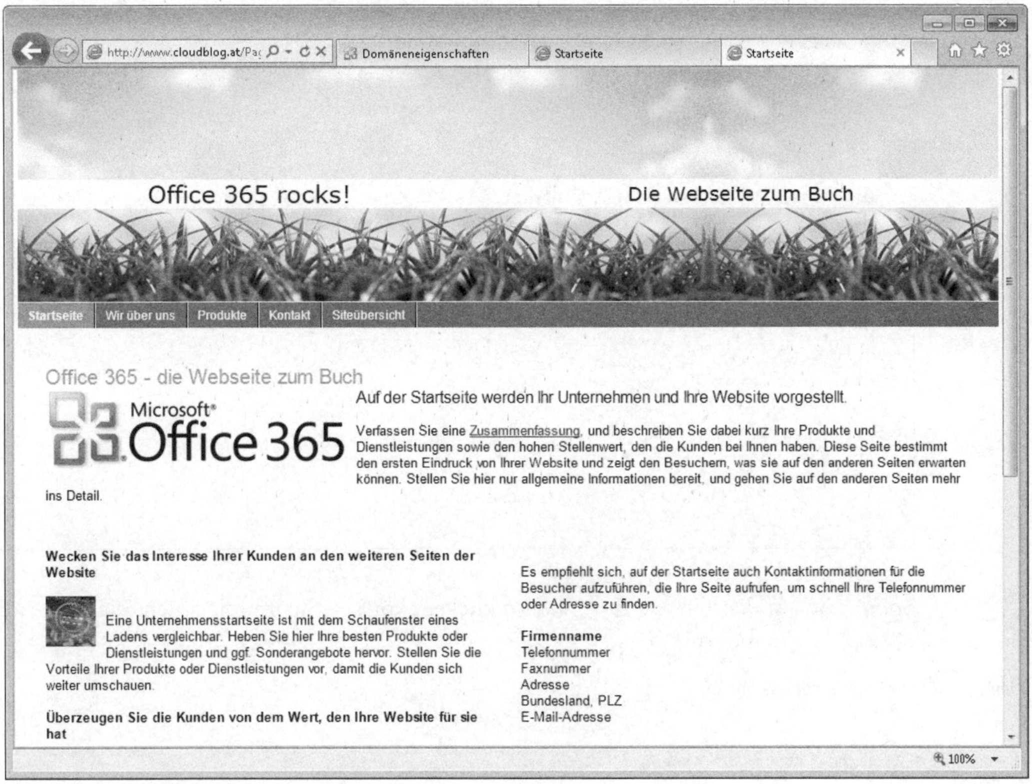

Kapitel 9

Office 365 auf Apple-Computern

In diesem Kapitel:

Ursprünglich wurden Apple-Computer vor allem in Werbeagenturen und bei Fotografen meist für Desktoppublishing und Druck sowie ähnlichen »kreativen« Bereichen eingesetzt. Lange galt dieser Nischenstatus. Mit der Einführung des bunten iMac 1998 begann sich der Massenmarkt für Apple zu öffnen, und der Konzern jagte von einem Produkterfolg zum nächsten. Als Hersteller für Hardware und Software kann Apple beides zu einem gesamtheitlichen Bedienungserlebnis vereinen.

Wenn Sie einen Apple-Computer, ein iPhone oder ein iPad besitzen, können Sie Microsoft Office 365 damit nutzen. Die Verbindung der mobilen Geräte mit Office 365 ist denkbar einfach und wurde bereits in Kapitel 7 beschrieben.

Mit Office 365 öffnet sich die Welt der Enterprise-Server auch für Apple-Benutzer bzw. es ist eigentlich egal, womit Sie Office 365 einsetzen – unabhängig von Ihrem Betriebssystem oder mobilen Gerät. Unsere Welt ist nicht auf Windows eingeschränkt, auch Benutzer von anderen Systemen können Office 365 als Plattform zur Zusammenarbeit nutzen und E-Mail-Services verwenden.

In meiner täglichen Arbeit sehe ich viele Mischformen und viele verschiedene Arten der Zusammenarbeit. Benutzer von Apple-Rechnern möchten genauso Dateien und E-Mails austauschen wie Windows-Benutzer. Zum Glück sind die Zeiten der Emotionalisierung vorbei. Es zählt in erster Linie der Nutzen. Grenzenlose Produktivität – egal mit welchem Betriebssystem – genau dabei hilft Office 365.

In diesem Kapitel zeige ich Ihnen, wie Sie Office 365 mit Ihrem Apple-Rechner einsetzen können. Dabei sehen wir uns zunächst die E-Mail-Funktionalitäten an, zeigen dann eine Lync-Konferenz und schließen mit SharePoint Online ab. Ich habe hier Office 2011 unter OS X Lion eingesetzt.

E-Mails, Kalender und Kontakte mit Outlook 2011 einrichten und verwenden

Die Konfiguration Ihres E-Mail-Kontos unter Outlook 2011 erfolgt ähnlich einfach wie unter Outlook 2010. Sie benötigen dazu nur Ihre E-Mail-Adresse und Ihr Kennwort. Exchange Online stellt damit alles über die Autodiscover-Funktion zur Verfügung.

Rufen Sie zunächst Outlook 2011 auf.

Im unteren Bereich des Startbildschirms klicken Sie nun auf die Schaltfläche *Konto hinzufügen.*

TIPP Konfigurieren Sie Outlook:mac mit dem Kontrollkästchen *Outlook als Standardanwendung für E-Mail, Kontakte und Kalender einrichten.* Damit erhalten Sie nicht bei jedem Start der Software die Frage, ob Sie das tun wollen.

Abbildg. 9.1 Erster Aufruf von Outlook:mac

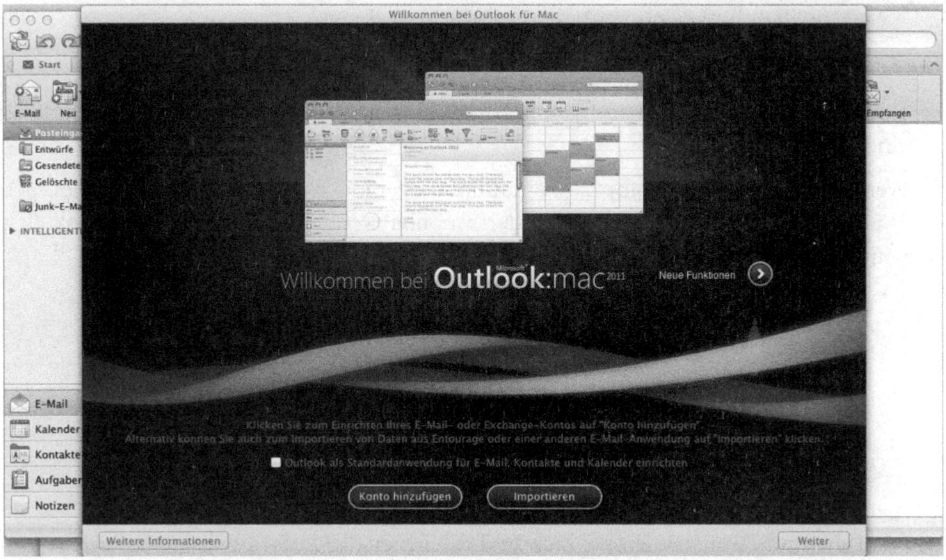

Im nächsten Bildschirm wählen Sie bitte *Exchange-Konto* aus.

Abbildg. 9.2 Exchange-Konto auswählen, um Outlook:mac für Office 365 einzurichten

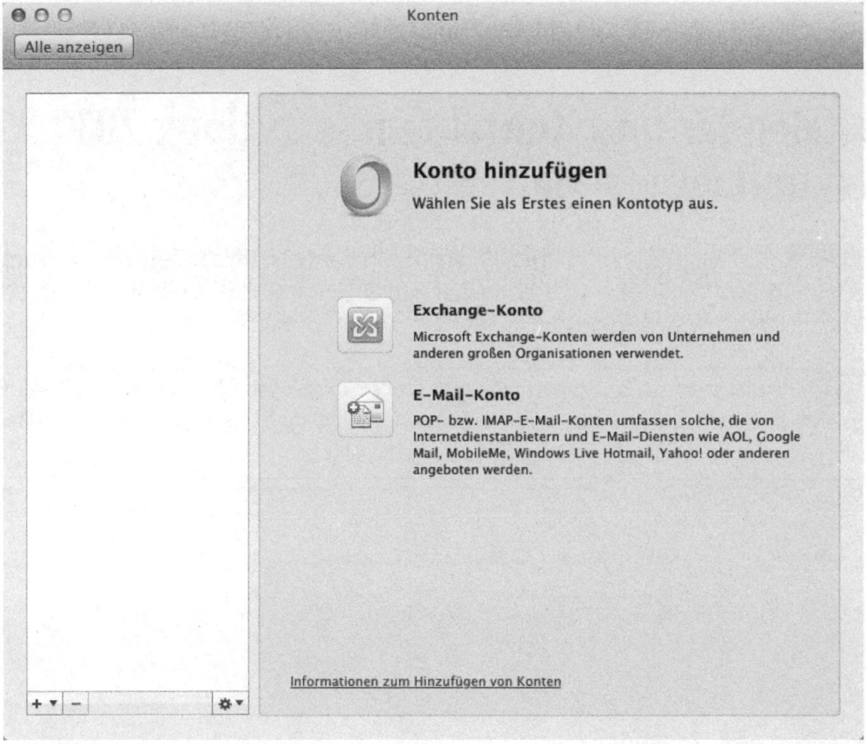

Im darauf folgenden Bildschirm tragen Sie nun Ihre Daten ein: eine Kontobezeichnung, den Benutzernamen und das Kennwort.

Abbildg. 9.3 Kontodaten eintragen

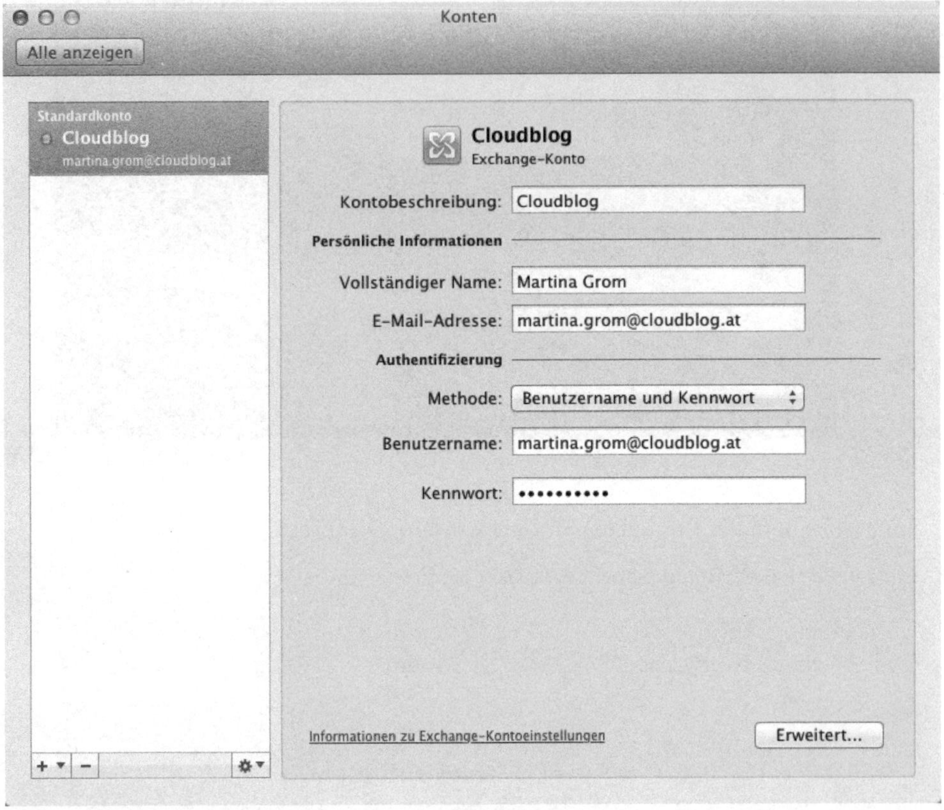

Sobald Ihr Konto eingerichtet ist, erhalten Sie bereits E-Mails, Ihre Kalendererinnerungen werden angezeigt und Ihr Posteingang füllt sich nach kurzer Zeit mit den bereits in diesem Postfach vorhandenen E-Mail-Nachrichten.

TIPP Hier sehen Sie bereits einen der ganz großen Vorteile von Office 365: Egal, mit welchem Gerät Sie auf Ihr Postfach zugreifen, Ihre Daten stehen immer zur Verfügung. Dadurch, dass alle Ihre E-Mails auf einem Office 365-Server gesichert sind, können Sie diese von überall abrufen.

Abbildg. 9.4 Outlook:mac nach dem ersten Start

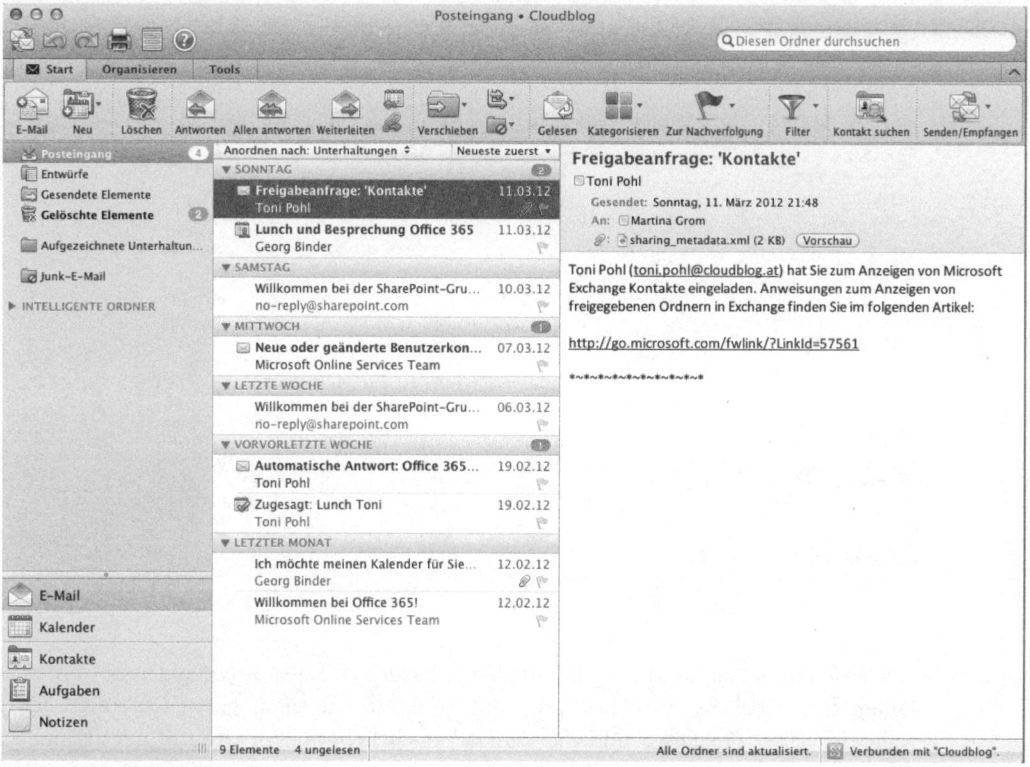

In der Dockleiste Ihres Apple-Rechners sehen Sie anhand der Outlook:mac-Symbole sofort, wenn Sie eine neue E-Mail erhalten haben oder ob fällige Erinnerungen offen sind.

Tabelle 9.1 Outlook:mac-Symbole

Symbol	Funktion
	Sie erkennen an der kleinen roten Zahl rechts oben sofort, sobald es in Outlook:mac neue E-Mail-Nachrichten für Sie gibt und wie viele ungelesene Nachrichten Sie haben
	Erinnerungen werden in Outlook:mac ebenfalls mit einem eigenen Symbol angezeigt

Kalender und Termine in Outlook:mac verwalten

Einer der großen Vorteile von Outlook:mac ist, dass Sie mit diesem Programm E-Mails, Kalender, Kontakte und Aufgaben an einem Ort übersichtlich zusammengefasst haben. Sobald Sie eine Termineinladung erhalten, landet diese in Ihrem Posteingang und Sie können – je nach Ihrer Verfügbarkeit – entscheiden, ob Sie den Termin zusagen, mit Vorbehalt zusagen oder absagen oder eine neue Zeit vorschlagen wollen.

Abbildg. 9.5 Eine Terminanfrage in Outlook:mac

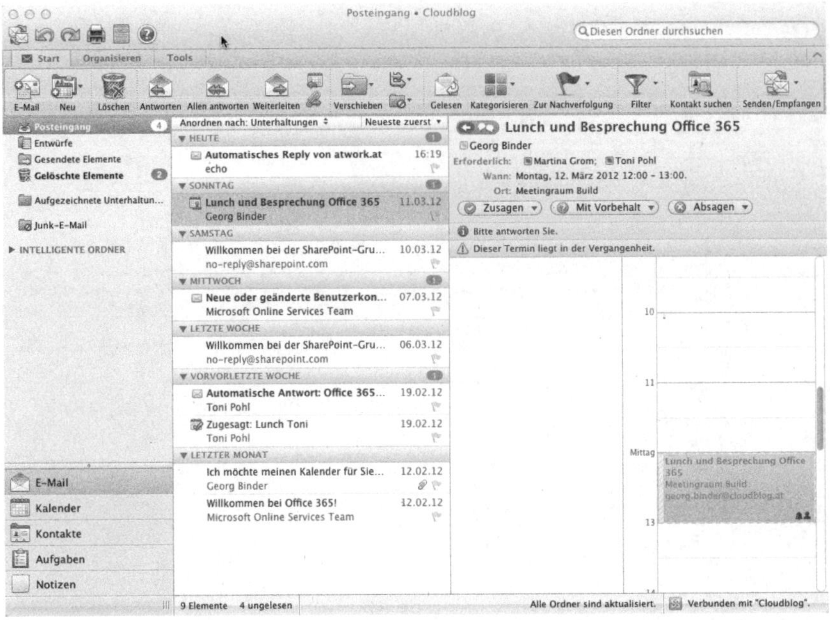

Der Kalender selbst kann mit verschiedenen Farben in Kategorien eingeteilt werden. Die Farben helfen Ihnen bei der Visualisierung und geben Ihnen einen guten Kurzüberblick über Ihren Kalender. Über Freigaben und die Option, zusätzliche Kalender zu öffnen, können Sie auf die Kalender Ihrer Kollegen zugreifen.

Abbildg. 9.6 Kalenderanzeige in Outlook:mac

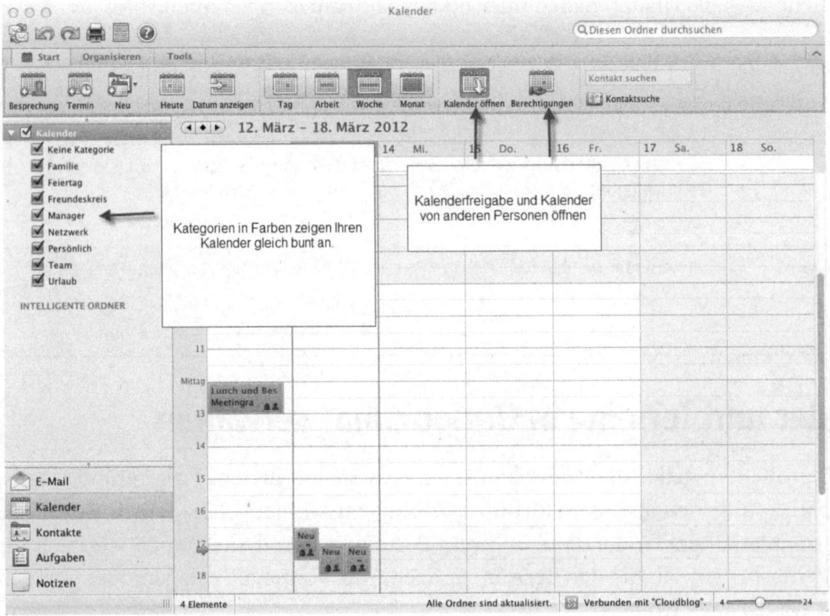

Um den Kalender einer anderen Person zu öffnen, klicken Sie zunächst auf die Schaltfläche *Kalender öffnen*. Dann tragen Sie den Namen der betreffenden Person in das folgende Dialogfeld ein.

Abbildg. 9.7 Den Kalender eines anderen Benutzers öffnen

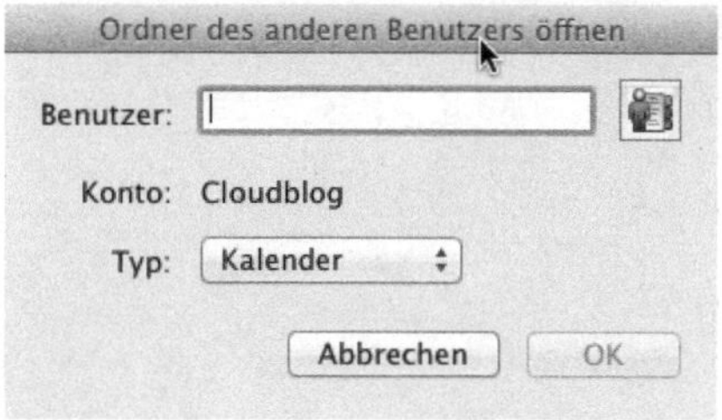

TIPP Um den Kalender einer anderen Person anzusehen, muss dieser zunächst freigegeben werden bzw. müssen hier die entsprechenden Rechte gesetzt sein.

Abbildg. 9.8 Hier ist bereits ein freigegebener Kalender geöffnet und wir sind gerade dabei, einen zweiten zu öffnen

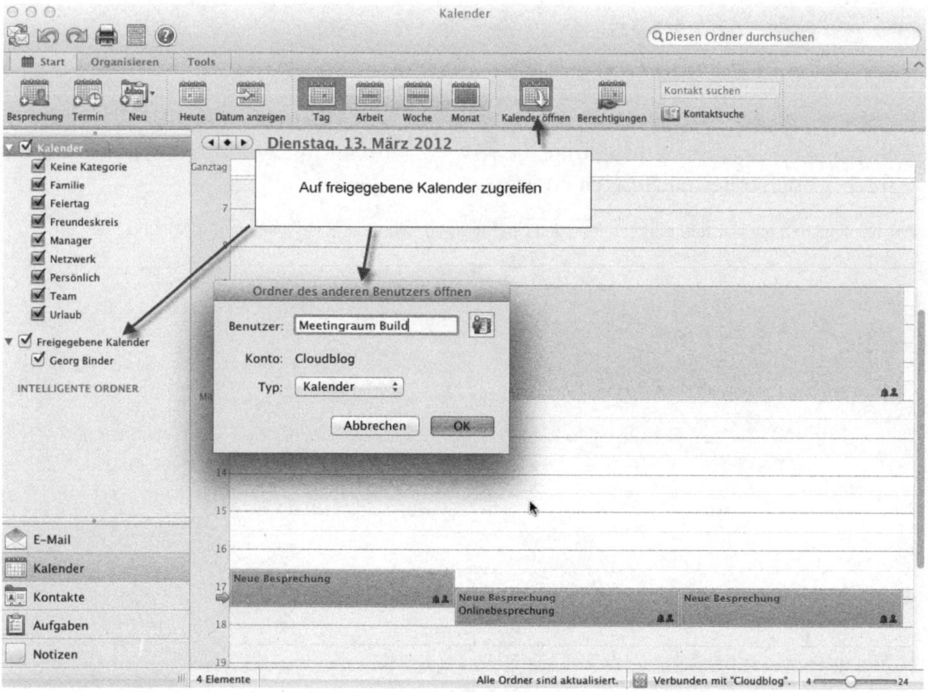

Ein neuer Termin mit gleichzeitiger Raumbuchung wird über die Terminplanung definiert. In diesem Fall laden Sie zu dem von Ihnen vorgeschlagenen Termin ein und buchen auch den Raum sofort dazu.

Abbildg. 9.9 Terminplanung mit gleichzeitiger Raumbuchung

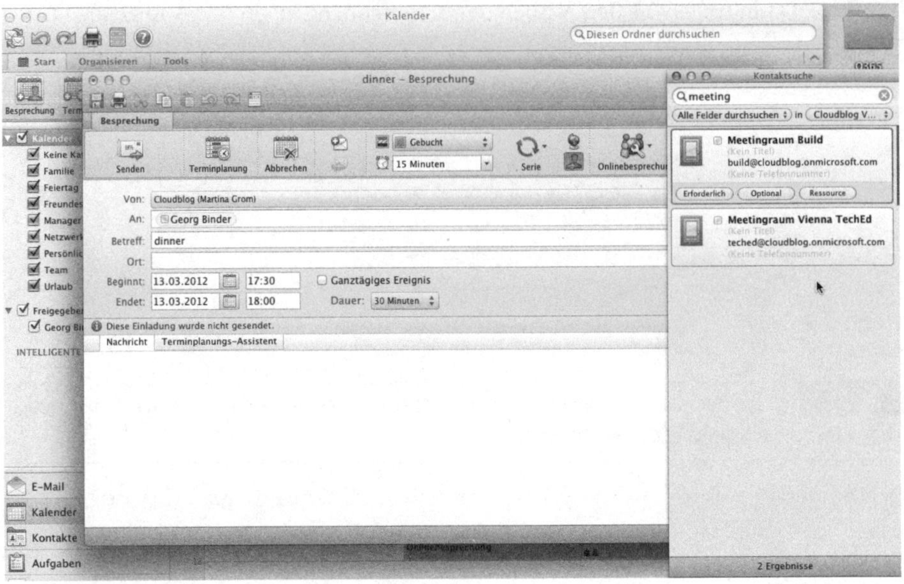

Sie sehen auf der Registerkarte *Terminplanungs-Assistent* eine Übersicht der freien Zeiten Ihrer Kollegen und der hinzubuchbaren Räume. So können Sie sofort einen passenden Termin auswählen, ohne vorher nachfragen zu müssen.

Abbildg. 9.10 Der Terminplanungs-Assistent gibt bereits einen Überblick, ob Räume und Personen verfügbar sind

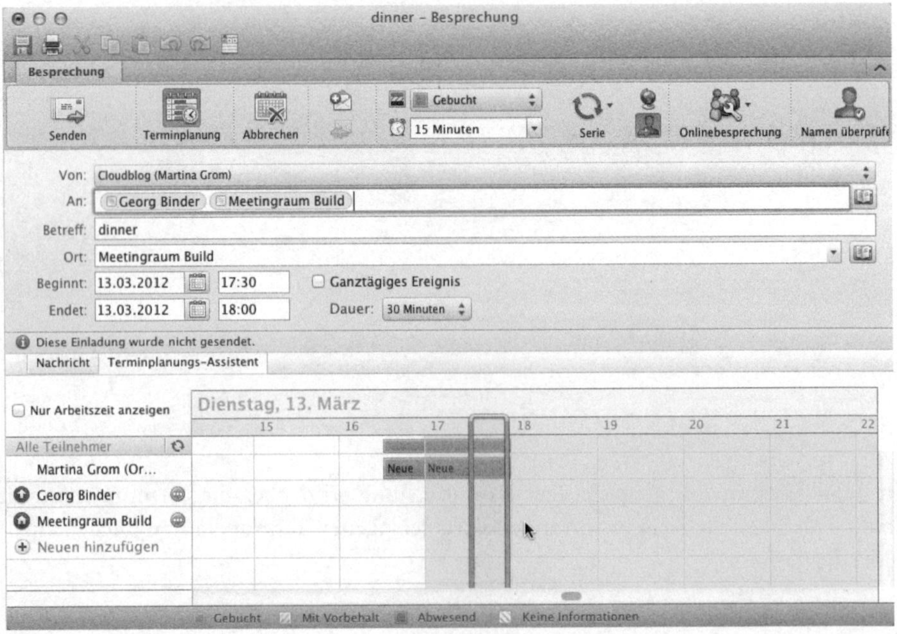

Kontakte in Outlook:mac

In Outlook:mac gibt es ebenfalls die Möglichkeit, eigene Kontakte zu verwalten. Diese können in die gleichen farbigen Kategorien eingeteilt werden, wie die Kalendereinträge. Damit gibt es bereits hier einen guten Überblick über die Kontakte. Auch der Präsenzstatus von Lync Online ist in Outlook:mac sofort sichtbar.

Abbildg. 9.11 Kontakte und Präsenzstatus in Outlook:mac

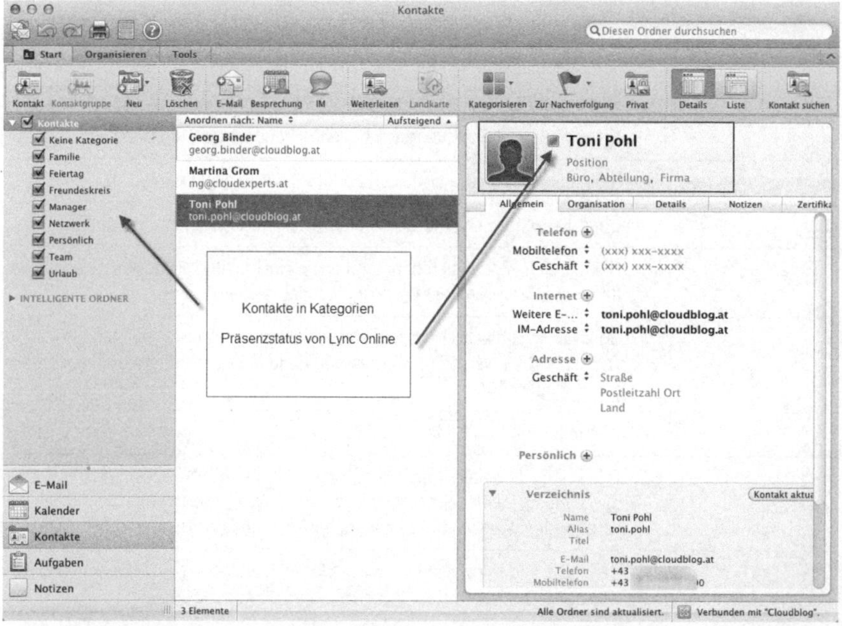

Outlook:mac-Einstellungen und Extras

Um Outlook:mac an Ihre Bedürfnisse anzupassen, verwenden Sie am besten den Menübefehl *Outlook/Einstellungen*. Hier finden Sie die häufigsten Optionen, um Outlook anzupassen.

Abbildg. 9.12 Über die Outlook:mac-Einstellungen lässt sich Outlook individuell konfigurieren

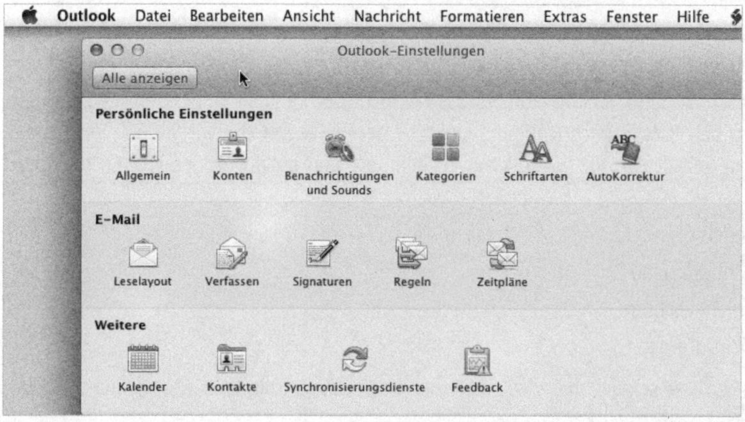

Tabelle 9.2 Outlook:mac individuell anpassen

Einstellung	Funktion
Allgemein	Hier finden Sie Einstellungsmöglichkeiten zum Erscheinungsbild von Outlook:mac. Hier wird festgelegt, ob Ihre E-Mail-Nachrichten gruppiert dargestellt werden und ob Outlook:mac die Standardanwendung für E-Mail, Kontakte und Kalender ist.
Konten	Sie können in Outlook:mac mehrere E-Mail-Konten konfigurieren. Über diese Option können Sie auf die aktuellen Mailkontoeinstellungen zugreifen und weitere E-Mail-Konten hinzufügen.
Benachrichtigungen und Sounds	Hier legen Sie fest, ob Sie eine Benachrichtigung für jede neue E-Mail erhalten wollen, ob das Outlook-Symbol in der Taskleiste animiert werden soll und ob Sie Soundeinstellungen für unterschiedliche Optionen einstellen wollen
Kategorien	Hier können Sie die Kategorien benennen und Farben zuordnen
Schriftarten	Hier stellen Sie Ihre Schriftarten und Ihr E-Mail-Layout ein
AutoKorrektur	Über die Symbolschaltfläche *AutoKorrektur* stellen Sie Korrekturoptionen ein
Leselayout	Hier können Sie definieren, ob und wann Nachrichten als gelesen markiert werden und ob Bilder in E-Mail-Nachrichten ausgeblendet werden
Verfassen	Über die Schaltfläche *Verfassen* stellen Sie ein, ob Ihre Nachrichten in HTML oder als reine Textnachrichten versendet werden und ob jede E-Mail automatisch auch als Bcc-E-Mail an Sie gesendet wird
Signaturen	Hier legen Sie Ihre E-Mail-Signatur fest
Regeln	E-Mail-Regeln helfen Ihnen, den Überblick über Ihre Nachrichten zu behalten. Regeln unterstützen Sie dabei, wenn Sie z.B. jede E-Mail-Nachricht Ihrer Kollegen sofort kategorisieren wollen oder in einen bestimmten Ordner verschieben möchten.
Zeitpläne	Zeitpläne sind dann relevant, wenn Sie Ihr Postfach nur zu bestimmten Zeiten abrufen wollen
Kalender	Hier finden Sie die Einstellungen zur Arbeitswoche und zur Zeitzone rund um Ihren Outlook:mac-Kalender
Kontakte	Kontaktoptionen, wie z.B. die Sortierung nach Nachname, können Sie über diesen Befehl einstellen
Synchronisierungsdienste	Hier können Sie einstellen, womit Ihre Outlook:mac-Einstellungen synchronisiert werden sollen. Da alle Ihre Nachrichten sowieso zentral verfügbar sind, können Sie diese immer von Exchange Online direkt abrufen.
Feedback	Falls Sie Feedback zu Outlook:mac geben wollen, können Sie dies hier direkt einstellen

PROFITIPP Benachrichtigungen und jede E-Mail-Nachricht noch einmal an sich selbst zu schicken, tragen zum Information-Overflow bei. Jede Benachrichtigung lenkt Sie gerade davon ab, was Sie tun. Versuchen Sie, sich ein- oder zweimal pro Tag gezielt Zeit für Ihre E-Mails zu nehmen, und beantworten Sie diese dann nach folgendem Schema:

1. Wichtig und dringend
2. Wichtig, aber nicht dringend
3. Dringend, aber nicht wichtig
4. Nicht wichtig, nicht dringend

Damit werden Sie sehen, wie schnell und effizient Sie bei der Beantwortung Ihrer Nachrichten vorgehen können.

Abwesenheiten eintragen

Abwesenheits-Assistenten helfen, dem Absender eine Nachricht zukommenzulassen, wenn Sie gerade in Urlaub oder eine gewisse Zeit nicht verfügbar sind. Dadurch kann sich der Absender darauf einstellen, wann er mit einer Antwort rechnen kann oder sich an eine Vertretung wenden.

Abwesenheiten legen Sie über den Menübefehl *Extras/Abwesend* an. Hier haben Sie die Option, die Abwesenheit zeitgesteuert einzutragen und vermeiden damit, es zu vergessen.

Abbildg. 9.13 Abwesenheit in Outlook:mac eintragen

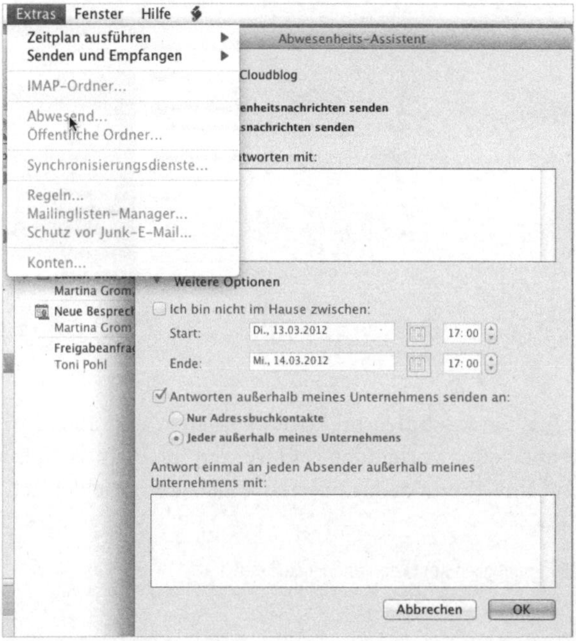

Mit Lync:mac auf dem Apple jederzeit erreichbar sein

Bereits in Kapitel 5 haben Sie ausführlich die Vorteile von Lync Online kennengelernt. Auch auf einem Apple-Rechner steht Ihnen ein Lync-Client mit der Bezeichnung Lync:mac zur Verfügung. Mit diesem Client können Sie genauso über Lync kommunizieren und Lync als Instant Messaging-Plattform nutzen.

In diesem Abschnitt erfahren Sie, wie Sie Lync:mac konfigurieren und verwenden.

Zunächst öffnen Sie den Lync:mac-Client und geben Ihren Benutzernamen sowie Ihr Kennwort an. Die E-Mail-Adresse und die Benutzer-ID sind hier identisch. Sollten Sie sich mit Lync Online nicht verbinden können, stellen Sie bitte den Verbindungstyp von *Automatisch* auf *Manuelle Konfiguration* um und tragen dann in die beiden Felder *Interner Servername* und *Externer Servername* die Adresse *sipdir.online.lync.com:443* ein.

TIPP Zum Zeitpunkt der Erstellung dieses Buchs war es noch notwendig, den Servernamen manuell einzutragen, um sich mit dem Lync:mac-Client bei Lync Online anmelden zu können. Ich gehe davon aus, dass sich dies mit einem Update künftig ändern wird.

Abbildg. 9.14 Lync:mac konfigurieren

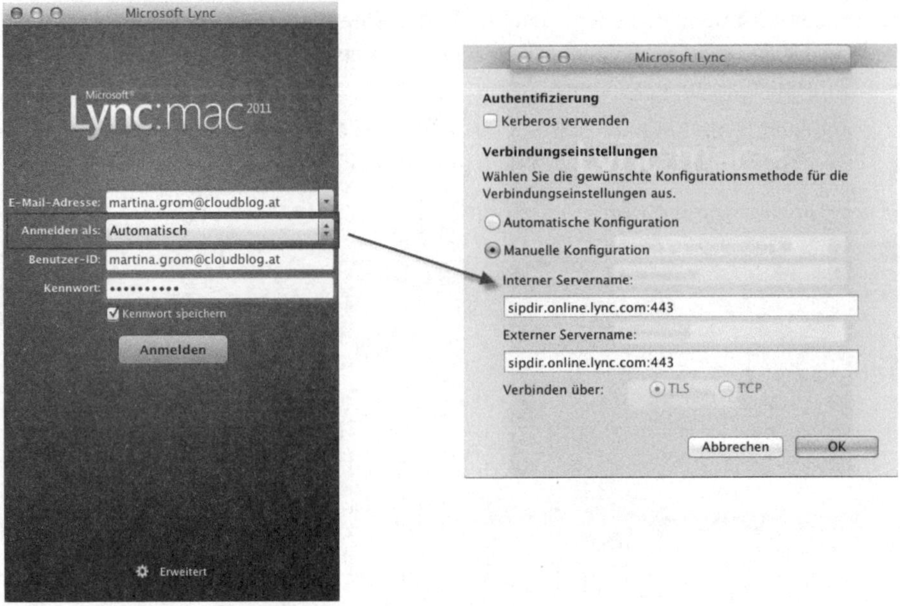

Sobald Sie angemeldet sind, wird Ihr Unternehmensbild bereits geladen und auch Ihre bereits in Kapitel 5 hinzugefügten Kontakte sind sofort vorhanden und werden Ihnen angezeigt. Sie können nun neue Kontakte hinzufügen und Ihre Kontakte gruppieren. Hier unterscheidet sich der Client nicht von seinem Windows-Pendant.

Abbildg. 9.15 Lync:mac meldet sich direkt nach der Anmeldung mit allen Kontakten und Einstellungen

Ihren Präsenzstatus können Sie in Lync:mac ebenfalls einstellen. Dazu klicken Sie einfach auf das Lync-Symbol in der Dockleiste und legen dort den jeweiligen Status fest.

Abbildg. 9.16 Den Präsenzstatus in Lync:mac umstellen

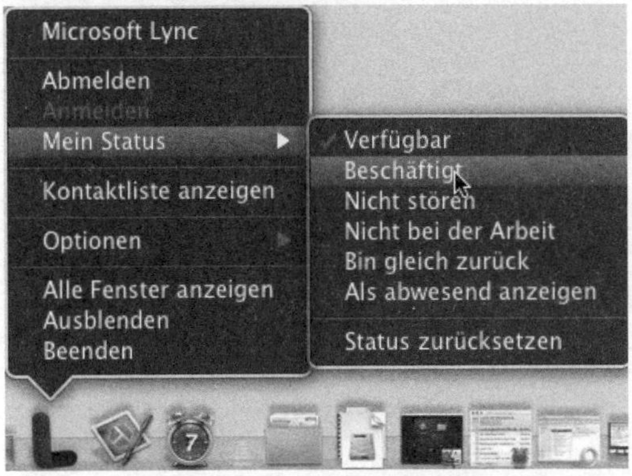

Unterhaltung mit Lync beginnen

Lync Online hilft Ihnen, mit Ihren Kontakten über Instant Messaging, VoIP Telefonie, Gruppenunterhaltungen oder Videokonferenzen in Kontakt zu bleiben. Der Präsenzstatus integriert sich in alle Anwendungen für die Kommunikation. Sie sehen auch in Outlook:mac sofort, ob einer Ihrer Kontakte verfügbar ist. Wenn Sie eine Unterhaltung starten, kann Ihr Gegenüber sofort über Instant Messaging antworten.

Abbildg. 9.17 Eine Unterhaltung über Lync:mac beginnen

Mittels Drag & Drop können Sie weitere Mitglieder zur Unterhaltung hinzufügen und damit eine Gruppenunterhaltung starten. Dabei lässt sich auch entscheiden, ob diese Teilnehmer im Referentenstatus oder in der Teilnehmeransicht arbeiten. Der große Unterschied ist hier, dass Referenten Inhalte freigeben, Teilnehmer aus der Unterhaltung entfernen und hinzufügen sowie Teilnehmer stumm schalten können.

Abbildg. 9.18 Eine Gruppenunterhaltung wird einfach dadurch gestartet, dass neue Teilnehmer über Drag & Drop hinzugefügt werden

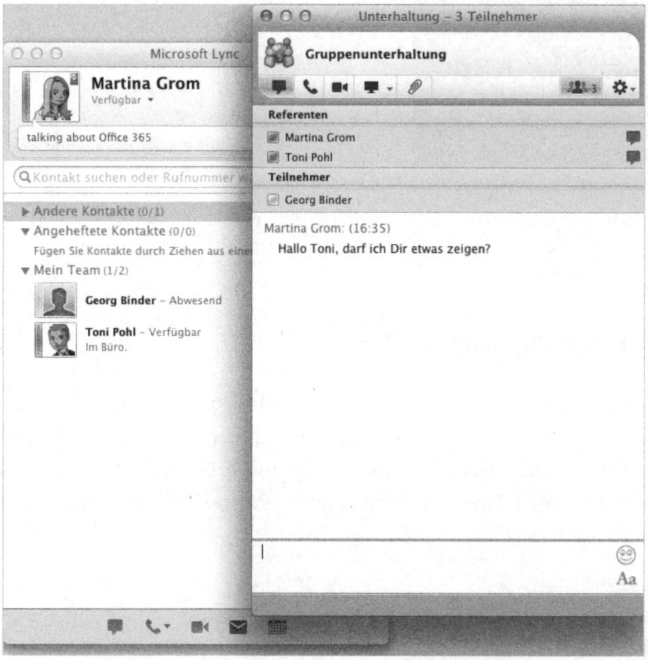

Desktop freigeben und Präsentationen teilen

Oftmals reicht eine Gruppenunterhaltung per Instant Messaging nicht aus. Man möchte gemeinsam an einem Dokument arbeiten oder eine Präsentation durchgehen. Mit Lync:mac können Sie über das Menü *Freigabe* Ihren Desktop freigeben.

Sobald Sie Ihren Desktop freigegeben haben, sieht Ihr Gegenüber Ihre Mac OS-Oberfläche, und Sie können hier Ihre Dokumente, Präsentationen oder weitere Elemente vorführen.

Abbildg. 9.19 Den Desktop freigeben

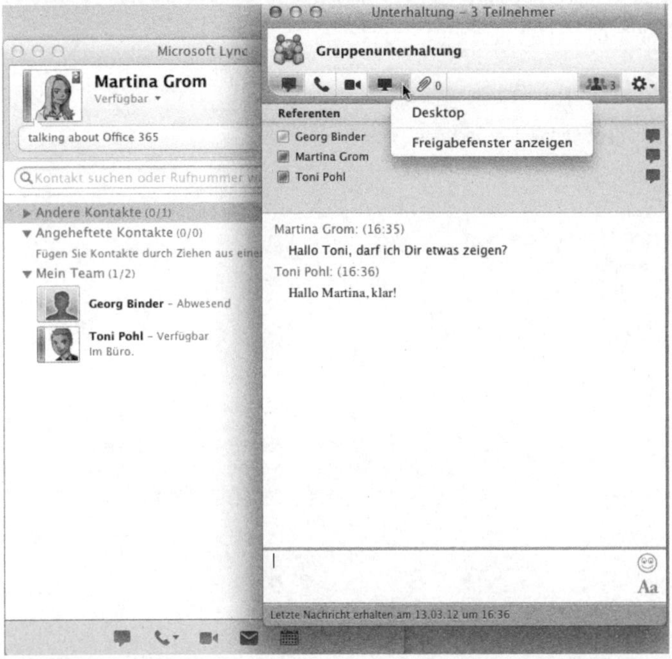

TIPP Diese Funktion hilft ungemein bei Helpdesk-Aufgaben – Sie können damit direkt visuell kontrollieren, welche Schritte ein Benutzer durchführt.

Abbildg. 9.20 Der freigegebene Desktop aus Sicht von OS X Lion

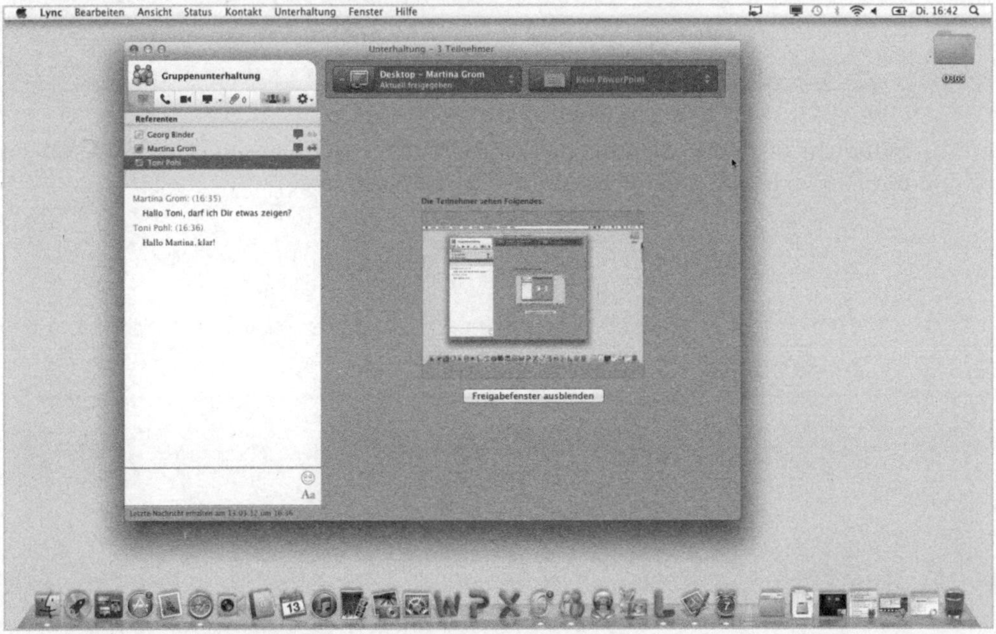

HINWEIS Zum Zeitpunkt der Bucherstellung war es zwar möglich, den Desktop freizugeben, eine Steuerung, wie unter Windows üblich, konnte jedoch nicht übergeben werden.

Aus Windows-Sicht sieht dies dann so aus.

Abbildg. 9.21 Der freigegebene Desktop aus Sicht des Windows-Teilnehmers

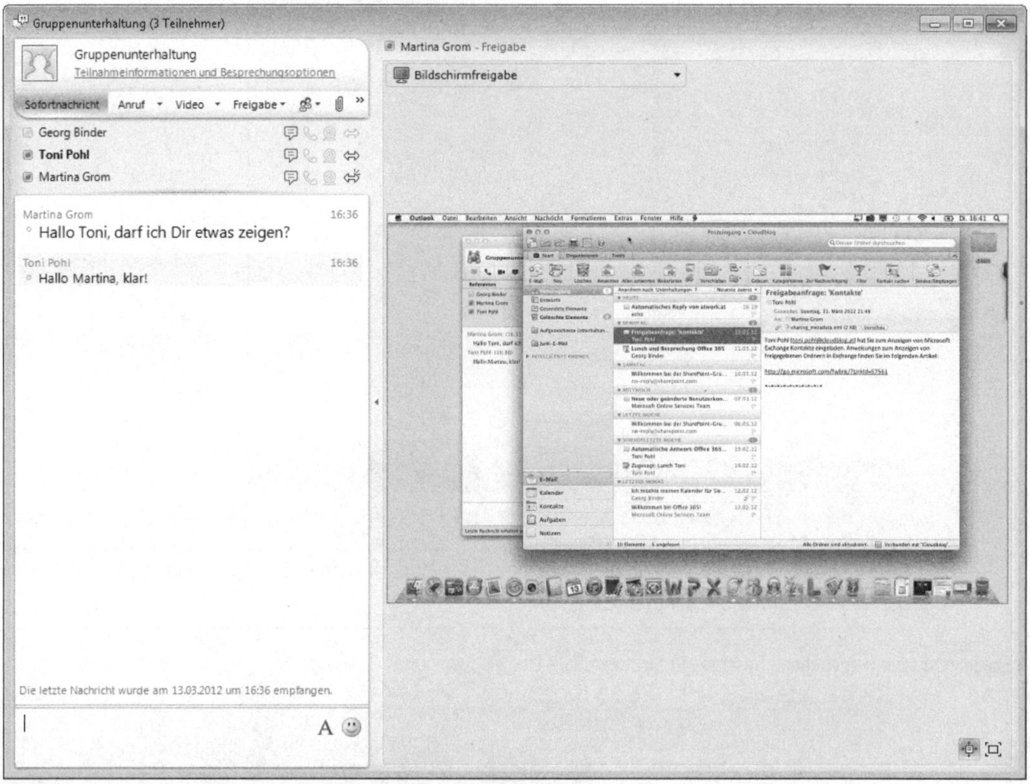

Natürlich funktioniert es auch umgekehrt. Toni Pohl, der Teilnehmer mit dem Windows-Desktop, kann diesen ebenfalls freigeben, sogar inklusive Steuerung!

Abbildg. 9.22 Desktopfreigabe von Windows

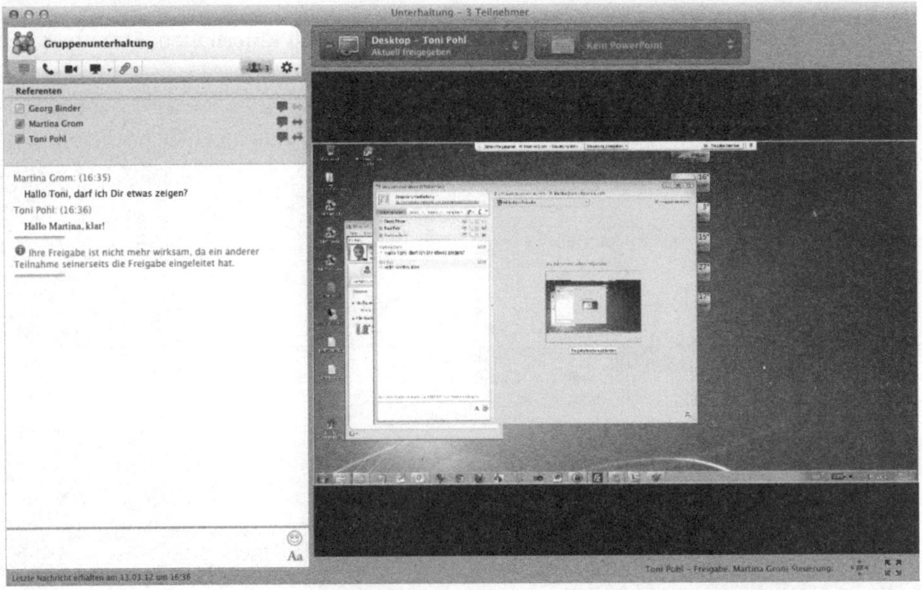

Die Freigabe einer Präsentation funktioniert nach einem ähnlichen Schema. Hier wird nur statt dem Desktop eine PowerPoint-Präsentation freigegeben. Diese Präsentation kann dann ebenfalls gemeinsam bearbeitet werden.

Abbildg. 9.23 Gemeinsames Bearbeiten einer PowerPoint-Präsentation über Betriebssystemgrenzen hinweg

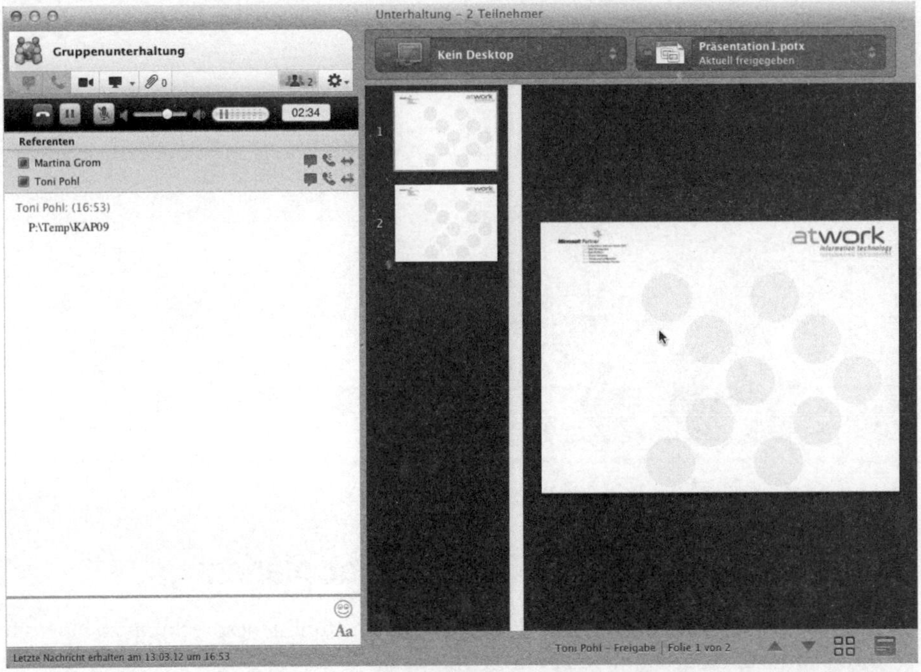

Videoanruf starten

Mit Videoanrufen können Sie sich in Lync:mac auch visuell unterhalten. Dazu benötigen Sie eine Videokamera an Ihrem Computer, die in vielen Notebooks bereits fester Bestandteil ist. Eine Videounterhaltung wird über den entsprechenden Menüpunkt gestartet. Lync:mac schaltet Ihren Präsenzstatus dann sofort um, damit jeder sieht, dass Sie gerade in einer Konferenz sind.

Abbildg. 9.24 Eine Videounterhaltung starten

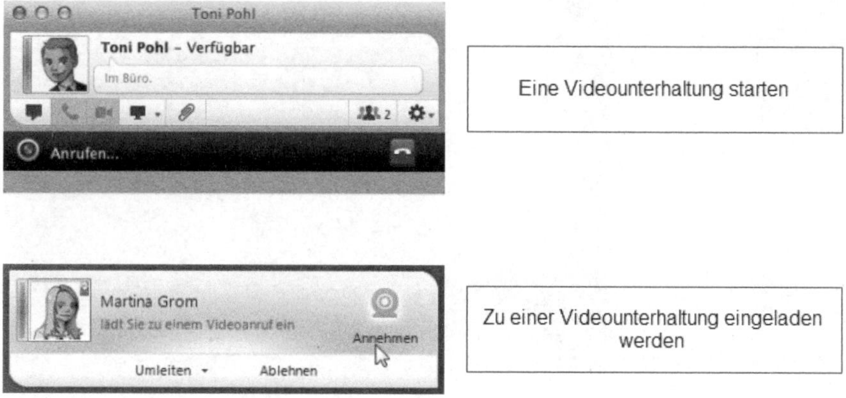

Sobald die Unterhaltung gestartet ist, sehen die beiden Teilnehmer auch das Videobild.

Abbildg. 9.25 Die Videounterhaltung durchführen

Onlinebesprechung über Outlook:mac planen

Über Outlook:mac können Sie über den Kalender eine Onlinebesprechung zu einem bestimmten Termin planen und dazu andere Benutzer einladen.

Abbildg. 9.26 Eine Onlinebesprechung in Outlook:mac planen

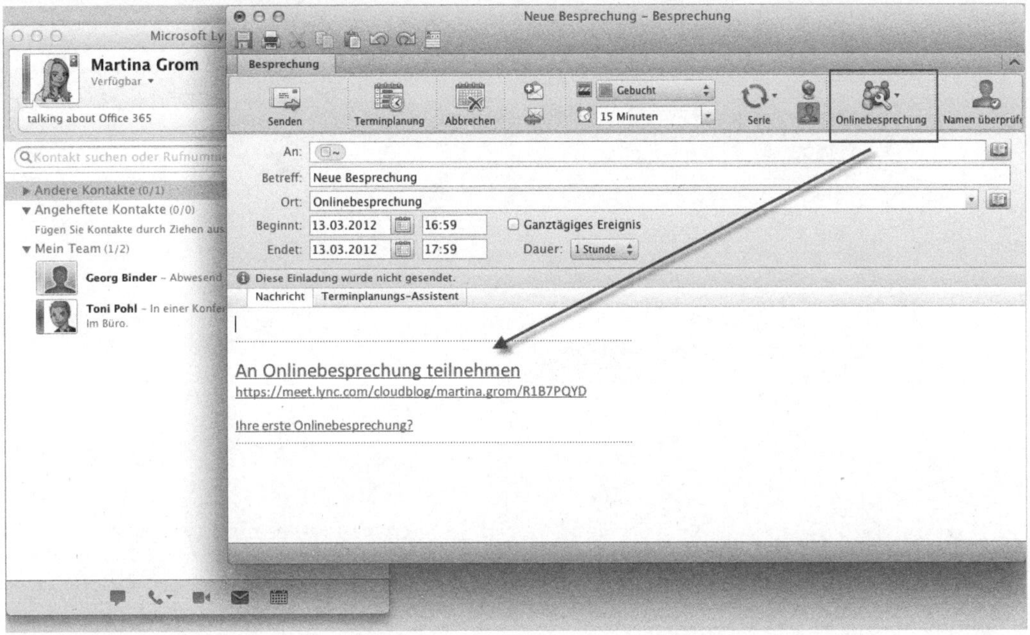

An dieser Besprechung kann dann jeder eingeladene Teilnehmer zur vorgeschlagenen Zeit teilnehmen.

Mit Document Connection und SharePoint Online zusammenarbeiten

Ein wesentlicher Punkt für die Zusammenarbeit in Teams ist SharePoint Online. Wie bereits in Kapitel 4 erläutert, ist SharePoint Online das ideale Werkzeug, um Dokumente auszutauschen, Projektportale zu bilden, gemeinsam an Informationen zu arbeiten, Gruppenkalender und Kontakte zu führen und vieles mehr.

Office:mac bietet Ihnen mit dem Programm *Document Connection* die Möglichkeit, sich direkt mit SharePoint Online zu verbinden und Dokumente und Dateien bequem über den Desktop zu öffnen.

Über Document Connection dauerhaft mit SharePoint Online verbinden

Mit Document Connection können Sie unterschiedliche SharePoint-Portale ebenso wie SkyDrive-Laufwerke mit Ihrem Mac-Rechner verbinden. Um Ihre Teamwebsite hinzuzufügen, klicken Sie auf *Speicherort hinzufügen*.

Abbildg. 9.27 Verbindung zu einer SharePoint-Website herstellen

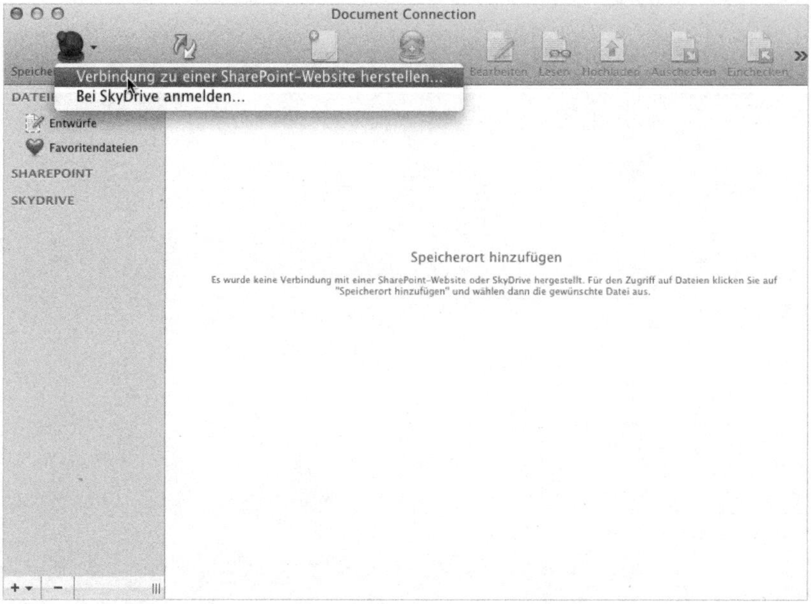

Im nächsten Schritt geben Sie die Adresse zur SharePoint Online-Teamwebsite an und melden sich mit Ihren Office 365-Benutzerdaten an. Sobald die Verbindung erfolgreich hergestellt wurde, können Sie auch sofort auf die Dokumente in der Dokumentbibliothek zugreifen. Sie sehen in der Menüleiste mehrere Optionen, z.B. können Sie hier direkt neue Dokumente in die Dokumentbibliothek hinzufügen sowie Dokumente aus- und wieder einchecken bzw. zur Bearbeitung öffnen.

Abbildg. 9.28 Die Dokumentbibiothek *Werbematerial* in der Document Connection

TIPP Die Document Connection hilft Ihnen beim Zugriff auf Ihre SharePoint-Portale. Sehr einfach können Sie von hier Dokumente öffnen und neue hinzufügen.

Office Web Apps mit Safari bearbeiten

Neben Office:mac haben Sie auf einem Apple-Rechner auch die Möglichkeit, über den integrierten Safari-Browser und die Office Web Apps auf SharePoint Online und Ihre Teamwebsite zuzugreifen. Da Safari auf der Liste der unterstützten Browser steht, haben Sie hier die gleiche Möglichkeit, wie unter einem der anderen Browser, die Office Web Apps zu bedienen.

Die Funktionen der Office Web Apps wurden bereits im Detail in Kapitel 4 beschrieben.

Abbildg. 9.29 Excel Web App in Safari

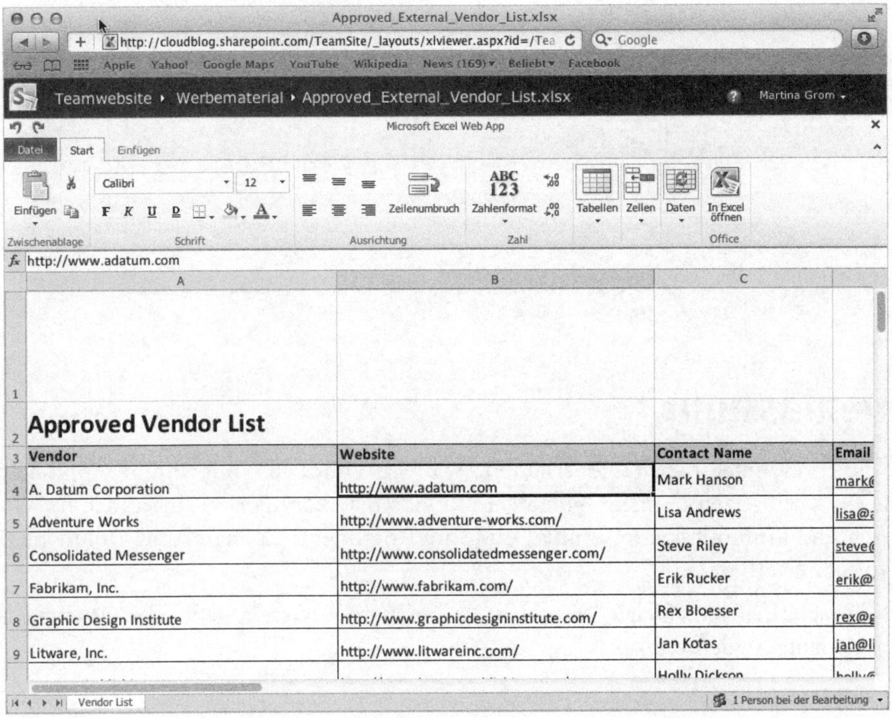

Abbildg. 9.30 Auch PowerPoint Web App wird über Safari einfach bedienbar

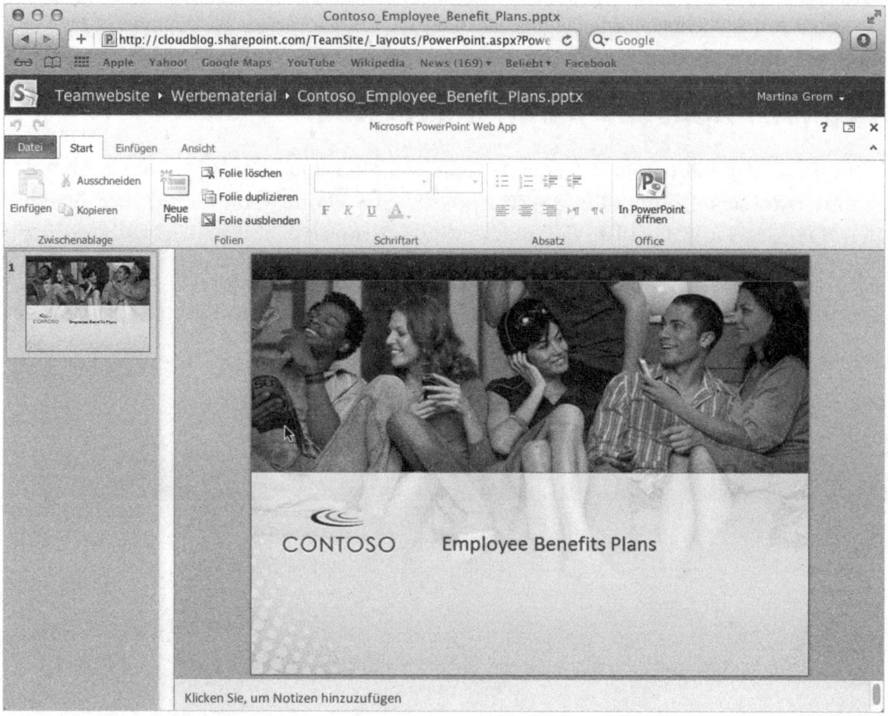

Zusammenfassung

In diesem Kapitel haben Sie erfahren, wie Sie Office 365 mit Ihrem Apple-Rechner und Office:mac einsetzen können. Sie haben Outlook:mac konfiguriert, Lync:mac für Onlinekonferenzen und Kommunikation genutzt und Ihre Dokumente in SharePoint Online per Document Connection verbunden.

Zusammenarbeit in Office 365 ist nicht an ein Betriebssystem gebunden. Wichtig ist die gute Funktionalität in den Wolken.

Stichwortverzeichnis

F

G

H

I

J

K

L

U

V

W

X

Z

Die Autorin

Martina Grom ist Geschäftsführerin von atwork information technology, einem auf Online- und Cloud-Lösungen spezialisierten IT-Unternehmen in Wien.

Sie ist die erste deutschsprachige MVP für Office 365. Seit mehreren Jahren beschäftigt sich Martina Grom intensiv mit den Microsoft Online Services sowie dem Thema Cloud Computing und berät kleine und große Unternehmen auf ihrem Weg in die Cloud.